高等学校小学教育专业教材

心理学

(第三版)

主　编　郭黎岩
编写者　(按姓氏笔画排序)
　　　　刘克善　刘彦华　但　菲
　　　　胡丽萍　袁　香　郭黎岩

微信扫码

配套彩图

南京大学出版社

图书在版编目(CIP)数据

心理学/郭黎岩主编. —3版. —南京:南京大学出版社,2012.8(2020.8重印)
高等学校小学教育专业教材
ISBN 978-7-305-03941-6

Ⅰ.①心… Ⅱ.①郭… Ⅲ.①心理学-高等学校-教材 Ⅳ.①B84

中国版本图书馆 CIP 数据核字(2012)第 169630 号

出版发行	南京大学出版社
社　　址	南京市汉口路22号　　邮　编 210093
出版人	金鑫荣
丛书名	高等学校小学教育专业教材
书　　名	心理学(第三版)
主　　编	郭黎岩
责任编辑	王抗战　　编辑热线 025-83592146
照　　排	南京紫藤制版印务中心
印　　刷	江苏凤凰数码印务有限公司
开　　本	787×960　1/16　印张 21.75　字数 386千
版　　次	2012年8月第3版　2020年8月第5次印刷
ISBN	978-7-305-03941-6
定　　价	52.00元

网址:http://www.njupco.com
官方微博:http://weibo.com/njupco
官方微信号:njupress
销售咨询热线:(025)83594756

* 版权所有,侵权必究
* 凡购买南大版图书,如有印装质量问题,请与所购图书销售部门联系调换

目 录

第一章 绪 论 1
  第一节 心理学研究的对象和任务 1
    一、心理学研究的对象 1
    二、心理学的性质 5
    三、心理学的任务和意义 6
  第二节 心理学的原则和方法 8
    一、心理学研究的指导思想 8
    二、心理学研究的基本原则 9
    三、心理学研究的方法 9
  第三节 现代心理学的发展 13
    一、心理学发展简史 13
    二、现代心理学的理论流派 15
    三、心理学研究的领域 17
    四、现代心理学的发展趋势 19
  阅读资料 20

第二章 心理的生理基础 23
  第一节 神经元 24
    一、神经元的基本结构 24
    二、神经元的功能和种类 25
    三、突触的传递 28
  第二节 神经系统 35
    一、神经系统的构造 35
    二、中枢神经系统 35
    三、周围神经系统 38
  第三节 大脑的结构和功能 39
    一、大脑的结构 39
    二、大脑的机能定位 40
    三、大脑研究的新进展 44
  第四节 心理的反射机制 46

一、反射与反射弧 ……………………………………………… 46
二、反射的种类 ………………………………………………… 46
三、反射活动中高级神经活动过程 …………………………… 49
四、反射活动中高级神经活动规律 …………………………… 50
阅读资料 ……………………………………………………………… 50

第三章 注 意 …………………………………………………………… 53

第一节 注意的概述 …………………………………………………… 53
一、注意的概念 ………………………………………………… 53
二、注意的功能与作用 ………………………………………… 54
三、注意的生理机制 …………………………………………… 56
四、注意的种类 ………………………………………………… 57
五、注意的理论 ………………………………………………… 61

第二节 注意的规律及其运用 ………………………………………… 62
一、无意注意的规律在教学中的运用 ………………………… 63
二、有意注意的规律在教学中的运用 ………………………… 65
三、两种注意转化规律在教学中的运用 ……………………… 67

第三节 注意的品质及培养 …………………………………………… 68
一、注意的品质 ………………………………………………… 68
二、青少年注意的特点 ………………………………………… 74
三、青少年注意品质的培养 …………………………………… 76
阅读资料 ……………………………………………………………… 79

第四章 感觉和知觉 ……………………………………………………… 81

第一节 感知觉概述 …………………………………………………… 81
一、感知觉的概念 ……………………………………………… 81
二、感知觉的生理机制 ………………………………………… 82
三、感知觉的作用 ……………………………………………… 83

第二节 感知觉的种类 ………………………………………………… 84
一、感觉的种类 ………………………………………………… 84
二、知觉的种类 ………………………………………………… 85
三、知觉与模式识别 …………………………………………… 86

第三节 感知觉规律及其应用 ………………………………………… 90
一、感受性及其变化规律 ……………………………………… 90
二、影响知觉的因素 …………………………………………… 94

三、知觉的基本特性 ………………………………………………… 94
　　四、感知觉规律在教学中的应用 …………………………………… 100
第四节　青少年感知觉及观察能力的培养 ……………………………… 101
　　一、青少年感知觉的特点 …………………………………………… 101
　　二、观察及观察力 …………………………………………………… 102
　　三、青少年观察能力的培养 ………………………………………… 103
阅读资料 …………………………………………………………………… 103

第五章　记　忆 …………………………………………………………… 107
第一节　记忆的概述 ……………………………………………………… 107
　　一、记忆的概念 ……………………………………………………… 107
　　二、记忆的生理基础 ………………………………………………… 108
　　三、记忆的种类 ……………………………………………………… 109
　　四、记忆信息加工理论 ……………………………………………… 111
第二节　记忆过程及其规律 ……………………………………………… 113
　　一、识记的种类及其规律 …………………………………………… 113
　　二、保持和遗忘规律 ………………………………………………… 117
　　三、再认和回忆规律 ………………………………………………… 120
第三节　记忆规律在教学中的应用 ……………………………………… 121
　　一、提高记忆效果的因素 …………………………………………… 121
　　二、提高记忆的策略 ………………………………………………… 124
　　三、记忆规律在教学中的应用 ……………………………………… 126
第四节　青少年记忆力的培养 …………………………………………… 128
　　一、记忆的品质 ……………………………………………………… 128
　　二、青少年记忆的特点 ……………………………………………… 129
　　三、青少年记忆能力的培养 ………………………………………… 131
阅读资料 …………………………………………………………………… 133

第六章　思维与创造 ……………………………………………………… 140
第一节　思维与创造的概述 ……………………………………………… 140
　　一、思维与创造的概念及其关系 …………………………………… 140
　　二、思维与语言的关系 ……………………………………………… 142
　　三、思维的心智操作过程 …………………………………………… 143
　　四、思维的种类 ……………………………………………………… 145
第二节　概念的获得与问题解决 ………………………………………… 147

一、概念的形成和掌握 ………………………………………………… 147
　　二、解决问题的思维过程 ……………………………………………… 149
　　三、影响问题解决的心理因素 ………………………………………… 151
　　四、问题解决中的策略 ………………………………………………… 154
　第三节　表象与想象 …………………………………………………………… 157
　　一、表象及其特征 ……………………………………………………… 157
　　二、想象及其功能 ……………………………………………………… 158
　　三、想象的种类及过程 ………………………………………………… 160
　第四节　创造性思维及其培养 ………………………………………………… 163
　　一、创造性思维的含义 ………………………………………………… 163
　　二、创造性思维的特点 ………………………………………………… 165
　　三、创造性思维的方法与训练 ………………………………………… 167
　　四、青少年思维品质及思维特点 ……………………………………… 170
　　五、青少年创造性思维能力的培养 …………………………………… 173
　阅读资料 ………………………………………………………………………… 175

第七章　情绪和情感 …………………………………………………………………… 184
　第一节　情绪和情感概述 ……………………………………………………… 184
　　一、情绪和情感的概念 ………………………………………………… 184
　　二、情绪和情感的机体变化及外部表现 ……………………………… 186
　　三、情绪和情感的功能 ………………………………………………… 190
　　四、情绪的理论 ………………………………………………………… 192
　第二节　情绪和情感的形成及分类 …………………………………………… 197
　　一、情绪的分类特性 …………………………………………………… 197
　　二、情绪的维量结构 …………………………………………………… 198
　　三、情绪的状态 ………………………………………………………… 200
　　四、情感的种类 ………………………………………………………… 202
　第三节　情绪健康与情绪调节 ………………………………………………… 204
　　一、压力与情绪健康 …………………………………………………… 204
　　二、焦虑对学习的影响 ………………………………………………… 206
　　三、挫折与适应 ………………………………………………………… 208
　　四、情绪的自我调节 …………………………………………………… 211
　第四节　情绪和情感的发展特点及培养 ……………………………………… 212
　　一、青少年情绪和情感的特点 ………………………………………… 212

二、教师情绪与情感对青少年成长的影响 ················ 214
　　三、青少年情感品质的培养 ···························· 215
阅读资料 ·· 215

第八章　意　志　218

第一节　意志概述　218
　　一、意志的概念 ······································ 218
　　二、意志行动的特征 ·································· 219
　　三、意志行动的生理机制 ······························ 220
　　四、意志与其他心理活动的关系 ························ 220

第二节　意志行动过程的心理分析　223
　　一、意志行动的基本阶段 ······························ 223
　　二、意志行动中的冲突 ································ 225
　　三、意志行动中的挫折 ································ 226

第三节　青少年意志品质的养成　227
　　一、意志品质的特征 ·································· 227
　　二、青少年意志品质的差异与特点 ······················ 230
　　三、青少年意志品质的养成 ···························· 231

阅读资料 ·· 233

第九章　个性倾向性　239

第一节　需　要　239
　　一、需要的概念及形成 ································ 240
　　二、需要的种类 ······································ 242
　　三、需要的理论 ······································ 243
　　四、青少年的需要及培养 ······························ 246

第二节　动　机　247
　　一、动机的概念及功能 ································ 247
　　二、动机的种类 ······································ 252
　　三、青少年学习动机的特点与培养 ······················ 252

第三节　兴　趣　254
　　一、兴趣的概念及形成 ································ 254
　　二、兴趣的分类 ······································ 255
　　三、青少年兴趣的品质及培养 ·························· 256

第四节　自我意识　258

一、自我意识的概念及形成 …………………………… 258
　　二、青少年自我意识的特点及发展 …………………… 259
　　三、青少年自我意识的培养 …………………………… 260
阅读资料 …………………………………………………………… 262

第十章　能　力 …………………………………………………… 265
第一节　能力的概述 …………………………………………… 265
　　一、能力的概念 ………………………………………… 265
　　二、能力的种类 ………………………………………… 266
　　三、能力与素质 ………………………………………… 268
第二节　智力理论与智力测量 ………………………………… 268
　　一、智力结构理论 ……………………………………… 269
　　二、多元智能理论 ……………………………………… 269
　　三、智力测量 …………………………………………… 274
　　四、学生智力水平的评定 ……………………………… 277
第三节　能力发展与个体差异 ………………………………… 278
　　一、能力发展的一般趋势 ……………………………… 278
　　二、能力发展的个体差异 ……………………………… 279
　　三、能力形成的基本因素 ……………………………… 281
第四节　青少年智力的特点与培养 …………………………… 282
　　一、青少年智力发展的特点 …………………………… 282
　　二、青少年智力的培养 ………………………………… 283
阅读资料 …………………………………………………………… 284

第十一章　人　格 ………………………………………………… 287
第一节　人格的概述 …………………………………………… 287
　　一、人格的含义 ………………………………………… 287
　　二、人格的特征 ………………………………………… 288
　　三、人格的结构及作用 ………………………………… 289
　　四、人格形成的因素 …………………………………… 291
第二节　人格理论 ……………………………………………… 292
　　一、精神分析理论 ……………………………………… 292
　　二、特质理论 …………………………………………… 294
　　三、类型理论 …………………………………………… 297
　　四、人本主义理论 ……………………………………… 298

五、学习理论 …………………………………………………… 299
　第三节　人格的类型与差异 ……………………………………… 300
　　一、气质类型与个别差异 ……………………………………… 300
　　二、性格类型与个别差异 ……………………………………… 306
　第四节　人格的测量 ……………………………………………… 312
　　一、人格测量概述 ……………………………………………… 312
　　二、人格测量方法 ……………………………………………… 312
　第五节　青少年人格的健全与培养 ……………………………… 316
　　一、健全人格的含义及标准 …………………………………… 316
　　二、青少年人格障碍与矫正 …………………………………… 317
　　三、青少年健全人格的塑造 …………………………………… 321
　阅读资料 …………………………………………………………… 323
参考文献 ……………………………………………………………… 329
后　　记

第一章 绪 论

本章内容提要：

1. 心理学的科学概念
2. 心理学研究的对象和任务
3. 心理学研究的方法和原则
4. 心理学的历史发展及理论流派
5. 心理学研究的领域及发展趋势

随着人类探索的足迹从地球延伸到宇宙，人们不仅可以登上月球在嫦娥生活的世界漫步，也可以借助仪器观察粒子世界的微妙，人们探索自身以外的世界取得的成就是辉煌的。然而，人类也从未间断探索那浩瀚而神秘的内心世界，寻求解开心理奥秘的钥匙。人类的心理世界，被称为"第二宇宙"，是极其复杂、奇特多变的，当我们学习了心理学这门科学时，将会对人的心理现象的认识日益走向深入，并能进一步发现和掌握人类心理变化的规律。

第一节 心理学研究的对象和任务

一、心理学研究的对象

任何一门科学都有自己特定的探求领域和研究对象。心理学（psychology）是研究人的心理现象的发生、发展和变化的过程，并在此基础上揭示人的心理活动规律的一门科学。简言之，心理学就是一门研究心理现象、揭示心理规律的科学。心理现象是人们最熟悉、体验最多的现象，也是自然界复杂、奇妙的一种现象。人眼可以看到五彩缤纷的世界，人可以聆听旋律优美的钢琴协奏曲；人脑可以贮存异常丰富的知识，事过境迁而记忆犹存；人有"万物之灵"的智慧，能运用自己的思维去探索自然和社会的各种奥秘；人还有七情六欲,能通过活动去满足自己的各种需要,并在周围环境中留下自己意志的印迹……总之,人类关于自然和社会方面的各种知识,在认识世界、改造世界的过程中所取得的一切成就,都是和人心理的存在和发展分不开的。自古以来,人们为了认识心理的本质,发现其规律,经历了漫长而又曲折的过程。

心理学一词,最早是希腊语中的"灵魂"和"学问"(logos)两个词构成的,意思是"灵魂之学"。"灵魂"是指人的精神或心理活动,人类很早就试图对它作出解释和说明,这些解释和说明形成了最初的心理学思想。以后,古希腊哲学家对人的灵魂问题进行了比较系统的研究,认为灵魂是寄居在人的身体之中的一种实体,它支配着人的行为,并有自己的活动规律。随着实践活动的深入和科学的发展,人们自然不满意"灵魂说"关于心理现象的解释,而力求对心理现象的本质作出科学的说明。19世纪以后,由于物理、化学和生物学的发展,许多学者开始应用实验的方法来研究人的心理活动的特点和规律,使人类对心理现象的认识上升了一个新台阶。由于世界各国心理学家的共同努力,人们在对心理现象的研究方面积累了大量的资料,提供了许多理论,使心理学的研究脱离了主观思辨的方式,而逐步成为教育人、培养人、管理人、使用人以及进行人才选拔的科学依据,心理学这门古老而年轻的科学已经显示出强大的力量。未来学家预言,21世纪是教育的世纪,而心理学则是带头科学。

人的心理现象千姿百态,我们如何着手具体认识呢?这就需要把心理现象作适当的区分,以便分门别类地、有条不紊地认识它。现代心理学的一种流行观点是把人的心理现象看作一个复杂的系统。对心理系统的描述可以有不同的角度。据此,有些人把心理现象划分为意识现象和无意识现象;有些人把人心理现象划分为心理事实和心理规律。我们采取的做法,是把心理现象划分为心理过程、个性心理和心理状态三大范畴。

(一)心理过程

人的有些心理现象具有鲜明的动态特性,如记忆,从记到忆是个动态过程。有些心理现象则是静态(稳态)特性明显,如性格,一经形成就相当稳定。心理过程这个专门术语就是对前者而言的。过程意味着流动、变化,故心理过程也称心理活动。心理过程包括认识、情绪、意志三个方面,简称知、情、意,涵盖了人的心理活动的各个方面。

人在认识事物的过程中,必定会产生感觉、知觉、记忆、想象、思维之类的心理活动。同时,人也必定借助于这类心理活动来达到认识事物的目的。这类与认识密切关联的心理现象,心理学上统称为认识过程。

人在认识活动的基础上,会对人、对己、对事、对物抱有一定的态度(接受、拒绝等)并在内心产生相应的体验(愉快、厌恶等),这种态度体验是与情绪密切关联的,称为情绪过程。各人有自己的情绪世界,而情绪世界就是由喜、怒、哀、乐、爱、憎、惧等常见的情感过程构成的。

心理过程的第三个方面是意志过程。意志过程是人在活动中自觉地确定目标并能规划行动、克服困难的心理过程。有时,你面对错综复杂的情况,但你必须决断;你面对重重阻力,但你必须排除;你面对强烈诱惑,但你必须克制。诸如此类心理现象,只有人类才具备。

(二)个性心理

每个人通过各自的生活道路形成了自己特定的心理面貌,从而使自己在心理上稳定地与他人区别开来,心理学所言个性心理,指的是一个人在社会生活实践中形成相对稳定的各种心理现象的总和。它包括三个子系统:个性倾向性、个性心理特征和自我意识。

个性倾向是什么呢?概括来说,它是一种内在的决定着人对事物的态度和行为的动力系统。人在周围世界的万事万物中,选择与舍弃什么、趋向与回避什么、追求与拒绝什么,等等,都取决于人有什么样的个性倾向性。个性倾向性包括需要、动机、价值观等方面。我们应该知道,人是需要者,每个人都有自己的需要,如生存的需要、发展的需要、享受的需要、安全的需要、自尊的需要等。人也是行动者,而行动是由动机推动的。人还是价值观的持有者,人们根据自己的价值观来权衡事物的主次、轻重与是非。价值的不同,足以使人们的个性倾向性和行为表现大异其趣。

个性结构中的另一个系统是个性心理特征。个性心理特征是个人在心理活动方面经常表现出来的稳定特征。但这些稳定特征在形态上是不同的,其中有些属于气质,有些属于性格,有些属于能力。从心理活动动力方面表现出来的稳定特征称为气质。从人对现实的态度和行为方式方面表现出来的稳定特征称为性格。从直接制约工作效率方面表现出来的稳定特征称为能力。简而言之,人与人之间在个性心理特征上的差异,可以归纳为气质差异、性格差异和能力差异。

个性结构中的又一个子系统是自我意识。它是个性结构中的自我调节系统。自我意识有它的认识侧面(自我认识)、情感侧面(自我体验)、意志侧面(自我控制)。人们常常会问自己："我是个什么样的人？""我为什么会成为这样的人？"这涉及的我就是自我认识。人不仅认识自己，而且体验自己，会自问："我对自己满意吗？""我能接受自己吗？"这就是自我体验问题。自尊、自卑、自豪、自责等，是常见的自我体验形式。人在自我认识、自我体验的基础上，经常地问自己："我怎样改变自己？""我怎样闯过难关？"这涉及的就是自我控制问题。自强、自立、自主、自律等是常见的自我控制形式。由此可见，凡涉及人的自我各种心理现象，都可以通过自我意识这个系统加以研究。

（三）心理状态

心理状态是心理活动在一段时间内出现的相对稳定的持续状态。它既具有心理过程的暂时性、可变性的特点，又具有个性的持久性、稳定性的特点。但心理状态不像心理过程那样短暂、可变，也不像个性那样持久稳定，所以心理学把心理状态看作介于这两者之间的中间状态。人的心理活动和行为表现都是在一定心理状态的基础上出现的。从这个意义上说，心理状态是心理活动和行为表现的心理背景。

心理状态的表现是多方面的，它可以表现在知、情、意的任何一个方面。如好奇、疑惑、沉思，这是认识方面的心理状态；淡泊、焦虑、渴求，这是情绪方面的心理状态；克制、犹豫、镇定，这是意志方面的心理状态。研究、考察人的心理状态，不仅要描述其表现形态，而且要把握其具体成因，这样才有应用价值。

在现实的人身上，不论哪种心理现象都不会孤立地存在。人的心理具有高度的整体性。心理的各组成部分之间存在着相互联系、相互依存、相互影响的辩证关系(表1-1)。

表1-1

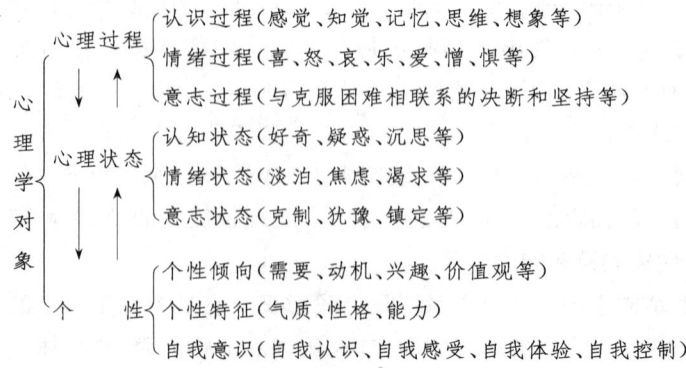

二、心理学的性质

现代心理学本身是一个门类较多的学科体系,所以,心理学的性质颇为独特。它既不是纯粹的自然科学,也不是纯粹的社会科学,而是介于自然科学与社会科学之间的跨界科学。或者可以这样说,在人类知识的整个科学体系中,心理学是既带有自然科学性质又带有社会科学性质的交叉学科。这就使它既为自然科学领域所认同,也为社会领域所认同。

(一)心理学是一门古老又年轻的科学

说它古老,是因为作为一种思想,它寄在哲学的母体中源远流长。从先秦诸子的"性"论、柏拉图的"理念"、亚里士多德的"灵魂",到董仲舒的"天"、朱熹的"理"、王阳明的"心物观"、黑格尔的"绝对精神",都是极其丰富而宝贵的心理学思想的财富。说它年轻,是因为心理学真正成为一门独立的科学,也只有百年历史。1879年,德国的哲学家、心理学家冯特在莱比锡大学创立了世界上第一个心理学实验室,把自然科学中的实验方法引入心理学研究,使心理学真正走上了科学心理学的道路。

(二)心理学既是一门自然科学,又是一门社会科学

人的本质以及心理活动的物质性都体现了心理自然属性,但是,人类心理特别是意识活动的发生、发展和渐趋成熟,无不体现着社会性。因而,心理学并不单纯属于某一门科学。

前苏联科学分类家凯达洛夫等把心理学定位于他绘制的"科学三角形"的中心,三角形的三个顶点分别是自然科学、社会科学和思维科学(图1-1)。

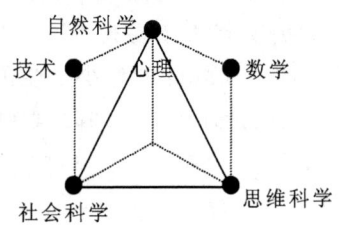

图1-1 科学三角形中的心理学

(三)心理学既是一门理论科学,又是一门应用科学

心理学在重视理论研究的基础上,其应用范围和前景也非常广阔。有人很形象地说,哪里有人,哪里就有心理活动;哪里有一定的职业或部门,哪

里就有相应门类的心理学科。

三、心理学的任务和意义

（一）心理学研究的基本任务

人类认识世界改造世界的一切实践活动都是在人的心理活动支配、参与和调节之下完成的，为此，心理学就必须完成以下基本任务。

1. 描述和测量人的心理活动

人的心理活动若不能够描述和测量，就不能被理解和控制，有时甚至会被看成完全任意的、主观自决的、不受因果规律支配的、绝对自由的。为此，心理学首要的任务是描述和测量人类的心理现象，寻找其规律性。例如，心理学通过各种各样的测量，揭示人类遗忘的规律、注意的广度和稳定性、气质、性格的类型和智商高低等，找出其规律性。心理学所使用的测量工具有两种性质：一是可行性（可信度），即所测量的数据不应该在测验时有大的变化；二是有效性（效度），即这个测验必须能测量想要测量的东西。例如，用化验血型来测量一个人的智商，尽管每次都得到相同的数据（可信度），但是这种测量不能真正测出一个人的智力水平（缺乏效度），因为它与智力并无关系。

2. 分析和说明人的心理现象

理解和说明人的心理活动，实际上就是找出产生所观察到的心理现象的原因。例如，影响心理状态的因素很多，它包括环境因素、机体因素和心理因素等，而心理学研究就是查明这些因素的变化与心理活动的确切关系。理解与说明其关系的形成及规律，说明既包括把已知事实组织起来以形成与事实相符的说明，也包括就事件之间的关系提出需要证明的假定。例如，有的小学生在上课期间，注意力经常不易集中。究其原因，并非是"多动症"或心理异常而是符合其心理活动规律的。小学生的有意注意的稳定性，最长一般不超过20分钟，否则就会开小差。因此，教师在一节课内应该有准备地对待学生的这种心理状态。

3. 预测和控制人的心理状态

科学的重要作用在于预测和控制。掌握了人的心理活动规律，就能根据客观现实的需要去预测和控制心理活动。例如，心理学家根据学生的一般智力就能够比较准确地预测这个学生的作业成绩。另外，了解了影响心理活动的因素，就能够尽量消除不利因素，创造有利因素，改造和控制个体的行为，使活动效率提高。

心理学既是一门理论科学,又是一门应用科学。完成这些基本任务不仅有重大的理论作用,而且具有广泛的应用价值。

(二) 心理学的意义

1. 心理学的理论意义

心理学是一门基础理论学科,它的重要理论意义有以下几个方面:

(1) 心理学的研究为马克思主义哲学基本命题提供了科学的论证。马克思主义哲学是科学心理学的理论基础,反过来,心理学所揭示的心理现象对物质的依赖关系的具体事实,又是对马克思主义哲学基本命题——物质第一性、意识第二性的有力论证。科学心理指出:人的心理不是物质,但它永远离不开物质(客观现实和人脑)。人的心理是在物质的基础上产生,又是随着物质的发展而发展的。因此,列宁把心理学列为"构成认识论和辩证法的知识领域"[1]的重要学科之一。

(2) 心理学理论有助于克服和批判各种唯心主义思想。由于心理学对人的心理、意识及各种精神现象作出了科学的解释,进一步确立了人们的辩证唯物主义世界观,因而有助于破除迷信、纠正偏见、清除精神污染和批判形形色色的唯心主义思想。正如列宁所指出的:"心理学所提供的一些原理已使人们不得不拒绝主观主义而接受唯物主义。"[2]

(3) 心理学研究有助于邻近学科的发展。有些科学如政治学、教育学、文学、美学、法学、语言学、管理学、社会学等,它们也从不同的侧面研究人的心理问题,因此,心理学的大量研究成果,对这些邻近学科的研究和发展,都具有一定的积极意义。

2. 心理学的实践意义

(1) 心理学对指导人的实践活动、提高生产劳动效率有重要意义。现代心理学所揭示的人的心理活动的许多规律,已经在生产劳动中发挥了巨大的作用。例如,心理学家发现,在一定条件下,红光可以使人在黑暗中的微光视觉能力提高1～2倍。根据这一规律,可以采取相应的措施去提高战斗机驾驶员夜间飞行的视觉敏锐度和作战能力,也可以通过改善照明系统去提高某些夜班工人的感受性和劳动效率。

(2) 心理学有助于做好管理和思想政治工作。把心理学理论应用于管

---

[1] 《列宁全集》第38卷,北京:人民出版社,1959年版,第399页。
[2] 《列宁全集》第1卷,北京:人民出版社,1955年版,第396页。

理过程已经成为当今世界的一种趋势。管理心理学中的需要层次理论、期望理论、目标激励理论、公平理论、双因素理论,都对职工积极性的调动具有很强的指导作用。思想政治工作首先应该在了解人的心理特点的基础上进行。在此基础上,还要遵循一系列的心理学原则,如立足于感化的原则、坚持正面教育的原则、保护自尊心的原则等。这些都说明了,学习和研究心理学,有助于做好人的思想政治工作。

(3)心理学有助于人的身心健康水平的提高。人的心理状态、精神因素同人的疾病和健康关系密切。有些心理因素是某些疾病发生的直接或间接原因,良好的心理状态,又可以达到治病强身的目的;掌握心理学的有关知识,有助于人的身心健康。对于医务人员来讲,积极运用心理学的某些理论对病人进行治疗,可以提高医疗效果。正因为如此,现代医学已经从"生物模式"向"社会—心理—生物模式"转化。

(4)心理学对提高教育和教学质量具有更重要的意义。教育是在教师的引导下使学生掌握知识技能、发展智力、形成品德,这些都必须通过感知、记忆、思维、想象、注意、情感、意志等心理过程才可能实现。心理学研究学生感知、记忆、思维、注意等心理活动的规律,这些对教师确定教育、教学的原则和内容,选择教育、教学的方法和形式都是必不可少的。心理学知识是教育理论的科学基础。教师只有掌握学生心理活动规律,才能富有成效地对学生进行教育和教学,才能提高教育教学质量,出色地完成培养人的任务。这已被中外教育的历史经验所证明。因此,师范院校的学生和各级各类学校的教师,都应该学习和掌握心理学。

第二节 心理学的原则和方法

一、心理学研究的指导思想

人的心理现象是世界上最为复杂、最难揣摩的现象之一,如果没有正确的指导思想和科学的方法论,就很难使心理学的研究达到科学的地步。恩格斯指出:"要精确地描绘宇宙、宇宙的发展和人类的发展,以及这种发展在人们头脑中的反映,就只有用辩证的方法……"[1]心理学的研究应以哲学方

---

[1] 《马克思、恩格斯选集》第 3 卷,北京:人民出版社,1972 年版,第 62 页。

法论为指导,才能发现并掌握人的心理发生和发展规律。虽然心理学从哲学中划分出来,但并不意味着心理学和哲学的割裂,相反,由于心理现象本身的复杂性更需要正确的哲学方法论的支配,要以辩证唯物主义和历史唯物主义的基本原理为其最根本的指导思想。

二、心理学研究的基本原则

心理学的研究应遵循以下几个重要原则。

(一)客观性原则

客观性原则就是对任何心理现象都以实事求是的态度按照它们的本来面目加以考察,坚持客观标准,确定客观指标,防止主观臆想和揣测,实事求是地揭示心理发生、发展和变化的规律。

(二)系统性原则

系统性原则就是从系统论的观点出发,把各种心理现象放在整体性的、有等级结构的、动态的和相互联系的系统形式中加以研究,做到既对其进行多层次、多维度、多水平的系统分析,又对其进行动态的、综合的考察,反对片面、孤立、静止和浑然一体的研究倾向。

(三)发展性原则

发展性原则要求人们用发展变化的观点看待人的心理。心理过程、心理状态、心理特征、心理功能在人的一生中是不断发展、变化着的。这种发展既有量的表现,又有质的表现。心理学应充分注意心理发展中量变引起质变的规律。

(四)教育性原则

教育性原则就是从有利于教育以及个体身心健康的角度来设计和实施研究,不能做出有损于教育和个体身心健康的事。对于高师生来说,还应注意研究方向上的教育取向,使心理学研究与教书育人的任务密切联系起来。

三、心理学研究的方法

在心理学研究的基本原则指导下,心理学的具体研究方法可以有多种。现介绍几种主要方法:

（一）观察法

观察法(observational method)是有目的、有计划地通过观察被试的外部表现来研究其心理活动的一种方法。

如观察学生在课堂上的表现,可以了解学生注意的稳定性、情绪状态和人格的某些特征。又如,观察婴儿的言语活动,可以了解个体言语发生和发展的一般规律。

观察法也有不同的种类。从观察的时间上划分,可以分为长期观察和定期观察。前者是在比较长的时期内连续进行观察。如科学儿童心理学奠基人普莱尔(W. Preyer,1842年~1897年)在对其儿子3年里每天3次的长期观察后,最后写成《儿童心理》(1882)一书,便是这类观察法的研究典型。后者是按一定时期进行的观察,如每周观察一两次,每次几小时,并以此限定一定的时期。从观察内容上划分,可以分为全面观察和重点观察。前者是观察被试者在一定时期内全部的心理表现,如上述普莱尔的观察从内容上看即属此列。后者是重点观察被试某一方面的心理表现,如观察教师和学生在上课时的情感交流情况。从观察者参与与否来划分,可以分为参与性观察和非参与性观察。前者是观察者主动参与被试活动,从教师的角度观察学生表现。后者是观察者不参与被试活动,以参观者身份进行观察。这里要指出的是,无论是参与性还是非参与性观察,原则上都不宜让被试发现自己被别人观察,以免影响观察的效果。从观察的场所上划分,可以分为自然场所的现场观察和人为场所的情境观察。

观察法可以应用于多种心理现象的研究,尤其适用于教师了解、研究学生的心理特点和规律。观察法是在日常生活条件下使用的,因而简便易行,所得的材料也比较真实。但由于它不能严格控制条件,不易对观察的材料做出比较精确的量化分析和判断,这也是观察法的局限性。

（二）实验法

实验法(experimental method)是按研究目的控制或创设条件,以主动引起或改变被试者的心理活动,从而进行研究的方法。研究者可以积极干预被试者的活动,创造某种条件使某种心理现象得以产生或重复出现。一般来说,实验法有实验室实验和自然实验两种方法。

1. 实验室实验法

实验室实验法是指在特定的心理实验室里,借助各种仪器设备,严格控制各种条件,研究心理的方法。这里主要控制四个方面:一是严格控制实验情境,尽可能排除无关变量;二是严格控制被试,实现随机取样和随机安排;三是严格控制实验刺激,使之不同水平、性质、条件,按规定的方式、时间、顺序呈现;四是严格控制被试反应,用指导语引导反应方向和范围。因此,这一方法的实质就是在一系列严格控制的条件下探究自变量和反应变量之间的关系。它不仅能主动地获取所需要的心理事实,并能探究其发生的原因,而且所获取的信息也比较精确。但实验法也带有很大的人为性质,被试者在这样的情境中,又意识到自己正在接受实验,就有可能降低实验结果的客观性质,并影响将实验结果应用于日常活动之中。为了尽可能克服这一缺点,演变出另一种实验法,即自然实验法。

2. 自然实验法

自然实验法也叫现场实验,是指在日常生活条件下,对某些条件加以适当控制或改变来研究心理的方法。这一方法的实质就是把实验研究和日常活动结合起来,一方面仍对实验条件有所控制,使之能继续保持实验室实验法的某些优点:能主动获取、探究原因;另一方面又适当放松控制,使之在自然状态下进行,能体现观察法的某些优点:减少人为性,提高真实性。例如,在一项"发展学生创造性思维的实验研究"中,选择条件大致相同的 3 个平行班。甲班每周开设一节思维训练课,并一学期开展 4 次创造性活动;乙班只开设与甲班类似的 4 次创造性活动;丙班为对照班,一切照旧。学期初 3 个班学生进行创造性思维测试,成绩接近。学期末复试,甲班最好,乙班次之,丙班最差。实验证明,开展创造性活动有利于学生创造性思维的发展;既开展创造性活动,又开设思维训练课,可加速创造性思维的发展。当然,自然实验法也正是由于实验控制不很严格,容易受到各种无关变量的干扰而影响研究结果的有效性。

(三)心理测验法

测验法(measurement method)是指用一套预先经过标准化的问题(量表)来测量某种心理品质的方法。心理测验按内容可分为智力测验、成就测验、态度测验和人格测验;按形式可分为文字测验和非文字测验;按测验规模可分为个别测验和团体测验等。

心理测验中有两个基本要素:测验的信度(reliabilty)和效度(validity)。信度是指一个测验的可靠程度。如果一个测验的可靠程度高,那么,同一个人多次接受这个测验时,就应得到相同或大致相同的成绩。以高考的入学测验为例,如果一个考生在两个月时间内接受两次测验,得到的分数大致相等,那么试题的信度就较高;如果一次得 510 分,另一次得 270 分,那么试题的信度就不高了。效度是指一个测验有效地测量了所需要的心理品质。它可以通过对行为的预测来表示。例如,高考的入学测验是为测量学生的文化水平。如果一个学生高考时得了高分,入学后他的成绩也好,而另一个学生得了低分,入学后的成绩也低些。这说明高考试题具有较好的行为预测作用,它的效度高;否则,它的效度就是低的。

心理测验的最大优点是能数量化地反映人的心理发展水平和特点,它不仅能作为一种研究方法,使研究更趋精确、科学,而且能为因材施教、人才选拔、职业指导、心理诊断和咨询提供客观资料。但测验法的有效性在很大程度上取决于测验量表的可靠性,而各种测验量表尚在完善之中,对其结果不能视之绝对,同时它对主持者的要求也比较高,必须受过专门训练,解释结果要谨慎、全面,不可偏颇、妄断。

(四) 调查法

调查法(survey method)是以提出问题的形式搜集被试各种有关材料来研究心理的一种方法。调查法虽然也有用于个体心理研究的,但更多的是用于研究群体的心理。用调查法搜集资料有两种基本方式:一为问卷调查,一为访问调查。问卷调查首先要解决的问题是如何打消被调查者的疑虑,使之愿意合作,如实回答。写好前言,适量地编入间接性的问话、控制问卷长度和要便于分析处理,这是编制问卷时应注意的四个问题。访问调查也称晤谈或访谈。访问调查应尽可能成为一种标准化访问。这就要求对"问什么?如何问?向哪个方向引导?"等问题事先要有准备,并且调查者应训练有素,能创造坦率和信任的气氛,使访问对象知无不言。同时,它还要求调查者有应变能力。

调查法使用方便,但它在条件的严密控制方面有难以克服的局限性。因此,用调查法所做的心理学研究,通常属于初步研究,其结果需要加以验证。

(五) 个案法

个案法(case method)是一种较古老的方法。它是由医疗实践中的问诊方法发展而来的。个案法要求对某个人进行深入而详尽的观察与研究,以便发现影响某种行为和心理现象的原因。例如,通过个案分析,可以了解不同的教学方法对儿童心理和行为的影响,也可以了解家庭破裂对儿童心理发展的影响,等等。个案法有时和其他方法(如观察法、测验法等)配合使用,这样可以搜集更丰富的个人资料。用个案研究儿童的心理发展,如超常儿童心理的研究、青少年犯罪问题研究等,个案法在现代心理学中曾起了重要的作用。

(六)活动产品分析法

活动产品分析法(active product analysis method)是研究者通过对人的作业、作品、日记、手工制作、生产成品等分析,了解其心理活动特点和规律的方法。活动产品分析法可以了解人的能力水平和认知结构,也可能揭示人对事物的态度和某些个性品质。比如,学生的作文、日记、图画以及手工劳动成品等,都表现着每个学生不同的心理特点,有时作业本封面的干净、整齐程度和年级、姓名的写法,也有助于分析、了解学生的能力、性格。但是,人的活动产品和人的心理活动之间的关系并不是简单的一一对应关系,因此,活动产品分析法应该与其他方法结合使用,以便相互印证,得出科学的结论。

总之,心理学研究的方法很多,每一种方法都有其优点,也有一定的局限性。因此在研究一个心理学课题时,不应该只使用一种方法,而应该以一种方法为主,其他方法配合使用。这样它们都有取长补短,相形益彰,真正提示人的心理活动的规律。

第三节 现代心理学的发展

一、心理学发展简史

德国著名心理学家艾宾浩斯(H. Ebbinghaus,1850年～1909年)曾这样概括地描述心理学的发展历程:"心理学有一个漫长的过去,但只有短暂的历史。"(1855)虽然作为科学的心理学诞生较晚,但它的历史却源远流长,在生产力不发达的古代,人类就把注意力投向了自身,开始描述和研究人的心理现象。

中国古代春秋时期的孔子(公元前551年～479年)提出:"知之者不如好之者,好之者不如乐之者"(《论语·雍也》),"学而时习之,不亦乐乎"(《论语·学而》)以及因材施教的诸多观点,已蕴含现代心理学中的兴趣、记忆和个性差异的观点。战国时期的荀况(公元前313年～238年)"形具而神生,好恶,喜怒,哀乐臧焉"(《荀子·天论》)之说,阐明了先有身体而后心理、心理依附于身体的身心观。

关于心理与大脑的关系,中国古代已经有比较正确的认识。在《黄帝内经·素问》中就已经断言:"诸髓者,皆属于脑。"明代医学家李时珍(1518年～1593年)提出"脑为元神之府"的论断,认为脑是神经活动的中枢,它聚集着人的精神。清代著名医生王清任(1768年～1831年)根据对大脑的临床研究和尸体解剖,于1830年完成《医林改错》一书,其中明确指出:"灵机、记忆,不在心而在脑。"他的"脑髓说"比俄国谢切诺夫(1829年～1905年)的"反射说"还要早30多年,这是中国古代对心理科学基础理论的又一重要贡献。

在欧洲,心理学的历史可以追溯到古希腊柏拉图、亚里士多德的时代。亚里士多德(Aristotle,公元前384年～前322年)是一位学问渊博的哲学家,对灵魂的实质、灵魂与身体的关系、灵魂的种类与功能等问题从理论上进行了探讨。他的著作《论灵魂》是历史上第一部论述各种心理现象的著作。亚里士多德把心理功能分为认知功能和动求功能。认知功能有感觉、意象、记忆、思维等。动求功能包括情感、欲望、意志、动作等过程。亚里士多德的这些思想影响到后来心理学发展,对当代的心理学思潮也有重要的影响。

在科学发展中,心理学的历史却又十分短暂。19世纪中叶以后,由于自然科学迅猛发展,为心理学成为独立的科学创造了条件,尤其是德国感官神经生理学的发展,为心理学成为独立的科学起了较为直接的促进作用,这方面作出最直接的贡献的是韦伯(E. H. Weber,1795年～1878年)的感觉辨别定律、缪勒(G. E. Müller,1850年～1934年)的神经特殊能学说、赫尔姆霍茨(H. L. F. Helmholtz,1821年～1894年)的视觉"三色说"和听觉"共鸣说"、费尔纳(G. T. Fechner)的心理物理学定律等。到1879年生理学家冯特(W. Wundt,1832年～1920年)在德国莱比锡大学建立世界上第一个专门的心理学实验室,开始对心理现象进行系统的实验研究,心理学史上,人们把这个实验室的建立看成是心理学脱离哲学的怀抱、走上独立发展道路的标志。冯特创办了报道心理学实验成果的《哲学研究》杂志,出版了第一部科学心理学专著《生理心理学纲要》(1873年～1874年)。于是,1897年被称为科学心理学的诞生年,冯特也被视为科学心理学创始人。

科学心理学诞生之后,在19世纪末到20世纪初期,由于人们对心理学研究的对象和方法的看法不同,加之各种哲学思潮的影响,心理学领域出现了许多学派,它们研究的重点不同,观点各异,争论不休。直到20世纪30年代以后，各个学派之间才开始形成了相互学习、取长补短、兼收并蓄、积极发展的局面；50年代以来，认知心理学和人本主义心理学迅速发展，成为当代心理科学发展的新趋势。

随着科学技术发展，在社会实践活动需要的推动下，心理学通过不断改造和完善原有的研究方法和技术，其基础理论研究进一步深入，应用性研究蓬勃发展。据统计，现代心理学已经有20多个学术派别、100多个分支，形成了庞大的心理科学体系。今天，心理学的许多研究成果不仅应用于教育、医疗、工程技术、航空航天等领域，而且渗透到仿生学、人类学、控制论、人工智能、系统工程等许多尖端科学技术部门，愈来愈显示出科学心理学的价值和强大的生命力。

二、现代心理学的理论流派

从19世纪末到20世纪二三十年代，是心理学的派别林立、理论纷纭的时期，其中主要有十大派（包括内容心理学、意动心理学、构造心理学、机能心理学、格式塔心理学、日内瓦学派等）。从20世纪50年代开始，该局面演变为学派减少、相互吸收、互补并存的态势，标志着心理学开始走向成熟。迄今在世界上影响较大的学派有以下几个：

（一）构造主义心理学

构造主义是心理学成为一门独立科学以后的第一个心理学派别。其奠基人为冯特，著名代表人物为铁钦纳。这个学派19世纪产生于德国，以后在美国得到发展，20世纪30年代以后渐趋衰落。构造主义认为，心理学的研究对象是意识经验，主张心理学应该采用实验内省法研究意识经验的内容或构造，也就是对心理复合体进行元素分析，找出意识的组成部分及它们如何结合成各种复杂心理过程的规律。他们强调心理学是一门纯科学，其基本任务是理解正常成年人的一般心理规律，但不重视心理学的应用，不关心心理的个别差异、教育心理、儿童心理等心理领域或不能通过内省法研究的个体行为问题。

（二）机能主义心理学

机能主义（funcionalism）的创造人是美国著名心理学家詹姆士（Wilian James，1842年～1910年），其代表人物还有杜威（John Deway，1859年～1949年）等人。机能心理学也主张研究意识。但是，他们不把意识看成个别心理元素的集合，而看成川流不息的过程。在他们看来，意识是个人的、永远变化的、连续的和有选择性的。意识的作用就是使有机体适应环境。如果说构造主义强调意识的思维,而机能主义则关心思维在人类适应行为中的作用。机能主义的这一特点,推动了美国心理学面向实际生活的过程。20世纪以来,美国心理学一直比较重视心理学在教育领域和其他领域的应用,这和机能主义的思潮是分不开的。

(三) 行为主义心理学

行为主义(behaviorism)是由美国心理学家华生(J. B. Watson,1879年～1958年)于20世纪初创立的一个西方心理学的主要流派。它的发展经历了两个时期:早期行为主义时期(1913年～1930年)和新行为主义时期(1930年以后)。早期行为主义完全排斥对人世间心理和意识进行内省研究,主张心理学应对环境操纵与人的行为变化之间的关系进行客观研究,并把心理现象过度地简化为刺激——反应模式,即S-R模式。由于行为主义强调研究的客观性,使一套行为控制的方法得到发展,促进了心理学研究的精确性和实证性,并在心理学大部分领域得到了广泛应用。到20世纪30年代后逐渐为新行为主义(neo-behaviorism)所取代。新行为主义主要代表人物是托尔曼、赫尔和斯金纳。新行为主义者修正了S-R模式,在S-R之间增加了一个中介变量O——代表反应的内部过程,形成S-O-R模式。新行为主义强调客观的实验操作。这种理论结构和实验方法,随着科学技术的发展将变得更精确和专业化。

(四) 精神分析心理学

精神分析说(psychoanalysis)是由奥地利精神病学家弗洛伊德(S. Freud,1856年～1939年)于19世纪末在精神疾病的治疗实践中创立的一种独特的心理学理论。这一理论体系主要包括潜意识论、泛性论和人格论等。该理论认为人的心理可分为意识和潜意识两部分,潜意识虽不能为本人所意识,但它包括原始的盲目冲动、本能及被压抑的欲望;是人精神生活水平的重要方面,一旦发生障碍是导致精神疾患的原因。该理论还认为,人的一生行为都带有性的色彩,受"力比多"性能的支配,并随力比多在个体发展过程中集中于身体某一区位的变动而出现口腔期、肛门期、性具期和生殖期,形成四个发展阶段。他把人格分为本我、自我和超我三部分,本我与生俱来,即先天本能和原始欲望,自我处于本我和外部现实之间,对本我缓冲和调节;超我是"道德化了的自我",即良心和自我理想两部分,以指导自我去限制本我的冲动。弗洛伊德的精神分析学虽也遭到不少人的反对,但在全世界有深远影响,尤其是在精神治疗、文学艺术、宗教、法律等领域中。以后发展起来的新精神分析(neo-psychoanalysis)学派修正了弗洛伊德的理论,反对本能说和泛性论,强调社会文化因素对产生精神病和人格发展的影响。

（五）人本主义心理学

人本主义心理学(humanistic psychology)是由美国心理学家马斯洛(A. Maslow,1908年~1970年)和罗杰斯(C. Rogers,1902年~1987年)于20世纪50年代所创建的一个心理学流派。它既反对精神分析学派贬低人性、把意识经验还原为基本驱力,又反对行为主义把意识看作行为的副现象,主张研究人的价值和潜能的发展,被称为心理学的第三势力。人本主义心理学强调,人在充分发展自我潜力时,力争实现自我的各种需要,因而建立完善的自我,并追求建立理想的自我,最终达到自我实现。人在争得需要满足的过程中能产生人性内在幸福感和丰富感,给人以最大的喜悦,这种感受本身就是对人的最高奖赏。从探讨人的最高追求和人的价值的角度看,心理学应当改变对一般人或病态人的研究,而成为研究"健康"人的心理学,揭示发挥人世间创造性动机、展现人的潜能的途径。人本主义方法不排除传统的科学方法,而是扩大科学研究的范围,以解决被一直排除在心理学研究范围之外的人类信念和价值问题。人本主义心理学是一门尚处在发展中的学说,其理论体系还不完备,但却可能代表着心理学发展的一个新的方向。它强调人的社会性特点,对人的心理本质做出了新的描绘,为心理治疗领域孕育了一个创新的思路和方法。

虽然各学派心理学家们在建构理论体系时存在着尖锐的分歧,但各派别在发展自己的理论体系中也为后来新兴流派的研究奠定基础。

三、心理学研究的领域

科学心理学诞生以后,经过多年激烈论争的不断演变和发展,在20世纪50年代开始走向繁荣。现代心理学的研究领域涉及面极广,分支很多,其中一些继续注重实验研究和理论探讨;另一些则走向实际应用,在社会实践的不同方面发挥着重要的作用。表1-2为心理学的研究领域中主要的专业化领域。

表 1-2 现代心理学主要的专业化领域

领域		研 究
以科学研究为目的	实验心理学	围绕科学心理学发展初期的那些传统核心课题,如感觉、知觉、学习、动机和情绪等。实验心理学的实验设计比较复杂,需要设计出一定条件,在此条件下用某种刺激引发所期望的行为以便观察,然后还要对其结果作统计分析。值得注意的是沿用实验心理学名称并不意味着其他领域的心理学研究不做实验
	发展心理学	以人的整个生活历程作为对象,探讨人在不同发展阶段上的不同心理特点。发展心理学曾一度集中于研究儿童期,现在对青春期、成人期和老年期也都进行大量的研究
	社会心理学	主要研究人际间的行为和社会力量对行为的控制和影响。典型课题有态度的形成和变化,偏见、顺从、攻击行为,亲密关系和集体行为等,其研究成果有助于人们在人际交往中取得成功
	生理心理学	研究遗传因素对行为的影响与大脑、神经系统、内分泌系统和生物化学因素在行为调节中所起的作用
	认知心理学	致力于研究人的高级心理过程,如记忆、推理、信息加工、语言、问题解决、决策和创造性活动。用科学实验的方法探讨内部心理活动规律,实验设计要求严格,与实验心理学相近
	人格心理学	描述和了解个人独特的心理特征和个体行为的稳定性特征,同时也探讨人格形成的影响因素和对人格特征进行测量和评估
	心理测量学	指对行为和能力的测量,通常用心理测验的方法进行,包括设计评估人格、智力和多种能力的测验,也与统计分析新技术的开发有关
实际应用	临床心理学与咨询心理学	临床心理学对具有心理障碍的人进行评估诊断和治疗,同时也对轻度行为和情绪问题进行处理,主要工作方式包括与病人谈话、实施心理测验和提供集体或个人的心理治疗。咨询心理学与临床心理学相近似,主要区别在于它面对的心理障碍者症状较轻,更多地进行一些家庭、婚姻和职业咨询
	教育和学校心理学	教育心理学是心理学的一个重要领域。作为教育科学的基础,其工作在于提高教育水平,改进师资培训和学业考试,并推动因材施教,培养学生健全人格和创造力,等等。学校心理学家通常在中小学工作,对在学校中有困难的学生进行测验辅导,并帮助家长和教师解决与学校有关的问题
	工业和组织心理学	在工商业的很多领域中发挥作用。包括从事人事部门工作,如人才选拔、人力资源的合理利用等,企业中改善员工的精神面貌和工作态度,争取得到工人的满意和发展生产力,在工厂和企业中对机构的组织、设施和生产程序进行考察,对改进工作提出建议

四、现代心理学的发展趋势

(一)学科融合,促进发展

心理学吸收了其他学科尤其是新兴学科的新成果、新技术,促进了自身内部的发展,拓宽了研究的范围并加强了研究深度。

计算机科学、信息论、系统论等新兴科学对现代心理学的发展产生了重大影响。计算机科学提供了机器模拟法,使探索内部心理过程和状态有了新的途径。现代认知心理学采取了在观察基础上提出对认知的内部加工过程和结构的概念化模型,根据这种模型进行假设和预测,然后再按验证结果调整模型本身,一直困扰心理学家的"黑箱"因此有了探索的新途径。信息论提供了信息、信息量、信息编码等有用的概念和测量信息的数学方法,使研究人的认知过程可采用信息和信息量的概念来描述和说明,避免了笼统的刺激概念。控制论的反馈概念对说明人类行为的自我调节过程起了根本性的影响,使传统的反向弧概念变为反射环概念。计算机、脑电图技术、脑功能成像、录音、录像等现代化手段,以及各种现代心理仪器,使心理学的研究有了上个世纪所不可能有的先进手段。随着现代化科学的发展,心理学日益渗透到各个研究领域,在心理学和其他学科的结合下,新兴的边缘学科陆续出现。比如:在认知心理学与计算机科学之间产生了人工智能;在语言学与认知心理学之间产生了心理语言学;在神经生理学与心理学之间产生了心理学……这种发展趋势,标志着心理学正朝纵深和横向发展。

(二)注重应用,日益广泛

随着社会生产和社会生活的发展,对心理学的需要日益迫切,这促使心理学从大学讲坛和研究机构的实验室走出来,与实际生产、生活相结合。人们应用心理学为政府制定政策提供参考性意见,比如,欧洲共同体采用"消费者态度指数"作为预见商业周期转折的可靠指标,并用于制定经济规划。运用心理学作市场预测和政府政策的态度测量,取得人、财、物等多方面的资料,从而更准确地把握社会发展动向。再比如,美国工业界对工业心理学十分重视,大公司一般都设有工业心理学研究机构,拥有现代化设备的实验室。又比如,应用心理治疗技术对精神病患者提供临床服务和对心理失调者提供咨询服务。在心理学比较发达的国家如西欧和北美国家、日本、澳大利亚等,心理学为劳动者提供职业选择和训练,提高对工作的适应能力,减少事故和减轻工作环境中的紧张情绪,帮助人们正确评估和改善工作的满意程度。应用心理学为在校学生提供心理调节、心理健康服务,也为社会人士提供戒毒、戒烟、戒酒等服务。以上从事临床心理学的人数在英美心理学家中的比例最大。心理学在教育教学中的应用是最早开始的,在现代更有了迅速的发展,许多教学原则、教育方法都离不开心理学原理。在许多国家,心理学是教育者的必修课。

心理学的广泛应用促使心理学的新分支越来越多。工业管理和组织的需要产生工业心理学,商业流通的需要产生商业心理学,学校教育的需要产生学校心理学,太空探索的需要产生航天心理学。现代心理学再也不是少数哲人的思考和言论,它和人们的生活关系越来越密切。

(三)纵深研究,日益成熟

现代心理学走向更广、更深的研究领域,呈现蓬勃兴旺的发展趋势。20世纪80年代末,根据国际心理联合会的估计,全世界约有26万受过职业训练的心理学家,不过分布很不均衡,仅美国心理学家就有10万之余。经济发达国家的高等学校中从事心理学专业的人数越来越多,如英国大学生人数中,数学占第一位,心理学占第二位。

但是,不论是在国外还是在国内,心理学依然是任重而道远的,因为它研究的是极其复杂的人的特性而不是物性。它还未发展成像数学、物理、化学那样的规范科学。100年对它来说依然是短暂的,我们没有理由责怪它有些地方还"不那么科学"。心理的奥秘是科学的一大难题,有待于我们去攻关。

阅读资料

冯　特

冯特(Wilhelm Wundt,1832年~1920年),德国心理学家、哲学家,现代实验心理学的著名创始人之一。冯特出生在德国巴登的一位牧师家庭里,早年习医。1856年在海得堡大学获博士学位,1857年~1874年在该校任教,曾开设生理心理学课程,并出版《生理学原理》。1875年改任莱比锡大学哲学教授。1879年创立了世界上第一个心理学实验室。冯特是构造主义心理学的奠基人。他主张心理学研究直接经验。心理学的研究方法只能是实验性

的自我观察或内省。冯特用这种方法研究了感觉、知觉、注意、联想等过程,提出了统觉学说,还根据内省观察提出了情感三维说。他还主张用民族心理学的方法研究高级心理现象,这对社会心理学的生产和发展有重要影响。冯特的哲学思想是混乱的,在身心关系的问题上,他主张精神和肉体是彼此独立的序列和过程,因而陷入了二元论。他一生的著作很多,代表作有《生理学原理》《民族心理学》《对感官知觉学说的贡献》《心理学大纲》等。

(资料来源:陈元晖.教育与心理词典.福建教育出版社,1998)

潘 菽

潘菽(1897年～1988年),中国现代心理学家,原名有年,曾用名潘淑,字水淑(菽)。1897年7月13日生于江苏省宜兴县,1988年3月26日卒于北京。早年就学于北京大学哲学门(系)。1921年留美专攻心理学,1926年获芝加哥大学哲学博士学位。1927年回国后任第四中山大学(后改称中央大学)理学院心理学系副教授、教授、系主任。1949年～1956年,先后任南京大学教务长、校委员会主席、校长兼心理学系主任。1955年被聘为中国科学院生物学部委员。同年中国心理学会恢复,之后连续当选1～3届理事长(1955年～1984年)。

1956年中国科学院心理研究所成立后任所长,1983年5月改任名誉所长。他还是中国科学工作者协会(1945,重庆)和九三学社的主要发起人和领导者之一。他主要致力于心理学基本理论方面的研究,主张中国心理学必须走自己的道路,要在辩证唯物论指导下,结合中国的实际,建立能为社会主义服务的理论体系。提出生活、实践的观点是心理学的首要的和基本的观点;把心理活动分认识活动和意向活动两个基本范畴;认为"意识就是综合的认识";提出并阐明了对心身关系问题的唯物一元论观点,认为身体是心理的主体,心即是身体的作用;指出人体尤其人脑有生理和心理的特种功能等。他的观点对中国心理学的发展有深刻的影响。主要著作有《心理学概论》(1929)、《社会心理学基础》(1931)、《心理学的应用》(1935);主编《教育心理学》(1980)、《中国古代心理学思想研究》(论文集)(1983,与高觉敷主编)、《人类智能》(1983);论文有《背景对学习与记忆的影响》、《论所谓心身问题》等80余篇。

(资料来源:《中国大百科全书·心理学卷》,中国大百科全书出版社,1991)

思考练习

1. 心理学是怎样一门科学？其性质是什么？
2. 心理学研究的对象是什么？心理现象包括哪些方面？
3. 心理学研究的任务和重要意义是什么？
4. 心理学研究有哪几种方法？介绍一种常用的方法并结合实例加以说明。
5. 现代心理学有哪些主要流派，其主要观点是什么？
6. 现代心理学有哪些主要分支？现代心理学发展趋势如何？
7. 要加速我国心理学专业的发展，你认为应当从哪些方面入手？
8. 作为大学生，你认为学习心理学有哪些重要意义？你怎样才能学好心理学？拟出你的学习规划。

第二章 心理的生理基础

本章内容提要：

1. 神经元的构造、功能和突触传递
2. 神经系统的结构和功能
3. 大脑的结构和功能
4. 大脑研究的新进展
5. 心理的反射机制

人的心理活动纷繁复杂、绚丽多彩，但不管多么复杂多变，总有其自身运动与变化的规律。心理活动就其产生变化而言，与人体的机能活动有直接关系。远古时代，人们不了解自己的结构和机能，对心理现象不能正确解释，认为心理现象是可以脱离身体而存在的一种实体——"灵魂"的作用。西方古代许多哲学家、思想家如德谟克利特、柏拉图、亚里士多德等曾对灵魂的本质和功能、灵魂与身体的关系作了种种思考和推测。心理学这个术语的来源也反映了人类对心理现象的早期认识。

随着科学的发展与进步，人类终于认识到心理是神经系统的功能，特别是脑的功能。由于神经科学、认知科学、电生理学和生物化学等的飞速发展，以及各种现代技术的突飞猛进，人们对神经系统的结构与功能有了许多崭新的认识。

在生物学中，与身体结构和功能有关的分支是生理学。生理学家研究身体器官是如何工作时，从概念上对身体进行了多种划分。一种划分方式是系统的功能划分，如循环系统、呼吸系统等。另一种划分方式是按细胞划分，身体是由细胞组成的，如肝细胞、肾细胞、脑细胞等。作为心理学，尽管我们不会忽视其他系统和细胞，但由神经元构成的神经系统是我们关注的主要焦点。

第一节 神　经　元

细胞是器官乃至身体的基本组成单位,见图 2-1。每个器官由数目庞大的细胞组成,在一定程度上,每种细胞是"自我包围"的,细胞周围有一层膜,膜内外的化学环境不同。就像社会中的单个人一样,细胞只有与它所在的环境产生互动,才能生存下去。

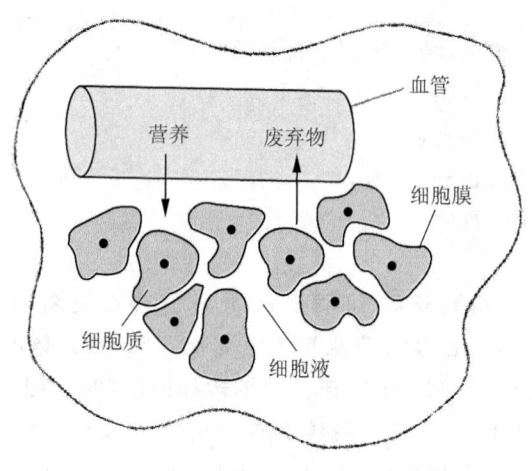

图 2-1

所有的细胞,不论它是在脑、肾还是其他任何地方,都有一些共同的特征,如都有细胞膜,而且膜内外具有不同的化学成分。然而,细胞在结构和功能上也有不同。细胞与人的分工相类似,根据它所处位置及所属器官,每种细胞起着各自特定的作用。例如,红细胞(它是运动的)专门负责把血液中的氧输送到全身各个细胞,神经细胞(称为神经元)专门传递和加工信息。

一、神经元的基本结构

神经元(neuron)即神经细胞,是神经系统结构和机能的单位。1891 年,瓦尔岱耶(Waldeyer)提出神经元这一名称,并确立了神经元学说。

神经元是具有细长突起的细胞,其结构包括胞体(cell body or soma)、轴突(axon)和树突(dendrites)三个部分(图 2-2)。

神经系统由数目庞大的神经元组成,人脑神经元的数量大概在 100 亿个以上。神经元的形状、大小各不相同。胞体的形态和大小有很大的差别,有

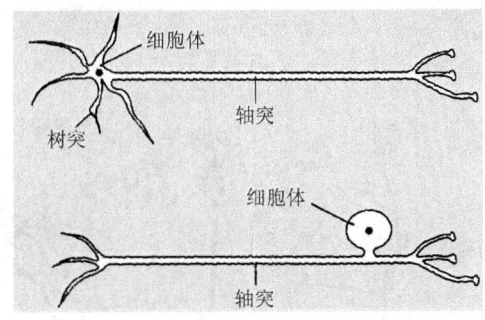

图 2-2

圆形、锤体形、梭形和星形等几种。胞体最外是细胞膜,内含细胞核和细胞质(cytoplasm)(介于膜与核之间)。胞质具有复杂的结构,如神经原纤维、尼氏体、高尔基体、线粒体等。其中,神经原纤维和尼氏体是神经元特有的结构。

轴突一般较长,其长度从十几微米(μm)到 1 米(1 微米=1/1000 毫米)。每个神经元只有一根轴突,在轴突主干上有时分出许多侧枝。主干内包含许多平行排列的神经元纤维,轴突的作用是将神经冲动从胞体传出到达与它联系的各种细胞。

树突较短,长度只有几百微米,形状如树的分枝,其作用类似于电视的接收天线,负责接受刺激,将神经冲动传向胞体,见图 2-3。

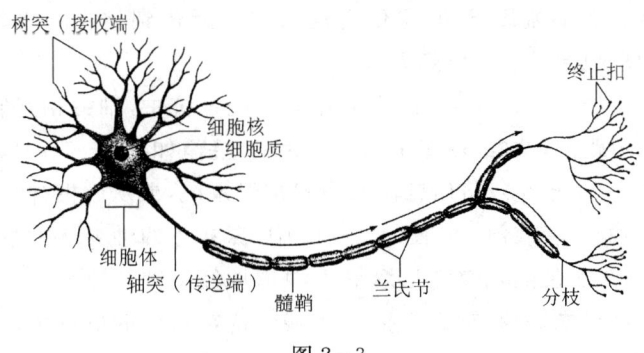

图 2-3

二、神经元的功能和种类

根据神经元的形状和功能可以把神经元分成不同的种类,见图 2-4。按突起的数目可以分成单极细胞、双极细胞和多极细胞。按功能可以分为

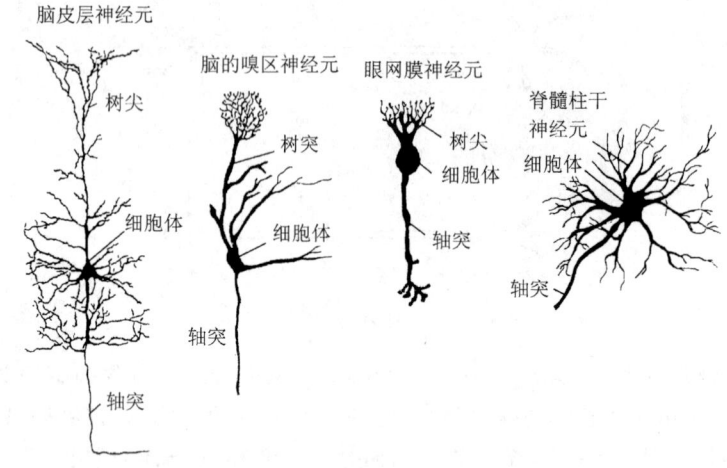

图 2-4

内导神经元(感觉神经元)、外导神经元(运动神经元)和中间神经元。内导神经元收集和传导身体内外的刺激,到达脊髓和大脑;外导神经元将脊髓和大脑发出的信息传到肌肉和内分泌腺,支配相应器官的活动。中间神经元介于前两者之间,起联络作用。

神经元的功能是传递和加工信息。神经元以电脉冲方式沿轴突传递信息。例如,外部世界信息(如声音、化学气味)通过神经元传递至大脑,由大脑作出决定。如果需要行动,将信息通过神经元传到相应的肌肉,引起行为。体内信息也由神经元传到大脑。

"神经"指的是一组轴突,它位于外周神经系统中,轴突相互联结,从而可延伸至一定距离。神经就像电缆中成束的电线,如图 2-5(a)所示。在特定的神经内,一个轴突或将信息输入中枢神经系统,或从中枢神经系统中传出信息,但不能两者兼备。在图 2-5(b)中,深灰色的轴突从中枢神经系统中传出信息,浅灰色的轴突把信念输入中枢神经系统。神经一般由传入和传出两种轴突组成,一些轴突会把身体某个特定部位的信息传入脊髓。例如,一个轴突可能传递手指皮肤损伤的信息,而它旁边的轴突传递痛痒信息,第三个轴突可能传递手指皮肤的温度信息。

以踩荆棘为例,其反应包括两种成分:一是把脚从荆棘上移开的反射;二是对创伤的觉察和意识感到痛,如图 2-6所示(实际上有多种神经元一起参与)。两种成分都依靠专门的神经元(如神经1),称为痛神经元,它能察觉

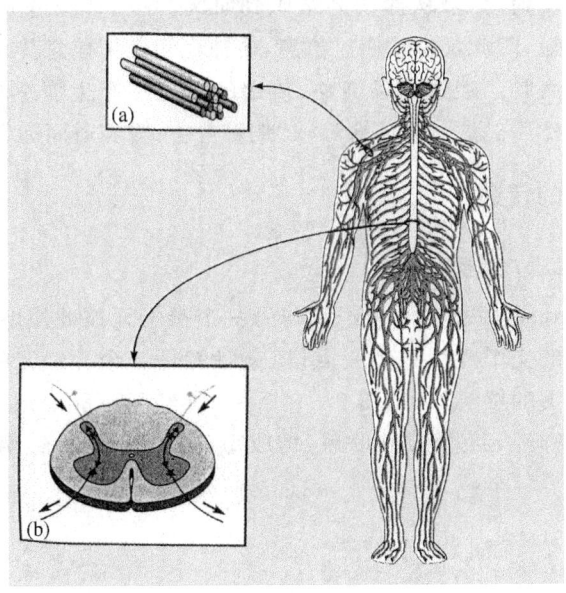

图 2-5

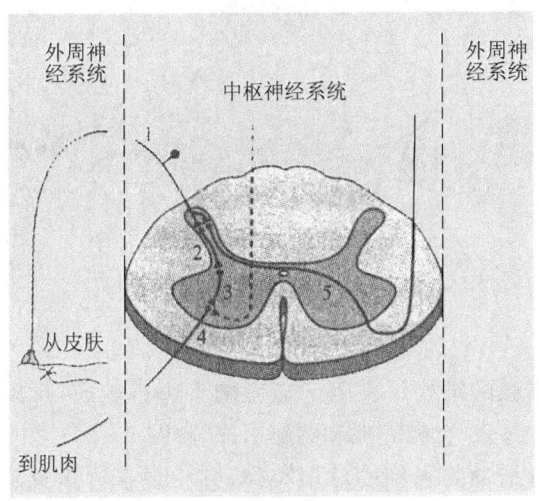

图 2-6

脚尖组织的损伤。脚尖产生的电信号,沿神经元 1 的轴突向上传递。

就反射成分来说,在脊髓处,痛神经元将信息传给神经元 2,神经元 2 进一步传递给与之相连的神经元 3,再传给神经元 4,由神经元 4 接着传到肌肉,产生行为。当信号传到肌肉时,肌肉产生收缩,脚从有害物体上移开。

这是一个反射,信号从损伤的组织到肌肉,并没有经过大脑,信息传递的距离相对较短,因此反应较快。注意,痛神经元也把信息传到神经5,并由脊髓上行进入大脑。经过这条通路,传递的信息在产生痛感和体验到消极情绪上发挥了作用。这一经历会形成"荆棘有害,应当避而远之"的记忆。

三、突触的传递

（一）突触及其结构

突触(synapse)是指一个神经元与另一个神经元彼此接触的部位,也就是神经元之间的交汇点。具体一点讲,突触就是一个神经元的树突与另一个神经元的轴突的接触处,见图2-7。一个神经元不能单独执行神经系统的机能。各个神经元必须互相联系,构成简单或复杂的神经通道,才能传导信息。

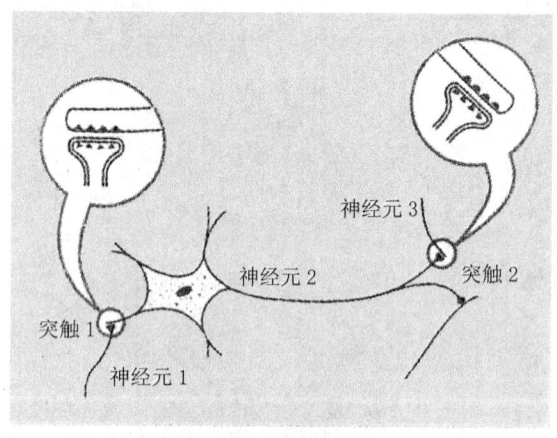

图2-7

突触具有细微的结构。在电子显微镜下进行观察,可以看到突触分三个部分:突触前部分、突触间隙和突触后部分(图2-8)。

突触前部分指轴突末梢的球形小体,其中包含许多突触小泡(synaptic vesicles),它是神经递质的存储场所。球形小体前方的质膜叫突触前膜,而神经递质就是通过它释放出来的。

突触间隙指突触处的间隙,神经元在突触处并不是连接在一起的,其间有一间隙,约200埃(1埃=10^{-10}米)。

突触后部分指邻近神经元的树突末梢或胞体内一定部位,它通过突后膜与外界发生联系。突触后部分含有特殊的分子受体。

突触的这种结构保证了神经冲动从一个神经元传递到与它相邻的另一个神经元。

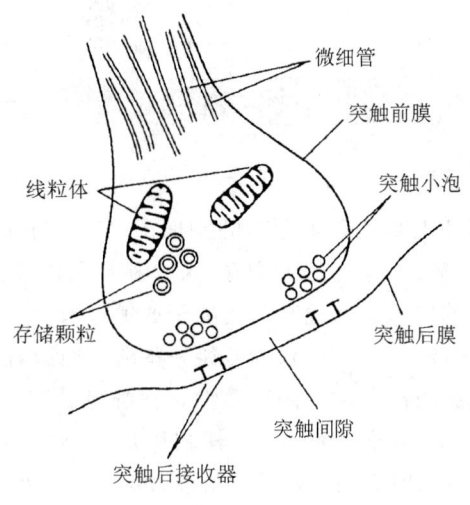

图 2-8

（二）突触的传递

神经元是通过接收和传递神经冲动来进行神经元间的信息传导。这种神经冲动传导的方式又分为两种：神经细胞内的电传导和神经细胞间的化学传导。

1. 神经冲动(nerve impulses)

神经冲动是指任何一种刺激（机械的、热的、化学的或电的）作用于神经时，神经元就会由比较静息的状态转化为比较活动的状态。冲动性是神经和其他兴奋组织（如肌肉、腺体）的重要特性。

用两根微电极，一根插入神经元的轴突，另一根与神经元的细胞膜相连，就像接通电池的正负极一样，可以测量到神经细胞内外的电活动，见图 2-9。结果发现，轴突外为正，内为负，电压相差 70 毫伏。神经元处于静息状态时测到的电位变化，叫静息电位(resting potential)。可见，在静息状态下，神经元也是自发放电的。

生理学研究认为，神经细胞膜内外存在大量的离子(ions)，这是一些得到或失去电子(electrons)的分子，它们带有正电荷或负电荷。离子在膜内外

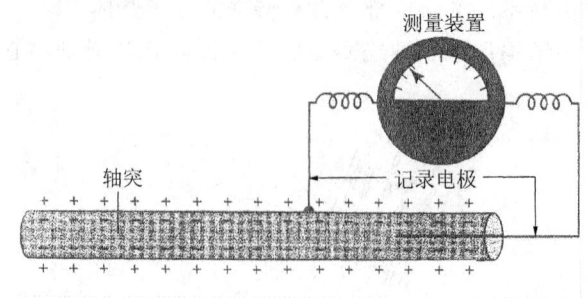

图 2-9

有不同的分布。膜外主要是带正电荷的钠离子(Na^+)和带负电荷的氯离子(Cl^-),而膜内主要是带正电荷的钾离子(K^+)和带负电荷的大分子有机物。离子在细胞膜内外的出入是通过所谓的离子通道(ion channels)实现的。在一定条件下,它使用离子泵(ion pumps)让一些离子通过,而不让另一些离子通过。这就是细胞膜对离子的不同通透性。在静息状态下,细胞膜对 K^+ 有较大的通透性,对 Na^+ 的通透性很差,其结果是 K^+ 经过离子通道外流,而 Na^+ 则被挡在膜外,致使膜内外出现电位差,膜内比膜外略带负电(内负于外),这就是静息电位。

但是,当神经受到刺激时,细胞膜的通透性迅速发生变化,钠离子通道临时打开,带正电荷的钠离子被泵入细胞膜内,使膜内正电荷迅速上升,并高于膜外电位。这一电位变化过程叫动作电位(active potential)(图 2-10)。对动作电位来说,钠离子的快速运动作用特别大。动作电位是神经受刺激时的电位变化,它代表着神经兴奋状态。动作电位与静息电位是交递出现的。紧接着动作电位之后,细胞膜又恢复稳定,它关闭离子通道,泵出过剩的钠离子,使自己重新稳定下来,并恢复到 -70 微伏的状态。

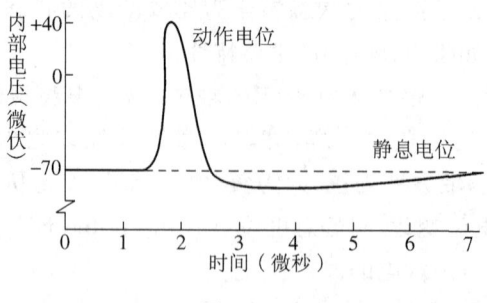

图 2-10

神经元的传递和传导是一系列的神经冲动,每一次神经冲动称为一个动作电位,不论携带的信息是什么,动作电位是神经系统主要的沟通"语言"之一。一个神经元对另一个神经元的影响取决于突触。假若一个神经元末端的动作电位增加了另一个神经元产生动作电位的机会,则称为兴奋性突触。另外,也存在抑制性突触,是指一个神经元的活动降低了下一个神经元产生动作电位的机会,抑制了下一个神经元的活动。

抑制性突触起什么作用?想象一下,一个赤足的人在悬崖壁边上正好找到一个安全立足点,尽管脚下边有很多荆棘,但他一抬脚,就有掉下去的危险。在这种情况下,即使痛神经元产生兴奋,但大脑能对它发出抑制信息,使之不引发行为,避免危险事情发生。

2. 神经冲动的电传导

神经冲动的传导与动作电位的产生有密切的联系。当动作电位产生时,神经纤维某一局部就会出现电位变化,细胞膜表面由正电位变为负电位,而膜内由负电位变为正电位。但是,邻近未受刺激的部位,膜外仍为正电,膜内仍为负电。这样,在细胞表面,兴奋部位与静息部位之间便出现电位差,于是就产生了由未兴奋部位的正电荷向兴奋部位的负电荷的电流。同样,膜内兴奋部位与静息部位间也出现了电位差,产生相反方向的电流。这构成一个电流的回路,称为局部电流。这种局部电流使邻近未兴奋部位的细胞膜的通透性发生了变化,并产生动作电流。这种作用反复进行下去,就使兴奋从一处传向另一处。神经冲动的这种传导称为电传导,见图2-11。

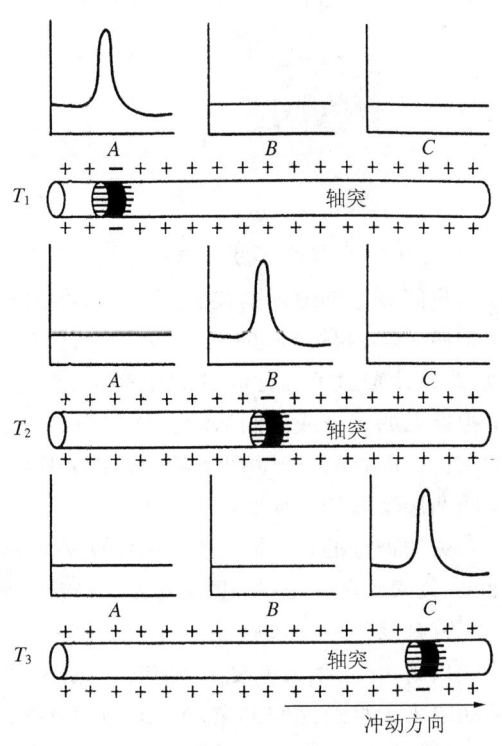

图2-11

神经元对信息的传导,用动作电位发生的频率来表示,见图2-12。假定一种神经元能觉察温度,即对指尖温度敏感[图2-12(a)部分],动作电位沿神经元传递,直到末端,然后由下面的神经元继续传递。图中(b)部分表示对温水的反应,如果提高温度,指尖神经元动作电位的频率就会增加[图中(c)部分],温度继续升高,在图中(d)部分中,频率相应地继续提高。对同一神经元,所有动作电位都以相同的速度传导,这种特性使信息在传递途中不会变得越来越弱。

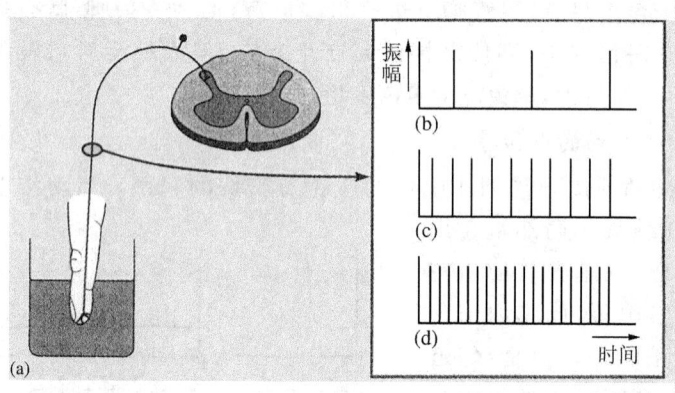

图 2-12

3. 神经冲动的化学传导

我们更仔细地观察突触活动,就会发现,在一个神经元的末端,存储着化学递质(又叫神经递质),当动作电位到达神经末端时,神经递质得到释放,并迅速穿过神经远间的突触间隙,到达另一神经元的接受器,引起第二个神经元的兴奋或抑制活动。任何一个突触对到达的动作电位总是要么产生兴奋反应,要么产生抑制反应;究竟引起的是兴奋还是抑制,取决于神经递质和接受器的性质。

更加神奇的是,神经递质在使用后,并未被破坏,它借助于泵从受体中排出,又回到轴突末梢,重新包装成突触小泡,再重复得到利用。

突触及其神经递质是心理学研究的基础。我们体验的感情,如郁郁寡欢或兴高采烈,很大程度上依赖于中枢神经系统中神经元回路的活动,这种活动取决于神经元间的突触。通过把突触作为目标靶,有可能人为地操纵神经元的活动。在行为科学中,这方面的分支称为药物心理学,主要研究改变情绪和行为的药物,如抗抑郁和抗焦虑药品。

药物能改变情绪,这个事实表明了心理状态与体内各种水平的化学物质之间有密切的互动关系,也说明了心理学和生理学研究者合作的必要性。比如,一种药物可能会迅速改变全身血清突触的活动水平,从而影响情绪,百忧触就属于这一类。药物学和精神病学的专业人员主要通过合法途径,使我们能够彻底地改变大脑的神经化学构成。

化合物影响神经元回路的功能,进而影响人们的心理状态。某些化合物能够增强或者降低体内天然神经递质的活动效率,或模仿天然化合物的功能。与天然递质所起作用相似的化学物质称为促效剂(agonist),如吗啡和海洛因,它们与体内天然产生的类吗啡物质功能相同。有些惰性物质能阻止接受器对天然递质发生作用,称为颉颃剂(antagonist),见图2-13。

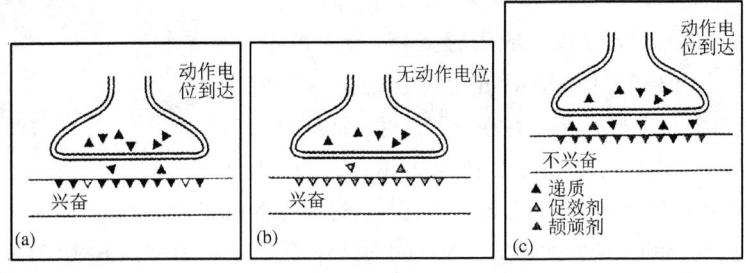

图2-13

化合物影响神经系统的另一种方式见图2-14,神经递质释放后,它一般在突触部位移动,或者冲入突触间隙,或者重新返回原来的神经元。在图2-14(b)中,体内吸入了一种物质,它阻止了对体内特定递质的吸收,使接受器的递质水平提高了。例如,可卡因对天然递质多巴胺就有这种作用。在通常的可卡因服用者身上,由多巴胺水平提高带来的变化,被主观地体验为犹如神仙般,并产生更强的需求(Volkow et al,1997)。

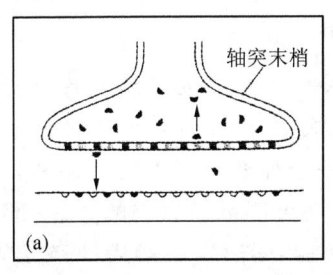 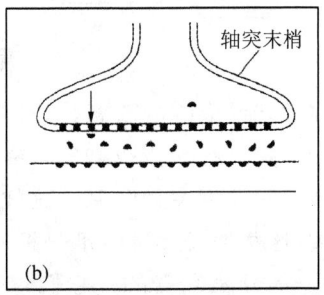

图2-14

4. 神经回路

神经元之间通过突触建立起来的联系,构成了极端复杂的信息加工与传递的神经回路(nerve circuitry)。芝加哥大学神经学家赫里克(J. Herrick)计算,100万皮层细胞两两组合,就可得 102 783 000 种组合,一个脊髓前角的运动神经元的胞体可有 2 000 个突触,大脑皮层每个神经细胞可有 30 000 个突触。神经回路的复杂程度可见一斑。单个神经元只有在极少数的情况下才单独地执行某种功能,神经回路才是脑内信息处理的基本单位。

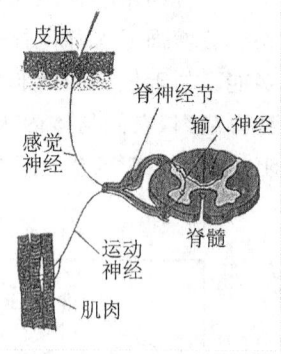

一个反射弧(reflex arc)是一种最简单的神经回路(图 2-15)。反射弧一般由感受器、传入神经、中枢部位、传出神经和效应器五个部分组成。一定的刺激作用于某个感受器,使感受器产生兴奋,兴奋以神经冲动的方式经传入神经传向中枢,经过中枢的加工,又沿着传出神经到达效应器,并支配效应器的活动。

图 2-15

神经回路的连接方式除了一对一的连接外,还有三种典型的方式(图 2-16),即发散式、聚合式和环式。在发散式中,一个神经元的轴突通过它的末梢分

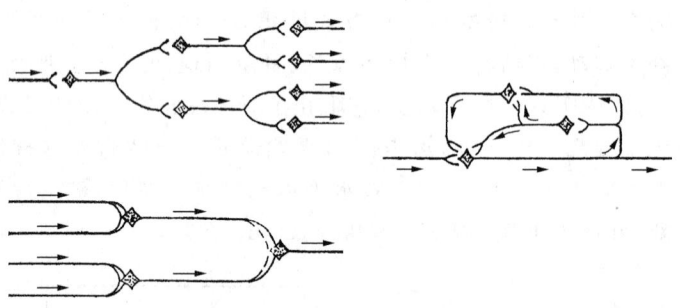

图 2-16

支与许多神元发生突触联系,这种联系使一个神经元的活动有可能引起许多神经元的同时性兴奋或抑制。在聚合式中,许多神经元的神经末梢共同与一个神经元发生突触联系。这样,同一个神经元可以接受许多其他神经元的影响,这些神经元可能都是抑制的,也可能都是兴奋的,或一部分是抑制的,另一部分是兴奋的。它们聚合起来共同决定突触后神经元的状态。它表现了神经兴奋在空间和时间上的整合作用。在环式连接回路中,一个

神经元发出的神经冲动经过几个中间神经元,又回到原发冲动的神经元,它使神经冲动在这个回路内可以往返持续一段时间。

第二节　神经系统

神经系统指由神经元构成的一个复杂的机能系统。人体内大量的神经元,其胞体集中在脊髓或脑中,其轴突聚集成束,伸到身体的各部分。它们分别构成了中枢神经系统和周围神经系统,见图2-17。

一、神经系统的构造

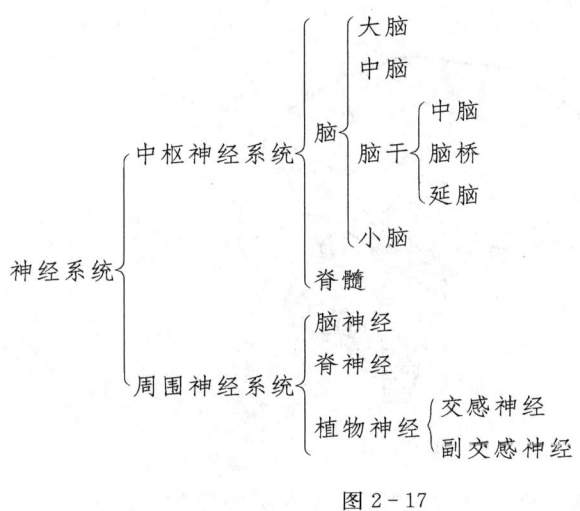

图 2-17

二、中枢神经系统

中枢神经系统包括脑与脊髓。脑在颅腔内,脊髓在脊柱中。两者通常以椎体交叉的最下端和第一颈神经的最上端为界。

（一）脑干

脑干(brain stem)包括延脑、桥脑和中脑(图2-18)。

延脑(medulla)是一个狭长的结构,全长约4厘米,上端与脑桥相连,下端与脊髓相连。延脑和有机体的基本生命活动密切相关,它支配呼吸、排泄、吞咽、肠胃等活动,因而又叫"生命中枢"。

桥脑(pons)在延脑的上方,它位于延脑与中脑之间,是中枢神经与周围神经之间传递信息的必经之地。它对人的睡眠具有调节和控制作用。

中脑(midbrain)位于丘脑底部,小脑、桥之间。它的结构简单,形体较小。由大脑脚、四叠体和上、下丘核组成,对视觉、听觉有支配作用。

在脑干的广大区域有灰、白质交织混夹的结构,叫网状结构系统(reticular system)。按其功能可分为上行网络系统和下行网状系统。前者对大脑皮层的兴奋性有重要作用,它参与调节和控制觉醒和意识状态;后者可加强或减弱肌肉紧张状态,即对脊髓运动神经元有易化和抑制作用。

(二)间脑

间脑位于脑干上部,大部分被大脑所覆盖,被称为"在脑的中间"。它主要包括丘脑和下丘脑,见图2-18。

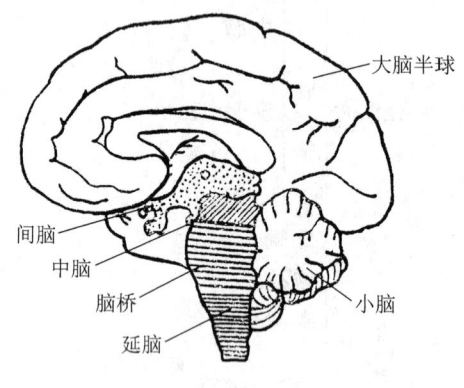

图 2-18

丘脑位于间脑的背侧部,它的内侧膝状体为听传导的中继站,外侧膝状体为视传导中继站。除嗅觉外均在丘脑交换神经元,然后再传至大脑。丘脑对传入的神经冲动进行加工选择,所以,丘脑是皮层下感觉中枢。

下丘脑位于丘脑的前下方。它的前下方是视交叉,后方有一对突起是乳头体。下丘脑的机能非常复杂,功能是多方面的。它是植物性神经系统皮层下中枢,是调节内脏活动以及内分泌活动的主要环节。下丘脑有些核团具有分泌激素的功能。下丘脑的一些部位与觉醒和睡眠的节律有关。下丘脑与情绪反应影响较大,下丘脑与大脑皮质之间形成很多回路,共同调节着各种心理活动。

(三)小脑

小脑位于延髓与脑桥的背侧,由膨隆起的两侧半球构成。其表面有一层灰质,内为白质。它通过一些纤维与脑干相连,并和大脑、脊髓发生关系。小脑的功能是协助大脑维持身体平衡与协调动作。

(四)边缘系统

在大脑半球内侧面有一个穹隆形的脑回,因其位置在大脑与间脑交接处的边缘,又与相关组织构成一个统一的机能系统,故称边缘系统(limbic system),见图 2-19。这些结构包括扣带回、海马、海马沟等。它的生理功能主要有个体保存(寻食、防御等)、种族保存、内脏功能、控制情绪的发生和表现、参与学习和记忆活动等。

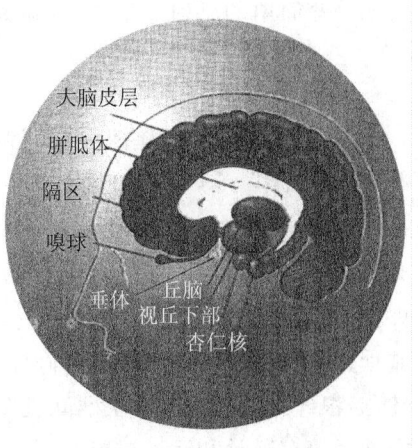

图 2-19

(五)脊髓

脊髓(spinal cord)是中枢神经系统的最低级部位,位于脊椎管内,上接延髓,下端变细为丝。从横断面看,脊髓中间是"H"型的灰质,灰质外面是白质。灰质的主要成分是神经元的胞体,白质的主要成分是聚集的神经纤维(图 2-20)。

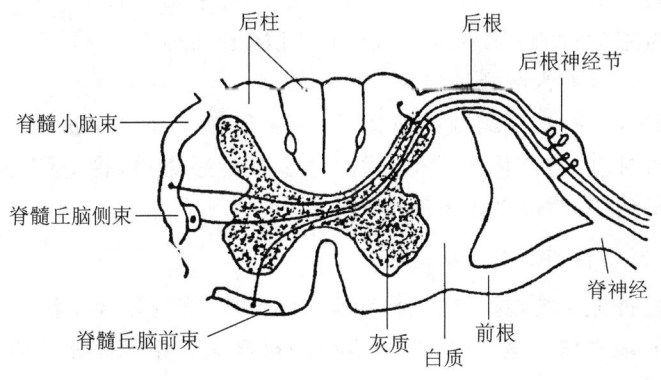

图 2-20

灰质两侧前端呈角状膨大,称为前角,主要是运动神经元的细胞体,其轴突组合成束。灰质的两侧后端狭长突出,称为后角,内多为感觉细胞,外界冲动传至此,再由此传至中枢。

脊髓的作用:第一,脊髓是脑和周围神经的桥梁。来自躯干和四肢的各种刺激,只有经过脊髓才能传导到脑,受到脑的更高级的分析与综合;而由脑发出的指令也必须通过脊髓,才能支配效应器官的活动。第二,脊髓可以完成一些简单的反射活动,如膝盖反射、肘反射、跟腱反射等。

三、周围神经系统

周围神经系统由脊神经、脑神经和植物神经三部分构成(图2-21)。

(一)脊神经

脊神经共31对,发自脊髓,穿椎间孔外出,依脊柱走向,分为颈神经8对、胸神经12对、腰神经5对、骶神经5对、尾神经1对。脊神经的前根纤维属运动性,后根纤维属感觉性,在椎间孔处混合外出,所以脊神经兼有感觉和运动机能。

(二)脑神经

脑神经由脑干发出,共12对,按顺序为:① 嗅神经;② 视神经;③ 动眼神经;④ 滑车神经;⑤ 三叉神经;⑥ 外展神经;⑦ 面神经;⑧ 听神经;⑨ 舌咽神经;⑩ 迷走神经;⑪ 副神经;⑫ 舌下神经。其中第1、2、8对为感觉神经;第3、4、6、11、12对为运动神经;第5、7、9、10对为混合神经。

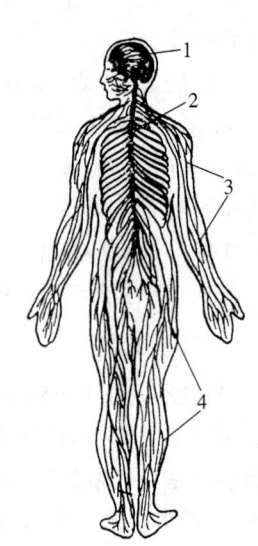

图 2-21

脑神经和脊神经所组成的躯体神经,主要接受来自皮肤、肌肉、关节等组织的神经冲动,将其传至中枢系统,产生各种感觉;再将中枢的神经冲动送至肌肉等组织,对活动进行反馈调节。

(三)植物性神经

植物性神经系统指控制各种腺体、内脏和血管的神经系统。19世纪德国学者莱尔最先提出这个名词,之后英国科学家兰格莱将植物性神系统分成交感神经和副交感神经两部分。两者在机能上有拮抗性质。交感神经通过脊椎外神经节链与身体有关器官相连,副交感神经直接与有关器官相连。一般当机体处于强烈的活动或应激状态时,交感神经兴奋占优势,相应出现心跳加快、血压上升等生理状态,准备应激。当机体处于平静状态时,副交感神经兴奋则占优势,心跳减慢,血压下降,消化系统活动加强,肌体获得必要的休息,交感神经与副交感神经的拮抗性质,使得肌体有张有弛,保证了机体活动的正常进行。

第三节 大脑的结构和功能

人的大脑占中枢神经系统总体积的一半以上,重量约为脑的总重量的60%左右。从进化观点看,大脑比脑干出现晚。大脑是中枢神经系统最高级、最重要的部分。

一、大脑的结构

人的大脑分左右两半球。大脑半球的表面由大量神经细胞和无髓鞘神经纤维覆盖着,呈灰色,叫灰质(gray matter),即大脑皮层(cerebral cortex),总面积约2 200平方厘米,皮层的厚薄不一,厚度在1.3毫米～4.5毫米。皮层从外到内分为六层:分子层、外颗粒层、锥体细胞层、内颗粒层、节细胞层、多形细胞层。其中,颗粒细胞接受感觉信号,锥体细胞传递运动信息。

大脑皮质表面有凹进和突出,凹进的叫沟,突出的称回。其中凹进的有三条大沟裂,即中央沟、顶枕裂和外侧裂。这些沟裂将半球分成额叶、顶叶、枕叶和颞叶等区域(图2-22)。

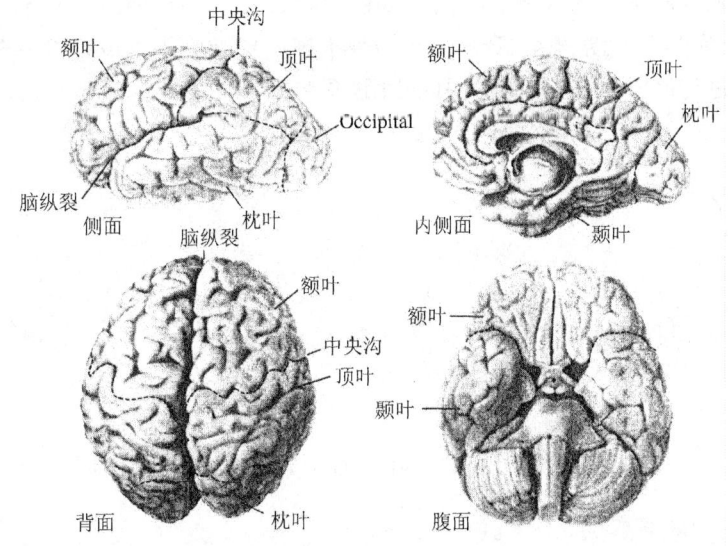

图2-22

在大脑皮层内部是髓质,其中埋藏着一些灰质核团即基底神经节。大脑髓质是由大量神经纤维组成的,这些纤维负责大脑回间、叶间、两半球之间以及皮层和皮层下组织的联系工作。主要的联系纤维结构有胼胝体和内囊。胼胝体主要传递两半球之间的信息(图2-23)。

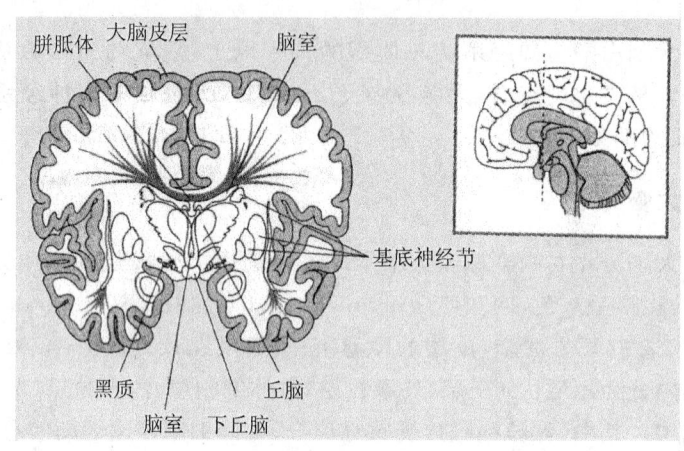

图 2-23

二、大脑的机能定位

大脑皮层不同的区域有不同的功能,从大的划分有感觉区、运动区和联合区。1909年,勃路德曼(Brodmann)曾根据皮层细胞类型以及纤维的疏密对大脑进行区分,他的大脑皮层区分图(图2-24)为大家所公认。

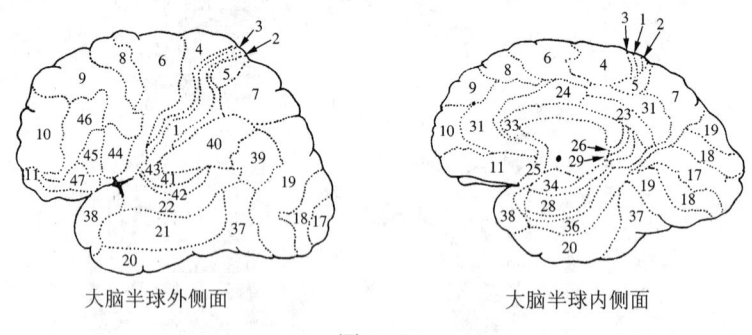

图 2-24

(一) 皮层感觉区及机能

皮层的感觉区包括躯体感觉中枢、视觉中枢、听觉中枢、嗅觉中枢和味觉中枢(图2-25)。感觉区接受来自各种感觉器官的神经冲动,并对这些信息进行加工整合。

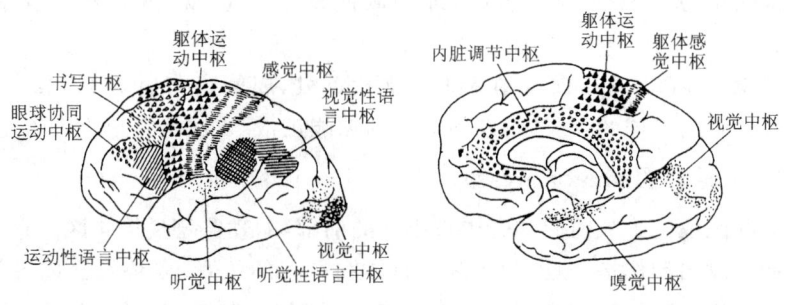

图 2-25

躯体感觉中枢位于中央后回，勃路德曼第 3 区，产生触压觉、温度觉和痛觉等。躯干、四肢皮肤的传入神经在脊髓内交叉至对侧，头面部皮肤的传入神经在脑干内非完全交叉，在皮层产生的感觉是双侧性的。整个躯体感觉区呈倒置分布，按下肢、上肢、头面部的顺序排列；头面部在感觉区的投射是正立分布。身体各部位的重要程度决定了它在感觉区上的投射面积，手、舌、唇的投射面积最大（图2-26）。

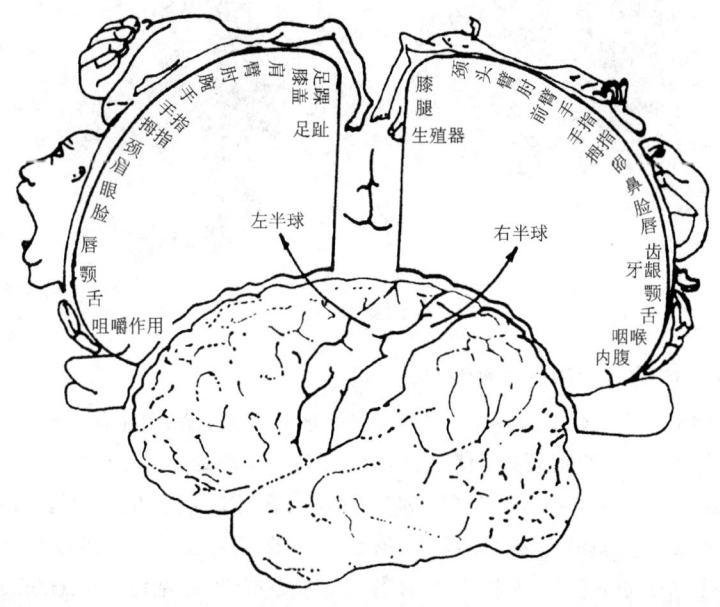

图 2-26

视觉区(visual areas)位于顶枕裂后面的枕叶内,属勃路德曼第17区。若大脑两半球的视觉区受破坏,即使眼睛的功能正常,人也将完全丧失视觉。

听觉区(auditory areas)在颞叶的颞横回处,属勃路德曼第41、42区,若破坏了大脑两半球的听觉区,即使双耳的功能正常,人也将完全丧失听觉。

(二) 运动区(motor areas)

运动区位于中央前回和旁中央小叶的前部,即勃路德曼第4区。它的主要功能是发出动作指令,支配和调节身体在空间的位置、姿势及身体各部分的运动。运动区与躯干、四肢运动的关系也是左右交叉、上下倒置的。同样身体各部位在运动区的投射面积不取决于各部位的实际大小,而取决于它们在机能方面的重要程度(图2-27)。功能重要的部位在运动区所占的面积也较大。

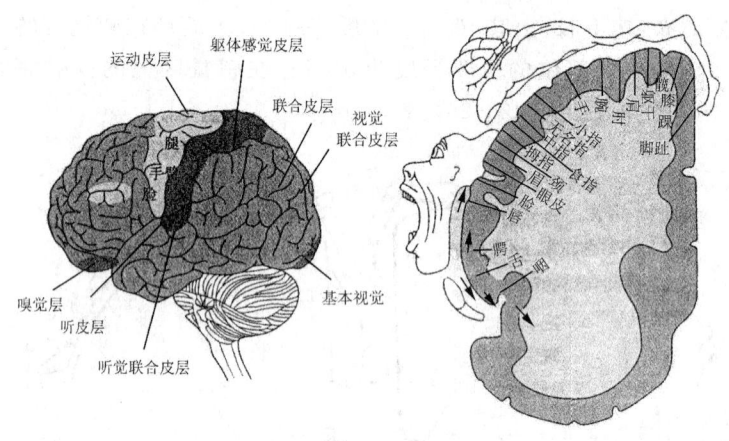

图 2-27

(三) 言语区(speech areas)

言语区主要定位在大脑左半球,它由较广大的脑区组成。在左半球额叶的后下方,靠近外侧裂处,有一个言语运动区,勃路德曼第44、45区,亦称布洛卡区(Broca's areas),它通过邻近的运动区控制说话时的舌头和颚的运动。这个区域受损就会发生运动性失语症。在额叶上方,靠近枕叶处,有一个言语听觉中枢,它与理解口头语有关,称为威尔尼克区(Wernicke's areas)。损伤这个区域会引起听觉性失语症。在顶、枕叶交界处,还有言语视觉中枢,损坏这个区域将出现理解书面语言的障碍。

(四) 联合区 (association areas)

联合区是指在大脑皮层范围更广的具有整合或联合功能的一些区域。联合区域不接受任何信息的直接输入,也很少直接支配身体的运动,它的主要功能是信息的整合加工,加工的高级阶段大都在联合区进行的。联合区可分为感觉联合区、运动联合区和前额联合区。感觉联合区位于感觉区附近的广大区域,它从感觉区接受信息,并进行高水平的知觉组织,与记忆有关。运动联合区位于运动区前方,负责精细活动的协调。前额联合区位于运动区和运动联合区前方,它与注意、记忆、问题解决等有密切的关系。

(五) 大脑两半球的机能优势分工

大脑的左右半球,从表面上看非常相似,但实际上,左右两半球在结构和功能上都有明显的差异。从结构上,右半球略大和重于左半球,但左半球的灰质多于右半球;左右半球的颞叶具有明显的不对称性;这和丘脑的不对称性相关。各种神经递质的分布,左右半球也是不平衡的。

从功能上,一般来说,正常情况下,两半球协同活动,进入任何半球的信息会迅速地经过胼胝体传到另一侧,作出统一的反应。但近几十年的大量研究发现左右半球的功能绝非完全一样,在言语功能、空间想象、思维类型等方面,存在不对称性。这种不对称性,使得一个半球在某些方面成为优势半球。语言功能主要定位在左半球,该半球主要负责言语、阅读、书写、数学运算和逻辑推理等;而知觉物体的空间关系、情绪、欣赏音乐和艺术等则定位于右半球,见图2-28。

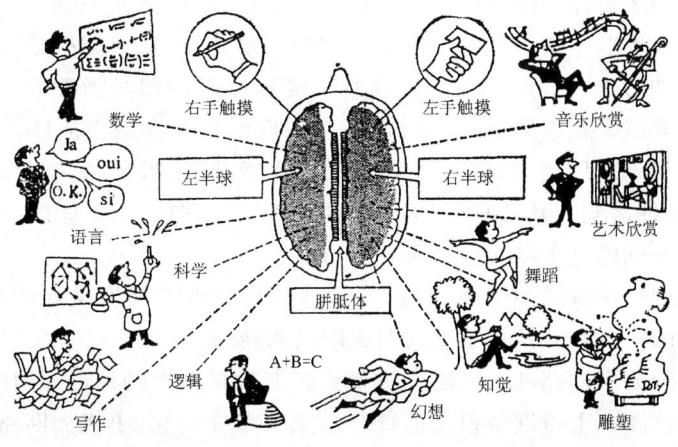

图2-28

三、大脑研究的新进展

现代脑研究有两个大潮流：一是从细胞乃至分子的水平入手，由基础向上，逐渐积累，构筑脑研究答案，即所谓 bottom-up；另一潮流则是从整体入手，用系统的观点，在整体水平以及整体各部分之间的相互联系和相互作用中，逐渐向下深入，逼近脑问题的研究答案，相应地，称其为 top-bottom。当然，这两个潮流是互补关系，而非互相替代的关系。不同的研究策略只有互相协作、互相借鉴，才有可能取得大的突破，揭示人脑的奥秘。

关于人脑的研究进程，从古代到 17 世纪，完成了心理器官由心到脑的转移；18 世纪~19 世纪，学者们提出了神经系统机能定位论；19 世纪末到 20 世纪前半叶，巴甫洛夫和谢灵顿创立了条件反射系统，标志着人类对大脑的认识深入到了新的层次——线性神经元反射论。

20 世纪中叶以来，脑研究的各个领域突飞猛进地发展，从根本上突破了线性反射论的模式。泛脑网络论承认并包容了机能定位论和线性反射论中正确的部分，如纵向的等级递阶、机能定位及反射与反射弧的概念等，但又补充或修正了许多概念，如不同等级结构间越级的、反馈的、双向的以及横向的交互作用，其联系既有线性的、又有非线性的。网络论认为，机能定位既可以是相对隔离的结构，又可以是动态联系的体现，还可以是分子结构序列的体现。目前已证明，大脑右半球在空间形象识别、音乐、美术欣赏及情感活动中占优势；大脑左半球则在语言、逻辑分析及计算能力等方面占优势，这说明脑内不同部位确有一定机能定位。但心理学实验又证明，将联系左右半球的胼胝体切断，则无论是用右手（左半球）还是左手（右半球），均不能正确拼合出医生指示的积木构型。这说明尽管左、右半球有分工，但又必须合作，才能正确执行上述机能，因此机能定位又是相对隔离的。其次，机能定位是动态联系的体现。如语言能力要涉及许多大脑皮质区，既有布罗卡语言区和维尔尼克语言区，又要联系躯体运动区、听觉区、视觉区等。再次，一种神经递质与其几种受体亚型结合，则可分别产生不同的生理效应，这就是由不同的分子结构序列所决定的。

泛脑网络学说的主要观点是，人的脑和脊髓可以从宏观到微观分为回路、神经元群、神经元及分子序列四级层次的网络。

回路分为大回路和微回路。脑和脊髓内数量巨大的神经元组成许多大回路与微回路。上行纤维束与下行纤维束联系在一起，组成大回路。例如，随意运动的控制，不仅要靠锥体束和运动神经元群，还要靠至少另外两个大回路调节,一个是大脑皮质与黑质——纹状体间的往返回路,另一个是大脑皮质与小脑间的往返回路。所谓微回路,是指脑内某一小区内相对独立的信息回路,故又称局部回路。例如就视觉来说,目前已知大脑皮质中有16个区域与视觉有关,要靠这些皮质区间的大回路交互作用,又要靠这些皮质区内为数更多的微回路分工合作,才能形成视觉。

从细胞群体层次上看,化学特异性神经元系统,在脑内形成广泛分布,广泛重叠。近年来,除经典的乙酰胆碱与单胺类神经元系统外,又相继发现了几十种神经元群与已知神经核团部位不相吻合。在脑和脊髓内,各种化学特异性神经元群大多分布广泛,结果不同化学特异性的神经元群分布既有重叠,又有所区别。在一个神经核区,可能有多种化学特异性神经元。显然,脑和脊髓无论从结构还是从功能上看,均比先前想象复杂得多。

从细胞个体水平上看,对经典的神经元学说需要重新认识。经典的神经元学说认为,神经元既是神经系统的结构与功能基本单位,又是基本的营养单位。现在则认为,不少神经元若离开了它所支配的细胞就不能正常发育、生长与修复再生,即神经元在许多情况下,不能看作基本单位的营养单位。过去认为一个神经元只能释放一种神经介质,现在则发现,一个神经元常常可以释放两种或更多的神经化学物质,此即所谓递质共存现象。经典的神经元学说认为,树突和轴突有严格分工,树突接收动作电位,轴突传出动作电位。现在则发现了轴—轴型、树—树型、树—轴型,以及双向突触等。过去人们认为化学突触是神经元之间传递兴奋的唯一渠道。现在发现,神经元之间还可能存在电突触。在电突触里,没有神经介质,同样可以实现兴奋的传递。从分子水平分析,突触传递过程极为复杂,与一些特殊分子的成分、转化、分解有密切的关系,涉及分子构型的变化和离子通道的开闭等。负责在神经突触中传递信息的神经介质从合成、转运、释放、与受体的结合以及灭活等都涉及一些分子机制。在分子水平上研究脑功能的机制,是今后脑研究的一个重要方向。

同时,泛脑网络学说还非常重视神经元与非神经元成分的关系,非神经元成分指的是血液、激素、神经胶质细胞、脑脊液等。

泛脑网络学说主张从不同的层次研究人的大脑,在互相联系中看待大脑,这就避免了只见树木、不见森林的倾向,以及只有客观认识、没有细致分析的倾向。泛脑网络学说为"bottom-up"和"top-bottom"两条脑科学研究路线的互相参照、互相协作、互相促进提供了可能性。

第四节 心理的反射机制

"反射"本是物理学上的一个名词,17世纪时,法国哲学家笛卡尔把它转义用来表示机体活动。后来俄国生理学家谢切诺夫将其推广到脑的全部活动和人的生理活动上。

一、反射与反射弧

反射是指在中枢神经系统参与下,机体对环境刺激所发生的规律性反应。它是神经系统的基本活动方式。

实现反射活动的神经结构称为反射弧,它是反射活动的基础。反射弧包括五个基本环节:感受器、传入神经、神经中枢、传出神经和效应器。当然反射活动不可能这样简单,否则人类精确复杂的活动是不可想象的。当神经冲动传至效应器引起活动后,反射并不就此停止。效应器的反应动作成为机体的新刺激,又引起一定的神经冲动,并传向中枢。这个过程即反馈,又叫返回内导作用。所以,反射的结构不仅是一段弧,且是一个环。这样机体活动才准确、完整。另一方面,反射弧的传入、传出神经并非单一的神经通路。反射弧传入通道有两条:特导传入系统和非特异传入系统。特异传入系统,传递某种特定的信息,并将冲动传至皮层的特定区域。一般由三级神经向中枢传导,冲动在脑干网状结构中反复转换神经元,而失去原有的特性,形成非特异的投射,最后弥漫性地投射到大脑皮层的广泛区域。因非特异性传入系统的广泛投射,使得皮层处于清醒状态,使皮层产生特定的感觉。

反射弧的传出通道也有两条:锥体系和锥体外系。锥体系是大脑皮层控制调节运动的下行经路,起自皮层与运动有关的很多区域,主要由中央前回的贝茨细胞和其他脑叶的锥体细胞的轴突构成。它们汇集下行,大部分经由几级中间神经元,到达对侧或同侧脊髓运动神经元,支配调节效应器活动。锥体系主要调节和控制各种随意活动,特别是调节和控制精细的技巧活动。锥体外系是锥体束以外由大脑皮层和皮层下结构发出下行的调节躯体运动的传导径路。它参与调节肌肉紧张和协调肌肉运动。当然,锥体系和锥外体系是两个密切协作的系统。

二、反射的种类

反射根据产生的条件不同可以分为条件反射和无条件反射。

（一）无条件反射

无条件反射是机体在种系发展过程中形成而遗传下来的反射。最基本的无条件反射是吸吮反射、抓握反射；主要的无条件反射有食物反射、内脏反射、防御反射、朝向反射、性反射等。

引起无条件反射的刺激物叫无条件刺激物。无条件反射的神经通路是固定的、与生俱来的，是在种系发展过程中形成而遗传的。所以对个体来说，不学而会。

无条件反射活动的调节中枢在脊髓和脑干等低级中枢，所以，其特点是快速和不随意，这对有机体适应环境有很大的生物学意义。无条件反射可以因第一个反射的反应成为第二个反射的刺激，而形成连锁反应。这种连锁反射在种系发展中一旦被固定遗传下来，就会成为机体的本能活动。无条件反射和本能活动是机体生长和发育的先天基础。

（二）条件反射

有机体在适应千变万化的周围世界中，又建立许多新的反射。这种经过后天学习训练建立起来的反射叫条件反射。

1. 巴甫洛夫经典条件反射

巴甫洛夫研究的条件反射称作经典条件反射。条件反射是在无条件反射的基础上建立的，是暂时性的神经联系。建立的基本条件是，无关的刺激和无条件刺激在时间上的结合，这个过程称为强化。除要形成条件反射除需要多次强化外，还需要神经系统的正常活动。经典实验是巴甫洛夫关于狗的反射研究。狗吃食物引起唾液分泌，这是无条件反射。在每次喂狗之前，先打铃。本来铃声对狗是无意义的，但当铃声与食物多次结合后，仅仅打铃而没给食物，狗也分泌唾液。这样原本无关的铃声刺激变成了条件刺激物，即成为引起条件反射的刺激物，从而形成条件反射。直接建立在无条件反射基础上的条件反射，称为一级条件反射，在此基础上，还可以形成多级条件反射。动物进化水平越高，形成条件反射时的级数就越多，但不能离开无条件反射的基础太远。

巴甫洛夫认为，条件反射是脑的高级神经活动。他认为条件反射的生理机制是皮层上暂时神经联系的接通。无条件刺激物和无关刺激物分别在大脑皮层上形成两个兴奋点，即兴奋灶。其中，无条件刺激物所引起的兴奋灶比较强，而无关刺激物所引起的兴奋灶比较弱，这两个刺激物多次结合后，较强的兴奋灶吸引较弱的兴奋灶，在两个兴奋灶间形成暂时的功能上的接通,从而无关刺激物变成了条件刺激物,当它单独作用时,它引起的兴奋可沿暂时神经联系引起的无条件反射皮层的兴奋,而引起相应的反射(图2-29)。

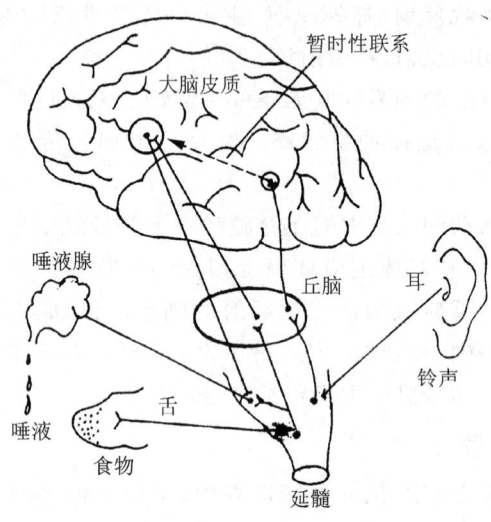

图 2-29

2. 斯金纳操作条件反射

斯金纳是美国行为主义心理学家,他发明了著名的"斯金纳"箱(图2-30),对白鼠和鸽子进行实验,提出了操作条件反射,又称工具性条件反射。

图 2-30

实验是将饥饿的白鼠或鸽子放入箱子,箱内装有按键,鼠或鸽子若碰动按键,就会有一粒食丸掉出来。开始白鼠或鸽子乱动,偶尔碰到,得到食物。多次强化后,白鼠或鸽子会自动按键,以得到食物。还可以训练它们只是在一特定信号出现后再按键,得到食物强化。这种通过动物自己的某种活动、某种操作才能得到强化而形成的条件反射,即操作条件反射。

斯金纳发现不同的强化方式效果不同。他的强化方式主要有每次强化、定比间隔强化、定时间隔强化、不定比间隔强化、不定时间隔强化等五种方式。

操作条件反射和经典条件反射相同,都依赖强化。但它又有自己的特点。首先无条件刺激不明确,是什么因素使动物去碰按键,不像经典条件反射是食物那样明确。其次,动物自由活动中通过自身主动操作来达到目的,而经典条件反射中,动物往往被动接受刺激。第三,无条件反应不是由强化刺激引起,相反无条件反应引发了强化刺激。先碰按键,之后才得到食物。经典条件反射中,恰恰相反,食物引起了唾液分泌。

操作条件反射对理解复杂心理现象有重要意义,在操作条件反射中,机体学会了新的动作,体现出一个学习的过程。

三、反射活动中高级神经活动过程

高级神经活动的基本过程就是兴奋过程和抑制过程。兴奋过程是跟有机体的某些活动的发动和加强相联系;抑制过程是跟有机体的某些活动的停止或减弱相联系的。尽管它们的作用是完全相反,但它们相互依存。条件反射的建立是高级神经活动兴奋的过程。有时随环境条件的变化,条件反射会减弱或消退,这就是高级神经活动抑制过程。抑制过程分为无条件性抑制和条件性抑制。

(一)无条件性抑制是有机体生来具有的先天性抑制。它包括外抑制和超限抑制。

外抑制是外界新异刺激出现,使正在进行中的条件反射产生的抑制。如一个强烈的声音,会使正在进行的某个活动停止。

超限抑制是由相对过强的刺激所引起的抑制。在一般情况下,条件反射量随条件刺激的强度增强而增加。但条件刺激强度达到一定程度后,反射量开始下降,最后到零。这是因为条件刺激的强度超过了大脑皮层细胞的工作能力限度。皮层的细胞由兴奋过程转为抑制过程。超限抑制使皮层细胞免受超强刺激所引起的过度兴奋而损伤,因此又叫保护性抑制。

(二)条件性抑制。又称内抑制,是在后天的一定条件下逐渐习得的。条件性抑制主要分为消退抑制和分化抑制。

消退抑制是由于条件反射没有得到强化而产生的抑制。它使原有的暂时神经联系抑制,从而造成条件反射减弱或消失。但此时的抑制不等于完全消失。消退抑制后,经过一段时间,条件反射可不同程度恢复。若得不到强化,很快又一次消退,直至最后消失。消退的速度取决于条件反射建立的牢固程度。

分化抑制是指建立条件反射时,只对条件刺激物加以强化,对类似刺激物不予强化,使类似刺激物引起的反应受到抑制。在条件反射初期,机体对刺激缺乏精确分辨的能力,常常出现泛化现象。多次之后,泛化现象逐渐消失。分化抑制是机体辨认活动的重要基础,使得机体有可能对环境进行精确分析,作出准确的反应,具有巨大生物学意义。

四、反射活动中高级神经活动规律

巴甫洛夫提出两个高级神经活动的基本规律。

(一)兴奋与抑制过程的扩散与集中规律

在一定刺激物作用下,兴奋与抑制在皮层某一部位产生后,并不停留在原发点,而向周围皮层蔓延传播,使得周围部位也产生同样的神经过程,这种现象叫扩散。与扩散相反,兴奋与抑制过程从扩散开的皮层区域向原发部位靠拢集中的现象叫集中。

刺激物所引起神经过程的强弱程度,决定了兴奋和抑制的扩散和集中。当兴奋和抑制的强度过强或过弱时,都容易扩散;兴奋和抑制的强度中等时,则容易集中。集中的兴奋和抑制,感觉定位才准确。

(二)兴奋和抑制的相互诱导规律

大脑皮层上的一种神经过程引起或加强另一种与之相反的神经过程的现象,叫相互诱导。由抑制过程引发或加强了兴奋过程,称为正诱导;由兴奋过程引发或加强了抑制过程,称为负诱导。从时间和空间上看,在不同皮层区域之间同时发生互相诱导,称为同时性诱导;在同一皮层区域先后发生诱导,称为继时性相互诱导。

巴甫洛夫认为正是神经过程活动的这两个规律,才使大脑皮层的机能得以协调。

阅读资料

用活化右脑法开发大脑左右半球功能

活化右脑法是日本学者品川嘉也提出的。他认为:日本人由于接受过统一的、规范的学校教育，导致使用大脑左半球过度，而大脑右半球使用不足。因此，他提出了一套针对大脑右半球使用不足的一种锻炼方法。

品川嘉提出活化右脑法的原理：人体的神经系统在进入大脑之前是左右交叉的。也就是说，大脑左半球支配身体右半侧，大脑右半球支配身体的左半侧。因此，要想刺激大脑右半球，就应当有意识地使用人的左手、左脚。

活动左侧肢体，只是为活化人的大脑右半球创造了条件。长期坚持，就能促进大脑右半球功能的增强。

品川嘉据此提出了九种方法：

1. 刺激左半身的感官和神经。即要求人们在日常生活中，经常用左手抓握扶手，多使用左脚，多使用左侧视野和左侧听觉。

2. 锻炼类型识别能力。即人脑记忆和识别物体形象的能力。通过锻炼人对物体形象启发、识别的能力，可以锻炼大脑右半球。其活动包括记住棋类布局、用左眼观察颜色、记住人的面孔等。

3. 锻炼图形识别能力。养成用图形而不是用语言表达和记忆的能力。活动包括：做笔记时不用文字而用图形；多做迷宫游戏。

4. 锻炼绘画意识。通过欣赏图画和风景，可以加强右脑功能。因此，日常活动包括：有意识地眺望自然风景；有意识地找出自己喜欢的绘画、摄影作品；多到室外练习写生；观察他人的舞蹈动作，并记在心中。

5. 锻炼形象思维能力。通过下列活动，可以促进人的形象思维能力的发展。活动包括：读体育报道时联想其具体的场面；读剧本时联想具体的场景；用珠算法练习心算能力。

6. 锻炼空间认识能力。通过下列活动，可以促进人的空间认知能力发展。活动包括：改变上下班（或上学、放学后）的回家路线；有时仰望天空中的浮云，并在大脑中想象它们的立体形象；玩折纸游戏。

7. 锻炼五种感觉。视觉和听觉是左右交叉，而嗅觉、味觉、触觉则主要是大脑右半球负责。因此，应多让自己辨别各种气味，多品尝各种食物的味道，多接触各种触觉刺激，以提高大脑右半球的功能。

8. 多听右脑音乐。研究证实，听日本古典音乐时，激活大脑左半球的活动；而听西方古典音乐，则激活大脑右半球功能。因此，多听西方古典音乐，可以促进大脑右半球功能的发展。此外，听各种动物如鸟的叫声和虫子的叫声，也可以提高大脑右半球的功能。

9. 想象力训练。研究表明，想象是先由大脑右半球产生，然后由大脑左半球引导而在大脑右半球出现的，能直接转换为创造力。因此，让自己的想象力天马行空地、自由自在地进行,有利于大脑右半球能力的改善和提高。

思考练习

1. 简述神经元及其功能。
2. 简述突触的结构与机能。
3. 阐述神经冲动的传导方式。
4. 简述大脑皮层的结构和脑的三个机能系统。
5. 依据大脑研究的新观点,如何认识大脑活动的特点和规律?
6. 简述条件反射的形成机制。
7. 比较经典条件反射和操作条件反射的异同。
8. 简述高级神经活动的基本过程。
9. 简述高级神经活动的基本规律。

第三章 注 意

本章内容提要：

1. 注意及其功能和种类
2. 注意的理论
3. 注意的品质
4. 青少年注意的特点及培养
5. 注意的规律及其应用

20世纪50年代以来,心理学家对注意这种心理现象进行深入的研究,对注意与意识的关系、注意的实质以及注意的内部信息加工机制进行了大量的研究,提出了许多有影响的理论模型。有些理论已应用于实践,推动了认知心理学理论的发展。人们认为注意是当今认知心理学研究最热门、最有前景的研究领域之一。

第一节 注意的概述

一、注意的概念

注意(attention)是心理活动对一定对象的指向和集中。指向性和集中性是注意的两大基本特征。

所谓指向性是指每一瞬间,心理活动有选择地朝向一定事物,而离开其余事物。例如,一个人在剧院里看戏,他的心理活动就选择了舞台上演员的台词、动作、表情、服饰,而忽略剧场里观众的所作所为。只有选择一定对象作出反映,这样才能保证知觉的精确性和完整性。

所谓集中性是指心理活动反映事物达到一定清晰和完善程度。当人集中注意某一事物时,心理活动就会离开一切无关的事物,并且抑制多余的活动,从而保证对事物的认知清晰、完善和深刻。许多科学家、思想家都具有高超的注意集中能力。例如,牛顿曾经把手表当做鸡蛋来煮,却全然不知,他这种高度集中的注意状态,有助他对"万有引力"定律的发现。

注意的指向和集中是同一注意状态下的两个方面,两者不可分割。例如,当人正在阅读一本书时,把一座闹钟放在书边,人同时注意钟的"滴答"声音又能继续阅读,在短时间内可以做到这一点,但不久就会出现不是中断阅读而去倾听钟声,就是被书本所吸收而把钟的声音"忘记",两者必择其一。如果说,注意的指向性是指心理活动或意识朝向哪个对象,那么,集中性就是指心理活动或意识在一定方向上活动的强度或紧张度。心理活动的强度越大、紧张度越高,注意就越集中,而注意指向的范围就越缩小,人对自己周围的一切就可能出现"视而不见,听而不闻。"

任何一个心理过程自始至终都离不开注意,正如乌申斯基所说:"注意正是那一扇从外部世界进入到人的心灵之中的东西所要通过的大门。"注意也不能离开一定的心理过程而独立存在,它总是在感觉、知觉、记忆、想象、思维、情感、意志等心理活动中表现出来,所谓"注意了"、"注意一下"只是把注意所指向和集中的心理过程内容,如"注意听讲"、"注意看黑板"、"注意想问题"等其中的"听"、"看"、"想"省略了。一切心理活动都离不开注意,注意又伴随着心理过程而产生。注意在人的实践活动中起着重要的作用。

二、注意的功能与作用

(一)选择功能

在纷繁复杂的大千世界中,每一瞬间都有无数的刺激作用在人的身上,如果人对每一个刺激都要做出反应,那就一定会变得手忙脚乱,六神无主,最终瘫痪在招架不住的环境之中。好在人的注意这一心理活动能让人有选择地指向于某些对象,使人脑不必对所有刺激都做出同等的反应。面对满天星斗、琳琅满目的商品、思考的问题,我们只能同时看清几颗星星、几样商品、想少数问题,而不能看清楚所有的星星、所有的商品、思考所有的问题。当你注意某一对象时,集中注意的对象是注意的中心,其余的对象有的处于"注意的边缘",多数处于注意范围之外。注意使心理活动能够选择合乎需要的、与当前活动相一致的、有一定意义的信息;同时排除其他与当前活动矛盾的或起干扰作用的各种影响,使认识对象更加明确。如果没有注意,心理活动便难正常进行。

(二)保持功能

当我们的某一心理活动深入于所选择的那种事物时,我们就会越来少地察觉到我们周围的其他事物,甚至对周围的其他事物"触而不察,食而不知其味",从而使我们反映的对象一直维持在意识之中,处于注意中心的事物就会被鲜明、清晰而深刻地反映出来。往往人高度集中注意时,也正是创造的开始。当贝多芬仰观星空时感叹道:"当我惊奇地静观太空,见那灿烂的众星在它们的轨迹上不断运行,这时我的心灵就徐徐上升,越过星座千万里,一直上升到那万古之源,天地万物正是从那里流出,那里宇宙的万象更新将永远泉涌不息。"于是他把来自于赏星空之奇的一团激情谱写成《第四钢琴协奏曲》(G 大调),表达了对大自然的热爱。① 古代寓言《纪昌学射》中,纪昌为培养自己的高度注意力,他以"牦"(牛毛)悬虱于"牖"(窗户),南面而望之。旬日之间,浸(渐渐)大也;三年之后,如车轮焉。由于保持天天专心注视,才会把虱子看成车轮,最后他能射进"虱之心,而悬不绝"。

(三) 调节和监督功能

注意能使人调节其心理状态而集中心思、克服困难,监督他继续坚持到底达到预定的目的。尤其是当外界情境、本身状态或反映对象发生变化时。注意这种心理现象促进各方面进行调整,使心理活动处于一种积极的状态之中。如生活、学业所致的紧张、焦虑,精神不振,还有轻度的恐惧症、强迫症等都可以用注意去调整。如"超觉静坐",短时间里注视一个目标、心理数数、握紧拳头再放松几次,这些做法能在紧张场合让人尽快轻松下来,集中注意做事情。

注意在人的实践活动中起着很重要的作用。首先,注意是有效学习活动的必要前提条件。没有注意或注意出现障碍,学习活动无法开始和进行。这可以从注意本身和注意与智力活动两方面来讲。注意是从事学习活动唯一的门,只有注意才能选择信息进入我们的头脑。像"弈秋诲二人弈",他们两人学习结果不同,主要是一个注意(专心致志),一个不注意(分心)。为此,孟轲以下棋作比喻,揭示"不专心致志,则不得也"的道理②。从注意贯穿于一切智力活动之中来看,没有注意就会"白黑在前而目不见,雷鼓在侧而耳不闻"③。所以注意力是心灵的窗户,如果没有它,知识的阳光就照不进来。

注意还能使人更好地适应周围的环境,确保行动的安全。例如,高层建筑物顶端夜里亮红灯;按汽车喇叭,按自行车铃;液化气里掺入臭气,都是为

---

① 菲利克斯·胡赫:《贝多芬》,1990 年版。
② 见:《孟子·告子上》。
③ 见:《荀子·解蔽篇》。

了引起人的注意,保证安全。

另外,从人生哲理上看,一个人一定要有所不为,才能有所为。世界管理学大师史蒂芬·柯维在人生成功的七个原则中指出,"把我们的注意力放在人生最重要的事情上,处处注意掌握重点,这是我们人生成功的关键之处,也是世界上一切成功人士的智慧所在。"①一些平庸的人注意力则常常相反,只对芝麻津津有味,反而把西瓜丢掉了,这多可惜!

再次,注意对教学活动起重要作用。宋代著名思想家、教育家朱熹倡导的"居敬持志"的学习方法,便含有必须集中注意的意思。如他说:"今日学者不长进,只是心不在焉";"大凡学者须收拾此心,令专静纯一,日用动静间,都无驰走散乱,方始看得文字精审"。学习要取得效果,不能"心不在焉"、注意分散,而应该"专静纯一"、注意集中。这样才能避免学习中的"不长进",使文字看得"精审"②。我国现在有不少优秀教师注重并发挥学生注意力,使教学取得了很好的效果。

三、注意的生理机制

(一) 神经的兴奋中心与诱导规律

当我们思想集中于当前工作时,在大脑皮层上就形成了一个兴奋中心,每一个兴奋中心都引起周围区域的抑制,我们便停止一切无关活动,专心于工作。如果加强大脑皮层兴奋中心的兴奋作用,也就加强皮层其他区域的抑制作用,我们的注意越强烈地集中在一个对象,对其他对象考察也越模糊了。优势兴奋中心不是长时间保持在皮层的一个部位上,而是不断从一个区域转移到另一个区域。

(二) 网状结构能过滤所接收与发放的信息

网状结构使大脑和整个机体保持清醒状态,使注意成为可能;而且它还起到过滤器的作用。它一方面加强某些冲动向大脑皮层发送;另一方面也抑制某些无关的冲动,不向大脑皮层发送,由于这种筛选作用,使注意的选择性得以实现。

(三) 额叶在调节有意注意方面起重要作用

切除猴子的脑前额叶,它不能进行延缓反应。有人用下列实验来测定。

---

① 周士渊:《终生的财富》,广州:广东经济出版社,2001年版。
② 燕国材:《智力因素与学校教育》,西安:陕西人民教育出版社,1997年版。

在可滑动的盘内放几个杯子,让猴子隔栏杆观看把一份食物扣在其中的一个杯子下面,然后把盘子推进栏杆并打开门使动物伸手能拿到杯子。让动物选择一个杯子,选对了就可得到奖励。正常的猴子在看到食物与选择杯子之间延缓90秒时也能选对。切除双侧前额的猴子哪怕仅仅延缓5秒钟,也只是碰巧选对;有的动物完全不知如何选择有食物的杯子,缺陷在于不能集中注意,这是由于分心而对智力状态的干扰。前额损伤的病人的病例中发现,这种病人非常容易分心,任何新异刺激都能使他不由自主地把注意力转移过去,并且在行为上也缺乏连贯性。幼儿额叶的机能还未发展成熟,所以注意集中时间比成人短,注意易分散。

四、注意的种类

(一)无意注意

为了让司机减速,引起注意,人们在容易肇事的地方涂上线条,无论是白天还是夜晚都能引起司机的注意,从而减少了交通事故的发生。这就是运用的无意注意。这种事先没有预定的目的,也不需要作意志努力的注意叫无意注意。它不是由意识控制的注意,也叫不随意注意。无意注意往往是由周围环境变化所引起的,人就不由自主地把感受器官朝向这个刺激物以求了解它。那么,哪些原因可以引起人的无意注意呢?

产生无意注意的原因主要是客观刺激物的特点以及人的主观原因。

1. 客观刺激物的特点

刺激物的强度是引起无意注意的原因。巨大的声响,如小轿车防盗器的报警声、如雷的鼾声、开市大吉的乐曲、公鸡啼鸣、在公共场所发出的尖叫等,浓郁的香水味,香港脚的臭味,都能引起人的无意注意。刺激物的强度可以是绝对强度,也可以是具有重要意义的相对强度。如讲稿上重点部分要画红道,但是如果都画上就等于全没有画。在闹市上大声叫喊,不能引人注意,但是在寂静的夜晚,细微的耳语也能引人注意。

刺激物之间的对比差异越大越容易引起注意。刺激物之间的对比是指刺激物的强度、形状、大小、颜色或持续时间等方面的差异。万绿丛中一点红的"红",鹤立鸡群中的"鹤"容易被人注意。又如灯突然灭了、一改往日装束的老师、新添的公共设施等都会引人注意。教师在上课时为了避免单调刺激使学生昏昏欲睡,不要只是毫无变化地讲下去,可以停一下,重复一次,提高声音,加快或放慢语速,以引起学生的注意。

刺激物的活动变化可以引起注意。大街上的霓虹灯一亮一灭,电子广告牌上变化的广告语,红、黄、绿变化的交通指示灯,抑扬顿挫的讲演,伴有手势活动的讲课,都能引人注意。

刺激物的新异性引起注意。千篇一律的、刻板的、多次单调重复的刺激不会引起人注意。人们都注意新闻、新观点、新产品、新人物,广告能吸引人的注意就更需要有新意了。球王贝利为索尼公司的录像带做广告,田径运动员卡尔·刘易斯为松下画王做广告,采用的是名人效应。麦当劳用婴儿做的广告更令人叹绝:一个可爱的婴儿坐在摇椅里,一会哭,一会笑,怎么回事?原来摇椅升高的时候,婴儿可以越过窗棂看见麦当劳标志,就不由得乐起来;而摇椅回落时,麦当劳看不见了,他就哭了起来。广告巧妙地把孩子的快乐与麦当劳联系起来。

2. 人的主观原因

无意注意主要是受客观外界刺激引起的,同是外界刺激物,可以引起一些人的注意,但不能引起另外一些人的注意,主要是因为注意还取决于人对事物的需要、兴趣、态度以及人当时的情绪状态。人们天天看报,由于需要不同,关注的内容也不同:球迷首先注意体育版;股民首先注意金融版;追星族关心娱乐版等。说书人说到关键时刻,会说"欲知结果如何,且听下回分解",使听众产生欲求研究的期待心理。它的目的在于引起你的兴趣和积极的态度。当人情绪抑郁、疲劳、瞌睡时对什么也不注意,只有精神饱满才能引起无意注意。

(二)有意注意

我们常常看到这样的字眼"注意事项"。考场规则要求考生读完注意事项,才能答卷。使用家电前也要先看注意事项,然后再去实际操作。这样做是使人对从事的学习、工作有较深刻的认识,活动的目的更明确。"注意事项"引起人的有意注意。有意注意是一种有预定目的、有时还需要一定意志努力的注意。有意注意是一种主动的、服从一定活动任务的注意,它受人的意识自觉调节和支配。听完考场注意要求,考生便自觉遵守考试纪律;看完注意事项,操作就不易出现错误。

怎样才能引起、保持有意注意呢?

通过"活动任务与注意"实验可以验证人的有意注意能力[①]。每人发一

---

① 黄希庭:《心理学实验指导》,北京:人民教育出版社,1996年版。

张图画,在四个形状不同的几何图形上,分别带有红、黄、蓝、绿不同颜色,写着不同的数字,见图 3-1。

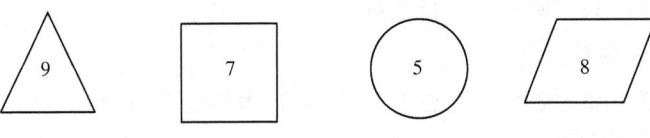

图 3-1

把同学分为两组,对第一组同学说:"请大家看图画上写着几个数字,请你们只看两秒,然后回答出是什么数字,它们的总和是多少?"对第二组同学说:"请大家看图画,请你只看两秒钟,每个图画是什么形状?有几种颜色?"两秒钟后收起图画。然后请同学填表,只限两秒钟。

答案表

项目	图 a	图 b	图 c	图 d
数字				总和:
图形				
颜色				

分析结果同学们发现了什么?即注意什么取决于活动的目的、任务的要求。可见,引起和保持有意注意的条件有以下几个:

1. 有明确活动的目的和任务

两组同学的任务不同,注意的结果不一样,第一组同学对数字记忆得好;第二组同学对颜色、形状记忆得好。对目的和任务理解得越清楚、越深刻,而那些和达到目的、完成任务有关的事物就越能引起强烈的注意。所以,明确活动的目的和任务对有意注意具有重大意义。

2. 培养间接兴趣

所谓间接兴趣是对活动的结果有兴趣。有时活动本身并不吸引人,甚至是非常枯燥乏味的,如开始学习外语,背单词、背课文、记语法枯燥无味,但加入 WTO 后,不懂外语寸步难行,学习的结果促使学生努力学好外语,靠的是有意注意。由于我们知道通过上述"活动与任务实验"能测定自己的有意注意能力,才认真做实验的,这样对结果感兴趣就是间接兴趣起的作用。

3. 自觉与干扰作斗争

人进行工作、学习时,要时时强制自己与内部、外部分心现象进行斗争,不断提醒自己只要坚持住就是胜利。

4. 注意实际操作

根据任务要求合理地把思考、记忆等智力活动与外部活动结合起来,对保持有意注意有很大的作用。

通过"活动与任务实验"使人感觉到心理活动(记忆)是和实际动手操作相结合的。当人在进行智力活动时,尽量能调动各种感官一起活动。俗语说:"写一遍顶念十遍",是有道理的。

(三) 无意注意与有意注意的关系

无论是有意注意还是无意注意都是我们进行学习的前提和必要条件,但是它们的作用是不同的。学生有许多知识是通过无意注意的渠道而获得的,如通过泛读书籍、报纸、杂志,借用网上聊天、网上查询而毫不费力地获得某些有用的知识。在与不同行业、不同年龄人的交往中,获取各种生活上的知识。但是无意注意使学生得到的知识,往往是东鳞西爪、不成体系的。只有有意注意才能使学生获得系统知识。所以我们要有意识地培养学生的有意注意。

有意注意和无意注意常常不能截然分开。一方面无意注意可以转化为有意注意。英国散文家约翰·罗斯金谈书对人的启迪时说道:"当你捧着一本你喜欢的书的时候,如果你不能严谨、勤奋地思索、钻研,你就休想叩开出类拔萃的作者的那扇智慧大门。"[1]由无意阅读到有意思索才能使人的思想升华。另一方面有意注意也可以转化为无意注意,这种注意仍然是自觉的和有目的的,所以属于有意注意的范围,也叫"有意后注意"。苏霍姆林斯基总结过说:"脑力劳动中的许多内容并不都是有趣而使人很乐意去做的。"往往唯一有推动力的刺激因素,就是"应该"(这是有意注意)。当你聚精会神长期坚持不懈地从事这种活动,这个"应该"慢慢地变成想要去做,即注意由为了目的到为了过程,被过程本身所吸引。可见有意后注意是一种高级类型的注意,它具有高度的稳定性,是人类从事创造性活动的必要条件。一切有成就的科学家都会高度专注于自己的事业,达到"废寝忘食"、"如醉如痴"的"入迷"状态,为人类的科学事业做出创造性的贡献。

---

[1] 杨羽编:《外国名人名言录》,1982 年。

五、注意的理论

（一）注意的知觉选择理论

在大部分时间里我们都在选择要注意的东西，"目不能两视（看两个目标）而明（清楚），耳不能两听（听两种声音）而聪（听明白）"。当你正在冥思苦想地进行心算，就不会想别的事情。根据在同一时间里只能注意一件事情的常识，1958年，英国心理学家唐纳德·布罗德本特（Donald Broadbent，1926年~1993年）提出了注意的单通道理论。该理论认为人脑是一个信息加工系统，信息进入感觉器官，暂时地存在感觉缓冲存储器里，然后再通过一个选择性过滤器，这个过滤器只允许所有输入信息中的一个通道的信息通过，而其他的信息就被阻断在它的外面，而完全丧失了。布罗德本特把这种过滤机制比喻为一个狭长的瓶口，当人们往瓶内灌水时，一部分水通过瓶颈进入瓶内，而另一部分水由于瓶颈狭小，通道容量有限，而留在瓶外了。这种理论有时也叫瓶颈理论。布罗德本特用双耳分听实验来证实这一理论。实验方法是向两耳播放三对不同的数字，左耳6，2，7；右耳4，9，3。左右耳同时成对输入（6，4；2，9，；7，3），间隔时间为半秒，继续进行。在数字输入完毕后，让被试立即再现，以耳朵为单位分别再现各个耳朵听到的数字（6—2—7，4—9—3），正确率为65％，如果要求被试按输入顺序再现（6—4—2—9—7—3），正确率仅为20％。说明回忆呈现给一只耳朵的所有三个数字比回忆在同一时刻分别呈现给每只耳朵的那两组数字要容易得多。这似乎说明有一个通道（一只耳朵）是经过选择的，另一只耳朵的信息只能暂存在缓冲记忆中并迅速衰竭。因为两耳是分隔的两个信息通道。

采用布罗德本特的基本方法的实验得知，来自非选择通道的信息并未完全丢失，当你在喧闹的集会上正在与一个人深入交谈的时候，可能完全注意不到其他人在说什么，但是如果在房间另一边的某一个人提到你的名字，你或许就会觉察到，这说明未被注意的交谈并非完全被阻断，而且如果他们的内容变得与你明显相关时，它们会被你所注意。即未被注意的信息实际上也已经被注意，并未丢失，而且根据信息对我们的重要程度，我们的注意会有不同的阈限值。这就是20世纪60年代心理学家安妮·特雷斯曼（Anne Treisman）对注意单通道理论的修改，提出了注意的衰减理论，对注意单通道理论的修改具体体现为"鸡尾酒会"现象。衰减理论认为，在信息加工的不同阶段可能存在两种过滤器：一种对信息的感觉特征进行选择，一种是对信息的意义特征进行选择。过滤器不是以"全或无"的方式进行选择,而是分级选择,既允许追随耳的信息通过,也允许非追随耳的信息通过,只是非追随耳的信号受到衰减,强度减弱了,但一些信息仍可以得到高级加工。过滤器不是单通道的,而是双通道或多通道。

布罗德本特的过滤器理论和特雷斯曼的衰减理论都是针对信息加工的知觉阶段,认为选择处于初级分析的观察和高级意义分析的识别之间,过滤器的作用都是在识别前对信息进行选择,未获得注意前的信息不能得到识别,更不能进入记忆的系统保存,因此,过滤器—衰减模型也被称为知觉选择模型。

(二)注意的资源分配理论

1973年,卡内曼(D. Kahneman)提出了注意的资源分配模型。资源分配理论认为:当人同时进行两项活动时,产生的问题并不是由于这两项活动的相互干扰,而是进行两项活动需要较多的资源,只要这些活动不超过资源总量,人就可以同时进行这些活动。如果超过了有限的资源,那么,进行第二项活动时,必然会使第一项活动的反应退后,如我们能在同一时间里一边弹琴,一边唱歌;一边开车,一边谈话。这是因为两项任务需要不同的输入和输出通道,我们就可以做到这一点。重要的是因为(谈话、开车)经过练习可以自动地做到,我们无需要注意就可以完成(唱歌、谈话)任务。但是在驱车行驶时,假如,突然发现前方有辆卡车正在转弯必须马上躲避,紧急关头时,我们的谈话会立即停止。我们的驾驶技能已经重新成为需要注意的过程,此时我们就不能再去注意自己的谈话了。总的说来,我们的注意资源在信息加工中枢的控制下,可以分配给几项不太需要注意的任务,也可以集中在一项需要较多注意的任务上。

注意资源理论避开了整体机制在信息加工中的具体位置问题,从整体上解释了注意的过程,但没有反映注意涉及的具体信息加工过程。注意机制究竟发生在信息加工的哪一阶段,仍是需要研究讨论的问题。

第二节 注意的规律及其运用

注意是学生进行学习的必要前提,也是教师顺利教学的重要条件。教师在教学中能否根据注意的规律,组织好学生的注意,将关系到教学效果的好坏和教学质量的高低,是教学中的大问题。

一、无意注意的规律在教学中的运用

无意注意是由刺激物本身的特点和人的主体状态所引起的。刺激物的特点和人的主体状态，既可以引起学生学习上的注意分散，也可以借助它顺利地进行教学。为此，教师在教学过程中，应尽量避免那些分散学生注意因素的出现，紧紧地把握住那些吸引学生对教学内容产生注意的因素，从而有效地搞好教学活动。

（一）创设良好的教学环境

教学环境是教师从事教学活动的最基本的前提条件，是课堂教学顺利进行的重要保证。教学环境良好，学生在学习中就会减少注意分散的程度。一般来说，保持良好的教学环境，要注意防止和避免与教学无关的刺激物的出现。教室周围的环境应保持安静，防止有人大声喧哗和吵闹。教室所在地，应当与操场、马路、音乐教室及其他分散学生注意的事物距离要远一些。教学楼应设在远离闹市、公路、铁路、工厂、商店的地方，以防止较强烈噪音刺激的干扰。教室内的布置要简朴，不要过多地装饰和张贴东西，以免引起学生上课时的无意注意。同时，还要保持教室内空气清新，光线充足，桌凳清洁，防止学生情绪发生不良影响。此外，课桌的高矮应符合学生身体发育状况，学生座次的安排应兼顾其身高与视力情况，防止由于安排不当而影响学生注意的稳定。

（二）运用生动的语言和表情

注意规律表明，凡是符合人的需要和兴趣的事物，容易引起人的注意。教师教学通常是凭借着生动的语言来集中学生注意的。为此，教师在教学中应运用生动、形象、简洁、准确、精炼、严密、通俗、富有趣味性的语言来组织教学，使学生产生兴趣，引起无意注意。如果教师的语言单调、乏味、有气无力，或含糊不清，或累赘冗长，都难以集中学生的无意注意。因为这些都属于学生难以理解又超越学生注意范围的刺激，容易引起学生的疲劳和厌烦，使学生注意分散。要使学生在课堂学习中保持良好的注意状态，教师应根据学生听课的情态，随时调整自己的语调、语速、音高和强弱，以及必要的停顿等等，并伴以适当的表情和必要的手势，以强化语言的感染力，提高学生的注意程度。同时，教师还应以丰富的感情投注给学生，引起学生感情的共鸣，达到和谐共振。在教学中，教师应注意随时可能出现的不利刺激因素的出现。如教师讲话时所带有的口头语，"这个"、"那个"、"依呀"、"啊"、"反正"等等，如果这些口头语过多、过繁，势必影响学生注意的分散，形成不良的语言刺激。如果教师刚刚烫完一种新发式，刚换一件新衣服，都需注意在上课前主动和学生接触一下，避免由于新异刺激而造成学生上课时注意分散。另外，教师不可在讲课中手势过繁，或表情过于丰富，类似演戏般地变换表情，也容易造成学生无益的无意注意，影响学习效果。

（三）尽量使用现代化教学手段并提高板书技巧

教师在教学中，要尽量采用录音、录像、电影、电视、幻灯胶片等现代化直观教学工具以及多媒体课件教学，以生动形象和新颖的内容，引起学生的无意注意。在教学中，教师要伴以适当的语言指导，使学生注意的目标更明确、更集中。教学中使用的图表要力求简明、清晰、准确，色彩鲜明，大小适宜，以引起学生的注意和形成正确的第一印象。教师的板书是教学中重要的环节，是牵引学生学习注意的重要手段。教师要在教学中保持学生良好的注意状态，板书要做到：条理清晰，纲目分明有序，重点难点突出，结构合理得当，布局新颖独特，颜色搭配适宜，使学生一目了然。这样不仅能使学生保持良好的注意状态，也有助于加强学生的理解和记忆。在板书设计中，还应体现教师独特的教学风格和技巧。良好的板书是增强学生注意力、提高教学效果的不可忽视的重要手段。

（四）丰富教学内容

教学内容是整个教学过程中的关键环节，是维系教学过程的主坐标，也是影响学生注意的核心因素。心理学研究表明，注意维持在单调贫乏的内容上的时间是短暂的，且需要较大的意志努力，而对丰富充实新颖有趣的内容，却能保持相当长久的注意。因此教师在教学内容的选择上，既要注重体现教材的科学性、思想性，又要注重其新颖性、开创性、趣味性。在突出主题、明确重点的前提下，尽可能做到旁征博引，丰富讲授内容，同时还要深入浅出，有主有次。这样才能使学生保持长久的注意。教师为了紧紧吸引学生的注意，还要不断更新教学内容，注入新的知识，使学生的知识体系能跟上时代发展的需要，对相关知识也产生较好的注意。同时，教师讲授内容的难易程度应适应学生的心理发展特点和原来的知识基础，不可过深或过浅。如果内容过深，使学生摸不到根底，即使教师讲得头头是道，也不能引起学生的兴趣和注意。如果内容过浅，缺乏新奇感，学生则感到是"老生常谈"，索然无味，同样也不能引起兴趣和注意。心理学研究表明，最能引起兴趣和注意的是那些使人感到熟悉，又感到陌生的内容。此外，教师在传授新知识时,还要和学生已有的知识联系起来,这也是引起和保持学生注意的重要因素。

(五) 运用灵活多样的教学方法

教学方法是教学过程中一个重要的环节。好的教学方法是维持课堂学生良好注意状态的关键。为了使学生课堂学习保持最佳注意状态,教师应采取灵活多样的教学方法,适当地利用刺激物的新异变化和刺激物的强度对比特点,来吸引学生的注意。防止使用单一、呆板的教学方法,避免学生长时间从事某一种活动,否则将使学生的大脑皮层容易产生抑制过程,使之疲劳并分散注意。教学方法多样化,时而讲解、时而叙述、时而提问、时而讨论分析,使学生处于多维度地学习过程之中,就可保持良好的注意状态。同时,教师变换教学模式,可采用模型、图表、画片、幻灯多种直观教具,再配合教师的讲述、提问、练习、实验演示等多种方法,就可以保持学生持久的和良好的注意状态,使教学效果大大提高。这是符合注意的"变化刺激"规律的。

(六) 维持良好的课堂纪律

课堂纪律是教师从事课堂教学活动的重要保证,是保持学生注意、防止分心现象的先决条件。教师要组织好课堂纪律,维持正常的教学秩序,就必须运用无意注意的规律,善于妥善处理一些分散学生注意的偶发事件。例如,偶然碰到课堂秩序混乱时,教师如果立刻停止讲课,把视线指向有关的学生,这种突然发生的变化就能引起学生的无意注意,提醒学生有所意识,使课堂秩序得以恢复。又如,有时偶然碰到个别学生在上课时故意捣乱或闹纠纷,分散了其他学生的注意,在一般情况下,教师不宜把课停下来立刻处理,更不要与学生"顶牛"或发脾气,将该学生哄出教室。这样不仅分散了学生的注意,使学生的注意很快从课堂教学上转入到该事端,而且会使事情闹僵而难以收场。较好的做法是设法使课堂安静下来,或者用暗示的语言、严厉的目光输入批评的信号,或者将闹事者暂换座位,等下课后处理。这种"冷处理"的方法比"热处理"效果要好得多,因为是在不牵动全局注意的情况下,只做了局部调整,仍然能较快地恢复课堂注意的局面。

二、有意注意的规律在教学中的运用

学习是一种紧张、艰苦和持久性的活动。学生要搞好学习不能只凭兴趣,必须要学习那些自己不感兴趣,但又必须学习和掌握的知识。因此,教师在教学中要遵循有意注意的规律去组织教学。

（一）帮助学生树立明确的学习目的

注意的规律表明，注意的目的和任务愈明确，学习的自觉性越高，就愈能引起有意注意。为了使学生牢固地掌握知识和技能，教师在教学中，应帮助学生树立正确的学习目的，深刻了解学习的意义和重要作用，发展学生多方面的学习兴趣和爱好，掌握良好的学习方法和学习技巧。同时还要培养学生良好的性格和意志品质，使其善于调节自己学习中的情绪，主动排除各种干扰，培养良好的学习习惯。这样学生才能保持高度、持久的注意状态，顺利完成学习任务。

（二）引导学生积极思考

良好的有意注意是伴随着积极的思维活动同时进行的。要使学生保持较好的有意注意，教师必须善于启发学生进入积极的思考状态，用新颖、独特、有创见的问题紧紧吸引学生的注意，引导其用脑思考；同时还应引导学生自觉发现问题、观察事物、寻找解决问题的途径。这样就可以使学生的注意始终伴随着思考状态而集中不散。在教学中，教师还应多设一些带有思考性和一定难度的问题情境，让学生在解决问题时培养自己的注意品质和思维能力，促进智力的发展。

（三）强化课堂调控的手段

课堂调控手段的运用，是有效防止课堂上学生分心现象的有力措施。一般表现为以下几方面：① 信号控制。课堂上教师可以采用举目凝视、变化表情、变换语调和语气等方式，或做出特定手势，或暂时停止语言活动等暗示性信号，向开始分散注意的学生发出信号控制的信息，以便及时制止课堂分心现象的出现，同时也不影响教学进程。② 邻近控制。为使信号更加奏效，教师可以一边凝视学生，一边走近他身边，站立其旁，进行暗示，或轻轻碰一下他的书本，或轻轻拍拍他的后背，或轻声道句警语，以唤起注意，使其尽快进入学习角色。这种控制法既纠正了注意分散者，也不影响其他人的听课学习。③ 问题控制。教师的提问能引起学生的有意注意，当发现学生上课分心时，可结合教学内容机智灵活地提出一些问题，以唤起学生的注意。一般提问时应面向全班，先提问题后指名学生回答。提出的问题应有启发性，防止提出不用动脑就能回答的简单问题。④ 表扬与批评控制。教师为了维持课堂秩序，可以表扬专注者，批评不注意听课者，使不注意听讲的学生产生警觉，使专注者受到鼓励。教师在批评时应力求客观准确，简明扼要,点到为止。批评指责要公正,严防侮辱学生人格。

(四) 把智力活动和实际操作结合起来

实际操作过程离不开有意注意,操作难度越大,对有意注意的要求越高。为此,在教学过程中,要有计划地加强学生动手动脑的活动。如课堂试验、课堂练习、课堂讨论、课堂记笔记、作摘要、编提纲等,加强这些操作活动,就会增强和保持学生的有意注意。

三、两种注意转化规律在教学中的运用

无意注意与有意注意是两种性质不同的注意,但在学习和各种实践活动中是互相联系的,同时又是互相转化和交替的。两种注意的相互交替,使注意能长时间地保持集中。

在教学中,学生完全依靠有意注意来学习,大脑皮层长时间地处于兴奋状态,容易产生疲劳和注意的涣散。如果没有无意注意参加,学生难以长时间坚持学习。但是单凭无意注意来组织,也难以维持较长时间地学习,因为任何一门学科的内容和任何一位教师的讲授,都不可能完全具备吸引人的趣味性,也不能轻而易举就可以学会并掌握。这就必须通过有意志努力的有意注意的参加,才能完成学习任务。因此,在教学过程中,教师要善于引导学生的两种注意有节奏地交替轮换。就一堂课来说,上课之初,学生的注意还可能停留在上一节课或课间活动的有趣对象上,这就要通过组织教学,来引起学生对本节课的有意注意,强调本节课的基本内容和学习纪律。一旦本课要求的注意稳定了,教师就应通过生动的语言、直观教具、演示实验和图片、图表等手段,引导学生对教材本身发生浓厚兴趣,从而引起无意注意;随后,教师要根据由近及远、由浅入深、由具体到抽象的原则进行教学,让学生掌握教材的重点难点,这样就使学生的无意注意转入有意注意。在紧张的有意注意之后,又要通过教学方式的改变,或用新的课题、新的内容、新的教具及有趣的讲授来引起学生的无意注意。这样,既能使学生保持长时间的稳定注意,又减少了学生学习时的疲劳,增强了学习的效果。教师根据教学内容和学生的实际情况,应当灵活地交替使用无意注意和有意注意的规律,不断培养学生抗干扰的能力,使注意的品质得到锻炼和培养。

第三节　注意的品质及培养

一、注意的品质

注意的品质包括注意的广度、注意的稳定性、注意的转移、注意的分配等四种品质。

（一）注意的广度

英国心理学家卡朋特，曾经描述过一个变戏法的人的情况，这个扮演"千里眼"的变戏法的人，把自己训练得当经过一家商店的橱窗时，竟能注意和描述出多达 40 多件的东西。他知觉的对象的广度和注意的广度令人折服。

所谓注意的广度也叫注意的范围，是指在同一时间内能够清楚把握的注意对象的数量。1871 年心理学家耶文斯（W. S. J. Evons）最早用实验研究了视觉的注意广度。他抓一把黑豆粒撒在一个黑色背景上的白盘子中，只有一部分豆粒落到盘子中，其余豆粒滚到黑色背景上面去，待白盘子中的豆粒刚一稳定下来，便立即报告所看的盘子中的豆粒数量。这种实验重复了一千多次。心理学家又用速视器研究注意的广度，共同的结论是：在十分之一秒钟内，成人一般能把握到 8 至 9 个黑色圆点，把握 4 到 6 个不相联系的外文字母。刺激物数量越多，判断的错误越多，而且越趋向于对刺激物数量的低估。下面我们可以简单做个实验，在十分之一秒内，你能默写下几个字母？为什么？图 3-2 中，图 1、图 2 哪个更容易记忆？为什么？找出单词中哪个字母有错误？

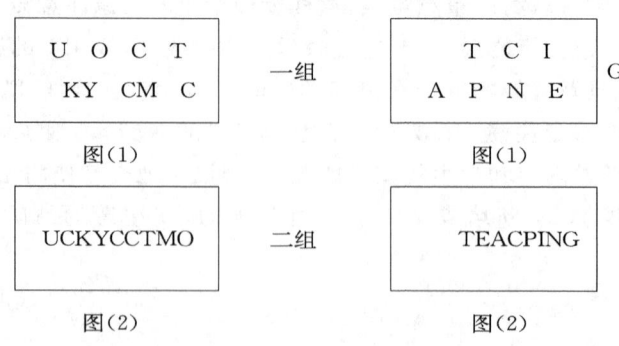

图 3-2

通过上述实验,你会惊喜地发现你的注意广度不止9个了。影响注意广度的因素有哪些?怎样才能扩大注意范围呢?这主要是因为知觉对象对有规律的、集中的、互相联系的对象的注意范围大,否则范围就小,这一特点引起的。要扩大注意范围,主要是要找出被注意对象之间的联系,把分散的对象系统化就能扩大注意的广度。像图3-2(2)比图3-2(1)就容易记忆。另一方面,人的活动任务与知识经验也影响注意的范围,如果要求其活动任务多,注意范围就受限制。如例子中,两个词分别是英语的"教学"、俄语的"艺术"一词。不懂外语的人,不能全写出字母,懂俄语的人或懂英语的人很容易完成俄语、英语的词的默写。这主要是知识经验的作用。但又要求找出词中错误(M改成B;P改成H),就影响了注意的范围。

在学习中,注意范围大,阅读速度就快;打字人员,汽车、火车、飞机驾驶员,球类裁判员注意的范围都对职业有重要的意义。扩大注意范围,可以提高学习和工作的效率。

我们来进行一个注意广度的练习,看谁能最快地依次找出从1到90这些数字(图3-3)?

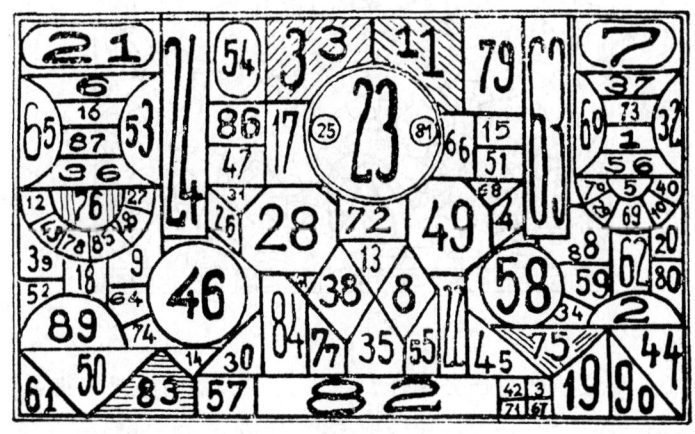

图3-3

(二)注意的稳定性

1989年发生在美国洛杉矶一带的大地震,在不到4分钟的时间,使30万人受到伤害。一个年轻的父亲此刻奔向7岁儿子的学校,这时三层教室楼已变成一片废墟。年轻的父亲不怕危险,不顾劝止,动手在那片废墟上挖掘,他挖了8小时、12小时、24小时、36小时,到第38小时,他突然听见底下传出孩子的声音:"爸爸,是你吗?"是什么信念使父亲坚持38个小时地挖掘？因为年轻父亲给过儿子承诺："无论发生什么，我总会跟你在一起！"所以才会有这感人的父子之爱。38个小时的挖掘是注意的高度稳定性的表现。

注意的稳定性是指人在一定的事物上注意所能持续的时间。这是注意在时间上的特征。人的注意保持在某种事物或某种活动上的时间越长，注意的稳定性越高。

试用你的眼睛（不是用铅笔）尽可能快地追踪图3-4所示的每一条线。从起点寻找出每条线的终点，并在右边与这条线相连的空格内写上它的起点号码。要快，但不要出错。完成作业后，你自己用一支笔进行核对，你注意的优势是速度还是准确性？注意的稳定性不仅是指能长时间地把注意指向某一事物的能力，还表现为对疲劳和精神涣散的抵抗力。怎样能保持稳定的注意？

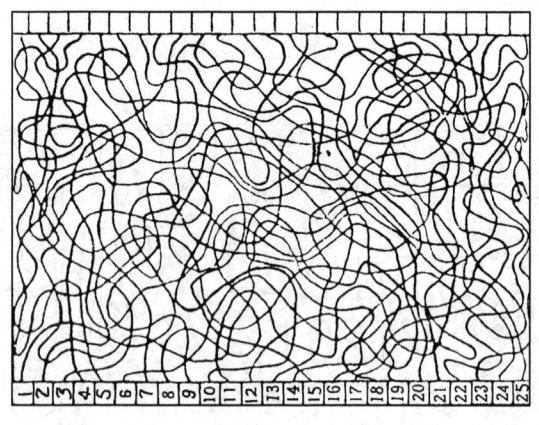

图3-4

明确工作要完成的总任务是什么。因为在头脑中经常考虑如何实现活动任务，从前一步想到后一步，积极地思考，所以注意就能坚持下来。

要求活动多样化。如不断提出新问题，不断出现新内容，不同活动交替进行，把内心注意和外部的实际活动结合起来。

注意的稳定性与人的身体状况有关：当人失眠、疲劳、生病时，人的注意力就不稳定；如果人的身体健康、精力充沛，人的注意力就能持久稳定。

注意的稳定性，并不意味着注意总是指向一个对象，而是指活动的总方向始终不变，行动所接触的对象和行动本身可以变化。在"38个小时"内挖土的父亲可以一边挖掘一边观察周围的环境，不断改变方案，不断调节自己的心态等不同的活动，才能坚持38个小时枯燥艰辛的工作。当让儿童注意监视一个门，看有什么人出入，则很难持久。如果让儿童把出入门的人的主要特征用最简单的画法画下来，他就忙个不停，这样就可以较长时间地稳定注意了。

人在集中注意感知某一事物时，很难长时间地保持不变。把一只手表放在离开被试耳朵一定的距离上，使他刚刚能听到表的滴答声。这时，被试时而听到表的声音，时而听不到，或者感到表的声音时强时弱，注意的这种周期性地加强或减弱，叫做注意的起伏现象。在观察知觉"双关"图形时，也可以明显看出存在着间歇性的波动起伏（图3-5）。

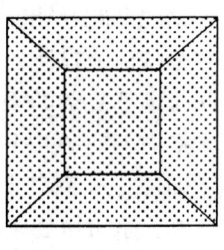

图3-5

请你聚精会神地看这个被截去顶端的棱锥体图形，你可以看到中间的小方形时而凸出，时而凹进，一直注视图形的变化，时限3分钟。只要图形变化，就在纸上记上一小横线。接着要求被试：你现在要加强意志努力，一边注视图形，一边把它想象成为一个空房间，三面是墙，上面是天花板，下面是地板，小四方形是凹进去的。就这样看下去，而当你看到图形变化时，就用铅笔在纸上记上一横线，时限3分钟。计算你在第一次、第二次两个3分钟注意起伏的次数，填入下表：

被试姓名	注 意 起 伏 数	
	第一次（三分钟）	第二次（三分钟）

你会发现，第二次起伏次数比第一次少。可见，注意的起伏与意志努力紧密相连。并且，并非所有的人的注意总是同样地起伏。

与注意的稳定性相反的情况是注意的分散。如，课堂上一个非常好动、易受外界影响的同学，在上课时总是动来动去，并不断注视其他同学，不听讲课。另外一个同学在出神沉思他新近读过的一本书，也不听讲。他们都是注意的分散。注意的分散是指人的注意力离开当前任务而被无关刺激所影响。但是他俩是彼此不同的心不在焉现象。前者是一种不稳定的和指向外部的不随意注意，而且容易转移的注意，这主要是儿童的特点。后者是指向内部而又很不容易转移的，它的特点是非常强烈和稳定。许多科学家把注意集中于他们自己的思想上的笑话，正是表明了这种"心不在焉"。牛顿就把"天才"界说成是持续不断的注意。当然这种"心不在焉"如果发生在学生身上,会学无所成;发生在汽车司机、飞行员、机器操控者身上,不仅是产生误差,而且可能造成事故。

(三)注意的分配

据说拿破仑能够同时做七件事。1889年,法国的心理学家庞尔汉,证明他有在朗诵一首诗的同时又能写下另一首诗的能力。他还能在朗诵一首诗的同时笔算复杂的乘法。这种在同时进行两种或几种活动的时候,把注意同时指向不同的几个对象,叫做注意的分配。

如果有双手调节器(图3-6),可以一边动手操作机器上的任务,一边进行心算。也可以要求一组被试,一面听故事,一面进行加法运算。以后看运算结果,并要求复述故事情节。另一组只要求单独实验,只让被试运算或只听故事,然后比较两者的结果。你会发现:复合活动中,比每一个单一活动效果都降低了。

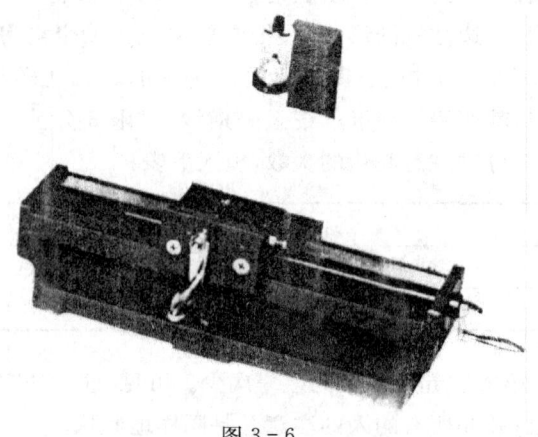

图3-6

当刺激物是不同的种类,感官活动也不同,同时注意是做不到的,一般只能先感知一个刺激物,过一段时间才能感知第二种刺激物。在复合器上有一个指针,在刻有100刻度的圆盘上迅速转动,指针经过一定度数,同时会响起铃声。被试的任务就是在铃响时,说出指针的度数。通常被试不能说出铃声响的准确度数,而说出的却是在铃声之前或之后的度数。说明他的注意力在一定时间中,只能指向一个刺激物,过后再指向另一个。

注意分配的条件是:必须只有一种活动是陌生的,而其余活动达到自动化或部分自动化程度才行。因为自动化活动不需要更多的注意,可以把注意力集中在比较生疏的活动上。另外同时进行几种活动之间的关系也很重要，有联系的活动便于分配。像"一手画方，一手画圆，莫能成"。但是，当你先将其中一项练熟，两手还是可以同时完成任务的。

（四）注意的转移

列宁号原子动力破冰船的控制板，包括 250 个以上的仪表和信号器，值班的船员必须不断地把注意从一个仪表转移到另一个仪表上。一个飞行员在起飞和降落的 5~6 分钟内，注意的转移可达 100 多次。如果不能迅速地转移，后果将是不堪设想的。一名医生在检查下一个病人时，要立即停止对前一个病人的思考，不然就混淆了他们的主述和症状，这些都是注意的转移。

所谓注意的转移是指：人有意识地根据任务的需要，主动地把注意从一个对象转移到另一个对象上。注意转移的快慢与难易，主要看对原来注意对象的兴趣、原来注意的紧张度而决定。原来注意紧张性强，兴趣又浓，就难于转移；原来注意紧张性差，又少有兴趣，则转移就易。对后来的注意对象的兴趣与转移的难易、快慢也有关系。

下面我们用不断转换的加法，测定注意转换的能力。

写两个数对(1、8；5、9；9、2；2、5；9、4；7、5；9、9；5、8)等，一个在另一个的下边，如下面所示 1 和 8，然后把他们加起来，将和（如果两数和是两位数，只留个位数）写在上面那个被加数(1)的旁边，再把上面那个数 1 写在下面那个数 8 的右旁边，这样构成两个新的数。这是作业的第一方法：

```
  1  9    0  9    9  8
  8  1    9  0    9  9
```

第二种方法把总和写在下面那个数的右旁边，把原来下面的那个数写在和数的上面，构成两个新数。

```
  1  8    9  7    6
  8  9    7  6    3
```

被试练习 1 分钟开始正式实验。给出两个数，用第一种算法做，如果说画线，用第二种算法，请作到哪里就在哪里画一竖线，然后改用第二种算法，尽量快、准确。共做 8 分钟，更换方法 6 次。

核对被试已完成的作业，就会发现其错误主要是从一种方法转换为另一种方法时发生的。不同的人其结果不同，因为完成这个作业有赖于神经过程的灵活性，每人的神经特点不同。注意的转换，是注意的重新组织，也就是和它的活动目标的改变相联系地从一个对象转移到另一个对象的能力。

二、青少年注意的特点

从 11～12 岁到 14～15 岁,是少年期为初中阶段;从 14～15 岁到 17～18 岁,是青年初期为高中阶段。少年期的学生生理、心理都发生了显著的变化,各种智力因素(如言语、感知、记忆、想象、思维)进一步提高完善,加上新的认知结构的出现,使他们能够更轻松、更快捷地完成各种任务。高中阶段的学生生理、心理已趋于成熟、稳定和完善。这些决定了青少年的注意具有如下的特点。

(一)注意逐渐向高级形态发展和深化

儿童的注意是从无意注意开始发展的,他的无意注意的产生主要是依靠外界刺激物的作用,随着儿童自身兴趣、需要和态度的逐渐稳定,无意注意的产生和发展主要受人的主观的影响,这是无意注意发展和深化的具体表现。已有的研究表明,初中二年级以前,无意注意的发展随年龄增大而递增,至初二达到峰值,之后出现缓慢下降的趋势(图 3-7)。

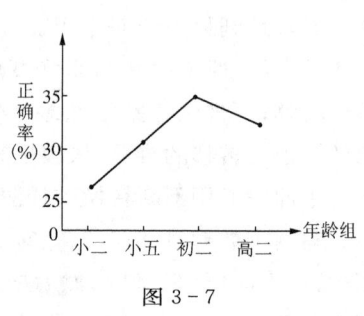

图 3-7

有意注意的深化,主要体现在维持注意的意志努力的程度上。开始时需要强迫自己克服困难,甚至有顽强的意志力,才能维持有意注意。而后,随着他们对准备从事未来活动任务的理解和自觉的学习态度及顽强的学习毅力,他们不仅能长时间地保持自己的注意,而且能把注意集中在他毫无直接兴趣的或非常困难的学习活动上。这正是少年大学生学有成就的原因。如,黄茂平平时虽贪玩,但学习的时候却专心致志,1978 年除夕,他在学校看书忘记了回家吃年夜饭,直到母亲来学校找他时,他才恍然大悟。① 这种"有意后注意"的出现,是中学生注意发展的深化。

(二)注意品质得以全面发展

1. 学生注意稳定性的发展

学生注意的持续时间,随年龄增长而延长。有关研究材料统计结果见

---

① 《少年大学生的足迹》,合肥:中国科技大学出版社,1988 年版。

表 3-1。

表 3-1　不同年龄儿童注意稳定时间

年龄	5～7岁	7～10岁	10～12岁	12岁以后
集中注意 一事物	15分钟	20分钟	25分钟	30分钟

其中,小学阶段注意稳定性发展速度较快,幼儿阶段和中学阶段发展速度相对较慢。在中学,随着学生自制力的发展,青少年已经能较长时间地、稳定地集中注意于某项活动和某个内容,他们的注意力保持45分钟已毫不困难,所以,在这个年龄阶段,讲课方式不宜在短时间内更换太频繁,不宜像小学生阶段那样组织教学,一节课可以采用一种方式为主进行。但在初中阶段,学生的情绪仍有冲动的特点,有时也难控制自己的注意力,一些学生还有分心走神的毛病。到了高中阶段,集中和稳定注意的能力才能逐渐向高水平发展。

2. 学生注意转移的发展

中学生注意的转移比小学生具有更大的自觉性和灵活性。研究表明,注意转移的发展趋势是:小学二年级是迅速增长时期,初中二年级至高中二年级是发展的停滞期,高中二年级到大学二年级是缓慢增长期。

3. 学生注意广度的发展

注意范围的大小,主要取决于人的过去经验,由于青少年的生活经验比小学生多而比成人少,所以他们的注意广度也是介于两者之间。陈惠芳等(1989年)研究了不同年龄群体的注意广度,结果表明,随着年龄增长,注意广度日益扩大,13岁儿童的注意广度已接近成年人水平(表3-2)。

表 3-2　不同年龄群体注意广度成绩比较

年龄	4岁	6岁	7岁	9岁	11岁	13岁
成绩	4.74	5.77	6.5	6.97	7.99	8.26

4. 学生注意的分配发展

每个人注意的分配能力发展较早,但是发展却较为缓慢。研究结果表明,小学三年级和五年级学生的注意分配能力基本上不存在差异(刘景全1993)。林镜秋的研究也有类似的结果(表3-3)。

表 3-3 不同年级注意分配能力比较

年级	小学二年级	初中二年级	高中二年级
注意分配能力	0.5833	0.6087	0.6201

可见注意分配能力发展缓慢主要与注意的分配必须具备一定的条件有关。只有当各种技能逐渐熟练，并加以严格训练之后，他们才可能在比较复杂的动作之间建立反应系统，使注意进行合理的分配，而这种技能熟练化和协调化的发展进程是比较缓慢的。

三、青少年注意品质的培养

注意力主要指集中注意的能力，必须经过学习和训练才能掌握。训练注意的方法，是约束自己注意做每一件事情，养成良好的注意品质。具体表现如下：

（一）培养集中注意的能力

法国的一位生物学家曾经说过："天才，首先就是注意力。"可见，没有注意力就没有天才，谁的注意力不集中，谁就不可能自觉地做好他所从事的工作。曾经是清华研究生状元的苑明顺，谈成功的体会时说：我上什么课都会十分专注、十分认真。关于注意稳定性在学习中的运用，前苏联来华工作的专家普希金讲过一些颇有意义的话：首先就是在课堂上，应该把自己的注意力集中在教师所讲的教材上。我们对任何事物的认识，都是开始我们对事物集中注意力。把注意力集中到我们愿意了解、愿意知道的事物上去，然后才能理解这个事物。所以在上课的时候，越把注意力集中到我们应该注意的对象上，我们就越容易记住它、理解它；反之，我们就不能领会教课的内容，把它变为自己的东西。

在听讲的过程中，有许多事物是会分散我们的注意的。譬如，在听讲中感到疲乏、肚子饿了想吃饭等，这些都会给我们以影响。至于想到今天晚上要去看电影、找朋友，那就会更分散我们的注意力。我们的任务就是要消灭那些足以分散注意力的因素，通过我们的意志去迫使注意力集中到所应注意的事物上去。[1]

---

[1] 《大中学生怎样进行学习》，太原：山西人民出版社，1956年版。

(二)培养专心致志地学习、工作的能力

1. 从注意 10 分钟开始

人的注意力集中时间是有限度的,一般中学生只能持续 30 分钟左右,超过 20 分钟就会有意识地加以转移。如果不能集中注意于某一项学习,就应让自己只学 10 分钟,因为 10 分钟是一个极短的时间,无论多么痛苦的事情,人们也能够勉强忍耐住,所以能够以轻松、安然的心情去迎接这 10 分钟,并且相信自己能够坚持做到。

有一名刚上初中的学生,其他功课成绩都很好,只是英语一科的成绩总是徘徊在及格的边缘。一天,他终于鼓足勇气去请教英语老师,老师给他的建议是:第一个月每天只花 10 分钟时间打开课本来看,不必念,更不必写;接下来一个月每天花 20 分钟时间照书抄写;再接下来一个月每天花 20 分钟念英语课本。这个学生开始按照老师的要求去做,在第一月里,每天花 10 分钟面对英语课本,使他感觉很难熬,但熬过了这一个月,又抄写了一个星期的英语课本后,竟然产生了想学习英语的念头,仅仅两周,便结束了每天 20 分钟的抄写,而主动改为每天读 30 分钟英语课本,甚至有时持续一小时也不感到疲劳,几年时间,他的英语成绩已经在班级名列前茅。①

这其中的秘密是开始时的 10 分钟起了关键作用,如果当时老师让这位学生一开始就每天读一个小时,会在心理上造成压力,反而适得其反。学习英语是老师把一个复杂行为予以细目化,整个训练过程分为几个小阶段,每完成一步,本身学习的结果加强了自己的行为——继续学习,每完成一步就与最后目标越为接近。学习英语的行为就形成了。这也是行为塑造理论的观点。

2. 为自己限定期限

在学习还没开始之前,就先硬性给自己规定应完成的分量,定一个学习期限,如一小时内,看多少内容,写多少作业。在这一段时间里,注意集中于学习内容,而不让任何其他的刺激去分散它。限定期限的最大作用,是把一个人逼进"期限"里,由于它的限制,反而能使我们对学习产生高度集中的注意力,提高了学习效率。

---

① 刘晓明:《学习适应性训练》,长春:吉林人民出版社,1999 年版。

让时间控制注意力的集中,并自己检查限定时间里的工作质量,任务完成得不好,再重新规定时间,直到满意为止。培养注意的稳定性可以做事有始有终,决不虎头蛇尾。

（三）培养转移注意的能力

注意的转移即注意的主动性,它是指一个人的注意善于从当时不需要的客体或活动转移到需要的客体或活动上。当客观情况需要的时候,有的人能够主动地转移自己的注意,有的人消极被动不能及时转移注意;有的人能够很快转移注意,有的人往往需要花费很大力气,才能把注意转移到该注意的对象上。灵活、主动地转移注意,是学生主动学习的必要条件,著名教育家乌申斯基指出:"在主动的注意中不是对象把握了人,而是人把握了对象。我越能掌握住自己和自己注意的对象,我便越能更顺利地达到目的。"①有了这种注意的主动性,一个学生就能及时地去从事那些必要的学习活动。

控制自己注意的能力,不仅意味着把注意指向某种应该指向的事物,而且意味着把注意避开不应该注意的事。如一名同学因某事而生气,他的全部注意都集中在生气这件事上,他曾二十次甚至一百次地回忆惹他生气的情境,并且反复证明他的结论,这就是他的朋友逐渐变成他的敌人。如果生气的人能有意地把它转移到其他的问题上,他就会立即用一种不同的目光来看待这个事件,他就会对朋友继续保持友谊了。

要培养注意的转移能力,就要发展自己的有意注意,不但能做好喜欢做的事,而且能做虽不喜欢但是必须做的事,锻炼自己的意志,养成自己的自制能力。

（四）扩大注意的范围

根据速视器测定的结果,注意的范围的个别差异不是十分明显,注意范围大小往往与一个人的知识经验、感觉总体能力有关,注意范围的个别差异很明显地表现在阅读的速度上,凡是阅读快的人,如"一目十行"者,其注意的范围必然较大;相反,凡是阅读慢的人,如"十目一行"者,其注意的范围必然较小。在阅读上注意的范围的个别差异却十分显著。注意范围大的学生,其阅读的速度必然就快,而阅读速度快的学生其获得的知识必然就多,反之亦然。即知识经验丰富的学生,其阅读的速度就快;阅读速度快的学生,其注意的范围必然就大。

---

① 《乌申斯基文集》第 6 卷,苏俄教育科学院,1949 年出版。

关于扩大注意范围方法,大家可以利用生活中的一切条件开始,如,当人往商店橱窗看一眼时,试着记住所看到的东西。充分运用五官去接受新知识,在生活中做到"眼观六路、耳听八方",在接受新思想,思考问题时,要对事物之间的关系进行广泛的横向联系。

(五)培养注意的分配能力

一个人同时能做几件事?主要是以能否掌握一定的技能、技巧为转移的,一般人不能同时左手画方,右手画圆。但是如果经过练习,使左手画方(或右手画圆)的动作达到熟练后,他是完全可以做到双手并用,方、圆俱成。可见,注意的这一品质的个别差异是相对的。

一个善于分配注意的学生,他就能在同一时间里以较少的精力从事较多的学习活动,从而获得较多的知识。在课堂上一方面把自己的注意集中在教师的讲解、看教师的板书上;另一方面,又要把较少的注意分配到写字,以及记住教师稍前的讲话上。学生所要完成的学习任务,总是有主有次、有轻有重地交织在一起。学生必须会把注意分配好,让自己在专心致志于某一客体或某一活动的基础上,把注意适当地分配到那些不大需要意识参与的学习活动上,这样就可以在完成学习活动的同时,也完成了与主要学习活动相联系的一些熟练的活动。

不仅在生活中可以练习注意的分配,一边听一边写,一边看一边做等等,也可以在课堂上练习注意的分配能力。如:注意听同学朗诵、背诵并指出优缺点,继续别人的朗诵或背诵;边看教具、边听教师讲解;边听同学回答问题,边思考正确答案。

阅读材料

怎样知道自己注意力的好坏

仔细阅读下面的问题,认为符合自己情况的,在括号内画"O",不符合的打"×"。

(1)听别人说话时,常常心不在焉。   (   )

(2)学习时,往往急于想干另外的一项工作。   (   )

(3)一有担心的事,便终日萦绕在心。   (   )

(4)学习时,常常想起毫无关联的其他事情。   (   )

(5)学习时,总觉得时间过得太慢。   (   )

(6) 被别人指责时情景始终也不会忘记。　　　　　　　（　　）

(7) 有时忙这忙那,什么都想干似的度过一天。　　　　（　　）

(8) 想干的事情很多,却不能专心于一件事情。　　　　（　　）

(9) 听课时常呵欠不断。　　　　　　　　　　　　　　（　　）

(10) 说话时,有时会无意识地说出其他的事情。　　　（　　）

(11) 在等人时,感到时间长得难熬。　　　　　　　　（　　）

(12) 对刚看完的笔记会重新阅读好几遍。　　　　　　（　　）

(13) 读书不能坚持两个小时以上。　　　　　　　　　（　　）

(14) 一件事做得时间太长后,就会急躁地希望早点结束。（　　）

(15) 学习时,对周围人的说话声听得很清楚。　　　　（　　）

把打"×"的问题相加记分,每个"×"为1分。0～3分者为注意力差;4～7分者为注意力稍差;8～11分者为注意力一般;12～13分者为注意力好;14～15分者为注意力很好。

思考练习

1. 举例说明什么是注意？注意与心理过程是什么关系？你认为注意在人们生活中有什么作用？

2. 引起无意注意的因素有哪些？保持有意注意的条件是什么？两种注意对学习各有什么作用？

3. 简述注意的理论。

4. 用什么去衡量注意力的好坏？你能说出培养自己注意力的成功方法吗？

5. 谈谈在教学中如何运用注意的规律？

第四章　感觉和知觉

本章内容提要:

1. 感知觉的概念及其生理机制
2. 感觉和知觉的种类
3. 知觉与模式识别
4. 感受性及其变化规律
5. 知觉的基本特性
6. 感知觉规律在教学中的应用
7. 青少年观察力的培养

人类的认识活动是从感知觉开始的。感知觉为人的心理活动提供了内外环境信息,保持着机体与环境的信息平衡。

第一节　感知觉概述

一、感知觉的概念

(一)感觉

感觉是人脑对直接作用于感觉器官的客观事物的个别属性的反映。例如,人们面前有一个苹果,眼睛看到了它的颜色,手摸到它是光滑的,鼻子闻到了它的香味,咬一口尝到了它的味道等等。这里的颜色、光滑、形状、香气、味道,都是苹果的一些个别属性,这些个别属性通过感觉器官作用于人脑,在人脑中引起的心理活动就是感觉。

感觉反映有自己的特点:第一,感觉反映的是当前直接接触到的客观事物,而不是过去的或间接的事物。第二,感觉反映的是客观事物的个别属性,而不是事物的整体。通过感觉人们只知道事物的声、形、色等个别属性,还不能把这些属性整合起来整体地反映客观事物。

(二) 知觉

知觉是人脑对直接作用于感觉器官的客观事物的各个部分和属性的整体反映。知觉不仅能反映个别属性,而且通过各种感觉器官的协同活动,按事物的相互关系或联系整合成事物的整体,从而形成该事物的完整映象。例如人们对苹果的多种个别属性的信息进行综合,加上经验的参与就形成了"苹果"的整体映象,这种信息整合的过程就是知觉。

知觉活动的特点:第一,知觉是以生理机制为基础的纯粹心理活动,它产生于在感觉的基础上对物体的各种属性加以综合和解释的心理活动过程,处处表现出人的主观因素的参与。第二,知觉是对事物不同部分及其相互关系的综合的、整体的反映。第三,知觉是在多种分析器协同活动参与下对事物整体属性整合的结果。

知觉活动的过程由五个环节组成,称为知觉链。第一个环节是外界环境,它是指环境作为知觉来源的客观事物的各种属性、特征、位置及其分布。第二个环节是中介物。物体通过中介物如光、空气、力、热等传递到人的感觉器官。第三个环节是刺激物与感觉器官之间相互作用的过程。第四个环节是神经冲动通过传入神经系统向大脑传递各种外界信息的过程。第五个环节是大脑对传入到皮层相应投射区的信息进行整合处理的过程。

二、感知觉的生理机制

(一) 感觉的生理机制

感觉的产生是分析器活动的结果。分析器是感觉器官、传入神经和大脑皮层的感觉中枢所组成的统一的形态机能结构整体。感觉的产生,必须具有分析器所有部分的完整性。首先,感受器能把外界刺激的物理能量转化为神经冲动,故又把它称为"换能器",即将感觉器官接受的各种适宜刺激,转换为生理电能。其次,传入神经把神经冲动通过神经系统传递至大脑皮层,并在复杂的神经网络的传递中,对传入的信息在不同阶段上进行有选择的加工。最后,在大脑皮层的感觉中枢区域,传入的刺激信息被加工为人们所体验到的具有各种不同性质和强度等维量的感觉。从信息加工的角度看,感觉主要是大脑皮层感觉中枢对由感觉器官提供的各种信息加工的过程和结果。

(二) 知觉的生理机制

现代神经生理学和神经心理学揭示了大脑皮层不同区域的分析、综合机能。感觉皮层的二级区主要负责整合的功能,它的损伤引起丧失对复合刺激物的整合知觉机能。感觉皮层的三级区是各种感觉的皮层部位的"重叠区",它在实现各种分析器间的综合作用方面起着特殊的作用,这个区域的损伤将引起复杂的同时性综合能力的破坏。

除了皮层感觉区外,额叶在知觉活动中也有重要的作用。额叶损伤的患者常常失去主动知觉的意图,不能对知觉客体作出合理的假设,并且不能对知觉的结果进行正确的评定。

三、感知觉的作用

感觉虽然简单,但在人们生活和工作中具有重要作用。

第一,感觉为主体提供了内外部环境信息。通过感觉,人们能够认识外界环境各种事物的各个属性;通过感觉,人们还能认识自己机体的各种状态。如果没有感觉提供的信息,人就不可能根据自己机体的状态来调节自己的行为。

第二,感觉保证了机体与环境的信息平衡。人们从周围环境获得必要的信息,是保证机体正常生活所必需的。相反,不能从周围世界获得信息或获取信息不足,都会破坏人体与环境间的信息平衡,对机体带来不良影响。

第三,感觉是一切较高级、较复杂的心理现象的基础,是人的全部心理现象的基础。人的知觉、记忆、思维等复杂的认识活动,必须借助于感觉提供的原始资料。人的情绪体验,也必须依靠人对环境和身体内部状态的感觉。因此,没有感觉,一切复杂、较高级的心理现象就无从产生。

知觉以感觉为基础,没有对物体个别属性反映的感觉,就不可能有反映事物整体的知觉。但是,又不能把知觉单纯地归结为感觉的简单总和,因为知觉除以感觉为基础以外,还借助于经验和知识的帮助,把感觉器官获得的信息转换成对物体或事件的经验和知识过程,其中语言在知觉发展过程中也起着重要作用。因此,感觉是知觉的有机组成部分,是知觉的基础,而知觉则是感觉的深入和发展。对某个物体感觉到的个别属性越丰富、越精确,对该事物的知觉也就越完整、越正确。在现实生活中,人们一般都是以知觉的形式直接反映客观事物的。感觉只是作为知觉的组成部分而存在于知觉之中,很少有孤立的感觉存在。

总之,感觉和知觉是人对客观世界认识的初级阶段,是人们认识世界的开端,也是人们其他心理活动的基础,一个人若没有感觉和知觉,就不可能形成记忆、思维、想象、意志等复杂的心理活动。可见,感觉和知觉是一个人正常心理活动发生发展的必要条件。

第二节 感知觉的种类

一、感觉的种类

根据感觉的性质可把感觉分为两大类：外部感觉和内部感觉。

外部感觉是指接受外部刺激，反映外界事物的个别属性的感觉。外部感觉包括视觉、听觉、味觉、嗅觉和肤觉。肤觉又可细分为温觉、冷觉、触觉和痛觉。

内部感觉是指接受机体本身的刺激，反映机体的位置、运动和内部器官不同状态的感觉，包括运动觉、平衡觉和机体觉，详见表4-1。

表4-1 感觉种类一览表

感觉种类			适宜刺激		分析器		
					外周感受器	传入神经	皮层相应区
外部感觉	视觉		390～800毫微米的光波		视网膜上的棒状与锥状细胞	视觉神经	枕叶区的视区
	听觉		每秒振动频率为16～20000次的音波		内耳蜗牛管内科蒂氏器官	听觉神经	颞叶区的听觉区
	嗅觉		有气味的物质微粒（气体分子）		鼻腔上部嗅膜中的嗅细胞	嗅觉神经	颞叶内部的嗅区
	味觉	甜觉	溶解于水或唾液中有味道的化学物质。如：	糖	分布在舌面、咽后部、腭及会厌上的味蕾	味觉神经	颞叶内部的味区
		酸觉		盐酸			
		苦觉		奎宁			
		咸觉		食盐			
	肤觉	触觉	物体的机械、温度、或电的作用		皮肤上和外黏膜上的各种专门感受器。如迈斯纳氏触觉小体、巴西尼氏环层小体、克劳斯氏球、罗佛尼氏小体和皮肤深处的自由神经末梢等	肤觉神经	皮层上中央沟后回代表点，皮层下区部位有关代表点
		冷觉					
		温觉					
		痛觉					

续 表

感觉种类		适宜刺激	分析器		
			外周感受器	传入神经	皮层相应区
内部感觉	动觉	肌肉收缩程度与四肢位置变化	肌肉、筋腱、韧带、关节中专门感受器	动觉神经	皮层上中央沟前回（乙状回）
	静觉	人体位置所发生的重力、方向的变化	内耳迷路中的前庭和三半规管	静觉神经	颞叶区内的静觉区
	机体觉	有机体内部各器官、各系统活动的改变	位于消化、呼吸、循环、泌尿、生殖器官中小壁和植物性神经系统的神经节中	机体觉神经	皮层上的代表点和丘脑

二、知觉的种类

从不同角度可以对知觉进行分类。

根据在知觉中起主导作用的分析器的特性，可以把知觉分为视知觉、听知觉、触知觉和嗅知觉等。

根据知觉所反映的事物的特性，可以把知觉分为空间知觉、时间知觉和运动知觉等。

根据知觉所反映的客体，把对客观事物的不正确的反映叫错觉。

1. 空间知觉

空间知觉是人对客观世界物体的空间关系的认识。它包括形状知觉、大小知觉、深度与距离知觉、方位知觉与空间定向等。空间知觉在人与周围环境的相互作用中有重要作用。如果人们不能认识物体的形状、大小、距离、方位等空间特性，就不能正常地生存。

2. 时间知觉

时间知觉是指客观事物和事件的连续性和顺序性的反映。它包括对时间的分辨、对时间的确认、对持续时间的估量、对时间的预测。但需明确的是，时间知觉有时并非由固定刺激所引起，也不像光和声那样有专门的感觉器官。

3. 运动知觉

运动知觉是指人对物体在空间位移的知觉。它包括人对物体真正运动的知觉和似动知觉。

4. 错觉

错觉是指人在特定条件下对客观事物必然产生的某种有固定倾向的受

到歪曲的知觉。错觉不同于幻觉,它是在客观事物刺激作用下产生的对刺激的主观歪曲的知觉。

错觉种类很多,一般分为以下七种。

(1) 线条横竖错觉

图 4-1(A)中,两条直线的长度是相等的,当其中一条垂直于另一条中点,看起来垂线长于横线。

(2) 缪勒—莱尔错觉

图 4-1(B)中,两条横线等长,区别是两端所附箭头方向不同,看起来下面的横线长。

(3) 奥伯逊错觉

图 4-1(C)中,有一正圆和正方形图形,但附上线条,看起来正圆形并非正圆,正方形并非正方。

(4) 戴勃福错觉

图 4-1(D)中有两个面积相等的圆形,但在左图圆外加一个稍大些的同心圆,结果看右边圆形时觉得比左图中内圆形稍小些。

(5) 赫尔岑错觉

图 4-1(E)中两条平行线被多方向的直线所截时,看起来就失去了原来平行线的特征,而感到两条线向中点凹陷。

(6) 佐尔纳错觉

图 4-1(F)属于视空间错觉之一,当数条平行线被不同方向的斜线所截时,看起来就失去了平行线的特征。

(7) 楼梯错觉

图 4-1(G)中当人注视该图形数秒钟后,会有两种透视图形感,有时看似是正面放着的楼梯,有时侧看似是倒放着的楼梯。

三、知觉与模式识别

所谓模式,是指由若干元素或成分按一定关系形成的某种刺激结构,也可以说模式是刺激的组合。例如,几条线段组成的一个图形或一个字母,几个笔画组成的一个汉字等,是视觉模式;几个音素组成一个音节,几个音节组成一个单词等,是听觉模式。当人能够确认他所知觉的某个模式是什么,并将它与其他模式区分开来,就是模式识别。例如,人们可以认出用不同字体或不同方向印刷的文章,阅读不同方式手写的各种单词。人们的模式识别可看作典型的知觉过程,它依赖于人已有的知识和经验。

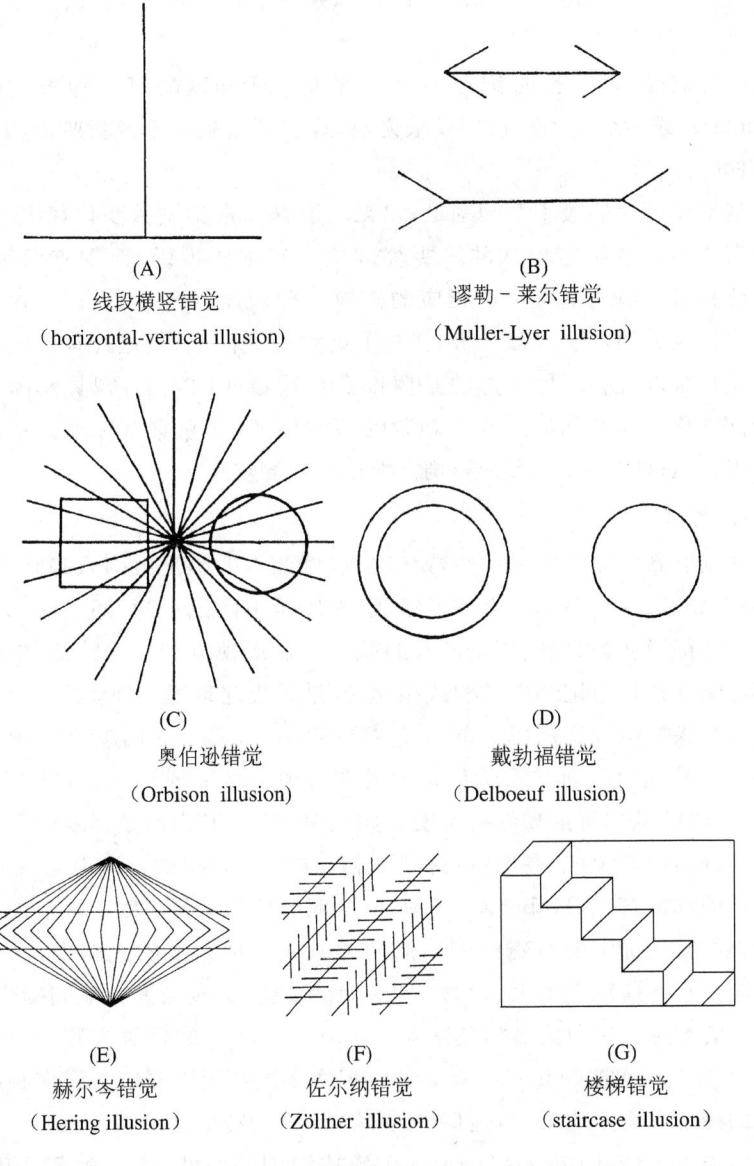

图 4-1

近年来,认知心理学已提出了几个理论模型和假设,其理论观点如下:

1. 模板说

这个模型最早是针对机器的模式识别而提出来的,后来被用来解释人的模式识别。

一种假设认为,长时记忆中储存着人们所知道的每一种模式的模板(template)或微缩复本。按照模板说,模式识别就是一个视觉刺激与模板产生最佳匹配。

基本模板说的最主要问题是,它无法解释在视觉刺激变化很大时,人们是如何认出任意给定模式的。要改进这一基本模板说,至少有两种办法。一是放弃每一模式都有一个相应的模板这种假设,转而假设每一模式是由几个模板表征的,这样模式识别就有了更大的灵活性,但这样却会使理论更加烦琐和难以检验。另一方法是假设在与模板匹配之前,视觉刺激需要先进行标准化。标准化是指改变刺激的原始表征,使它具有标准大小和标准方向等。但这需要提出大量影响标准化过程的规则。

2. 特征说

视觉刺激可被看做由一些特征组成,例如人的脸是由两只眼睛、两条眉毛、一个鼻子、一张嘴和一个下巴组成;人体是由两只手臂、两条腿和躯干等组成。特征说认为,模式识别涉及的就是辨认出视觉刺激的特征,然后通过将其与储存在长时记忆中的模式相比较,最后决定是哪一种模式。

如果人们可以认出以不同方式书写的字母,那么人们就可以看出这种以特征为基础的识别方式所具有的潜在价值。特征说认为,尽管书写风格不同,字母的基本特征却保持不变。如大写字母"H"由两条竖线段和一个连接它们的横线段组成,在这些特征基础上,它可以被正确辨认出来。

休伯和威塞尔(Hubel & Wiesel)发现的证据表明,大脑中存在着专门负责类似特征加工的特殊细胞。他们把微电极插入猫的大脑中,发现一些细胞对垂直线条反应最大,而另一些对水平线段反应最大。他们提出,视觉系统中的细胞可以分为裂口觉察器(slit detectors)、线段觉察器(line detectors)和边界觉察器(edge detectors)。但实际上情况更复杂。许多脑细胞对视觉的特定方面产生反应,这似乎与模式识别的特征理论相一致。

谢夫里奇(Selfridge)提出了一个模式识别的模型,即泛魔堂模型,它本来是用于识别莫尔斯码的一个计算机程序。按照这一模型,存在着一个"小鬼"等级系统,最底层的是特征鬼,中间层是认知鬼,最高层是判断鬼。每一个特征鬼有选择地对特定特征作反应(如直角、连续曲线),根据它所负责的特征在视觉刺激中出现的程度,对认知鬼"喊叫"。认知鬼代表单个字母,它们根据字母特征数量,向判断鬼"喊叫";判断鬼则根据喊得最高声的认知鬼,决定出呈现的是哪一个字母。

奈瑟(Neisser)检验了特征说。在实验中,奈瑟给被试呈现一张字母表(图4-2),要求被试尽可能快地找出一个目标字母。发现目标字母所需的时间取决于目标字母与干扰字母间特征的相似性。被试发现,当干扰字母由直线字母(如 M、W)组成时,比干扰字母含曲线特征(如 Q、U)时,更难于发现字母 Z。奈瑟认为,目标的特征与干扰项的特征不同时,更容易发现目标。

```
        LIST1       LIST2
      W M X V I E   G R U Q O D
      V M W E V X   O D Q R U G
      E X V I W M   R O G U Q D
      E W V X M I   U D G O U Q
      I M X W E V   U G O Q D R
      W V Z I E X   D Q Z U G O
      E I V W C X   O Q D R G U
      V M X E W I   G U O Q R D
      I W E V M X   R Q D O G U
      I X M E W V   U O R G D Q
```

奈瑟(1964)使用的字母表
目标字母在图2中更易发现
图 4-2

哈威(Harvey)等人发现,字母的知觉并不仅仅依赖于奈瑟所强调的那些特定特征。他们考虑了空间频率的作用。当暗条与光条间的交错相距较远时,空间频率较高;当它们接近时,空间频率较低。任务是对快速呈现的字母进行命名,让被试说出字母的名称。结果发现,空间频率接近但共同特征少的字母常被混淆;而有几个共同特征,但空间频率不同的字母却不易混淆。这表明空间频率在字母识别中起着重要作用。

特征说存在的问题,在模式识别中,特征觉察通常起着重要作用。可是,特征说仅对部分识别过程作了解释。本质上,特征说关注的只是模式识别的一部分,但忽略了基于背景的信息。如图4-3中,对于中央的刺激,如上下看时,它看起来是字母"B";如果与左右数字一起看时,就是数字"13"。在这种情况下,模式识别更多地受到背景影响,而不是刺激特征。

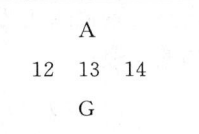

图 4-3

3. 结构描述(structural descriptions)

布鲁斯等人(Bruce et al.)提出了一种比模板说和特征说更恰当的结构描述理论。结构描述由"一些描述特定构成的命题组成"。为了更清楚地予以说明,来设想一下大写字母"L"可能的结构描述。它可能由下列命题组成:① 有两部分;② 一部分是垂直线;③ 另一部分是水平线;④ 垂直线的下端与水平线左端相连。

结构描述的优点之一是它注重视觉刺激中最重要的部分,例如,在相当大的范围内,字母"L"中竖直线和水平线的相对和绝对长度并不重要。因此,结构描述中省略了两条线段的长度信息。

第三节 感知觉规律及其应用

一、感受性及其变化规律

感觉是刺激直接作用于某一感官引起的。但是,人的感官只对一定范围内的刺激作出反应。

(一)感受性和感觉阈限

感受性是指人对刺激的感觉能力。人的感受系统只是对刺激作用连续过程中的一段发生反映,产生感觉。为了产生感觉,刺激的强度必须达到一定的数量。任何强度上超过某种限度的刺激作用会引起疼痛,并破坏感觉系统的正常活动。因此,从最小到最大的感觉量的全距确定了人的感觉系统的感受性的范围。感受性是人的感觉系统机能的基本指标。

感受性是用感觉阈限的大小来度量的。感觉阈限是人感到某个刺激的存在或刺激的变化的强度及强度变化所需量的临界值。

感觉阈限是测量人的感觉系统感受性大小的指标,是用刚能引起感觉或差别感觉的刺激量的大小来表示的。感觉阈限分为绝对感觉阈限和差别感觉阈限。

(二)绝对感受性和绝对感觉阈限

人们平时感觉不到空气中的细小灰尘落在皮肤上。但是细小的灰尘逐渐增大到一定量时,人们就会感觉到对皮肤的压力。这种刚刚能引起感觉的最小刺激量,叫绝对感觉阈限(absolute sensory threshold);人的感官觉察这种最小刺激的能力,叫绝对感受性(absolute sensitivity)。

绝对感受性以绝对感觉阈限来衡量。绝对感觉阈限越大,即能够引起感觉所需要的刺激量越大,感受性就越小。相反,绝对感觉阈限越小,即能够引起感觉所需要的刺激量越小,则感受性越大。因此,绝对感受性与绝对感觉阈限在数值上成反比例。用公式表示为:

$$E = I/R$$

式中,E 代表绝对感受性,I 为标准刺激量的强度,R 代表绝对感觉阈限。

这里需要说明,这个阈限值并不是绝对不变的。在不同条件下,同一感觉的绝对阈限可能不同。人的活动的性质,刺激的强度和持续时间,个体的注意、态度和年龄等,都会影响阈限的大小。因此,有人认为,把绝对阈限看成某个固定的刺激量是不妥当的。

(三)差别感受性与差别感觉阈限

在现实生活中,客观刺激物的强度会发生一定的变化,但不是刺激物的任何变化都能引起人们的感觉。只有当刺激物的强度达到一定量的差异,才能引起差别感觉,即人们能够觉察出它们的差别。这个刚刚能引起差别感觉的刺激物的最小变化量,就叫差别阈限(difference threshold)。那么,这个刚刚能够觉察出刺激物最小变化量的能力,就叫差别感受性(difference sensitivity)。

差别感受性与差别阈限在数值上也成反比例。差别阈限越小,差别感受性就越大。德国生理学家韦伯(Weber)曾系统研究了触觉的差别阈限。结果发现,对刺激物的差别感觉,不决定于一个刺激增加的绝对数量,而取决于刺激物的增量与原刺激量的比值。比如,原有的重量是 100 克,那么至少必须增加 2 克,人们才能感觉到两个重量的差别;若原有的重量是 200 克,那么增加的重量必须达到 4 克;若原重量为 300 克,那么增加的重量应该是 6 克。可见,为了引起差别感觉,刺激的增量与原刺激量之间存在着某种关系。这个关系用公式表示:

$$K = \Delta I / I$$

式中,I 为标准刺激量的强度或原刺激量,ΔI 为引起差别感觉的刺激增量,K 为一个常数,这个公式叫韦伯定律。

根据韦伯分数的大小,可以判断某种感觉的敏锐程度。韦伯分数越小,感觉越敏锐。但韦伯定律只适用于刺激的中等强度。换句话说,只有使用中等强度的刺激,韦伯分数才是一个常数。刺激过弱或过强,比值都会发生改变。

（四）同一感觉的变化

1. 感觉适应

在同一感受器中,由于刺激的持续作用或一系列刺激的连续作用,导致对刺激的感受性的变化,这种现象叫作感觉的适应(adaptation)。适应的结果可以是感受性升高,但大多是感受性的降低。

古语"入芝兰之室久而不闻其香,入鲍鱼之肆久而不闻其臭",说的正是嗅觉的适应现象。视觉方面,如人们刚进入电影院什么都看不见,过一会就能看到座位。这就叫"暗适应",是视觉感受性提高的现象。不同感觉的适应有不同的特点,这与人类生存需要有密切的关系。像痛觉就不容易发生适应,因为痛起到报警作用,以避开痛刺激。若对痛适应,不觉痛,会很危险。

2. 感觉后像

在刺激停止作用后,感觉印象仍暂留一段时间的现象,叫感觉后像(afterimage)。后像有正、负两类之分。正后像在性质上和原感觉的性质相同,负后像的性质则同原感觉的性质相反。比如,注视电灯一段时间后,关上灯,仍有一种灯似在那亮着的感觉印象,这是正后像。如果目不转睛地盯着一盏白色荧光灯,然后把视线转向一堵白墙,会感到有一个黑色的灯的形象,这是负后像。

后像的持续时间与原刺激作用的时间有关。刺激作用的时间越长,产生的后像持续越长,这是因为刺激的持续作用有时间上的累积效应。

3. 感觉的对比

感觉对比是指感受器不同部位接受不同刺激,对某个部位的强刺激会抑制其他邻近部位的反应,不同部位的反应差别被加强的现象。

感觉对比的突出例子是马赫带现象。它是指人们在明暗交界处感到明处更亮而暗处更黑的现象(图4-4)。其原因是感觉神经系统中存在的侧抑制。侧抑制是指相邻的感受器之间能够相互抑制对方向上行发放神经冲动的现象。当人同时看明暗相间区域时,明亮区域对感受细胞的刺激比黑暗区域的刺激强得多,明亮区域的强刺激会抑制与黑暗区域相对应的感受细胞的反应,这就加强了对明暗交界处的反应差别,形成强烈的感觉对比。

感觉对比有同时对比和先后对比两种。由同一感受器同时接受两种刺激的作用而产生的对比(图4-5)叫同时对比。

先后对比是指同一感受器先后接受不同的刺激的作用而产生的对比现

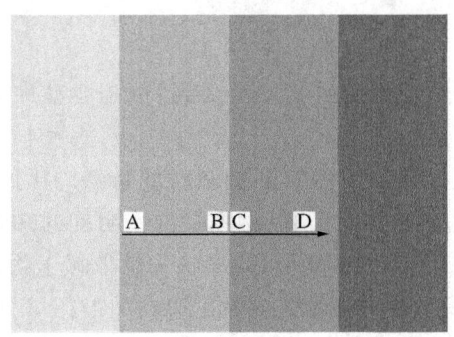

图 4-4

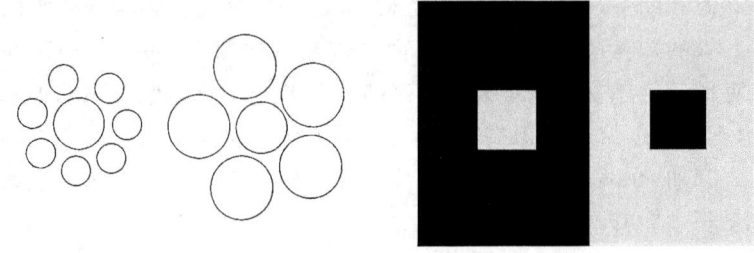

图 4-5

象。比如刚喝过苦汤药,再喝白开水也觉得有甜味;刚吃过糖,再吃西瓜就觉得不那么甜了。

(五)不同感觉的相互作用

不同感觉之间的相互作用是指一种感觉器官受到刺激而引起另一种感觉器官产生感觉或感受性发生变化的现象。通常的表现是,对此一感觉的弱刺激会提高另一感觉的感受性,而强刺激会降低这种感受性。如:弱光刺激可提高听觉的感受性;微弱的声音刺激可提高对颜色的视觉感受性。另一种表现是感觉补偿,它是指某种感觉缺失后,其他感觉的感受性增强而起到部分弥补作用的现象。如聋哑人听觉缺失,但可以用视觉来看"手势语"。

联觉也是一种不同感觉间相互作用的现象,它是指一种感觉的感受器受到刺激时,在另外感觉器官也产生了感觉的现象。例如,听到美妙的音乐,会使人觉得看到绚丽的景色、闻到花的芳香、品味美好的佳肴等。联觉的规律已被广泛地运用于建筑、装潢、广告及医疗等领域。

二、影响知觉的因素

知觉作为一种活动、过程,其发生受到"数据驱动加工"和"概念驱动加工"等因素的影响。

知觉依赖于直接作用于感官的刺激物的特性。比如,音调和音响的知觉依赖于声波的频率与声压水平;物体颜色和明度的知觉依赖于光的波长与振幅;运动知觉依赖于物体的位移;形状知觉依赖于物体的原始特征和线条朝向,等等。对这些特性的加工叫数据驱动加工。

知觉的产生过程还依赖于感知的主体,即具体的活生生的人,而不是孤立的眼睛、耳朵和鼻子。知觉者对事物的需要、兴趣和爱好,或对活动的预先准备状态和期待,他的一般知识经验,都在一定程度上影响到知觉的过程和结果。人的知觉系统不仅要加工由外部输入的信息,而且要加工在头脑中已经存储的信息。这种对头脑中存储信息的加工就叫概念驱动加工。例如,去火车站接一位不认识的客人,对来人的期待,将影响到对来人的识别和确认。又如,在阅读课文时,由于个人的知识经验不同,从课文中提取的信息也是不一样的。

三、知觉的基本特性

人的知觉过程也是一个有规律的心理活动过程。知觉规律表现为知觉整体性、知觉选择性、知觉理解性和知觉恒常性。

(一)知觉的整体性

知觉整体性是指人根据自己的知识经验把直接作用于感官的客观事物的多种属性整合为统一整体的组织加工过程。

知觉整体性一方面是人在知识经验的基础上对感觉信息的整合过程,另一方面与知觉对象的特性及其各个部分之间的结构成分有密切关系。

格式塔心理学派把知觉的这一特性总结为以下几个定律(图 4-6)。

(1)邻近律:空间位置相近的客观事物容易知觉为一个整体。

(2)相似律:在有数个刺激物同时呈现时,条件相同或相似的项目会被组织为一个图形。

(3)封闭律:图形中小的缺失部分被填充,成为整体,如一个小缺口的长方形仍被看作一个长方形。

(4)连续律:图形中的部分被组合在一起,以使图形中的光滑线产生最少数量的中断,把它们知觉为整体。

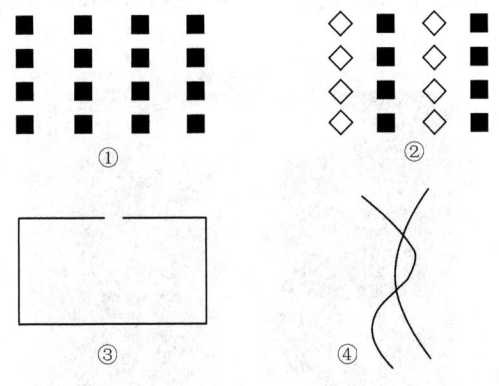

图 4-6

知觉整体性是知觉积极性和主动性的一个重要方面。它提高了人们知觉事物的能力。如果用速示器快速呈现一个熟悉的汉字或组成这个汉字的个别笔画,那么辨认整字的时间和辨认个别笔画的时间相同。同样,由知觉的整体性,人们有时会忽略部分或细节的特征。如做文字校对工作,由于对整个语句的感知,有时就难以发现句中的漏字或错字。

(二)知觉选择性

知觉选择性是指人根据当前的需要,对外来刺激物有选择地作为知觉对象进行组织加工的过程。

人们每天接触的外部事物很多,但并不一一加以反应。只是对其中的一些刺激物做出反应,这样使人能够把注意集中到某些重要方面,排除次要刺激的干扰,从而更有效地感知外界事物,适应外界环境。

许多刺激物中被选择加以反应的刺激物就是知觉对象,其他作用于感觉器官的刺激物就是知觉背景。知觉对象具有鲜明的、完整的形象,突出于背景之前,容易被记忆。知觉的选择性就是把知觉对象从知觉背景中分离出来的过程。

知觉对象和知觉背景可以相互转换。当知觉从一个事物转向另一个事物时,知觉对象就成为背景,而原来的知觉背景就可能成为知觉对象。知觉对象与背景间的转换,可以保证有意义的客体内容成为知觉对象。

图 4-7 就是知觉对象和背景相互转换的例子。这幅两歧图形中,若以黑色部分作为知觉对象,看到的是两个人脸的侧面影像。若以白色为知觉

对象,看到的是一个花瓶。人在看到这幅图时,尽管白色和黑色同时作用于感觉器官,但由于知觉背景和对象的转换关系,使人的知觉既清晰、准确,又丰富、完善。

图 4-7

当一个人同时面临着很多刺激时,客观上来说,同时作用于人的这些刺激彼此并不存在着轻重缓急,但知觉的选择性,就是受到对象和背景之间本身具有的结构特点的影响,对那些强度大的、对比明显的、色彩鲜艳的、具有活动性的刺激物容易成为知觉的对象,如"鹤立鸡群"中的"鹤"、"万绿丛中一点红"中的"红"、黑夜天空中的流星等。

知觉选择性也明显受到知觉者的需要、兴趣、爱好、任务、知识经验等的影响。例如"樵夫进山只见柴草,猎人进山只见禽兽",就形象说明了主体的需要状态对知觉选择性的影响。

(三)知觉理解性

知觉理解性是指人以经验为基础对感知的对象加工,并用词语加以说明的心理过程。知觉理解性受个人的知识经验、言语指导、实践活动、个人兴趣等因素的影响。

已有知识经验不同,使人在知觉同一对象时,对它的理解不同,知觉的结果也不同。心理学家黎伯(Leeper)用图 4-8 中 a,b,c 三张图片做实验,以研究知觉经验对以后知觉理解的影响。a 图为一个妙龄女青年,c 图为一个老太太,而 b 图则同时具有 a 与 c 两图的特征,它既可以看作妙龄女青年,又可以看作老太太。实验时把被试分为两组,以不同方式进行。第一组先观看 a 图 15 秒,以形成妙龄女青年特征的试验,然后看 b 图,结果 100% 的被试把 b 图看成妙龄女青年。第二组先看 c 图 15 秒,以形成老太太特征的经验,然后再看 b 图,结果 96% 的被试把 b 图视为老太太。对同一知觉对象 b 图产生如此差异的知觉理解现象,说明个人知识经验对知觉理解有很大影响。

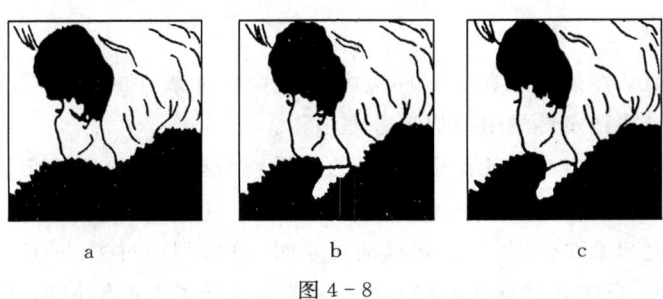

图 4-8

用同样方法拿图 4-9 进行实验,结果也是一样的。如果先看 c 图妇女像后,再看 b 图,被试容易把 b 图看成妇女像;如果先看 a 图萨克斯管吹奏者像后,再去看 b 图,被试容易把 b 图又看成萨克斯管吹奏者。

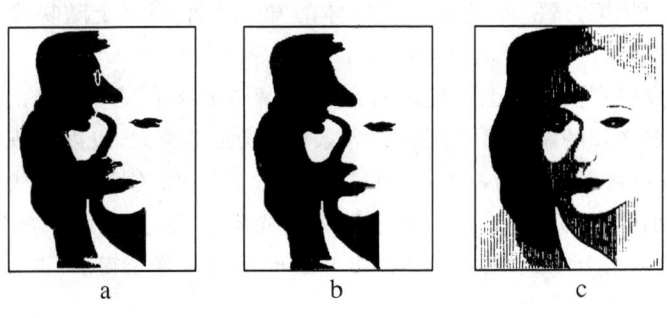

图 4-9

言语指导也是影响知觉理解性的重要因素之一。由于言语能够指示知觉的内容,当外界的对象标志不明显时,通过言语的指导,可以唤起人的过去经验,补充知觉的内容,有助于对知觉对象的理解。如图 4-10,初看起来,这些图形好像是由一些规则三角形图形组成,知觉者对这些图形有一些不确定性。一旦告诉知觉者这是一套长方体的图形时,知觉者会很快地辨认出这是从三个不同的角度观察的同一长方体的透视图。这里言语的提示加强了人对图形的理解。

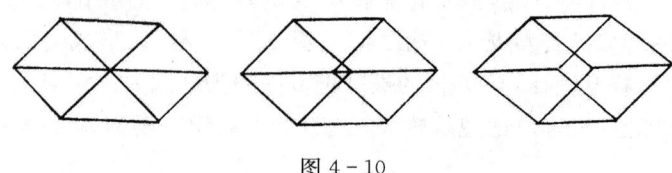

图 4-10

（四）知觉恒常性

知觉恒常性是指人在一定环境内不随着知觉条件的改变而改变，仍保持对客观事物稳定性的组织加工心理过程。

客观事物具有一定的稳定性，人的知觉就需要有相应的稳定性，以此来真实地反映客观对象的自然属性和本来面貌。同时，在知觉恒常性中，人的知识经验也起重要作用，人在知觉某对象时，总会利用过去的知识经验来解释感觉映象，反映物体所固有的特性，这样就保证了人能够根据客观事物的实际意义来适应环境。

知觉恒常性有以下四种：

1. 大小恒常性

大小知觉恒常性，即是指人对物体的知觉大小不完全随映像的变化而变化，仍趋于保持物体实际大小的特征。

物体投射到视网膜上的视像的大小，有两个影响因素：物体的大小和物体与观察者之间的距离。在距离相等条件下，物体越大，投射到视网膜上的像也越大；反之，投射到视网膜上的像也越小。因此，视网膜上成像的大小与物体大小成正比。如果按照物理学中的光学原理，知觉对象离知觉者20米远，在视网膜上的成像，要比距离2米远时形成视像小得多（图4-11）。

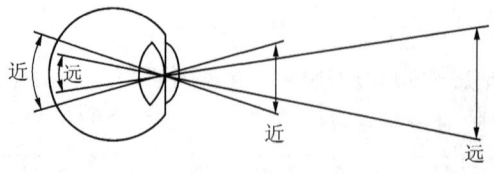

图 4-11

但是，在实际知觉中，人仍然能比较准确地反映不同距离的物体的实际大小。即知觉者对物体大小的知觉并不随视像的大小而改变，当物理刺激情况有变化时，视网膜上的成像大小就有变化，人的知觉保持相对恒常而并不跟着发生变化。图4-11中远处的人，我们仍然知觉他是一个大人。

根据几何透视原理,知觉对象在视网膜上的视像随物体大小与观察距离的远近而改变。其关系可用下列公式表示:

$$a = A/D$$

式中,a 为视网膜上视像的大小,A 为对象的大小,D 为对象与眼睛的距离。公式表明,视像的大小随对象变大而变大,随观察距离的增大而减小。如果要保持视网膜上视像的大小不变,那么随观察距离的增大,对象本身就必须增大,从视觉生理学角度来说,物体离眼睛的距离与在视网膜上的视像的大小恰成反比。但是,从人的大小知觉具有恒常性的特性,可以用下列公式表明知觉恒常性:

$$S = I \times D \quad 或 \quad I = S/D$$

式中,S 指知觉中物体大小,D 指知觉中物体的距离,I 指视网膜上的视像。公式中表明视像不变时,主观感觉到的大小与距离之间的关系。这一公式又称为大小—距离不变假设。一个人在面对熟悉的物体时,其大小知觉没变,视像却缩小了,这时知觉距离为较远;如果视像大小没变,而知觉的大小变大了,知觉主体知觉距离为较近。当一个面对不熟悉的物体时,就会以视网膜像的大小和观察距离作为基础来判断物体的大小。可见,在正常知觉条件下,揭示了物体的距离及其实际大小,使人保持知觉的恒常性。

2. 形状恒常性

形状恒常性是指不论知觉条件的变化而反映事物对象形状不变的知觉特性。图 4-12 为一扇门从关闭到全开的各种变化,在视网膜上的投射影像也在不断变化。但是,人们看上去它都是长方形,也就是对一扇门的知觉形状仍保持不变。

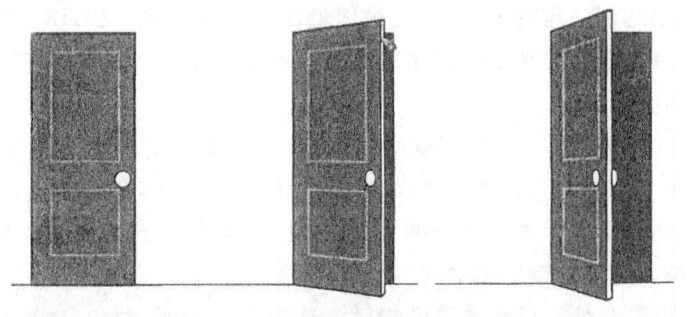

图 4-12

3. 明度和颜色恒常性

明度和颜色恒常性是指人对事物对象本有的明度和颜色的知觉不完全随感觉映像的变化而仍保持不变的知觉特性。人对物体明度的知觉不受照明条件的影响,例如黑煤块在阳光下和月光下看上去都是黑的;白墙在阳光下和月光下看上去都是白的。从物理刺激特性看,煤块在阳光下反射的光量约为白墙在月光下反射的光量的5万倍,应该说煤块在阳光下是白的。但明度知觉恒常性不随照明条件影响,是根据物体固有明度来感知它们。

颜色知觉也是如此,用红光照射白色物体,我们看到的物体不是红色,而是红光照射下的白色物体;用黄光照射蓝色盘子,我们看到的盘子仍是蓝色,这就是颜色恒常性。

4. 方向恒常性

方向恒常性是指人不因视像方向变化或人体部位的改变,对知觉对象的方位保持相对稳定的知觉特性。在日常生活中,人身体的各个部位在随时改变,有时弯腰,有时侧身。当人身体部位变化时,与身体部位相对的外在环境中上下左右的关系也随时变化。但是,人们并不因为身体部位的改变而影响对事物方位的判断。

四、感知觉规律在教学中的应用

在教学中,教师经常使用一些直观教具,如实物、标本、模型、挂图以及幻灯、电影、电视、录音、录像等。正确地采用直观教具能把抽象的知识具体化,从而有助于学生对教材理性知识的理解。要使直观教具和直观方法起到提高教学质量的作用,必须自觉利用感知觉规律。

(1) 感知对于刺激强度依存性规律。这一规律表明,作用于感觉器官的刺激物必须达到一定的强度,才能被人们清晰地感知到。因此,在制作和演示直观教具时就应当考虑到演示对象的大小、颜色、声音能使所有学生都清楚地感知到。

(2) 对比规律。这条规律表明,在性质或强度上对比的刺激物同时或相继地作用于感觉器官时,往往能使人对它们的差别感知特别清晰。因此,如果要在地图或图表上画出某一部位,让学生加以区别,最好把它们涂成对比的颜色(黄、蓝对比或红、绿对比等)。

(3) 知觉中对象与背景转换规律。这条规律表明,对象和背景在颜色、形态和程度等方面的差别愈大,知觉的对象就愈清晰地显现出来。因此,在制作教具时,应当用背景把知觉对象衬托出来,使学生清晰地感知到对象的主要部分,切不可使主要部分成了次要的背景。

(4)根据学生掌握知识的特点使用直观教具。不同年龄的学生掌握知识具有不同的特点。如小学低年级儿童是用"形式、声音、色彩和感觉"来思维的。给他们上课应广泛地运用直观教具,使他们在看得见、听得见、感受得到的过程中学习。随着年龄增长,学生的抽象思维逐渐发展起来。因此,教师在使用直观教具时要考虑到,如何把学生的具体思维引向抽象,哪个年级哪种直观教具已是不再必要的了。

(5)适时展示直观教具。知觉选择性的发生是有条件的。课堂上教具展示要适时,过早过迟展示都会失去产生积极选择性的条件。因此,教具要适合教学过程中的教学内容而使用。如果教具已使用完毕,教师应及时加以收拾,以免影响学生继续学习新知识。

(6)直观和语言结合,语词在知觉理解性中起着重要作用。使用直观教具时,教师要伴以言语的说明或解释,使直观和言语很好地结合起来。言语和直观相结合可以有三种形式:第一,言语在前的形式;第二,言语和直观同时或交错进行的形式;第三,言语在后的形式。教师应根据教学的实际需要,有针对性地加以运用。

第四节 青少年感知觉及观察能力的培养

一、青少年感知觉的特点

少年期感觉的特点:少年的视觉感受性在不断提高,区别各种颜色和色度的精确性在不断增加。初中学生区别各种色度的精确性比小学一年级儿童提高60%以上。15岁后,视觉和听觉的灵敏度甚至可以超过成人。

少年期区别音高的能力也在不断提高,对音阶的辨别有很高的准确性。少年的其他各种感觉也在不断发展,特别是关节肌肉感觉得到高度的发展。关节肌肉感觉的发展在写字、绘画、制图和体育活动中都有重要作用。

少年知觉发展呈现如下特点:第一,知觉的有意性和目的性更加提高。少年能够自觉地根据教学的要求去知觉有关事物,并且能够比较稳定地、长时间地知觉这些事物。第二,知觉的精确性和概括性发展起来,他们不仅能够感知事物的外部属性,而且能够抓住主要特征,更加全面而深刻地去感知事物;第三,在知觉过程中,日益能够把一般原理、规则和个别事物或问题联系起来,例如,把个别的词和句子、语法联系起来,把各种几何图形和几何定理联系起来,等等。

少年空间知觉发展的特点:第一,它带有更大的抽象性,但仍需要直观表象的直接支持。少年在学习几何、地理、物理、绘画等过程中,就逐步学会能在抽象的水平上理解各种图形的形状、大小及其相互间的位置关系。他们已能比较熟练地掌握三度空间(长、宽、高)的相互关系、图形的透视关系等。但对于较复杂的空间关系的理解,仍需要直观表象的支持。第二,远距离空间知觉即宏观的空间观念逐步形成起来,如能掌握各种地理空间的相互关系,形成关于地球、世界、宇宙等空间表象等等。

少年期的时间知觉发展特点:第一,他们能够更精确地理解一些较短的时间单位,如月、周、日、时、分等。对于1小时这一段时间的正确理解次数,少年期能达到100%。第二,他们对于各种事件或现象的时间顺序的知觉,逐渐完善起来。第三,开始可以理解一些较大的历史时间单位,但是常常不很精确,如能初步理解"纪元"、"世纪"、"年代"等时间意义,但往往不精确。

青年学生的知觉更富有目的性和系统性,知觉的不稳定性很少发生。知觉更加全面深刻,能够发现各种主要细节,在观察事物或从事物理学、化学、生物学实验时,明显地表现出这种特点。当然,知觉有时也会出现程序不恰当、精确性不够、过早下结论等问题。

二、观察及观察力

观察是有目的、有计划主动知觉事物的过程。观察过程总是与积极的思维联系,所以它有时也被称作思维的知觉。

观察力即有目的、有计划主动知觉事物的能力。这是一种善于发现事物典型特征的能力。具有较高观察力的人能更全面、更透彻、更迅速地发现事物本身的重要特征和从貌似无关的东西中发现相似点或因果点,从貌似相同的事物中发现不同点。

观察力对人的工作、学习和成就具有重要意义。在事业上卓有成就的人物都重视观察力的发展。例如巴甫洛夫的座右铭就是"观察、观察,再观察"。达尔文在总结自己成功的经验时这样说:"我既没有突出的理解力,也没有过人的机智,只是在观察那些稍纵即逝的事物并对其进行精细观察的能力上,我可能在众人之上。"可见,观察力是影响成就的主要因素之一,是人们认识世界进行科学创造的必要心理品质。

三、青少年观察能力的培养

青少年学生观察的目的性、主动性、持久性、精确性和概括性的水平都不高,它们的观察力不是天生具有的,而是需要通过培养、在实践活动锻炼中逐步形成和发展起来。

1. 明确观察目的任务,激发学生观察兴趣

观察的效果决定于观察的目的任务明确到何种程度。观察的目的任务愈明确,观察者对知觉对象的反映就愈完整、愈清晰;反之,学生目无目标,就抓不住要领,得不到收获。

在向学生指明观察的目的任务时,也要培养学生观察兴趣,可以通过参观、访问等多种途径来培养,教师讲解观察事物的道理,使其懂得其中的奥秘,这就会激起他们的求知欲,使学生对大自然和社会现象产生观察兴趣。

2. 教给学生观察的方法

使学生学会观察,对于观察力的培养是十分重要的。观察的方法具体有:第一,要让学生在观察之前做好必要的知识准备;第二,指导学生有计划、有步骤地进行观察;第三,要善于引导学生在观察中多辨、多思;第四,要指导学生做好观察总结。

3. 对学生进行观察的实践训练

实践活动是观察力发展的基础。教师应当根据学生的年龄特征和知识水平,提出不同的观察要求,对他们进行观察训练。例如,让学生通过观察自然景色、观察人和事物,写比较复杂的观察日记或说明文,通过有计划、有目的的训练,学生的观察力就会逐步发展起来。

阅读资料

感觉剥夺实验

Bexton, Heron & Scott(1954)首次报告了感觉剥夺的实验结果。在实验中,要求被试安静地躺在实验室的一张舒适的床上,室内非常安静,听不到一点声音;一片漆黑,看不见任何东西;两只手戴上手套,并用纸卡卡住。吃喝都由主试事先安排好了,用不着被试移动手脚。总之,来自外界的刺激几乎都被"剥夺"了。实验开始,被试还能安静地睡着,但稍后,被试开始失眠,不耐烦,急切地寻找刺激,他们想唱歌,打口哨,自言自语,用两只手

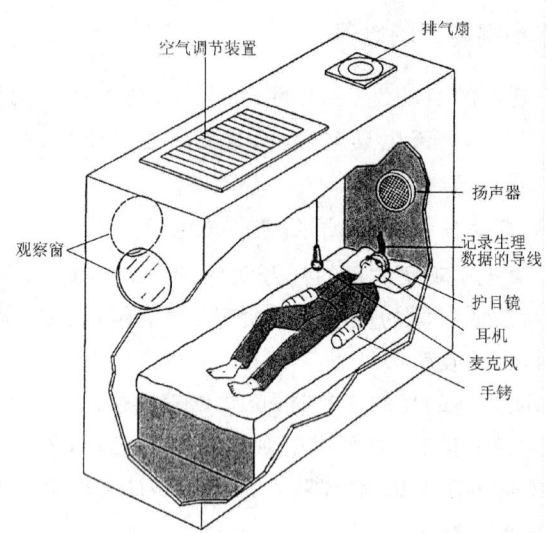

套互相敲打,或者用它去探索这间小屋。换句话说,被试变得焦躁不安,老想活动,觉得很不舒服。实验中被试每天可以得到 20 美元的报酬。但即使这样,也难以让他们在实验室中坚持这种实验到 2～3 天以上。这个实验说明,来自外界的刺激对维持人的正常生存是十分重要的。

(资料来源:Carlson, 1984)

案例 1　R 夫人的视觉缺陷

1888 年,瓦瑞(L. Verrey)医生,瑞士一家医院的眼外科医生,报告了 R 夫人的病例。R 夫人 60 岁,她的视野的右半边丧失了颜色知觉。有颜色的物体都呈现一片灰白。瓦瑞注意到,以前关于这种缺失的案例都伴随着其他功能缺失,如阅读能力的缺失。然而,R 夫人似乎只有颜色知觉缺陷,其他能力都能正常发挥作用,只有轻微损伤。这表明大脑中存在一个特定的只对颜色进行加工的脑区域。瓦瑞也注意到这是几个专家曾经反对过的一个观点。甚至在瓦瑞提供了证据之后,这种观点仍然被继续抵制。

瓦瑞在对病人进行脑解剖时发现,左枕叶有不连续的损伤,其他区域没有损伤。R 夫人案例是一个很好的例证,说明我们可以从不幸的脑损伤中得到启示。这一例子也提醒我们,对于那些与当前流行的观点不符的事实或证据,我们应当给予仔细考虑,而不是一概拒绝。

案例 2　D. B. 的视盲

一个叫 D. B. 的被试为威斯克兹兰和他的研究伙伴提供了视盲的宝贵资料。D. B. 1940 年出生于英格兰的一个小镇。对 D. B. 来说，14 岁以前生活一直很正常。在 14 岁时，他说头的右半边痛，通常伴随有梦幻般的闪光。当他 20 岁时，他注意到他的左视野有一片空白区。医院检查表明，他的视觉皮层组织出现了异常。1973 年他做了切除异常的外科手术，手术极大地改善了 D. B. 的健康状况。他几乎不再头痛，也不再出现闪光现象，但是他的大部分左视野已经视盲了。

吸引研究者的是，D. B. 能够相当准确地指出左视野区域内的物体位置，准确率远远大于猜测。例如，按照 D. B. 自己的陈述，他看不见放在他左视野的手，但却能够准确地够到它。在他看不见物体时，却能够正确地指向物体。他甚至能够分辨出在灰色背景下的条纹图案。D. B. 对自己能力的意识和他的实际能力之间存在着分离，他意识不到他所表现出的知觉和运动能力，他否认这些能力的存在。

案例 3　嗜盐的男孩子 D. W.

1940 年，美国巴尔的摩报道了一位嗜盐的男孩。从一岁开始，这个孩子就控制不住从各种食品上舔和吸盐。当吃到纯盐时，他显得很高兴。后来，他将盐与放盐的容器联系了起来，除非他成功地得到容器，否则就焦躁不安，得到盛盐的容器后，他会倒出一些盐，用手蘸着吃。

这个孩子嗜盐是由于他的肾功能不正常，他的尿中带走了大量的盐分，致使血液中缺乏氯化钠。这样看来，嗜盐是有道理的，符合体内平衡原则。事实上，这种做法使他得以活命。当 D. W. 被送进医院后，他只能吃到医院的标准饮食。他不幸于三岁半就去世了。

案例 4　视知觉失认症：约翰

视知觉失认症是大部分视知觉没有问题，患者通常能画出他们正在看的物体，视力也并不差，缺失的只是无法理解他们看到的物体。

汉夫里和里德奇（Humphreys & Riddoch）研究了一位名叫约翰的病人，他的视觉失认症状特别典型。从患者叙述中可以了解一些视知觉的问题：

我不得不想尽各种办法来认许多日用品，如果它们是单个放的，在房间里我还可以设法把东西放在房间里的固定位置——就好像我是瞎子一样。可当东西放在一起时,我的麻烦可就大了。要想认出一根香肠是"香肠",比从一盘色拉中挑出香肠来难多了。中风醒来后,我从没能单凭"看"就认出一个人来。如果不是听到声音,我根本没法儿认出我的妻子、孩子、家人和朋友。

约翰的例子表明,视觉失认症的视知觉有很强的选择性损伤。物体识别由各种不同过程组成,大脑损伤可能并未波及大多数过程。更准确地说,约翰可以清楚地知觉物体的成分或特征,但却难以把这些特征组织起来,形成有意义的事物。如,他这样描述画笔:"它看来像是两个东西装在一起:一根长木棍和一个较短的黑的东西。"

思考练习

1. 描述感觉和知觉及其意义。
2. 感觉和知觉各分哪些种类。
3. 概述知觉模式识别理论。
4. 感受性和感觉阈限有何关系?
5. 试述感觉适应及其作用。
6. 影响知觉的因素是什么?
7. 叙述知觉的基本特性。
8. 如何应用感知觉规律提高教学效率?
9. 举例说明青少年感知觉的特点。
10. 如何培养青少年的观察能力?

第五章 记 忆

本章内容提要：

1. 记忆的概念和分类
2. 记忆的基本过程
3. 识记的种类及其规律
4. 遗忘的规律
5. 科学的组织复习
6. 提高记忆的策略
7. 记忆规律在教学中的应用
8. 青少年记忆能力的培养

第一节 记忆的概述

早在古希腊神话中就有一个记忆女神,她叫摩涅莫绪涅,是专司文艺、科学的九个缪斯女神的母亲。可见,在古代人的心目中早已把记忆看作文艺、科学之母,没有记忆就没有文艺、科学。现代人都知道,人类的生活离不开记忆,记忆是使人的心理活动在时间上得以延续的根本保证,也是个体积累知识经验、心理得以发展的前提。有谁不希望自己具有良好的记忆力呢?那么,什么是记忆,它是怎样的一种心理过程?本节作以概述。

一、记忆的概念

记忆(memory)是经历过的事物在头脑中的反映。

记忆与感知觉有明显的区别。感知觉是对当前直接作用于感官的事物在头脑中的反映,反映的是事物的外部属性;记忆则是对过去经历过的事物的反映,反映的是过去经历过的事物的内容。

所谓经历过的事物,主要包括感知过的事物、思考过的事物、情绪体验过的事物,以及说过做过的事情。凡是经历过的事物在人的头脑中进行的反映都是记忆,经历过的事物便成了记忆的内容。当我们对感知过的事物以其形象为内容,在头脑中进行反映,便是一种形象记忆。例如,参观过或电视里看过首都北京天安门的同志,在头脑中现在能把天安门以概括的形象反映出来就属于这种记忆。如果对思考过的事物在头脑中进行反映,那么,这种以语词所概括的逻辑思维结果为内容的记忆就称为语词——逻辑记忆。例如,学生对所学过的定理、法则、公式等的记忆就属于这种记忆。语词——逻辑记忆是人类所特有的。同理,以曾经体验过的某种情绪或情感为内容的记忆就称为情绪记忆;以过去做过的运动或动作为内容的记忆就称为运动记忆。

从信息加工的理论来看,记忆是人脑对外界输入的信息进行编码、存储和提取的过程,是一种积极能动的过程,也是保存个体经验的形式之一。

二、记忆的生理基础

记忆的生理基础概括地说是大脑神经系统固有的生物学功能。人类记忆这种生物学功能特性,主要表现为三点:其一,"不变量形成"。即当某事物的主要特征与记忆中某事物的特征相似时,不管其表现形式如何,人脑都可以识别这一事物。例如,好久没回家见父母了,父母的形象、衣着打扮等虽有变化,但一见面便能认出。其二,信息平行处理。即同时输入各种信息,并行分别在脑内相应的中枢区域进行整合与分析,产生综合记忆。例如学生在课堂上听课,同时看到、听到、想到、做到的事物信息会在学生脑中产生综合的记忆而不是零散的。其三,机构复杂,高效低能耗。脑内神经细胞成百上千亿,联系之复杂程度几乎难以想象,但是,记忆活动时,脑神经细胞的总耗能量不超过 100 瓦特,可谓高效低能耗。

由于生物神经系统的复杂性,神经生理基础虽是人类探索记忆机制的一个主要方面,有关记忆的神经生理机制的研究仍然还处在初级阶段,有许多问题尚不清楚。但是研究表明:大脑皮层的颞叶、额叶、顶叶都与记忆关系密切。

与记忆关系最密切的是颞叶。加拿大的神经生理学家潘菲尔德(W. Penfield)用电刺激癫痫病人颞叶外侧部,引起了患者对往事的鲜明回忆。颞叶区的这种回忆多半是视觉和听觉方面的形象记忆。Scovile 的研究说明,在颞叶的范围内的海马结构是长时记忆的储存区,因癫痫病不断恶化而被切除了两侧颞叶内侧和海马的患者,手术后便立即出现了遗忘症。Milner

(1992)和 Jones(1994)研究发现两侧颞叶受损对记忆影响有不同效应,切除右颞叶对形象记忆影响大、显著衰退,对言语记忆影响小。总之,颞叶的损伤可使病人失去长时记忆的能力。

额叶与先后次序的记忆关系非常密切。Corsi(1972)一项有关实验结果表明,在先后次序的记忆上,额叶损伤者表现出非常显著的障碍。

顶叶与短时记忆的关系很密切。Warrington 和 Weiskrantz(1973,1978)研究发现,左顶叶与言语材料的短时记忆高度相关。

三、记忆的种类

现代心理学中,心理学家根据自己研究的需要,按照一定的标准对记忆进行分类:

(一)内隐记忆与外显记忆

根据记忆者对记忆的内容有无明确的意识来分,记忆可分为内隐记忆(inplicit memory)和外显记忆(explicit memory)两类。

通常,内隐记忆是指在不需要意识参与或有意回忆的情况下,个体的经验自动对当前任务产生影响而表现出来的记忆;与之相对,外显记忆则是指当个体需要有意识地或主动地收集某些经验用以完成当前任务时所表现出的记忆。简而言之,内隐记忆就是自动的、不需要意识参与的记忆,亦可称无意记忆(unconscious memory);外显记忆则是主动的、有意识参与的记忆,亦可称为有意记忆(conscious memory)。人类对记忆的研究,长期以来主要是对外显记忆的科学研究。揭示记忆规律和提高记忆效果的策略方法,也主要是在外显记忆方面。

内隐记忆在 20 世纪 80 年代以来开始成了记忆心理学家研究的一个热点,取得了一些研究成果。实际上,在现实生活中内隐记忆也很重要,但人们大多注意外显记忆,而比较忽视内隐记忆。有许多事物,人们常常并没有打算去接受其影响,但它却对一个人发生了深刻的影响。如情绪记忆往往就是无意中留下来的,喜欢什么、讨厌什么常常来自内隐记忆。有些口头禅、生活习惯也是内隐记忆的产物。内隐记忆不容易被我们控制。在精神文明建设中,我们要注意防范内隐记忆带给人们的不文明行为习惯,减少精神污染。

(二)瞬时记忆、短时记忆和长时记忆

根据信息储存的时间长短不同,心理学家把记忆分为瞬时记忆(immediate memory)、短时记忆(short-term memory)和长时记忆(long-term memory)，也称为记忆的三种机能系统。

1. 瞬时记忆

也叫感觉记忆，是信息储存时间极为短暂的记忆，属人的三种记忆机能系统中的第一级记忆机能系统。作用于人的感官的各种刺激，当其作用停止后，感觉的事物印象并不立即消失，输入的信息保持1秒钟左右后才消失，这种记忆便是瞬时记忆。视觉后像就是一个明显的例子。瞬时记忆具有以下特点：其一，保持时间只是一瞬间。综合有关实验结果表明，在视觉范围内最多不超过一秒钟，在听觉范围内信息保持时间约2秒至4秒之间，最清晰的时间是1秒钟。可以说瞬时记忆是信息储存时间为1秒钟的记忆。其二，储存的信息具有鲜明的形象性。其三，信息储存具有相当大的容量。凡是作用感官的刺激均可能进入瞬时记忆。从目前已有的研究结果来看，瞬时记忆呈现的12个项目，至少有9个能再现，回忆率达75%以上，大多数人在90%左右。瞬时记忆对信息储存时间虽然极为短暂，但它对知觉活动本身和其他高级认知活动都有重要意义。瞬时记忆受到注意就会转入短时记忆。

2. 短时记忆

在瞬时记忆基础上，通过注意，信息在头脑中保持一分钟以内的记忆称为短时记忆。短时记忆是第二级记忆机能系统。短时记忆也是记忆心理学家研究的一个热点。短时记忆特点有三：其一，信息保持的时间比瞬时记忆稍长些，但最长也不超过一分钟。短时记忆就是一分钟以内的记忆。其二，短时记忆的信息容量有限，且相对固定，大约是7 ± 2个单位(组块)。这个单位可以是一个数字、一个汉字、一个字母、一个英语单词，也可以是一个熟悉的有意义联系的词组，甚至是一个句子。组块(chunk)本意是指把信息材料的几个小单位组成一个较大的单位，进行信息加工。心理学上就把这个加工后的较大的信息单位也称为组块。例如，we，our，country，love 这几个英语单词，它们各由不同的字母组成，我们熟悉了，每个单词就是一个组块；我们把这四个单词再加工组成一个句子"we love our country."我们熟悉了，这个句子又成了一个新组块。组块(信息加工)具有扩容性，即每一个组块(单位)的信息量可扩充和提高。短时记忆的容量有限，一般要想扩大短时记忆的容量，最好的办法就是加大组块的信息量。例如，速记是采用了扩大组块容量的办法。其三，短时记忆是从瞬时记忆到长时记忆的中间阶段，是一种直接参与人们当前活动，实际起作用的记忆。因此，短时记忆又称工作记忆（working memory），它通过注意接受来自感觉记忆中的信息，并从长时记忆中提取信息，进行有意识的加工，由此支配当前的活动。例如，学生上课根据教师在黑板上的板书内容来作笔记，看一句就能记下一句，其中依靠的记忆就是短时记忆。

3. 长时记忆

信息保持时间在1分钟以上乃至终生的记忆称为长时记忆，属于第三级记忆机能系统。长时记忆是在短时记忆的基础上通过复述而形成的。长时记忆的容量是无限的，任何信息只要得到足够复习，均能保持在长时记忆中。平常人们一般讲的记忆问题实际上就是指的长时记忆。长时记忆是个体经验积累和心理发展的前提。长时记忆储存着个体关于世界的一切知识，为个体的一切活动提供必要的知识基础。

瞬时记忆、短时记忆和长时记忆三种记忆系统是互相联系、相互影响的，有机构成人的记忆体系（图5-1）。

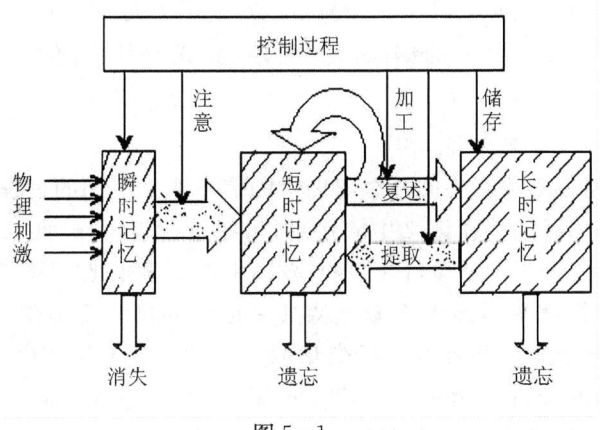

图5-1

此外，根据记忆内容不同分类，可以把记忆分为形象记忆、语词—逻辑记忆、情绪记忆和运动记忆（本节前面已述，不再重复）。

四、记忆信息加工理论

许多认知心理学家特别重视学习过程中记忆的研究。他们从其信息加工的观点出发，把记忆看作对输入信息的编码、储存和提取的过程。他们对记忆过程展开了科学的研究，取得一些重要成果，形成了其基本理论体系，我们称之为信息加工理论。简要介绍如下：

(一) 记忆的信息加工一般都须经过编码、储存和提取三个环节，其中编码是最关键的加工

1. 编码(encoding)

编码是指个体在信息处理时，经由心理运作将外界刺激的物理特性，如声音、形状、颜色等，转化成另一种抽象形式，以便在记忆中贮存并具备供以后取用的心理表征。如个体初次见"手机"物形，而记忆这个物体时，用抽象的文字"手机"或声音符号（手机的读音）代表它，以便于心理上运作处理，就是心理表征。编码十分重要，任何信息不经编码无法储存进入长时记忆。普遍的编码形式是表象和语言。编码形式愈恰当，信息愈能储存持久，提取也就愈容易。因此，编码是信息加工的关键。

2. 储存(storage)

储存是指将已经编码的信息，留存记忆中，以便必要时可供提取之用。储存的时间有长有短，应视记忆类别而定。如前面所述，短时记忆储存时间在1分钟以内，而长时记忆在1分钟以上乃至一个人的终生。一般来说，对事物同时进行形、声、义的编码，形码、声码、义码并存，信息储存的效果更好。

3. 提取(retrieval)

提取是指在必要时将储存在记忆中的信息取出应用的过程，亦称检索。检索时，将编码后储存在记忆中的信息，再经过心理运作，使之还原为编码以前的形式，并表现于外显行为。如，教师上课要学生把"手机"关了。学生听到教师的话，就知道该怎么做。从其中记忆的过程看是信息提取过程。信息提取依赖于编码与提取前后变量的一致性。许多研究(Rand & Wapner, 1976; Godden & Baddeley, 1975; Smith. Glenberg & Bjork, 1978)发现，回忆的概率依赖于信息编码时的情境与信息提取时背景条件的一致性。在与学习相同的背景中回忆更显得容易些。情景、声音、气味、温度和教师的姿态等物理条件的前后一致性，也都可能以某种方式与记忆材料形成联系而起到促进提取的作用，甚至在某种心理状态下学习的信息在相同的心态下提取也容易些。提取信息时的背景与编码学习材料的背景相似有利于信息提取，从另一个侧面反映了有效编码是保证有效提取信息的最佳途径。

(二) 记忆信息加工过程涉及的主要是短时记忆和长时记忆

感觉记忆，信息储存时间极短暂，编码时基本是一个事物的知觉的复

本，其主要功能是为了有选择地注意和鉴定哪些信息需要在短时记忆中作进一步加工，未被挑选作进一步加工的材料则迅速地消退。短时记忆和长时记忆则不同，短时记忆编码时必须对信息材料的关键特征编码并进行复述，对以后要提取的信息还要编码到长时记忆中去，要与长时记忆中已经存在的信息建立联系，进行新的编码加工；长时记忆中的信息则要进行有效的精细制作的编码，并进行组织。研究表明有效编码是信息提取的前提，不言而喻，信息编码越精细，制作、组织越恰当，保持时间越长，记忆效果越好。

总之，记忆信息加工理论使我们明确了提高记忆效果、发展记忆能力关键在对学习材料采取正确有效的策略进行信息编码。记忆信息加工理论已成为人工智能研究的重要科学理论基础。

第二节　记忆过程及其规律

前面从信息加工理论观点中已知，记忆过程是一个对输入信息编码、储存和提取的过程。记忆是一个复杂的心理过程。从传统视角来看，一般把记忆（实际是指长时记忆）简明扼要分为"记"和"忆"两个阶段。"记"包括识记和保持两个环节，"忆"分为再认和回忆两种方式。从"记"到"忆"包括识记、保持、再认和回忆三个基本环节。识记是指识别和记住事物，从而积累知识经验的过程；保持是巩固已获得知识经验的过程；再认和回忆就是在不同的要求情况下恢复过去经验的过程。经历过的事物再度出现时，能按要求把它辨认出来称再认；经历过的事物不在面前，能按要求在头脑中再现出来称回忆。显然，再认比回忆容易。能回忆一定能再认；能再认不一定能回忆。如果对识记过的内容不能再认和回忆或者再认和回忆出现错误，便称之为遗忘。从记和忆的关系来看，显然，识记和保持是再认和回忆的前提，没有良好的识记和保持，便没有良好的再认和回忆；而再认和回忆又是识记和保持的结果，并能进一步巩固和加强识记和保持。经过大量的心理实验研究，揭示了记忆过程中的一些重要规律。分述如下：

一、识记的种类及其规律

识记是记忆过程的开端，是保持的必要前提，要提高记忆效果，首先必须有良好的识记。

（一）识记的种类

按照不同的标准可把识记分为不同的种类。

1. 无意识记和有意识记

根据有无明确的目的,可将识记分为无意识记和有意识记。

无意识记是指事前没有明确的识记目的,也不需要意志努力的识记。无意识记是客观存在的记忆现象。日常生活的某些片段,许多生活常识,虽然当时无记住它的目的,但常常自然而然就记住了。无意识记这一心理事实表明,人脑对有些输入的信息能够自动进行编码、储存。日常生活知识经验大多数是通过无意识记获得的。但是,在现实生活中,并不是所有经历过的事物都能由无意识记进行有效的识记。往往只有那些事物,它们对个体具有重要意义,符合人的需要、兴趣,并引起人的较强烈的情绪体验,才容易在人脑中留下较深刻的印象。显然,无意识记带有偶然性和片面性。掌握系统的科学文化知识不能仅靠无意识记,还必须靠有意识记。

有意识记是明确了识记目的,需要一定的意志努力且采用一定的方法的识记。

在日常生活、学习工作中,有意识记更为重要。学生掌握系统的科学知识形成技能技巧,主要依靠有意识记。有意识记要求有良好的注意力、意志力,还经常要有积极的思维活动配合进行。因此,任何经历过的事物通过有意识记都可以记住,并保持在长时记忆系统中。

2. 意义识记和机械识记

根据识记时所采用的方法,可把有意识记分为机械识记和意义识记。

机械识记是指采取机械重复的办法进行的识记。

现实学习、生活中,有些识记的材料本身没有内在逻辑联系,只能靠多次重复来识记。有些识记材料本身有内在联系,识记者没能理解,只好靠多次机械重复来识记。这都是机械识记。机械识记是人类掌握知识经验过程中不可缺少的一种识记。因为并不是所有要识记的材料本身都具有内在逻辑联系,例如,汉字笔画、外语单词、国名、地名、人的出生年月等需要记住,大多数只好采用机械识记。机械识记的基本条件是重复地感知材料。

意义识记是指采用意义联系的方法进行理解的识记。

意义识记的基本条件是理解。学习中,大多数要求识记的材料是有内在逻辑联系的。根据已有知识经验,通过积极思维活动找出材料之间的逻辑联系,加以理解,这就是意义识记。当材料本身并不具有逻辑联系,通过联想或人为地赋予材料某种逻辑联系来识记,也是意义识记。例如,记电话号码9162536,可按3,4,5,6的平方数按顺次排列组成的逻辑联系来识记,且效果好。

人们追求的自然是好的识记效果,因而在什么样的条件下识记效果好,已成为心理学研究的重要主题。这便是识记规律问题。

(二)识记的规律

根据大量的实验研究,概括起来,主要有如下识记规律:

1. 有意识记优于无意识记

上述已知,有意识记和无意识记是两种基本的识记类别。相比之下,有意识记更为重要。研究表明,有意识记效果明显优于无意识记。彼得森(L. R. Peterson)对此进行对比研究,结果如表5-1。

表5-1 有意识记和无意识记效果比较

记住单词数＼间隔时间＼识记性质	当时回忆	二天后回忆
有意识记	14	9
无意识记	10	6

在其他条件相同的情况下,有意识记目的明确、注意力集中,自觉排除干扰并能选择一定方法进行识记,效果当然好。常人也有这样的经验体会。

2. 有意识记任务目标长远,识记效果好

有意识记的效果还受识记时任务、目标长远性的影响。研究表明,识记任务目标长远比识记任务目标短近的记忆效果显著。有一个这样的实验:让被试识记两段难度相似的语文材料,对被试提出的识记任务目标长远性不同。第一段要求第二天测验,第二段在一星期后测验。实际上这两段材料都在两周后测验。结果,被试对第一段材料平均只记住40%,而第二段材料平均记住了80%。有许多同学都有这方面的经验体会:为了应付考试,考前临时"抢记"的内容,考后很快就遗忘了。原因之一,就是识记时任务目标短近造成的。

3. 意义识记优于机械识记

识记的效果与识记的方法有密切的联系。生活经验和实验研究表明,在理解基础上的意义识记比仅靠机械重复的机械识记的效果要好得多。著名心理学家艾宾浩斯的实验发现,用英国诗人拜伦的《唐璜》诗中的六节作为识记材料(约80个字音)进行意义识记,只需诵读8次就可以正确背诵,而对同样数量字音的无意义音节,则需要近80次诵读(机械识记)才能正确背诵。

意义识记之所以优于机械识记,是因为有意义的材料本身具有逻辑联系,通过理解,个体找到它与自己已有知识经验之间的联系,有意义的新材料便被纳入学习者已有的知识结构系统之中。这样,记忆效果就好,且易于回忆。

值得指出的是,意义识记效果优于机械识记,但不能以此取消机械识记。学习中,适当的机械识记也是有必要的。因为,机械识记和意义识记是人们识记的两种基本方法,意义识记要有机械识记作基础。学习中,总有些材料本身无逻辑联系,却又必须记住,这就只能靠机械识记。大多数材料本身有逻辑联系也很有意义,但学习者的认知水平有限,一时难以理解,也只能先进行机械识记以后再逐步加以理解。总之,学习中我们不能取消机械识记,而应尽量以意义识记为主,把意义识记和机械识记有机结合起来,逐渐减少机械识记,提高记忆效率。

4. 把识记的内容作为直接操作的对象进行识记效果好

一般认为80%以上信息是通过视觉识记的,10%以上的信息是通过听觉识记的。人们往往习惯于只用视觉或只用听觉来识记。实验研究和生活经验表明,多种感官协同识记比单一感官独立识记效果要好,即视听结合也能提高识记的效果。如果把识记的内容作为具体的操作活动的对象,有多种感官协同识记,效果明显提高。

有这样一个实验,向一组大学生提出八对句子,每对句子和一定的语法规则相结合,要求受试者分析和弄清这些句子的语法规则,然后按照这些语法规则自己造八对句子。次日,要求受试者把原来八对句子和自己造的句子都默写出来。结果,受试者对自己造的句子的记忆成绩比对原句子的记忆成绩平均高出3倍。

原苏联心理学家查包洛赛兹等人进行实验,把学生分为两组,第一组学生用一个装好的圆规画画,用后把圆规拆散,交给第二组学生。第二组学生先要把圆规装配起来再画画。这些工作完成后,出其不意地叫两组学生尽量准确地画出他们刚才用过的圆规。结果,第一组学生画得不准确,漏画了许多重要零件;第二组学生则画得比较准确。

在实际学习中与其只用耳听、用眼看,不如眼、耳、手、口、脑并用效果好。那些游泳高手、乒坛老将、篮球明星、神枪手、武林高手虽然退役多年,再行练习,开始未免生硬点,但不久便会技艺不减当年,就是因为他们把记忆内容作为直接操作对象进行识记,所以效果特别好。

5. 适当"过度学习"(over learning)识记效果好

在学习的程度上存在着低度学习、适度学习和过度学习之分。低度学习是指对材料的识记尚未达到成诵程度时就中止了的学习。适度学习是指对材料的识记刚好达到成诵程度时就中止了的学习。过度学习则是指对材料的识记达到成诵标准后还继续进行的学习。大量的实验研究表明,过度学习了的材料比适度学习和低度学习的材料保持得好。我国心理学工作者研究了被试对不同的无意义音节字表的不同程度的学习,回忆结果见表5-2。

表5-2 学习程度对记忆的影响

学习程度	4小时回忆出的百分数
150%	81.9
100%	64.8
33%	42.7

但是,并不是说过度学习越多越好,因为过度学习需要更多的时间和精力。还有研究表明,当过度学习程度超过150%时,保持的效率并不随之再显著增长。一般过度学习程度达150%为适当。例如:学习某种材料四遍后就能记住并能正确回忆了,再重复学习两遍记忆效率就可达到最佳。

综上所述,影响识记效果的主要因素有识记的目的与任务识记的方式方法、识记的程度。除此之外,有研究表明,识记材料的性质、数量也影响识记的效果。一般来说,识记直观形象材料的效果优于抽象材料的效果;识记系统组织有序的意义材料的效果优于零散无序的无意义材料的效果。识记材料数量多,比识记材料数量少,要达到同样的效果,所用的单位时间也要多。有实验表明,一次识记12个音节,平均一个音节需要14秒;识记24个音节时,平均1个音节需要29秒;识记36个音节,平均1个音节则需要42秒。

二、保持和遗忘规律

保持是记忆过程的中心环节。它不仅为巩固识记所必须,而且是再认和回忆的前提和保证。没有保持就无所谓记忆,没有遗忘也无所谓保持,两者是相辅相成的过程。遗忘有种种情况,识记的材料保持不好,但能再认而不能回忆叫不完全遗忘;不能再认也不能回忆叫完全遗忘;一时不能想起,但过后还可能恢复记忆叫暂时性遗忘；对识记材料永远不能再认叫永久性遗忘。心理学家对保持和遗忘进行了重点研究，揭示了一些规律，提出了有关理论。由于保持和遗忘是相辅相成过程的，研究时也是互为指标的。保持和遗忘规律主要如下：

(一) 保持的规律

识记的材料在头脑中的保持不是一成不变的，而会发生质和量的变化。

1. 识记的材料在头脑中的保持，在内容上会发生数量方面的变化

一般说来，随着时间的推移，保持量呈减少的趋势，即出现部分遗忘。保持量的丧失便是遗忘。

2. 识记的材料在头脑中的保持，在内容上会发生性质方面的变化

有人用识记图形作实验，把回忆的图形与识记的图形作对照，发现有的变得更概括、更简略了；有的变得更完善、更合理了；有的变得更详细、更具体了；有的某些部分更夸张突出了，等等，如图 5-2 所示。保持的质变混乱了也是遗忘。

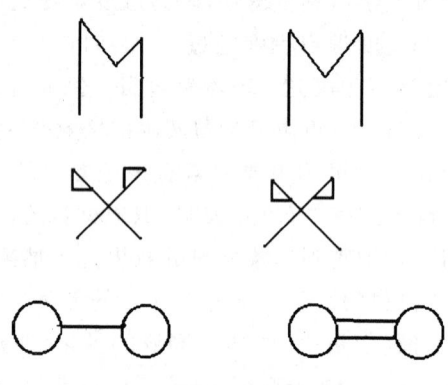

图 5-2

(二) 遗忘的规律

1. 遗忘的进程是不均衡的，其速度是先快后慢，随后渐趋平稳

这是遗忘的基本规律。德国心理学家艾宾浩斯(Ebbinghaus)第一个对遗忘的进程进行了系统而富有创意的研究。他自己做被试，用无意义音节作为记忆材料(艾宾浩斯的无意义音节，用机械程序制成了 2 300 个音节，每个音节由一个元音和首尾两个辅音所构成，例如 zut, bip, pam, rom 等，使每个无意义音节难度相等)。把识记材料学到恰能背诵的程度，过一定时间后

再重新学习,以重学时节省的诵读时间作为计算保持量的指标。实验设计得很周全。实验结果见表5-3。

表5-3 不同时间间隔后的记忆成绩

时间间隔	重学时节省诵读时间百分数(%)
20分钟	58.2
1小时	44.2
8小时	35.8
1日	33.7
2日	27.8
6日	25.4
31日	21.1

艾宾浩斯根据表内数字绘制成的一条曲线,一般称为艾宾浩斯的遗忘曲线,亦称保持曲线(图5-3)。

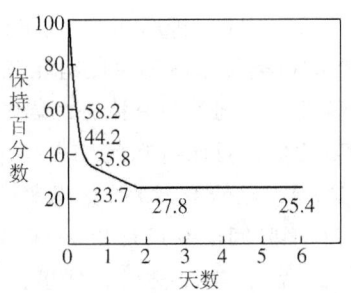

图5-3

艾宾浩斯遗忘曲线揭示了遗忘发展的基本规律:遗忘的进程是不均衡的,其速度是先快后慢,随后渐渐趋于平稳。艾宾浩斯揭示的遗忘规律后来也得到了其他心理学研究工作者的证实,并已得到公认。

2. 造成遗忘的主要原因是记忆痕迹衰退与干扰

人们通过实验研究认为,制约遗忘发展有多方面的因素。归纳起来主要有两方面因素:其一,识记材料本身的因素。在识记程度相等的情况下,识记材料数量多,忘得快些;数量少,遗忘较慢;无意义材料比有意义材料遗忘要快得多。识记材料所处的系列位置不同,遗忘也不一样。一般是处于首尾部分遗忘少,中间部分则遗忘多。其二,学习者学习程度的因素。学习程度越高,保持越好,越难以遗忘,反之则容易遗忘。

（三）对遗忘深层次的原因解释，人们提出了一些遗忘学说，主要有衰退说和干扰说两种

1. 记忆痕迹衰退说

这种学说假定遗忘是记忆痕迹得不到强化而逐渐减弱衰退，以致消失的结果。这种学说易为人们所接受。因为某些物理、化学的痕迹也会随时间推移而衰退、消失，任何事物都有发生发展以致衰退的过程；逻辑推理，记忆信息在头脑形成的痕迹必会发生衰退。

2. 干扰说

这种学说假定，遗忘是因为记忆材料之间的干扰造成相互抑制所致。一旦干扰被排除，记忆就能恢复。这个学说最有力的证据是前摄抑制和倒摄抑制。这一学说得到了实验的支持。

前摄抑制是指先学习的材料对记忆后学习的材料所发生的干扰作用。这种现象首先被安德武德的实验证明。他要求两组被试学习字表，在学习前有过大量类似练习的实验组，24分钟后测验，结果他们只记住所学会字表的25%；而在学习前没有进行类似练习的对比组能记住70%。很明显，造成这种差异的原因是实验组被试受到了前摄抑制的影响。

倒摄抑制是指后学习的材料对保持和回忆先学习的材料所发生的干扰作用。德国学者穆勒等进行实验研究，结果发现实验组在识记无意义音节之后从事6分钟其他活动，测验回忆率只有26%；而对比组识记后休息6分钟，测试回忆率是56%。这表明，学习材料后从事其他活动，对前面学习材料的保持和回忆产生了干扰作用。

目前，普遍的看法是：遗忘既是衰退的结果，也有干扰的原因。

三、再认和回忆规律

再认和回忆是记忆的终末环节。这个环节对整个记忆来讲十分重要，识记和保持的东西如果不能再认和回忆就无法证明。如果一个经历过的事物不需要再认和回忆，也就不必识记和保持，这是众所周知的常识。再认和回忆也有规律。根据有关研究，概括地说，再认和回忆的规律主要如下：

（一）对原识记材料巩固的程度决定再认和回忆的正确率和速度

一般识记材料巩固程度高，就能迅速而正确地进行再认和回忆；反之，则再认和回忆有困难、速度慢，甚至错误。因此，心理实验中检验识记、保持的效果一般选用回忆或再认的正确率作为衡量标准。

（二）正确利用联想规律回忆效果好

回忆有无意回忆和有意回忆之分。触景生情、浮想联翩是无意回忆，即无预定目的的回忆。教学中，教师和学生要求的回忆是有意回忆。当有意回忆有困难，需要意志努力和思维相配合时，这种有意回忆称为追忆。一般情况下识记保持好，回忆比较容易、效果好。研究表明，有时回忆有困难时，能正确利用联想规律来回忆效果也好。

所谓联想是指在头脑中由一事物想到另一事物的心理活动。客观事物是相互联系的，事物之间的不同关系反映在人脑中就形成不同的联想。回忆是以联想为基础的，人们的回忆常常以联想的形式出现，联想是帮助我们进行回忆的一种有效的方法。联想具有以下规律：

（1）接近律：在时间上和空间上接近的事物容易形成接近联想。例如，由"9.11"美国恐怖事件容易想到中国"九一八"事变，由天安门想到人民大会堂、人民英雄纪念碑，等等。

（2）相似律：当事物之间具有类似的或共同的特性时，往往容易由一件事物想到另一件事物，形成相似联想。例如，由高速公路想到信息高速公路；"记得绿罗裙，处处怜芳草"作诗托物寄意，也常用相似联想。

（3）对比律：事物之间相反的特性容易形成对比联想。例如，由真善美想到假恶丑，由廉吏想到贪官，"感时花溅泪，恨别鸟惊心"都是对比联想。

（4）因果律：具有因果联系的事物容易形成因果联想。例如，由经济繁荣想到改革开放，"书山有路勤为径，学海无涯苦作舟"是因果联想。

第三节　记忆规律在教学中的应用

做任何事情只有遵循其规律去做，才能事半功倍，否则就事倍功半。在教学中也要遵循记忆规律，才能达到最佳效果。记忆规律在教学中的应用不是一个简单的拿来便可用、一用便灵的问题。我们要提高学习效率，需要在熟悉记忆规律的基础上进一步明确提高记忆效果的主要因素，提高记忆的策略和方法，掌握在教学中运用记忆规律的具体要求。

一、提高记忆效果的因素

根据记忆的规律，制约记忆效果的因素包括两大方面：一方面是客观因素，主要包括记忆材料的性质、数量、组织方式、呈现的状态等；另一方面是主观因素,主要包括学习者已有的知识经验、智力水平、学习态度、理解程度以及记忆的方法策略等。要提高记忆效果,这两方面因素要达到最佳组合,这个最佳组合最终靠人来组合。就教学中提高记忆效果而言,靠教师和学生两个方面相互作用、共同决定。我们认为,提高记忆效果的主要因素有以下几个:

(一)记忆材料组织得当,便于理解

根据记忆的规律,理解的识记效果好。生动形象的材料、有韵律的材料、系统有序的材料,便于理解,记忆效果好。在教学中如果教师讲授的内容正确无误,方法上具有启发性,语言生动形象、通俗易懂、富有感染力、有条理性、逻辑性强,总之,组织得当,学生就容易理解,记忆效果就可以提高。因此,一名教师能否合理地组织好教学内容,采用恰当的教学方式方法,使学生对所学的内容,学得会、易理解、记得牢,留下深刻的印象,这是提高记忆效果的关键。在此基础上,学生最好自己能更好地组织要记忆的内容,进行理解记忆,可真正提高自己记忆效果。

(二)确定长远的记忆目的任务

根据记忆规律,记忆的目的任务愈长远,记忆的效果愈好。如果教师授课时,能在有限的时间内采取有效措施突出重点、突破难点、抓住关键,提供一些能有效记忆这些内容的方法策略,在此基础上给学生提出对重点、关键的内容明确而长远的记忆要求,让学生自觉地严格按要求去执行,就能提高记忆效果。学生在记忆中自觉地确定长远的记忆目的任务,记忆效果提高会更好。

(三)增强记忆的信心,科学地组织复习

根据记忆的规律,遗忘总难免要发生。特别是那些本身无逻辑意义的材料、因相似而容易造成相互干扰的材料,或者复杂而又抽象的材料,容易遗忘。但这些材料往往重要,要求学生牢牢地记住它们。要达到牢记的目的,虽然有教师的正确指导和合理要求,但要把它们内化为学生的需要并付诸行动,这就决定于学生自己的主观努力了。学生必须充分发挥自己的主观能动性,其中首要的是学生要有记忆信心,相信自己的记忆能力。有人认为,一般人大脑的记忆潜能还有90%未被利用。研究表明,大学阶段是人生记忆力发展的黄金时期,处于记忆的最佳年龄阶段。中学阶段也是记忆力发展的大好时期。因此,学生应树立记忆信心,不要抱怨自己的记忆力不好。如果一个人边记忆,边埋怨自己的记忆力不好,失去了信心,记忆效果自然不好。谁遵循记忆规律，掌握有效的记忆方法，增强记忆信心，努力开发记忆潜能，谁的记忆力就会很快提高。

在增强记忆信心的基础上，要提高记忆效果，最关键的是科学地组织复习。防止遗忘的基本途径是复习。所谓复习，就是指反复识记，是对学过的知识巩固和强化。孔子说的"学而时习之"、"温故而知新"就是这个意思。复习不仅可以巩固已学过的知识，还可以加深理解新学习的知识。复习是有规律的。复习的效率决定于复习的科学组织。

1. 及时复习

一般来说，紧接识记遗忘就会开始，遗忘发展的速度呈"先快后慢"趋势。因而要赶在遗忘大量发生前进行及时复习，这样才能收到事半功倍的效果。正如俄国教育家乌申斯基所说，我们应当"巩固建筑物"，而不是等待去"修补已经崩溃了的建筑物"。在时间间隔上怎样才算是及时呢？研究表明，一般间隔时间为一天内，复习效果好。常言道"当天的功课当天毕"，这就是及时复习的意思。以后每次复习时间间隔安排可长些，大体上先密后稀或先短后长。具体的时间、时距的安排，应根据复习材料的数量、性质以及自己记忆能力水平而定。及时复习，保持效果就会更好。

2. 分布复习

当复习的总时间一定时，复习在具体时间分配上有两种方式：一种是集中复习，即集中在一段时间内，对所要识记的材料连续地、反复地进行识记；另一种是分布复习，即把识记的材料分散在若干相间隔的时间内进行复习。有研究表明，分布复习效果优于集中复习。

3. 尝试回忆与反复阅读相结合

对材料的复习，可以通过一遍遍的反复阅读来进行，也可以在尝试回忆的过程中进行阅读来进行。研究表明，尝试回忆与反复阅读相结合比单纯通过反复阅读来进行复习的效果要好。前苏联心理学工作者伊凡诺娃，在实验中让两组学生复习同一课文的内容：一组被试用连续阅读4次的方式进行；另一组则要求阅读与尝试回忆各两次，即将阅读与尝试回忆结合起来进行复习。结果在复习后一小时，两组保持的百分比分别为52.5%和75.5%，一天后则分别是30%和72.5%，十天后分别为25%和57%。这证实，反复阅读与尝试回忆相结合进行复习效果较好。因为回忆是一种积极的认知过程，要求大脑更积极地活动，其中就有自我检查，一旦发现有错误便可及时纠正；也有自我调节，尝试回忆有困难的部分加强阅读，突破难点，便能使复习更具目的性。盖茨(A. I. Gates)在实验中也证明尝试回忆和反复阅读相结合是一种积极的复习方法,他还认为诵读和回忆的时间分配的比例最好是20%阅读、80%回忆,这样效果最佳。

总之,尝试回忆与反复阅读相结合是一种良好的复习方法,尝试回忆与阅读时间比例不必一概而论,应因人、因材料的性质、遗忘程度而定。以尝试回忆为主,反复阅读为辅,才是采用这一方法的要领。

4. 多样化复习

多样化复习要求多种感官参与复习,把看、听、读、做、思有机结合起来,视听结合,手脑并用。多样化的复习可使人感到新颖,能加强注意、激发兴趣、调动积极性,从而提高复习效果。单调的复习容易使人产生消极情绪和疲倦感,降低复习效果。

(四) 讲究记忆的方法、策略

人们在记忆中,总会采用一定的方式方法。如果方法不当,则事倍功半。提高记忆效果,必须讲究记忆的方法、策略(后面将作详细叙述)。

此外,良好的情绪状态和健康的身体是提高记忆效果的重要因素。日常经验和有关研究告诉我们,情绪过于紧张,回忆就易造成困难,形成暂时性遗忘;一旦放松,还能正确记忆。过于疲劳或患病,如患甲状腺机能亢奋症,也会降低记忆效果。因此,只有学会调控自己的情绪情感,保持良好、积极的情绪状态,注意劳逸结合,加强营养和身体锻炼,记忆效果才可能提高。

二、提高记忆的策略

策略是指有效支配自己的心智加工过程的、内部组织起来一般性方法的总称。它体现着人的认知能力和自我调控能力。提高记忆的策略就是指我们在教学中,根据记忆的任务,为提高记忆效果,遵循记忆规律所选用的方式方法的总称。提高记忆的策略主要有编码与组织策略、精心加工策略和复述策略。简述如下:

(一) 编码与组织策略

人们注意了的信息要想能够长久地保持,最有效的策略就是对信息进行编码和组织。编码和组织的策略是将分散孤立的知识集合为一个整体并表示出它们之间关系的方法。它具体表现为描述策略、表象策略、归类策略、网联策略等多种形式。描述策略是将孤立的单词组成描述性句子。例如,教学中,学习一个新词,要学生造句就是描述策略。小学生开始学"饱满"一词时,让他们把"饱满"组成"这棵玉米很饱满"或"王老师今天上课精神饱满"这样的句子,就比较容易记住。表象策略即将语言的信息转化为视觉形式或图画形式的信息。如画一棵长得饱满的玉米;或教师做出精神饱满的形象给学生看,使之在头脑中形成表象;或让学生实地画一张某人精神饱满的画面,这样就不易遗忘。归类策略是将离散的项目按语义类别组织成序列,以减少记忆项目的数量。研究表明,十岁左右的儿童就开始能自发地使用归类策略,并且通过训练可以使学生学会在更高的水平上使用归类策略。不过,这三类策略主要适合简单知识、技能的学习,能提高记忆效果,有助于记忆能力的发展。

对于复杂知识的学习,须采取组织策略。组织策略是指采用对前后学习的内容进行纵向的梳理和横向的比较分析,建立内在结构联系的一般方法。组织策略常用的组织方式有图表、矩阵和等级组织等(详见本章阅读材料1)。有经验的教师常采用组织策略,把新内容组织起来并指导学生理解,能收到较好的教学效果。学生自己也应该采用组织策略,把所要记忆的内容组织成一定的结构方式,进行理解的记忆,以提高记忆效果。

(二) 精心加工策略

精心加工策略是指对学习材料进行深入的加工活动,通过对要学习的新材料增加相关的信息来达到对新材料理解记忆的方法。例如,对学习材料补充细节、举例说明、作出推论,使之与其他观念形成联想,可以为知识的提取应用提供快捷的新途径。

对简单知识的记忆来说,精心加工策略是非常有效的。记忆术是典型的精心加工技术。有人把精确到了小数点后 22 位数的圆周率 3.1415926535897932354626 用谐音法,编成一首顺口溜,然后又将顺口溜编成一个有趣的故事:一位先生上课开小差,上山与和尚喝酒,却要学生在他回来前背出圆周率,学生对先生不满,遂编出了下面的顺口溜来把圆周率记住:山巅一寺一壶酒,尔乐苦杀吾,把酒吃,酒杀尔,杀不死,乐而乐。圆周率很容易就被记住了,同时也很难忘记。这便是使用精心加工策略的一个有趣例证。

对于复杂知识,精细加工策略也是非常有效的。学生做学习笔记也是一种使用最广泛的精细加工策略。心理学家对此进行了广泛的研究。做笔记策略包括摘抄、评注、加标题、写节段概括语和结构提纲等活动。巴纳特(J. E. Barnett)实验表明:学生在同一时间内学习同样地以中等速度呈现的材料,学习后进行回忆测验,学生自己动手写摘要组的回忆成绩最好;看摘要但自己不动手组学习成绩次之;单纯听讲组成绩最差,回忆成绩不到手写摘要组的50%。在阅读和听讲时,一边听,一边看,一边做笔记,这是大中学生完全能做到的事。遗憾的是不少大学生没有养成做笔记的良好习惯,上课光听不记,极大地降低了记忆效果。另外,做笔记作为提高记忆的策略,不能把它看成单纯的信息记录。麦克沃特(Mcwhorter)研究认为,做笔记包括三个步骤:① 在笔记本每页的右边(或左边)留出几厘米的空白;② 记下听课的内容,但保留所留的空白;③ 整理笔记,在留出的空白部分写上批注、译语或简要的总结等。第三步最为重要,因为批注、译语、总结等内容不仅可以促进笔记者对知识的理解,而且能够为今后回忆提供线索。这都值得不重视做笔记,没有养成良好习惯的同学们深思。提高自己的记忆力,千万不要忘记养成做学习笔记的良好习惯!

(三)复述策略

复述是指为了保持信息而对信息进行多次重复的过程。复述策略则是指关于科学组织复习、提高记忆效果的一般操作方法。本节已经介绍了带规律性的科学组织复习的方法。其实,对于复杂知识的学习,复述策略还包括边看书边讲述材料;在反复阅读时,对材料的重点、难点以及关键字、词、句,即要点用划线、圈点、加注符号将其实现出来等方式。研究表明,学生对学习材料边看边进行口头讲述、划线,能与其他符号注释相结合,将更有助于学生的学习和记忆,能提高记忆效果。心理学家对划线的作用进行了大量研究,证明划线能使学生快速找到要复习的重要信息,提高记忆效果。但划线要谨慎,在无关信息下划线,反而会降低记忆效果。

总之,上述编码与组织策略、精心加工策略、复述策略都是提高记忆的重要策略,学生必须牢牢掌握,灵活运用,教师也应在教学中有意识地加以训练。

三、记忆规律在教学中的应用

记忆规律在教学中的运用实质上是遵循记忆规律的,因此,充分发挥提高记忆效果的各因素的作用,合理运用提高记忆的策略和方法,是达到最佳记忆效果、促进学生的记忆力的发展的具体要求。我们认为应该注意到以下几点:

(一)明确记忆的具体目的、任务

教师应确定好并使学生明确每次课具体的记忆目的、任务。教师要通过课堂教学适时让学生明确。教师在备课时,应当根据教学大纲和教材的要求和学生的实际确定每次课具体的记忆目的、任务。哪些内容该背诵,哪些内容该理解掌握、长久记住,做到心中有数,而且教师自己要能准确地将其记住。讲课中,要对记忆的任务适时提出(过早提出,可能造成学生分心),务必使每个学生明确每次课的具体的记忆任务。课中和课后,学生应尽量把教师提出的具体记忆任务按要求完成,并保持长久记住的意向。这样才符合识记规律,也发挥了教师和学生正确对待记忆两方面的积极性,效果当然好。值得一提的是,有的教师对有关教学内容自己不去记住,只要求学生记住,这对学生记忆力的发展往往是不利的。

(二)精选记忆方法、讲究记忆策略

教师应把有效记忆方法通过对具体学习材料的有效记忆传授给学生。教师在教学中,要精选记忆方法,教给学生的记忆方法不能千篇一律,造成僵化。不同性质、数量的材料用不同的记忆方法,效果会有所不同。选用的记忆方法要尽可能最有效率。因此,应充分考虑到哪些学习材料必须理解记忆,哪些又需机械记忆。学生学习的大部分内容都是有意义的材料,应尽量使学生以理解记忆为主,适当辅以机械记忆。对于各学科的基本结构,如基本概念、定律、公式、法则等,要帮助学生灵活采取组织策略、精加工策略进行知识系统化记忆。此外,学生还要掌握一套记忆教材的有效方法步骤(详细参见阅读材料二),以提高记忆效果。当学生亲身体会到精选记忆方法、讲究记忆策略,收到了很好的效果时,记忆信心一增强,便会积极主动地这样去做,逐渐养成习惯,记忆能力势必得到发展提高。

(三)要充分利用现代化教学手段提高记忆效果

凡是生动形象的材料,不但有利于学生有意识记和保持,而且其无意记忆的效果也是好的。现代学校在直观教学中已广泛使用电化教学手段。课堂上,教师应充分利用现代教学手段尽量使教学内容生动、形象直观,使学生易于形成鲜明、深刻的记忆表象,从而提高记忆效果。

(四)给学生布置适量的作业,科学组织学生的复习

教学工作中,教师除了抓好备课、上课这两个主要环节外,还应抓好作业的布置和批改这个重要环节来提高学生的记忆能力。这个环节能起到一种重要的复习作用。教师每次布置的作业要适量;要尽量让学生在作业中把记忆内容作为直接操作的对象。教师要及时批改学生的作业、练习,对错误及时纠正,及时反馈。学生作业要尽量独立完成,不抄袭,做后先要自己

检查并养成习惯。另外,学生还应在课外挤出一定时间自己组织复习。教师指导学生掌握科学组织复习的方法,重点要让学生养成分布复习的习惯,坚持复习时眼到、口到、耳到、手到、心到,各种感官并用,特别是手脑并用,帮助学生尽量克服死记硬背以及平时不复习、临考时"抢记"的不良记忆习惯。

第四节 青少年记忆力的培养

据教育心理学家桑代克的研究认为,人的记忆力水平一般分为四级:20～30岁属第一级,即记忆的黄金时期;30～45岁属第二级,是优等记忆力时期;12～20岁和45～65岁属第三级,是中等记忆力时期;第四级见于12岁以下的儿童,列为次等记忆力时期。一般青少年记忆力还处于中等水平时期,因此,青少年记忆力的培养是不容忽视的重要心理学课题。

人的记忆力还明显存在着个别差异,有优、良、中、差之分。对个体记忆力水平高低的评价,一般是通过记忆表现出来的不同品质来评价的。所以,心理学上把记忆的品质作为衡量一个人记忆力水平高低的指标。首先了解记忆品质,也就有了培养方向。

一、记忆的品质

记忆的基本品质有以下几种:

(一)记忆的敏捷性

记忆的敏捷性是指识记事物的速度的快慢。识记同一种材料,有的人很快就能记住,有的则记住较慢些,日常和学习生活中这种表现是很明显的。一般记得快的,记忆力较好。研究表明,一般识记速度快,忘记就较慢,但也不尽然。如果是很快理解地记住,遗忘就较慢;如果是粗心大意,加快速度,囫囵吞枣,忘得也就较快。所以仅凭记忆的敏捷性,来评价人的记忆水平是不全面的。

(二)记忆的持久性

记忆的持久性是指对识记过的事物保持时间的长短。对同一种材料,在同一学习程度上,有的人保持时间长,还能正确回忆,有的则早已忘记了或已不能正确回忆。对识记的材料保持时间越长者记忆力越好。记忆的持久性是因人而异的,一般勤于思考、善于科学组织复习的人,记忆持久些。

所以加深对识记材料的理解和进行科学的复习,是记忆持久性方面良好品质养成的两个重要措施。

(三)记忆的准确性

记忆的准确性是指对识记保持的事物能正确回忆的程度高低。记忆的准确性是评价记忆力水平的核心标准。如果一个人的记忆不准确、张冠李戴、真假不分、稀里糊涂,其记忆力就无价值可言。记忆越准确,记忆力越好。

(四)记忆的准备性

记忆的准备性是指识记保持的事物能正确回忆的速度快慢。记忆中,记是为了要忆,如果记了的事物到要忆时,不能及时忆出来加以应用,记就失去了价值。凡是识记保持的知识经验在需要应用时能迅速提取出来、回忆起来,这是良好的记忆准备性的表现;否则,要用时回忆不起来,过后又回忆起来了,这是记忆准备性差的表现。

记忆的准备性优劣主要取决于记忆的材料在识记时是否组织得当,以及达到系统化和巩固的程度。如果组织不当、杂乱无序,即使巩固程度较高,但回忆时理不清头绪,很难寻找到线索,就必然导致难以回忆。此外,一旦头绪不清、加上情绪紧张,就更会加剧回忆困难,以至一时无法回忆,错过时机。对于记忆的准备性品质,人们往往容易忽视,但它又是记忆的一个极其重要的品质,应引起我们的高度重视。

综上所述,记忆的四个品质是评价记忆力水平的综合指标,它们相互联系、相互影响、相互补充。记忆的各种品质在不同人身上的结合决定其记忆力发展水平。显而易见,如果一个人识记快而准确,保持得长久而牢固,回忆快而灵活,其记忆力就最好;若识记慢而不准,遗忘得快又多,回忆慢又呆板,记忆力则最差。这是两个极端,大多数人的记忆力水平处于中间状态,通过一定培养都可达良好水平。

二、青少年记忆的特点

中学生处于青少年时期,经过小学阶段的教育培养,他们的记忆力得到了一定发展。进入中学阶段,通过良好的培养,他们的记忆力可得到显著提高,随后将进入一生记忆力的黄金时期。研究表明,青少年学生记忆一般表现出如下几方面特点:

（一）记忆的有意性迅速发展，日益占主导地位

初中学生（少年期）在良好的教育条件下，记忆的有意性会有较大提高，有意识记日益占主导地位。初中生由于生理的迅速发展成熟，加上学习内容的变化，学校教师给学生学习提出了新的较高的要求，他们通过自己的学习实践逐渐学会给自己提出相应的识记目的任务。有研究表明：初二学生有意识记达 84%，而小学二年级学生有意识记只有 25%。究其原因，首先是初中生面临较多的课程门类和较难的学习内容，需要更多的有意识记成分参与，付出一定的意志努力后才能完成学习任务，从而有意识记得到锻炼。其次是随着学习动机的激发，学习的主动性日益发展和提高，增强了记忆的有意性。但初中学生识记的目的性还较被动，往往需要由教师提出，然后才较自觉按要求去做。

高中学生（青年期）记忆已具有较高的有意性，意义识记已占主导地位。他们通过自己的学习实践和社会交往，不但能根据教师的要求，给自己提出相应的识记目的任务，还能根据自己的需要提出自己的识记目的任务，甚至提出比教师要求更高的识记目的任务。

（二）意义识记逐渐在学习中成为主要的识记方式

据研究，初一学生的机械识记还占有很大的比重，以后在教育教学的要求下，意义识记的比重逐渐加大。进入高中阶段前后，意义识记开始明显成为主要识记方式。初三学生机械识记大约占 17%，意义识记占 83%；一般高中生较少用机械识记的方法，更多地用意义识记的方法来识记。有的学生对一些常用机械识记的材料，如历史年代、外语生词、地名、人名等，也能试图用意义识记的方法进行精心加工来识记，由于意义识记逐渐在学习中成为主要识记方式，开始把所学知识与已有知识联系起来，识记范围也就随之不断扩大了。

（三）记忆有情绪体验材料的能力增强

心理学家的研究发现，学生对于记忆带有情绪内容的材料数量，随着年龄的增长而增加，能力也增强。初中学生记忆情绪性材料的水平比小学生要高得多。有研究表明，初中三年级学生记忆情绪性材料的数量相当于小学一年级的 2.8 倍，相当于小学五年级的 1.4 倍。情绪、情感是构成教学心理环境的重要因素。随着年龄的增加、中学生情感生活范围的扩大，学生的情绪、情感体验不断丰富，自然地会参与到记忆活动中去，加深了印象，因而提高了学生的记忆质量。

（四）记忆水平不断提高,能自觉地分布复习

元记忆(metamemory)是指个人对自己记忆活动的认知和监控。个体对自己记忆活动的意义、困难情况以及所采用的策略方式方法等的了解程度集中代表了他的元记忆水平。有研究表明,中学生已能有意学会使用一些记忆的方法、策略来提高自己的记忆效果。如利用尝试背诵与反复阅读相结合的方法进行理解识记,以及记笔记、自问自答、写摘要、归类、过度学习、集中复习、分散复习等方式方法进行记忆。其中突出的是他们能自觉地分配各学科的复习时间进行分布复习,对记忆的效果进行自我检查。总体来说,在教师的指导下,青少年学生元记忆水平不断提高,能自觉地分布复习。不过他们的元记忆水平尚未成熟,表现在他们对这些记忆方法、策略了解还不全面、不深刻,缺乏理性认识,运用不灵活,调控不到位。

三、青少年记忆能力的培养

青少年记忆能力的发展提高不是随年龄的增长而自然提高的,需要积极培养才能实现。在青少年记忆力的培养方面,要注意如下几点:

（一）针对记忆品质的个别差异,因人施教

青少年学生记忆力的发展,一般是教师遵循记忆规律,在课堂教学中,根据教学内容采取有效的记忆方法、策略,统一施教来实现的。然而,学生个人与个人之间存在明显差异性。针对学生记忆品质的个别差异,因人施教,才能弥补统一施教的不足。具体应如何因人施教呢?

根据有关较成功的经验和理性思考,我们认为,总体上要在记忆力发展较差的学生上下工夫。教师要在了解、分析学生记忆力发展不良的主要原因的基础上,与学生共商对策,有的放矢,加以培养。

(1) 引导帮助学生树立提高记忆力的信心,克服"天生记忆不好"的错误观点。可用记忆力综合诊断量表(详见阅读材料三)测量评价其记忆力发展水平,使学生明确自己究竟记忆哪些内容存在不足、哪些方面水平较高。

(2) 循序渐进,引导他们针对自己记忆方面的问题,学会良好的记忆策略提高记忆效果,纠正过去养成的违背记忆规律的不良记忆习惯。如死记硬背;平时不复习,临考才"抢记"等。

(3) 帮助学生总结记忆方面良好的经验,相互交流,共同提高。

（二）注重在有意记忆、理解记忆和科学组织复习方面下工夫

据我们调查了解,大多数中学生记忆力发展不良,主要是记忆时有意性

差、目的任务欠长远,往往是为考试而记忆。有人把这概括为:上课抄笔记,下课背笔记,考后全忘记。有的课堂上只是听,对学习内容没理解,课后也不问,要记就机械重复,题目做不出就去抄别人的作业。有的没想过要科学组织复习,有的连分布复习都不懂,喜欢哪门功课就只复习哪一门,甚至出现已背熟的还花很多时间去复习、反复背,不熟悉的内容干脆不去复习。因此,教师应根据青少年记忆发展的特点,对这部分学生在有意记忆、理解的记忆和科学组织复习方面下工夫,使他们跟上记忆力发展的步伐。

(三)教师要言传身教,以身作则

教师自身记忆力水平的高低,直接影响教学的质量,影响学生记忆力的发展。记忆力好的教师,其记忆力之所以好是因为他能遵循记忆规律,掌握了有效记忆的方法,会采取正确的记忆策略使然。教师记忆力好,才可能正确地理解和熟练记住教学内容,才可能通过课堂教学教给学生有效的记忆方法、策略。只要去调查研究,我们就会发现,那些教学质量高的优秀教师,其记忆能力都很强,课堂教学和课外辅导无一不注意传授自己掌握知识、技能的方法,实际上大多是记忆的方法、策略。培养学生的记忆能力,要求教师做到凡要求学生记住的内容自己先要记住,而且要把自己有效记忆的方法、步骤及策略教给学生,这才称得上言传身教、以身作则。有的教师不注意培养自己的记忆力,上课时照教案上念,脱离教案便讲不下去。有的教师上课像背书一样,学生还是不知记忆的要领,记忆能力何以得到发展提高?培养青少年学生的记忆力,教师要首先培养自己良好的记忆力,并言传身教,以身作则。才可能使学生记忆力得以较快发展提高。这是责无旁贷的。当然学生也要善于向老师模仿学习,身体力行,学以致用,日积月累,使自己记忆力得到较好发展。

(四)积极培养学生元记忆能力

培养学生元记忆能力,就中学生而言,教师主要应该经常督促学生在记忆中进行自我检查,养成习惯。记忆中的自我检查,首先,要检查记忆内容是否准确、前后内容是否颠倒、是否有遗漏、是否有不适当的增添;其次,要检查选用的记忆方法、策略是否效率高,有哪些方面值得改正,进行自我调控;再次,要注意总结记忆的经验教训,主动摒弃那些低效的记忆方法,建立符合自己实际的、有效的记忆方法系统。

阅读材料

一、组织策略

组织是指按类别或模式将信息组织起来。组织起来的信息有内在联系，对信息赋予了意义，有助于编码。有经验的教师常采用把新内容组织起来并指导学生理解这个组织结构的方法，来帮助学生编码信息。例如，一位小学数学教师，通过让学生寻找圆、圆柱和圆锥各有关知识的内在联系，形成了他们已学过的知识的如下网络结构。

$$r \xrightleftharpoons[\div 2]{\times 2} \quad \xrightleftharpoons[\div \pi]{\times \pi}$$

$$\downarrow \times \pi r \qquad \qquad \div h \bigg\updownarrow \times h$$

$$S_{底} \times 2 + S_{侧} = S_{表}$$

$$\times h \bigg\updownarrow \div h$$

$$V_{柱} \xrightleftharpoons[\div 1/3]{\times 1/3} V_{锥}$$

学生只要利用已经形成的这种知识的网络结构，就可以推测所需要应用的公式。这里要强调的是，只组织信息并不能保证它对学习者会有意义，还必须注意学生是否像老师一样把信息组织起来并已理解了所构造的意义。常用的组织方式如下：

（1）图表和矩阵（在将大量的、其他方法又无法建构的信息组织起来时特别有用，如门捷列夫元素周期表、下图的原子结构）。

			电性	电量	相对质量
原子	原子核	质子	带正电	1	1
		中子	不带电	0	1
	核外电子		带负电	1	质子质量的 1/1 836

（2）等级组织（可以按年月顺序、因果关系、部分与整体等为线索用图解、简图、表格、概要等形式把信息组织起来，如下图）。

动词非谓语形式：

有动词是用来使句子更简洁、性质的形式

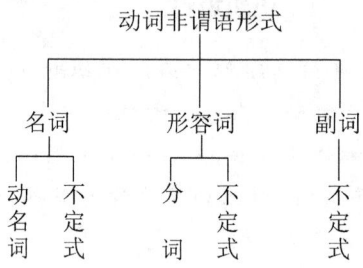

二、记忆教材的有效方法步骤

怎样才能提高对教材内容的记忆效果呢？实验表明，对于一章的内容采取以下六个步骤会显著提高记忆材料的效率。

（1）预习：涉猎全章各节内容，了解它所讨论的一些总课题。

（2）提问：对各分段提出问题。通常只要把各分段的标题改为适当的问句就可以了。例如，可以将"提取过程"的标题改为"什么是提取过程"或"提取过程有哪些特点"。

（3）阅读：仔细阅读这一分段的课文，尝试回答自己所拟的问题。

（4）思考：在阅读课文时要积极思考，力图理解，要想出一些例子来加以说明，把教材与原有知识联系起来。

（5）复述：在学完一个分段后，尝试回忆其中的内容，力图回答自己就本分段提出的问题，如果不能回忆，就重读记忆困难的部分。

（6）复习：学完全章后，默默回忆其中的要点，最好把各要点写出来，并再一次试着回答各节中提出的每个问题。开始复习时，时间间隔要短些；熟记后，复习的时间间隔可适当延长。

三、记忆综合诊断量表

记忆的内容包罗万象，记忆的表现形式也是多种多样。测查一个人的记忆能力，可以从多种角度进行。本实验通过10道不同内容、不同形式的问题，要求测试者"记"并且"忆"出来，主要测查记忆效果。

在规定时间里识记下面各题，然后作答，并对照说明。在不复习的情况下,一周后试试看还能再现其中的多少内容,这样你就可以了解自己保持记忆的程度了。

测验题

一、请识记以下 20 个词以及它们的顺序号码。只有当词的顺序和词都回忆得正确,答案才算正确(时间:40 秒)。

(1)罪恶　(2)跳舞　(3)沙漠　(4)烦恼　(5)化学
(6)食品　(7)机器　(8)美丽　(9)动物　(10)高兴
(11)原子　(12)恐怖　(13)生命　(14)暴雨　(15)游戏
(16)整洁　(17)睡觉　(18)学校　(19)细菌　(20)怀疑

二、请识记下面的数字,然后默写出数字(时间:40 秒)。

(1)17　(2)5　(3)81　(4)63　(5)79　(6)21　(7)35
(8)46　(9)75　(10)14　(11)33　(12)54　(13)62
(14)900　(15)86　(18)78　(18)93　(18)29
(19)8　(20)51

三、将以下数列大声读一遍(各数字间停 1 秒),然后用手捂住数列,把记住的数字按原顺序号写在括号内。

(1) 2—7—5—6—8—3
(2) 7—4—1—9—2—5
(3) 3—5—2—9—4—6
(4) 9—2—7—4—8—5—1—6

(　　　　　　　　　　)
(　　　　　　　　　　)
(　　　　　　　　　　)
(　　　　　　　　　　)

四、看下图 30 秒,找出下图的变化规律,然后默画出来。

五、阅读下面一段短文,识记划横线的句子及其顺序号码。识记 60 秒后,请按同样顺序回忆出来。

(一)<u>注意是一种特殊的心理状态,它是意识的指向和选择性的表现。</u>

(二)<u>一切心理活动都必须有注意参加</u>,否则便不可能顺利地完成任务。
(三)<u>注意是一个过程</u>,它包括指向、集中、转移三个阶段。(四)<u>指向是注意过程的第一阶段</u>,即把意识活动朝向一定的客体。(五)<u>集中是注意的第二阶段</u>,即指意识活动深入到所要了解的事物中去。(六)<u>转移是注意过程的第三阶段</u>,即主动地把意识活动从这一客体转向另一客体。(七)<u>注意又分有意注意和无意注意</u>。(八)<u>有意注意带有目的性和主动性</u>,而无意注意没有自觉目的也不需要任何努力。因此,(九)<u>要想提高我们的记忆力,必须培养我们的有意注意能力</u>。(十)我们把加强有意注意能力从而提高记忆水平的方法,叫<u>集中注意记忆法</u>。

六、请他人帮忙在桌上摆 20 种实物,看实物 4 秒,然后凭记忆列出一张物品单。

七、下列符号分别代表 0 到 9 十个不同的数字,请先把这些符号的特征和所代表的数字看 30 秒,然后遮住上面两行,完成下面的四道算题。

$T=1 \quad ㄅ=2 \quad \varepsilon=3 \quad \Delta=4 \quad 己=5$

$\delta=6 \quad ㄷ=7 \quad \angle=8 \quad 巳=9 \quad \theta=0$

① $ㄷ-ㄅ+\varepsilon=?$ ② $己-T+\angle=?$

③ $-\Delta×ㄅ+T=?$ ④ $÷\varepsilon+ㄷ×\theta=?$

八、按每一组词各用两秒钟的速度读完下面的字表,然后在"回忆"栏里将对应的词填写出来。

字表:

金属——铜　　　　生命——贡献

纪律——约束　　　服从——渐进

压迫——黑暗　　　水果——香蕉

北方——南方　　　甘蓝——钢笔

学校——书店　　　玫瑰——花朵

回忆:

北方——　　　甘蓝　　　　学校——

玫瑰——　　　水果　　　　生命

纪律——　　　金属　　　　渐进

黑暗——

九、下面有两组几何图形,请你用 30 秒钟的时间观察第一组中各图的相应位置及顺序。然后把第一组图盖上,在 30 秒内在第二组图形下面的括号里填上该图的序号。

第一组：

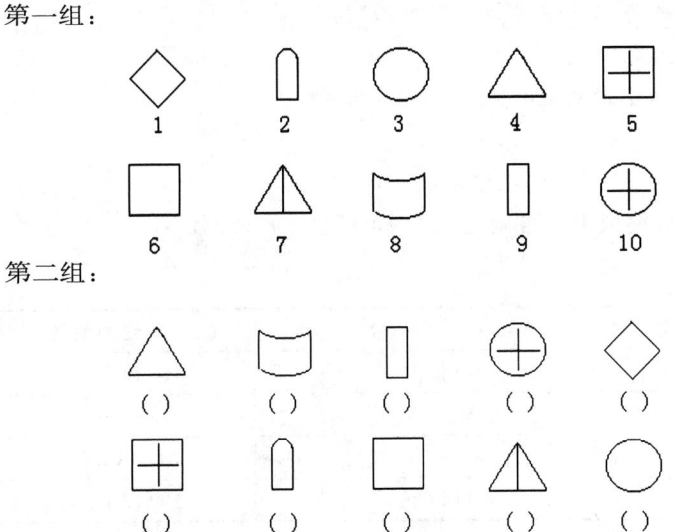

第二组：

十、用10秒钟时间,细心观察下图左边的图形。然后把左边的图遮住,看右边图形中有哪几个是左边出现过的。

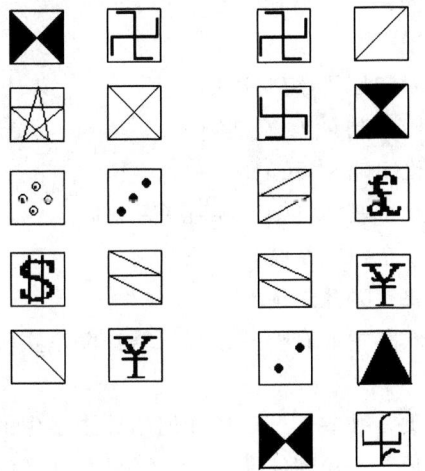

结果评价

一、计算你的记忆效率

第一、二、六题：

记忆效率＝正确回忆的数目$/20 \times 100\%$

第三、七题：

记忆效率＝正确回忆的数目/4×100％

第四、五、八、九题：

记忆效率＝正确回忆的数目/10×100％

第十题：

记忆效率＝100％－回忆错误数/4×100％

二、你的最终成绩＝各题记忆效率的和/10×100％

三、评价

级　　别	得　　分	记忆力商数
优秀	75 以上	130 以上
良好	55～75	115～130
中等	35～55	100～115
不佳	35 以下	100 以下

思考练习

1. 解释下列名词：

记忆　　　识记　　　遗忘

回忆　　　瞬时记忆　短时记忆

意义识记　前摄抑制　倒摄抑制

联想　　　记忆策略　元记忆

2. 记忆包括哪几个基本环节？相互关系怎样？

3. 简述记忆的三个机能系统。

4. 试述记忆主要有哪些规律？

5. 提高记忆的效率主要有哪些记忆策略？联系实际说说自己运用记忆策略方面的体会。

6. 良好记忆品质有哪些？试论述如何培养中学生的记忆能力。

7. 有的学生平时学习随随便便，上课抄笔记，临考背笔记，考试成绩差，考后易忘记。试运用有关记忆规律分析其主要原因。

第六章　思维与创造

本章内容提要：

1. 思维与创造的概念及其关系
2. 思维的心智操作过程
3. 科学概念掌握的途径和条件
4. 影响问题解决的心理因素和思维策略
5. 想象的概念、类别及过程
6. 创造性思维的特点、方法与训练
7. 青少年思维的特点
8. 创造性思维能力的培养

思维与创造是心理学中最复杂、最重要的问题。思维与创造是人和动物相区别的显著特点之一，是人的重要本质特征。中国古代教育家、思想家孔子就很强调思维的重要性，曾说："学而不思则罔，思而不学则殆。"意思是学习不加以思考就会迷惑无所得。思维与创造联系密切，现代文明所建树的一切无一不是人类思维与创造的功绩。尽管目前人类对思维与创造的心理学研究成果比需要研究的问题少得多，学习本章的内容仍然是十分重要的。

第一节　思维与创造的概述

一、思维与创造的概念及其关系

（一）思维的概念

思维是人脑对客观事物的本质特征和规律性联系间接概括的反映。
思维与感觉、知觉、记忆一样，是人脑对客观事物的反映活动。不过感觉和知觉是对客观事物的直接反映,所反映的是客观事物的外部属性和外在联系,属于感性认识阶段;思维则是在感性认识的基础上,利用记忆中介作用对客观事物的间接、概括地反映,所反映的是客观事物的本质特征和内在联系,属理性认识阶段。因此,思维是更复杂、更高级的认识活动。

间接性和概括性是思维的两个基本特征。

1. 间接性

人们在思维时,总是凭借已有的知识经验和其他事物的媒介作用来作出非直接的反映,这一特征称为间接性。人们在思维时,都借助于一定的中介作用在头脑中理解凭感官不能直接把握的事物,以推测事物发展的进程、认知事物的本质、探索和发现事物的规律。如我国中央气象台每天发布的天气预报,是有关气象员借助气象卫星拍摄到的有关云图和其他有关气象资料,进行思维作出的科学预测。

2. 概括性

人们在思维时,总是从事物的各种属性和联系中,把探索和发现的事物的本质特性和规律性联系在头脑里抽出来,舍弃其中非本质的属性和偶然联系而作出的理性反映。这一特征称为概括性。如天气预报中"明天,晴天间多云……"就是气象员通过思维,概括反映的结果。思维总具有概括性,概括的水平越高,人就越能深入地反映事物的本质特性和规律性联系。人类的思维活动总是试图解决问题,探索和发现事物的本质特性和规律性联系。至于探索和发现的结果是否具真理性,最终靠实践来检验,因为只有实践才是检验真理的唯一标准。

(二) 创造的概念

1. 创造与创造力

在现代汉语中,作为日常概念,创造、创造力是有区别的概念。在英语中,它们则同为一个词 creativity 所包含。在英文背景下,creativity 一词源于拉丁文 creare,意即创造、创建、生产、造就。根据韦氏字典的阐释:①创造(creating),或有能力去创造(able to create);②产生(productive),所谓产生就是"新,从没有过"的意思;③具有或是表现出的想象力和艺术的创造或者发明才能(having or showing imagination and artistic or intellectual invention)。从韦氏英文字典中的解释可以看出,创造、创造性、创造力可作同一语使用。

国外心理学家研究创造,有的强调主观创新;有的强调创造的目的性;

有的侧重创造过程;有的则重视创造的结果;有的从创造的认知方面出发;有的从创造的动机、人格因素出发,或者两者兼而顾之。因而对创造的定义表述尚无定论。目前,我国心理学家为了谨慎起见,把 creativity 译为创造性或创造力,学者们倾向于给创造力下定义。目前,我国心理学界较为一致的看法是把创造力定义为:根据一定目的和任务,运用一切已知信息,开展能动思维活动,产生出某种新颖、独特、有社会或个人价值的产品的智力品质。(林崇德、沈德立、俞国良,1996)

考虑到中国的文化背景,我们认为中国心理学界可以给创造作一个界定,以便理解创造力。简而言之,创造力就是创造的能力。那么,创造就是指能产生出某种新颖、独特、有社会或个人价值的产品,执行特别认知活动的行为。所谓特别认知活动,是与一般认知活动不同的。从创造的过程来看,整体上是积极主动的、有意识的认知活动;有感知、记忆、想象、思维共同参与并以思维为核心的智力活动;还有积极的情绪、情感和坚强的意志以及良好个性品质等非智力因素配合的认知活动。从创造活动的结果来看,产品必须是新颖、独特、前所未有,同时得到社会评价、专家认可,具有社会价值的。我们认为创造始终表现为一种执行行为,即执行特别认知活动的行为,是一种主要受创造性思维直接支配的行为。

2. 创造的类别

创造作为一种最终产生创造成品的活动或现象,有真创造和类创造之分。真创造是一种产生了具有人类历史首创性成品的活动;而类创造产生的成品在人类历史上并非首创,只对个体而言具有独创性。真创造和类创造的区别在于,成品的衡量是依据人类文化的传统或凭借个体的发展。至于它们所表现出来的思维或认知能力在本质上是相同的。例如,高斯少年时做 1~100 的连加时,自己发现了一种简单的方法,表现出一种新颖独创的思维能力,这种能力与他成年后在建立"高斯定理"时表现出的能力没有本质区别,我们都称之为创造力。但是前一种活动,我们称之为类创造,因为用首尾相加的方法求连续正整数和的方法,前人已有总结;后一种活动我们称之为真创造,因为"高斯定理"是前无古人的。

3. 创造的特征

"创造性行为是以思考和执行的新奇性和适应性为特征的"(黄希庭、刘华山、刘爱伦等,1997)。新奇性是指新颖独特、与众不同或前所未有的意思。当然新奇性是相对的。对成人而言,可能是相对于同一类型的所有其他作品成果来说的;对儿童则是以他的经验范围为依据来判断的。适宜性是指创造出的产品具有社会价值,在相关专业领域内是适宜的或有用的。许多新奇的东西并不具有创造性。只有同时具有新奇性和适应性的思维和执行行为才是创造。

(三)思维与创造的关系

思维与创造既相互区别,又相互联系。

思维与创造的区别是明显的。首先,各自的内涵不同,思维是一种理性的认识过程,而创造则是一种执行特别认识活动的行为。其次,各自的特征也不同,思维的基本特征是间接性和概括性,而创造的基本特征是新奇性和适宜性。再次,人的思维力与创造力的发展是不完全同步的。心理测量发现,以思维力为核心的智力与创造力两者的相关值是不高的。作家的智力与创造力之间的相关值大约为 0.46,而建筑师的智力与创造力之间的相关值近乎零。这也说明,一个人的智力超常,创造力则不一定超常,两者并不是同步发展的。有的人智力水平中等,创造力却发展得好,甚至超过高智力的人。但是智力低下的人,创造力却不可能发展得好。由此可见,尽管可能存在心理测量量表的效度问题,思维力与创造力两者发展不同步却是事实。

思维与创造又是密切联系的。首先,思维是创造的基础,没有思维就不存在创造,人类有了思维能力才可能有所发明创造,创造力的主要成分或核心成分是创造性思维能力。其次,创造是思维的深化,创造促进思维向高级阶段发展。实际上,创造性思维概念的提出正是创造与思维密切联系的产物。目前,从心理学视角来看,要培养人的创造力,也只能从培养创造性思维能力入手。

二、思维与语言的关系

思维与语言的关系是心理学中一个不容忽视的课题。研究表明,思维与语言是相互区别、紧密联系、相互促进的。

什么是语言?简而言之,语言是代表事物的符号系统。这种符号系统是由基本词汇和语法规则所构成,作为人类交际工具用的。个体掌握与使用语言的活动称为言语。言语是个人运用某种语言进行思维,并用以表达自己的思想、情感,以影响别人的过程。不难看出,思维和语言主要是通过言语而联系起来的。在一般情况下,常把语言和言语统称为语言。

(一) 思维与语言的联系

1. 从思维与语言的起源来说,两者似乎是同时产生的

人类是由类人猿进化而来的,有关研究表明,在人类进化过程中,思维与语言是在生产劳动过程中同时产生的。马克思说"语言和思维同古。""语言是思维的直接现实。"

2. 语言是个体思维的工具

掌握了语言的人都是借助语言来思维的;人们交流思想也主要是借助语言即言语活动来实现的;人类思维的结晶——知识经验、发明创造也主要是用语言来记载、传递的。

3. 语言与思维相互促进

语言中的词汇、语法规则、语言符号形态,靠思维不断充实、完善,而语言的确定意义又靠思维来揭示。举个简单的例子,现代人生活中出现的"上网","上网"一词充实了语言,而它的确定意义不通过思维是无法揭示的。思维可以促进语言的发展,而语言通过言语也能促进思维的发展。生活经验和实验研究表明,个体思维活动是在掌握语言过程中发展的。学生的言语能力的发展能促进其正确地理解词意,准确地表达思想感情,推动思维的灵活性、逻辑性的发展。

(二) 思维与语言的区别

1. 两者与客观事物的关系不同

思维是对客观现实的反映,是一种心理现象;而语言是代表客观事物的符号系统,是一种社会现象。思维中的概念往往用语言中的词来代表,但同一个词所代表的概念并不完全等同,同一个词可以代表不同的概念,同一概念也可用不同的词代表。例如,植物的"根"与数学运算中开方所得结果即"根"就是不同概念;"土豆"与"马铃薯"就是同一概念,等等。

2. 两者的内在规律不同

思维的规律具有人类共性;而不同民族语言的语音、语法规则等语言规律却大不相同,语言具有民族性。因此,不言而喻,学好一门外语就多了一种思维的工具,要引进外国人的思维成果就要学好外语。

三、思维的心智操作过程

思维是一个复杂的心理过程,由于思维过程中心智操作的具体细节不

同，人们又把思维的一般过程划分为不同的心智操作过程，逻辑学上称之为逻辑方法。

（一）分析与综合

分析是在头脑中把事物由整体分解成各个部分、各个方面或各种要素成分的心智操作。综合是在头脑中把事物的各个部分、各个方面或各个要素成分加以联结、综合为一个整体的心智操作。分析与综合是方向相反又紧密联系的心智操作过程，分析是综合的基础，综合使分析具有特定的方向，分析与综合是相辅相成的、互为条件的。分析与综合是思维的最基本的心智操作过程，它贯穿于整个思维活动中，其他思维的心智操作都以分析与综合为基础。

（二）比较与分类

比较是在头脑中确定事物之间异同的心智操作。比较是以分析与综合为基础的，为了确定事物间的异同，人们必须先在头脑中进行分析与综合，把被比较事物的相同或不同的部分、方面或要素成分区别开来，同时又把它们联结起来，才能鉴别出它们哪些方面相同、哪些方面相异。完全不同或完全相同的事物容易比较，表面上类似而实质上不相同的事物则很难比较。现实生活中销售假冒商品的商贩，正是利用人们对产品真假比较时难度大而得逞的。但只要掌握了恰当的比较标准，合理选择比较方式进行比较就会卓有成效。

分类是在头脑中根据事物的共同点和差异点，把它们区分为不同种类或类型的心智操作。通过分类，可以揭示事物的一定从属关系和不同的等级系统。分类是从比较中派生出来的，比较是分类的基础。要科学地进行分类，关键是确定恰当的分类标准，同时也需要一定的抽象和概括成分参与。

（三）抽象和概括

抽象是在头脑中把同类事物的本质属性抽取出来，并舍弃其非本质属性的心智操作。概括则是在头脑中把抽象出来的本质属性加以综合并推广到同类其他事物的心智操作。

抽象和概括密切联系。抽象是概括的前提，没有抽象，概括就无法进行；抽象失误，概括就会失真。例如，一般鸟会飞，如果我们把"会飞"作为鸟的本质属性抽象出来并加以概括，就会得出"会飞的动物都是鸟"这一结论，就失真了。概括是抽象的目的，无需概括就无需抽象，为了概括才进行抽象。抽象与概括的结果通常以概念、规律、公式、法则等形式表现出来。人们对事物的理性认识,需经由一系列的抽象与概括才能得以实现,要透过现象看本质。

（四）系统化和具体化

系统化是把知识要素按一定顺序分门别类,构成条理清楚、层次分明的统一整体的心智操作。各门学科知识都是经过作者系统化了的知识体系。学习系统的科学文化知识,学生也需要做到系统化,这样才能较好掌握,达到融会贯通的程度。

具体化是把通过抽象概括获得的概念、原理、理论应用于具体事物的心智操作。在教学中,具体化常常表现为举例说明。具体化有利于抽象、概括性知识的理解和学习,也有利于知识的巩固和运用。

概而言之,上述一系列心智操作共同构建了思维活动过程。分析与综合是最基本的过程,抽象与概括则是最核心的过程。

四、思维的种类

（一）动作思维、形象思维和抽象思维

根据解决问题思维过程中的具体形式不同,思维一般可以分为动作思维、形象思维和抽象思维三大类。

1. 动作思维

动作思维是以实际动作形式为主解决问题的思维。它是伴随着直观的、具体的动作而进行的思维。研究表明,幼儿的思维就是比较典型的动作思维,幼儿用积木按图砌房子靠的就是动作思维。成人也经常用动作思维来解决问题。如灯不亮了,一般先查看电源,再查用电器是否有效,还是不亮,就得查电源线路,直到找出原因。在类似的实践活动中,许多实际操作问题的解决,都需要通过动作思维来解决。所以,动作思维也可称为实践思维。

2. 形象思维

形象思维是以加工改造形象、表象的形式为主解决问题的思维。表象是在知觉的基础上在头脑内所形成的感性形象,表象在人的头脑中可以进行加工、改造,人们便可用表象加工改造的形式来进行解决问题的思维。研究表明,学龄前期和学龄初期儿童的思维一般以形象思维为主,这时的儿童思维可以在脱离直接的刺激物和具体动作的情况下,借助于头脑中储备的已有表象进行加工改造,处理和解决问题。

成人的一般思维,虽然主要以抽象思维为主,但形象思维也占有重要地位。如艺术家、作家、工程师、设计师等就较多地运用形象思维。一般人在处理和解决问题时,也会尽量采用形象思维,因为鲜明生动的客观形象有利于思维的顺利进行。

3. 抽象思维

抽象思维是以概念、命题、推理的形式为主解决问题的思维。抽象思维是人类思维的核心形态,它以语言为工具,反映事物的本质属性和内在规律,这是人类特有的一种思维。概念、命题和推理是思维的基本形式,这是从逻辑学视角来说的,实际上它是抽象思维的基本形式。抽象思维必须遵循逻辑规则,因此,抽象思维也称逻辑思维。

以上三种思维在具体实践活动中难以截然区分。在个体思维发展中,动作思维和形象思维出现早一些,抽象思维则出现较晚一些,但这并不意味着后者可替代前者。往往人们在实际解决问题时的思维是很复杂的,既有抽象思维,也有形象思维,还有动作思维。人的每一种思维都可以得到高度的发展,都可能对人的工作、学习、生活产生重要的影响。

(二)聚合思维和发散思维

按照思维的途径不同,思维可分为聚合思维和发散思维。

1. 聚合思维(convergent thinking)

聚合思维是指把问题所提供的各种信息进行聚集,逐步组织推理,求得一个正确答案的思维。例如:学生考试中做选择题所进行的思维就是聚合思维。聚合思维也称集中思维、求同思维。

2. 发散思维(divergent thinking)

发散思维是指根据问题提供的信息,不依常规,寻求变化,探求多种答案的思维。例如:学生在学习中,一个问题要求用两种以上的方法解答时,所进行的思维便是发散思维。发散思维也称分散思维、求异思维。当问题存在着多种答案的可能性时,发散思维才能进行。

此外,思维还有不少其他分类,诸如直觉思维与分析思维、经验思维与理论思维、常规思维与创造性思维等。人们为了多角度、多层次深入地研究复杂的思维,才提出了思维的不同种类。

第二节 概念的获得与问题解决

一、概念的形成和掌握

概念是抽象思维的基本形式之一，对我们具有重要意义。概念下联感知，上联推理，在思维中具有基础作用，概念的形成和掌握是思维心理学研究的重要课题。

（一）概念的形成

1. 什么是概念

概念是人脑反映客观事物的本质特征和数量范围的思维形式。它是在抽象和概括的基础上形成的。概念是用词来标志的，每一个概念的思想内容都有其内涵和外延两方面。内涵是指概念所包含事物的本质属性；外延是指概念的范围，这一概念内的一切事物都属它的数量范围。概念的内涵反映的是某事物的本质属性有哪些，通常用"定义"来表示；概念的外延反映的是某事物包括哪些不同类别，通常用分类来揭示。例如"学生"这个概念，若定义为"取得学籍，以学习为主要任务的人"，那么，凡是这一概念范围内的人，包括大、中、小学生以及研究生、留学生等都包含在"学生"这一概念内。"学生"这一概念是在抽象概括的基础上把"取得学籍"和"以学习为主要任务的人"作为本质属性与其他人相互区别而形成的。概念外延的大小是由内涵多少决定的。一个概念内涵越多，它的外延就越少；相反，概念的内涵越少，它的外延就越大。例如，若把"学生"概念内涵扩大为"三好学生"、"特优学生"，显然其外延就缩小了。

2. 概念形成的过程

概念是人类认识客观世界的历史产物，它是在人们长期实践活动中形成的，也随社会科学水平的提高而不断发展。新的概念不断形成，旧的概念逐渐被扬弃。心理学家创立了研究"人工概念"的方法，研究概念形成，证明概念形成过程是不断假设和验证假设的过程。当某种假设被证明是正确的时候，概念就形成了，这和我们后面将要讨论的解决问题的思维过程，实际上是一样的。创造活动中往往会形成新的概念。

（二）概念的掌握

概念的掌握与概念的形成不同。概念的掌握是指个体获得概念，理解、把握人类已经形成的概念。个体获得概念，主要有两条途径：一是个体经验积累，即在日常交往中，从大量的同类事物的不同例证中认识到事物的某些关键特征形成概念。日常概念一般是个体通过经验积累掌握的。二是专门的教学活动，即在教学中直接向学习者呈现概念的定义，学习者利用已有的有关概念正确理解、把握新概念。科学概念一般靠专门的教学活动来掌握。

在学校中，各科教学是使学生掌握人类已经形成的现有的各种科学概念的一条重要途径（还有自学）。为了帮助学生有效地掌握科学概念，教师要积极提供下列有关促进概念掌握的条件：

1. 充分利用日常概念

已有日常概念本身是我们学习掌握科学概念的基础，必须充分利用。一般日常概念的某些关键特征往往有助于科学概念的形成，如"邻居"有助于对几何中"邻角"概念的形成、"记性"有利于心理学中"记忆"概念的形成等。当日常概念对科学概念理解有积极促进作用时就应充分加以利用，同时，利用日常概念也要注意防止和克服其对科学概念理解带来的消极影响。如日常的"游鱼"、"飞鸟"概念可能给生物学中"鱼"和"鸟"的概念理解带来一些消极影响。教学中，教师充分利用日常概念，既要发挥其积极作用，又要克服其消极影响。

2. 合理运用变式

概念的掌握需要有充分的感性材料作基础。所谓变式是指感性材料呈现时变换其不同的类型和形式的方法。这样使事物的本质属性保持不变，而非本质属性有异，从而突出本质属性，注意到非本质属性的可有可无性。合理运用变式：一是要提供丰富的感性材料，一般地说，感性材料越丰富、全面，越有利于概念的掌握。凡是学习某个概念，学生还缺乏感性认识，教师要尽量提供必要的感性材料进行教学，帮助学生掌握概念。二是提供的感性材料，运用变式要正确，类型多样，比较典型。例如，教师教"直角三角形"的概念，"有一个直角的三角形叫直角三角形"。呈现感性材料时，不能只是一种类型，如直角总在下方，而要变换多种类型，让学生注意到这个直角可以在不同的方位上，为以后容易识别半圆上的直角三角形奠定良好的基础。

3. 正确领会定义

概念的定义是指对同类事物共同本质属性的概括。各科教学中，各门学科的有关基本概念，凡要求学生掌握的都下了定义。给概念下定义一般是把概念放到一个更一般的概念（属概念）中，并揭露其本质特征。在教学过程中,在上述要求充分利用日常概念、合理运用变式的基础上,学生掌握科学概念还应当正确领会定义。第一,要适时呈现定义,要让学生在教师指导下尝试给概念下定义,再让学生对照教材下的定义进行理解掌握,这样便能收到好的效果。过早让学生死记硬背教材上的定义,概念掌握会流于形式。第二,要抓住定义中的关键词理解掌握,首先要抓住其属概念这个关键词,然后通过分析、综合、抽象、概括等的一系列必要心智操作,在头脑中将代表其本质属性的关键词有序组织起来。学生领会定义时往往抓不住关键词,因而不能真正领会。例如心理学教学中,对于"观察"的概念,受日常概念的影响,有的学生由于在教学中没有正确领会定义,考试时出错误,"仔细地看"、"反复地看"、"有兴趣的活动"等,不时会见之于考试答卷。

4. 建立概念体系

概念体系是指学科相关概念之间形成相互联系又相互区别的概念系统。帮助学生建立概念体系,使学生把握相关概念之间的区别和联系,更加准确有效地掌握概念,也有利于科学知识系统化。为此,教学中要注意让学生弄清楚概念之间的诸如从属、并列、复合等关系,可采取绘制表格,阅读教材、目录、标题等方式方法促进概念体系的形成。

5. 经常运用概念

概念运用是掌握概念的目的,又是检验、加深对概念的理解和巩固的重要环节。经常运用概念,可以提高学生掌握概念的兴趣、主动性和积极性。要让学生在教学活动中,在解决问题的过程中,在学术交流中经常运用科学概念,这样就能更加全面、深刻地掌握它。

二、解决问题的思维过程

"问题"通常是指个体面临一个不易达到目标时的情境,即通往目标的途径中存在障碍。问题需要解决,"问题解决"是指在有特定目标而没有达到目标的手段的情景中,运用特定领域的知识和策略实现目标的一种思维活动。简而言之,问题就是个人不能用已有的知识经验直接加以处理并因而感到疑难的情境。例如,"明月松间照,清泉石上流",这是一个字谜,谜底是一个双音节词,这个双音节词是什么?这就是一个问题。

解决问题是心理学家长期研究的重要课题。由于所要解决的问题的性质不同、思维方式不同,因而解决问题的思维过程也会有所不同。一般来说,解决问题的思维过程包括以下相互联系的四个阶段:

（一）提出问题

解决问题是从提出问题开始的。提出问题就是指人在日常生活和科学研究中，把遇到的或发现的问题认为有解决的需要，提炼、呈现出来的思维过程。提出问题，标志问题的存在，需要人们去作出正确处理、解答。提出问题是解决问题的先导和动力。爱因斯坦说："提出一个问题比解决问题更重要，因为后者仅仅是方法和实验的过程，而提出问题则要找到问题的关键、要害。"牛顿从苹果落地提出了"苹果何以会落地"的疑问，从而导致了"万有引力定律"的重大发现。

教学中，教材列出的课题问题一般是以问题情境命题的形式呈现的，其中含有目标和已知条件，从已知条件到目标之间包含有认知的空隙需要填补。教学中，教师利用教材提出问题的目的是激发学生积极思维，通过对问题的解决，让学生掌握科学知识，培养学生分析和解决问题的能力。教师在教学中要善于提出问题，并引导学生自己提出问题，激发学生学习的积极性。

（二）理解问题

理解问题是指对提出的问题通过分析，明确问题的要求和条件，找出它们之间的联系或关系，把笼统的问题改造成具体明确一些的局部问题的思维过程。理解问题是解决问题的关键环节。

教学中，学生解决课题问题，实际上是从理解问题开始的。教师根据教材向学生提出问题，要求学生解答，那么学生理解问题就成了解决问题的关键。没有对问题的正确理解，不能明确问题的要求和条件，找不出它们之间的联系和关系，解决问题就无从下手，思维就没有目标方向。学生在理解问题上的一个主要障碍是对提出的问题是什么有困惑。例如，在猜"明月松间照，清泉石上流"这个字谜时，只要通过想象，理解了"明月松间照"必有"影"，"清泉石上流"必会"响"，就找到了谜底。

从信息加工的角度来看，理解问题也就是表征问题，即把问题的任务领域转化为问题空间（问题解决者对一个问题所达到的全部认知状态），实现对问题的理解。理解问题可细分为由浅入深的两个层面，第一个层面是对问题的字面理解，做到能用自己的语言陈述问题的条件和目标；第二个层面是对问题的实质理解，识别问题的类型，舍弃无关信息，抓住有关信息，并加以整体综合。

理解问题依赖于个人的已有知识经验，也受到注意、记忆和思维等能力的影响。

（三）提出假设

解决问题的中心环节是提出假设。所谓提出假设，就是人们在理解明确问题的基础上，通过假定、推测，设计解决问题的方案，提出解决问题的原则、途径和方法，并加以实施。

提出假设绝不是盲目乱猜，假设的提出有赖于个人的知识水平、想象力和鉴赏力。一个假设的形成，常常需要经过反复酝酿，在实施中还需修正。解决复杂问题，提出假设，设计的方案还要反复推敲。

（四）检验假设

假设只是对如何解决问题的一种假定和推测。实施方案的结果是否正确，有待于检验，而且必须检验才能证实。检验假设，也是对问题目标状态是否达到作出评估。检验假设的方法一般是依据直接实践结果来判断，对不能马上采取获得直接实践结果来检验假设时，可通过头脑的思维活动进行推论，间接验证。最终，推论也要受到实践的检验。

检验的结果如果证明假设是错误的，那么就得重新审查方案，提出新的假设。在考虑新假设时，认真分析先前假设失败的原因，将有利于新假设的确立和解决问题的最终成功。

三、影响问题解决的心理因素

影响问题解决的因素是多方面的，主要有客观因素和主观心理因素两大方面。客观因素主要牵涉到问题本身的难度和解决问题的现有物质条件及社会因素等。心理学主要研究解决问题的心理因素。研究表明影响问题解决的主要心理因素如下：

（一）知识经验

解决问题是一个应用知识的过程。一个领域中的专业知识对于解决这一领域的问题至关重要，经验贫乏常常成为问题解决的障碍；一个人的知识经验是有一定的组织结构的。但如果知识结构性差，也不利于问题的解决。知识结构合理，具有可辨别性、可利用性和稳定性，既有利于学习新知识，也有利于解决问题。有研究发现，专家和新手的知识结构特征不同，解决问题的方式也不同，解决问题的效果也不同。专家具有某一领域的丰富知识，并经过了长期专业训练，有关知识组织得很好，结构合理，可辨别性、可利用性和稳定性都相当高。因此，一般他们解决问题的效率比没有上述良好知识结构特征的新手高得多。专家的知识是长期学习和应用的结果,任何人如果训练有素、相关知识结构合理、知识模式多,都能快速有效地解决问题。

(二) 动机强度

动机是一种由需要所引起,直接推动人进行活动,达到一定目的的内在动力。解决问题时,必然受动机强度影响。耶克斯(Yerkes)、多德森(Dodson)研究表明,解决问题时动机强度与效果之间存在一种倒"U"字形的曲线关系。也就是说,动机过强和过弱都会降低解决问题的效率。一般中等强度的动机水平对于解决问题效果最佳。另外,解决问题时动机强度与效果之间的关系还与问题的难易程度有关。解决比较容易的问题,动机强度中等偏高,效率较佳;而解决比较困难的问题,动机强度中等偏低,效率较佳(图6-1)。这一规律称为耶克斯—多德森定律。实践经验告诉我们,解决问题时,动机强度太低,持漠然态度、畏难情绪,不去积极想办法解决,效率自然低;动机太强烈,急于求成,遇到困难,情绪太紧张,则易造成神经性抑制、思路狭窄,从而限制正常思维。图6-1就是课题难易、动机强度和工作效率之间的关系。

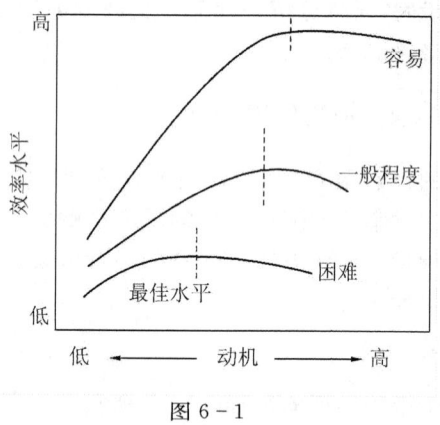

图 6-1

"欲速则不达",因此,提高解决问题的效率,应该避免动机强度过低或过高,保持中等强度的动机水平。

(三) 定势作用

定势(set)是指由先前的活动所形成的并影响后继活动趋势的一种心理准备状态。定势作用表现为一种易于以习惯的方式方法解决问题的倾向。

在定势作用下,对无特别变化情境的同类问题,一般有利于迅速有效地解决;对变化了情境的问题,则会妨碍其有效地解决。心理学家陆钦斯(A. S. Luchins)设计的量水实验(表6-1)清楚地说明了定势的作用。

表6-1 陆钦斯的定势实验安排

题号	三个杯的容量(夸克)			要求量出的水量(夸克)
	A	B	C	D
1	29	3		20
2	21	127	3	100
3	14	163	25	99
4	18	43	10	5
5	9	42	6	21
6	20	59	4	31
7	23	49	3	20
8	15	39	3	18
9	28	76	3	25
10	18	48	4	22
11	14	36	8	6

该实验设计,请被试选用表内容量大小不同的杯子(A,B,C)量水,取出符合表内要求的水量(D)。第一题为练习用,练习后,被试分为两组。甲组为实验组,解决2~11题;乙组为控制组,解决7~11题。结果发现,实验组81%的被试形成了定势D=B-A-2C,并用它来解7~11题,解第7题时不会用D=A-C的简便方法解;解第8题时遇到了很大困难,一时认为无解,解答不出。控制组由于未受到此定势的影响,100%的被试采用了简捷的方法解题,解答无误。后来的有关定势实验也证明定势的作用影响问题的解决。

定势对解决问题既可以产生积极作用,促进问题的迅速解决,也可能产生消极的影响,妨碍问题的解决。破除定势的消极影响在解决问题时要特别注意。当遇到用习惯化的方式方法不能解决问题时,只要暂停用旧思路对它思考,当定势作用暂时消失时寻求新思路,对问题解决就会大大有利。

(四)功能固着

功能固着是指个体在解决问题时,只考虑到事物的通常功能,忽视了其可变通的其他功能的心理现象。功能固着易使问题的解决受阻,德国心理学家邓克尔(K. Dunker)的实验证实了这种影响。他要求被试在不同的安排下使用同样五种工具解决同样的五个问题,实验组在解决问题前,每个被试先对工具的习惯用法进行一段练习,以增强他们形成功能固着;控制组则在解决问题前不经练习，直接去解决。实验结果见表6-2。

表6-2 功能固着对问题解决的影响

组别	工具	练习工具	解决新问题	参加人数	成绩%
实验组	钻子	钻洞	支撑绳索	14	71
	箱子	盛物	做垫脚台	7	43
	钳子	打开铁丝站	支撑木板	9	44
	秤锤	称重量	做钉锤用	12	75
	回形针	夹纸	做挂钩用	7	57
控制组		同实验组	同实验组	10	100
				7	100
				15	100
				12	100
				7	86

实验表明，功能固着对解决问题的消极影响十分显著，控制组的成绩明显高于实验组。

克服功能固着的消极影响，需要我们在解决问题时灵活机智地变通事物的各种功能，发挥其相关功能的作用。要具有这种功能变通能力，需要熟悉事物的各种功能，丰富知识，完善知识结构，平时加强思维灵活性的训练。

（五）个性品质

一个人的个性品质是影响解决问题进程的重要因素。积极的个性品质，如有良好的兴趣、有崇高的理想、有坚强的毅力、有勤奋好学等良好性格、能力发展水平高等，都可以使解决问题的效率得到提高；相反，消极的个性品质，会降低解决问题的效率。懒惰的人，再聪明也会难有作为。

（六）思维策略

要解决问题，需要考虑采取一定的操作步骤，寻求解决问题的方式，这些解决问题时采取的步骤、方式方法统称为思维的策略。

思维策略是否恰当，往往影响解决问题的效率，决定问题解决的成败。对于解决问题中的策略，下面列一专题加以讨论。

四、问题解决中的策略

解决问题的思维策略多种多样，概括地说，可分为两大类：一是算法式策略；二是启发式策略。

（一）算法式策略

算法式策略是指运用解题的一套规则来解决问题的策略。这种规则一般用公式的形式。平时学生学习各科知识中的有关公式包含了操作规则,在解决问题中运用公式来解决问题,其采用的解题策略就是算法式策略。如:圆柱的体积=底面积×高,即 $V_柱 = S_底 \times h = \pi r^2 h$。掌握了这个公式,按规则进行操作,计算圆柱体积的问题都能得到解决,如此等等。这种规则也可以没有公式,只有操作规程。

算法式策略的优点是,只要一个问题找到了解题的规则,那么只要按规则进行操作,问题总能得到解决。通过科学研究,人们已经找到了许许多多问题的解决规则,并进行了公式化,学会这些科学解决问题的法则、公式显然是十分重要的。算法式策略的不足之处是对于有些问题,按解题规则步步求解,工作量大,以至在事实上不可能运用此类策略求解。典型的例子是下棋,若用算法式策略,对所有可能的棋步作逐个尝试,尽管理论上能保证获胜,但实际上是行不通的。有人曾计算过,用这种方法下棋将涉及 1 040 可能的棋步,若以每毫秒考虑三步棋计算,则需要 1 021 个世纪的时间。有些问题没有或尚未发现解题规则时,这种策略无法采用。

(二) 启发式策略

启发式策略是指根据经验和理论论证,选择一种或几种方案解决问题的策略。启发式策略对答案的寻求是直接的,并不保证一定能解决问题,有时还会出错,但它却常常能较有效地解决问题。启发式策略有多种形式,应用范围较广,比较有效的有手段—目标分析策略、目标逆向反推策略、探式搜索策略等。

1. 手段—目标分析策略

这种策略是指从识别问题的当前状态和目标状态之间的差距着手,通过分析,运用某种手段设立一系列的子目标,并加以逐个实现,缩小差距,达到目标,解决问题。例如:某个大学生想考上研究生,他的目标与现有状态有一定学业水平差距。外语考试成绩没有上线,那么他就必须想办法提高外语水平。他的外语水平的主要问题是阅读理解水平差,那就必须加强阅读和词汇量。如果外语听说能力差,考研外语要考听力、口试,他就必须在外语听说方面下工夫,提高说听外语能力;若是专业课成绩不理想,那就必须在专业课学习上下工夫。总之,他必须要实现一系列子目标:把外语学好,把词汇量加大,把听说能力提高,把专业课学扎实,这样才可能考上研究生。

运用手段—目标分析策略的关键,是把大目标分解为下一级的子目标,寻找清除差距的算子加以施行。算子(operator)是指在解决问题过程中所采取的使得状态改变的行为。

从本质上说,手段—目标分析策略是一种缩小差别的策略,所以不能保证一定能解决问题,但只要差距消除了就能解决问题。运用手段—目标分析策略解决问题应注意如下几点:其一,问题的当前状态与目标状态之间可能存在多种差距,要善于发现它们之间最重要的差距;其二,在不断缩小、消除差距、实现总目标中,必须记住子目标之间以及与总目标之间的联系;其三,算子必须要有效实施,这决定问题解决的成败。

2. 目标逆向反推策略

这一策略是指从问题的目标状态出发向反方向推导,与当前状态连接起来,从而解决问题的策略。例如,解下面一个几何题:

已知:$AB=AC, BD=DC$, 如右图。

求证:$BE=CE$。

若采用目标逆向反推策略来解这个题,其推导过程是:要证明 $BE=CE$,则要证明 $\triangle ABD \cong \triangle ACD$,要证明 $\triangle ABD \cong \triangle ACD$,则要证明 $\triangle ABD = \triangle ACD$,即证明 $\angle 1 = \angle 2, \angle 3 = \angle 4$,由于等量加等量和相等,则 $\triangle ABD = \triangle ACD$。根据已知条件能证明 $\angle 1 = \angle 2, \angle 3 = \angle 4$。到此为止,问题实质上通过这种逆推方法解决了。

在实际解决问题的过程中,有些问题要从当前状态达到目标状态,解决的途径为数很少,甚至只有一条。运用目标逆向反推策略解决问题较为有效。如果解决问题要达到目标状态的途径很多,则采用手段—目标分析策略更易见效。

3. 探式搜索策略

这一策略是指利用已有的条件和经验,有选择地尝试探索问题解决的突破口和最有利于达到目标的可能性途径,从而解决问题的策略。例如,解下面的密码算题:

$$\begin{array}{r} \text{DONALD} \\ + \text{GERALD} \\ \hline \text{ROBERT} \end{array}$$

上面的算式里有十个字母,每个字母代表一个从 0 到 9 之间的不同数字。已知 D=5,问题是要确定每个字母所代表的数字,使得这个算式成立。如果运用算法式策略来解题,完全用逐个替换的办法求解的话,尝试各种可能性,要大约 30 万次(3×10^5)。实际上人们会采用探式搜索策略来解这个算题,从 D=5 这一已知条件出发,利用已有知识经验,选择突破口,探索出达到目标的可能性途径。D=5,则 T 必然是 0;E 则必定是 9,A 必定是 4,这是个突破口。接下来,人们对其他字母与数字的匹配都可通过有选择地探索,找到突破口,来达到目标。一般人最快的以十几步,最慢的以几十步便能解出此题。

探式搜索策略实质上也是一种以缩小当前状态和目标状态之间差别的策略。它与手段—目标分析策略所不同的是,其子目标是在搜索中加以选择的,试探搜索在先,然后分析推断。打字员辨认潦草的字,要正确无误地打出来,利用语法规则和上下文意思进行猜测,搜索出其正规字形的可能性,然后分析推断,才能正确辨认出来。使用探式搜索策略也不保证一定能解决问题。但我们要想处理新情况、解决新问题,有所发明创造,只好运用探式搜索策略,这样才有可能解决问题。

人们用于解决问题的策略多种多样,有些问题往往相对适宜用某一种策略来解决。因而,并不存在某一种策略对解决一切问题都是有效的情况。解决不同问题,应有针对性地采用不同的策略,这样才可能收到较好的效果。

第三节 表象与想象

人们在解决问题的思维过程中,往往需要想象参与,而想象的基本材料是表象。本节专题介绍表象与想象。

一、表象及其特征

(一)什么是表象

表象(image)是指人脑中所保持的有关事物的形象。人脑中的表象不是先天就有的,而是后天获得的。首先,表象来自感知。被感知的事物在头脑中留下印象以后,感知过的事物不在面前,头脑中仍能再现出相关事物的形象,这个形象叫记忆表象。其次,表象来自对已有表象的加工改造。对记忆表象在头脑中进行一定的加工改造形成一定的新形象,即经过想象,在头脑中形成的形象叫想象表象。所有保持在头脑中的有关事物的感性形象都叫表象。

(二)表象的特征

表象具有两个重要特征:

1. 形象性

表象在感知觉的基础上形成,首先是感知留下的形象。因此,它具有直观形象性。但是,表象的形象性与相关事物形象有差别,不如感知形象那样鲜明、直观、完整和稳定。例如,游览长城时,感知长城的形象和在头脑中留下的长城表象是有差别的。客观事物是有形的,记忆表象便成了记忆内容的一种主要表现形式。利用记忆表象进行想象形成的表象,本身就是一种新形象,当然也具有形象性。

2. 概括性

记忆表象与感知的事物形象是有差别的。表象形成时,受知觉的选择性、整体性、理解性和恒常性等基本特性的作用,对具体事物的形象属性和特点有所取舍。形成的表象往往选取自认为是同一事物的,或同类事物在不同条件下所经常表现出来的一般属性、重要特征。而对个别特性,次要特性则舍弃掉了。表象反映同一事物或同类事物的一般属性、重要特征这一特性就是表象的概括性。

想象表象是对已有表象加工改造而形成的,则更是对事物的形象属性和特征有所取舍。

任何表象都具有概括性。但是,表象的这种概括性和思维的概括性有所不同。表象是对形象的概括,这种概括性往往没有通过抽象和概括的心智操作,对本质属性和非本质属性没有进行明确,表象里混杂着非本质属性。

表象的形象性和概括性是密切联系在一起的。从表象的形象性来看,它是概括了的形象;从表象的概括性来看,它是形象方面的概括。但是,表象既不是知觉,也不是思维,而是介于知觉和思维之间的中间环节。人们有了表象进而进行想象和思维,才能实现从感性认识到理性认识的飞跃。对儿童的观察表明,表象贫乏的儿童,他们的想象和思维能力的发展都受到一定的影响,丰富的表象储备是进行正确有效想象和思维的基本条件。

二、想象及其功能

(一)什么是想象

想象(imagination)是人脑对已有表象进行加工改造,形成新形象的心理过程。从反映论角度来说,想象是人脑对客观事物以表象加工改造的形式进行间接、概括的反映。它反映的是事物形象的基本组合属性和可能的联系。据此,可以说,想象实际上是一种特殊形式的思维。形象思维实际上是以想象为基本过程的思维。通过想象,人们头脑中形成了有关事物的新形象。这种关于事物的新形象是具有很大主观性的,不一定客观存在。其一,可以是客观存在着的事物的形象,只不过别人感知过而自己没有直接感知过。例如,我们没有到过世界最高峰——珠穆朗玛峰,但我们根据《珠穆朗玛》的歌曲和有关的摄影、图片,却可以在头脑中出现珠穆朗玛峰神圣、壮观的形象,等等。其二,它可以是过去存在过的客观事物的形象,现实中已不复存在。如历史事件、历史人物形象等。其三,它可以是现实中不存在,以后可能出现的事物的形象,如工程师设计的建筑物、新机器、新产品等形象。其四,它可以是根本不存在和不可能出现的事物的形象,如上帝、菩萨、妖魔鬼怪等形象。人们通过想象,可以在头脑中创造出未被感知过,甚至根本不存在的事物的形象。但这是否意味着,想象就不是对客观事物的反映,完全是主观自生的呢? 其实,通过分析,我们就可以得出正确结论。一切想象的基本素材、原始材料是表象,都源于客观事物,源于现实生活,想象归根结底是人脑对客观事物的主观能动的反映。调查发现,外国人想象出来、信奉的神、上帝形象与中国人想象出来、信奉的神、菩萨的形象不一样,但有一个共同点,都很似自己民族、国家的人。生活经验表明,天生的盲人想象不出来"桂林山水甲天下"的美景,天生的聋子决不能想象出优美的乐章。

(二) 想象的功能

大科学家爱因斯坦曾指出:"想象力比知识更重要,因为知识是有限的,而想象力概括着世界上的一切,推动着进步,并且是知识净化的源泉。严格地说,想象力是科学研究中的实在因素。"想象在社会实践中作用是十分巨大的,其主要功能有以下几个:

1. 补充功能

在现实生活中,由于时空的限制,人们对许多事物无法直接感知,想象就可以弥补这种局限。想象对感性认识活动的补充作用是显而易见的,通过想象,人们的认知领域得到无限拓展,对客观世界和微观世界的认识起到巨大作用。

2. 预见功能

在现实生活中,想象具有预见功能。人们凭借想象,在有目的的实践活动开始之前,活动的结果就已经在头脑中存在着,从而调节自己的行为,避免可能产生的不良后果,达到预期的结果。农民"春种一粒粟",就会想象到"秋收万颗子"。

3. 满足需要的功能

人们在生活中有各种各样的需要,有的需要在现实中能得到满足,有的需要由于条件的限制在现实中得不到满足,而要基于想象的预见功能。在现实中得不到满足的需要可以通过想象来暂时满足,这对人的心理健康有一定益处。安徒生童话《卖火柴的小女孩》从心理角度上看,对想象的满足需要功能作了艺术性描述,为大家所熟悉。现实中,想象的满足需要功能是很有限的,物质需要的满足是无法通过想象真正得到满足的。如果一个人一味沉溺于通过想象来满足各种需要,对身心健康反而有害;如果一个人通过想象,对未来美好生活充满向往,形成理想,则能促进人的身心健康。

4. 创新性功能

想象是对表象进行加工改造,形成新形象的心理过程,因而都有一定的创新性。其中,创造想象是创造活动必要的组成部分,对于人类生活实践具有极为重要的意义,是创造性思维的必要组成部分。创造性思维离不开创造想象,要通过创造想象把概念与形象、形象与抽象、现在与未来、科学与幻想巧妙地结合在一起。进行创造性思维就是要产生有社会价值的新成果,切实地解决问题。每一种科学理论的假设的设计,每一项科学技术革新乃至一个小小的发明创造的构思,都是充分发挥创造想象作用的产物。例如,上海市一个叫黎发明的小学五年级女学生,上体育课时,觉得全班几十名学生排队轮流练习学投篮,大部分时间站着,既锻炼不了身体,也提高不了技术,于是萌发了解决适合不同年龄同学用的篮球架问题。于是她开始创造性地设想,设计新篮球架,多加几个篮筐容易,高度升降觉得难了,后来她从落地电风扇高度可升降中得到启示,进行创造想象,运用落地电扇升降原理,成功制作了升降式篮球架,发明了"多功能升降篮球架",曾多次获奖并已投产。原国家体委副主任徐寅生同志对这项发明赞叹说:"这个小发明解决了大问题,多年来就想有这么一个篮球架,没想到被一个小孩子搞出来了。"

三、想象的种类及过程

(一)想象的种类

根据有无预定目的,可将想象分为无意想象和有意想象两大类别。

1. 无意想象

无意想象是没有预定目的、不由自主地进行的想象。例如,儿童听了故事后,不由自主地在头脑中想象故事的情节;看到天上的云朵,自然地把它想象为人的形象、奇峰、异兽等。

无意想象的典型形式是梦。梦是在睡眠中发生的,据对睡眠时脑电波科学测定研究发现,睡眠有慢波睡眠和快波睡眠两个时相。人在快波睡眠时相中,一般容易做梦,并出现快速"眼动"现象(眼球转动)。慢波与快波睡眠间的变化,每晚一般交替有 5～6 个循环。巴甫洛夫认为,人在睡眠时,大脑皮层会产生一种弥漫性抑制,如果抑制扩散到大脑两半球皮层各个区域,人就处于熟睡状态;如果抑制扩散不平衡,就会有一些神经细胞抑制不深或没有抑制而处于微弱的兴奋状态,这些兴奋点的组合,就会构成梦境。有关研究表明,一般来说,做梦是一种正常的心理现象。梦具有离奇性和逼真性两个特点;梦的内容大多与其熟悉的人物、地点有关,与睡眠时环境的刺激有复杂联系。"日有所思,夜有所梦"是常识,一晚上做 3～4 个梦是常态,不足为怪。经常做恶梦,与生理病症有一定联系,但尚无定论。所谓梦有应验,大致是偶然;至于神灵托梦之说,是迷信,不可信。

2. 有意想象

有意想象是指有预定目的并自觉地进行的想象。心理学上对无意想象研究甚少,主要是对有意想象进行研究。它包括再造想象、创造想象和幻想。

(1) 再造想象

再造想象是指主要根据他人语词的描述或图样,在头脑中对已有表象加工改造形成的相应的新形象的一种想象。

再造想象是相对创造想象而言的,其独创性程度低些。想象过程是在头脑中对已有表象加工改造的过程。在这个过程中,再造想象主要是根据别人的语言的描述或图样的示意来对已有表象进行加工、改造形成相应的形象,它虽有自己一定的独创性,但主要是仿造的,具有再造性。例如,我们读了鲁迅先生的《阿Q正传》,相应在头脑中形成的阿Q形象就是再造想象。再造想象是人们最常用的、基础的想象,对人的工作学习有着重要意义。人们总是通过再造想象掌握自己不曾感知或无法亲自感知的事物,掌握各种具体、生动形象的知识,帮助人们对抽象、间接性知识的理解和吸收,引导人们去从事各种工作,完成工作任务。例如,建筑工人能根据建筑图纸再造出建筑物的形象,才能进行有效的生产。

要形成正确的再造想象,必须具备两个条件:一是必须有相应的丰富的表现储备;二是必须正确地理解语词与相关的图形符号的意义。

(2) 创造想象

创造想象是指根据一定的目的任务,个人在头脑中对已有表象独立地加工改造,形成新形象的一种想象。创立新颖、独特并具有社会意义的新形象是创造想象的主要标志。例如,作家对小说情节、人物形象的构思想象,发明者对自己将要发明创新的工具、机器形象、工艺流程的构思想象等等都是创造想象。

据有关研究表明,社会实践的需要、个人强烈的创造欲望、丰富的表象储备、高水平的表象重构能力和原型的启发,以及积极抽象逻辑思维的参与,是创造想象成功和发展的主要条件。

(3) 幻想

幻想是一种与个人生活愿望相结合并指向未来的想象。一般它是介于再造想象和创造想象中间的一种想象,如果独创性成分多,它可以说是创造想象的一种特殊形式。它的显著特点是体现人们对未来生活愿望的追求和向往。

从社会评价意义方面来看,幻想有三种:一种是符合社会生活客观规律,可能实现的,这种幻想称为理想。如社会理想和个人道德,生活、职业理想等,这是积极幻想。另一种是不符合社会客观规律,毫无实现可能的,这种幻想就是空想。例如,有人想象自己长上双翅,像鸟那样能自由飞翔,只能是空想,这是消极幻想。此外,介于理想和空想之间,有一种部分符合另一部分不符合客观规律的中性幻想,如一些科幻小说中的幻想,我们暂且称为科学幻想。科学幻想不是科学,是一种中性幻想。

生活实践证明,积极幻想是学习和工作的巨大动力,因此要积极引导年轻一代成为有理想、有道德、有文化、有纪律的"四有"新人。同时,要注意引导学生大胆进行科学幻想,推动科学进步。但必须帮助引导学生尽量克服消极幻想,避免其影响人的身心健康发展。

(二) 想象的过程

想象是大脑对已储备的表象进行一定的加工改造的过程。这种加工改造也称为想象的心智操作过程。具体的心智操作方式主要有以下几种:

1. 粘合

粘合是指在想象中把不同事物表象的某些方面和特征在头脑中粘接组

合起来而形成新形象的过程。现实生活中有剪贴、粘合的实际动作过程。在想象过程中,人们也就可能采用粘合方式在头脑中进行心智操作。许多童话、神话故事中的人和事物的形象都是通过这种心智操作形成的,如孙悟空、美人鱼等。科学发明创造中的新产品形象也经常通过粘合方式想象出来。例如,想象中把一般飞机和螺旋桨粘合就创造出直升飞机的雏形。幼儿最初进行想象,与学拼七巧板积木相联系,也基本采用粘合的方式。粘合是想象最基本的心智操作。

2. 夸张

夸张是指在想象中改变客观事物表象的正常特点,对某些特点加以夸大和强调而形成新形象的过程。如"千手观音",就是创作者通过夸张方式而形成的艺术形象。夸张在文学艺术创造想象中也是常用的方式。在语言学中则是一种常用的修辞法。

3. 典型化

典型化是指在想象中把某类事物表象共同的、最有代表性的特征集中在某一具体事物或人物身上,从而形成典型的、新的形象的过程。典型化是文学艺术创作的重要方式。鲁迅在谈文艺创作时说过,人物模特没有专门用过一个人,往往嘴在浙江、脸在北京、衣服在山西,是一个拼凑起来的角色。典型化实际上是粘合、夸张等心智操作的有机结合。典型化能使作家和艺术家创造出来的形象更具概括性、代表性,又能逼真、感人。典型化是想象中高级的心智操作。

第四节 创造性思维及其培养

一、创造性思维的含义

如前所述,创造的核心是创造性思维。创造活动的过程从思维角度来看,也就是创造性思维过程,任何创造行为总与创造性思维紧密联系在一起,不存在离开创造性思维的创造活动。心理学家一般把在文艺创作、科学发明或技术革新等创造性活动中所特有的思维过程称为创造性思维。

(一)创造性思维的性质

创造性思维是可以产生新颖、独特、有社会意义的成果的思维,简而言之就是创新思维。它是人类思维的高级形态,是创造活动的核心成分。创造性思维是相对常规性思维而言的,常规性思维是指人们运用已经获得的知识经验,按常规的方式解决问题的思维。例如,学生利用已学会的公式解答同一类型的问题所进行的思维就是常规思维,亦称模仿性思维。实际上,创造性思维是在常规性思维的基础上以新异的、独特的方式解决问题,具有社会评价意义的思维。

(二)创造性思维的一般过程

创造性思维一般是有创见地解决问题的思维过程。英国心理学家华莱士(G. Walles)的研究表明,一个完整的创造性思维过程要经历准备、酝酿、明朗和验证四个阶段。

1. 准备期

根据问题情境,动脑子理清问题的头绪,广泛搜集有关信息资料,积累掌握有关知识、技术,确定创造方向,为初步形成创造课题的试行方案准备条件。

2. 酝酿期

围绕问题要创造性地解决,进行深入思考,并配合有关想象,特别是创造想象,逐步在头脑中孕育新形象、新方法、新途径。这个阶段除了个别少数问题能较快找到解决的办法之外,一般历时往往很长,有时百思也难得其解。这就要反复酝酿,并继续搜集有关资料,借鉴他人的研究成果,找出问题的症结,寻求有关事物的启示。必要时将问题暂时搁置一旁,去从事其他活动,放松紧张思考,消除疲劳,再继续酝酿。

3. 明朗期

经过充分酝酿以后,解决问题的新途径、新方法明朗化,使得问题有可能得到解决。这一阶段往往具有突发性,又称豁朗期。创造性思维最集中表现在豁朗期对常规性思维的突破上,这种突破可能得到某种机遇,受到启发,或是产生某种直觉灵感。据说鲁班发明锯子,就是受到丝茅草原型的启发。再如,我国荣获戴维逊奖的青年数学家侯振挺对"巴尔姆断言"的证明,他自述也是产生了直觉灵感而突破性地解决了问题。灵感是创造性思维的典型特征,它可能出现在进展的酝酿之中,也可能出现在酝酿后期的思维放松之中。正如柴可夫斯基所说:"灵感是这样一位客人,他不爱拜访懒惰者。"

4. 验证期

明朗期所获得的思维成果还必须通过理论上的更进一步严密论证,实践上的具体实施,使创造思维的成果得以完善、臻于成熟和经受各种验证之后,才可以被认定为科学的真理。在验证期经受不住验证的情况也不少,但它又将成为新一轮创造性思维的起点。

二、创造性思维的特点

创造性思维与其他的思维有许多不同,概括起来,它具有以下主要特点:

(一) 成果的新颖性和独创性

新颖性和独创性是创造性思维最根本的特点。创造性思维在解决问题的思维中,其创造成果(包括途径、方法和结果)都表现出新颖性和独创性,否则就称不上创造性思维。所谓新颖性就是标新立异、与众不同,使人有新鲜感。所谓独创性,就是别出心裁,有独到之处,不同凡响,不落俗套。所以创造性思维也称创新思维。值得提出的是这种新颖和独创只能是相对的,绝对的新颖和独创是少见的。在不同的时间、不同的地点、不同的主体通过创造性思维产生的某种新事物、新产品、新方法、新观念、新理论等,就其新颖和独创程度来说,绝对"新"、"独"是很难确定的。从实践价值来考察,这种"新"、"独"确实是举世无双、独一无二的,故其价值巨大。但是,只要在此时、此地、此事上被同行公认为具有新颖性、独创性就够得上有价值了。创造性思维具有新颖性、独创性是绝对的,是创造性思维的本质特性,而新颖性和独创性程度确定是相对的,每一个正常人都可以培养和发展自己的创造性思维能力。

(二) 成分的多样性和协同性

创造性思维的结构成分具有多样性,它既有动作思维成分,也有形象思维成分,还有抽象思维成分;既有发散思维成分,也有聚合思维成分,还有直觉思维成分和灵感思维成分,而且是各种思维成分的协同活动。

1. 发散思维和聚合思维的协同

创造性思维的结构成分主要是发散思维和聚合思维,它是这两种思维协同活动的产物。按照美国心理学家吉尔福特(P. Guiford)的观点,创造性思维最明显的标志是发散思维。发散思维具有流畅性、变通性和独创性三个基本特征。流畅性是发散思维的数量特性,可用单位时间内发散项目的数量来测量,数量愈多,流畅性就愈好。事实上,从思维的对象方面来看,任何事物都有无穷多的属性、无穷多的用途,事物与事物之间有无穷多的联系,这就给发散思维提供了无数多的发散项目。流畅性是发散思维的基础,有流畅才有变通、独创的可能。变通性是发散思维的维度特性,可用单位时间内发散项目的种类来测量,种类愈多,变通性愈好。变通性是发散思维的关键,不能变通,只有一种思路、一个角度,必然难以创新。独创性是发散思维的核心,它表现了思维者对事物超乎寻常的独到见解,反映着发散思维的本质,因而使发散思维成为创造性思维最明显的标志。因此,善于发散思维的人,其思维必然敏捷灵活,不易受定势的消极影响,常能随机应变,从而产生出新颖、独特的新成果。

但是,强调发散思维在创造性思维中的特殊重要意义,丝毫也不能否定聚合思维的作用。因为要从发散思维产生的多种新见解中选择出最优化的见解,必须依靠聚合思维,还需要聚合思维的协同活动。任何创造过程都离不开聚合思维。整个创造性思维过程是沿着发散、聚合、再发散、再聚合的多次循环的轨迹进行的,直到此次创造活动的成功。创造性思维是发散思维和聚合思维的协同活动已得到心理学界的公认。

2. 逻辑思维和非逻辑思维

创造性思维还具有逻辑思维和非逻辑思维的结构成分。逻辑思维是指遵循逻辑规律和法则,利用概念、命题和推理的形式进行的思维,即抽象思维。众所周知,缺乏逻辑思维就不可能有创造性思维的最终成果。但大量的事实表明,在创造活动中,非逻辑思维的作用往往也表现得非常明显,创造性思维的成果常常依赖于非逻辑思维的协同活动产生。

非逻辑思维是指未经过明显的逻辑推理的中间环节,由猜测或顿悟使问题得到解决的思维。非逻辑思维主要包括直觉思维和灵感思维。

直觉思维(intuitive thinking)是跳跃式的、没有经过明显的中间推理过程就得出结论的思维,结论的原因不能用语言清楚地表达出来,即"知其然,不知其所以然",具有一定的猜测性和预见性。直觉思维是创造的起源,可以帮助个体在有关事实和证据不十分充分的情况下,作出正确的预见并提出创新假设。例如,瓦特观察到炊壶中水沸腾,蒸汽冲开壶盖的现象时,通过直觉思维迅速地识别,直接地理解和判断出蒸汽的动力作用,为后来其发明蒸汽机而进行的创造性思维奠定了重要的思维基础。

灵感思维(inspirative thinking)是大脑经过进展思维和专心探索后产生思维质变的方式,即思维活动渐进过程中的中断和升华。灵感思维突出表现为灵感状态的出现。长期思考着的问题得不到解决而借助于潜意识的活动,或一定的客观条件、偶然的联系产生顿悟,即灵感状态,继而诱导问题得到有效解决。因而灵感思维常与灵感通用。但灵感的产生并不就是创造,很多人都有过灵感,但因不注意捕捉它,结果丧失了很好的机会。灵感状态一般与创造活动的那些最重要的、最关键的因素联系着,灵感一旦产生,要注意及时捕捉住它,问题才能迎刃而解。

直觉思维和灵感思维都是创造性思维的重要结构成分。严格地说,重大创造性活动都离不开直觉思维和灵感思维的参与。但是,凭直觉思维和灵感思维的结果,还必须经过逻辑思维的严密论证,并最终经过实践的检验,才能证明其正确性,否则"灵感"仍然不灵,甚至是谬误。由此可见,创造性思维也是逻辑思维和非逻辑思维的协同活动,是逻辑思维—非逻辑思维—逻辑思维的辩证发展过程。

此外,创造性思维还有创造想象、联想、类比等思维成分参与协同活动,不再赘述。

三、创造性思维的方法与训练

心理学、创造学研究表明,创造性思维是有许多方式方法的,每一个创造者在创造活动中进行创造性思维总会采取一定的有效的具体方式方法和运用一定的思维技术层面的方法。这就是创造性思维的方法。通过归类,我们认为,有效的、具体的且带有普遍意义的创造性思维的方法主要有质疑法、发散法、逆向法、横向法、治弱法等。创造性思维能训练吗?严格地说,创造性思维需要独立思考,是无法进行他助训练的,全靠自我训练提高,形成习惯性行为。因此,学习掌握创造性思维的方法与训练基本要求,对于培养提高自己的创造性思维能力是大有裨益的。

(一)质疑法与训练

质疑法是指在创造性思维中,对一切事物善于提出各种疑问的方法。它是创造性思维最基本的方法,也是许多新事物、新观念产生的开端。众所周知,哥白尼如果没有对"地心说"提出质疑,就没有其"日心说"的产生。我国社会主义市场经济就是从对社会主义为什么只能实行计划经济的质疑而开始的。事实上,我们头脑中已获得的各种理论知识,有多少是我们自己独立思考的结果呢?简直微乎其微!它们大都是来自老师和权威。那些老师和权威的知识又来自他们的老师和权威,代代相传,经过了多少歪曲?掺入了多少谬误?值得质疑。对之不质疑就不会有理论上的创新,就难以满足变化着的社会实践的需要。应当说一切皆可质疑,但质疑一切、怀疑一切,并非就是要否定一切,而是要发展一切,远离谬误,接近真理。

质疑训练主要是指在活动中养成质疑的良好习惯行为,善于质疑,从而进行创造性致意。在训练中,要求做到以下三点:

(1) 要树立一切皆可质疑的观念。

(2) 有选择地质疑。虽然一切皆可疑,但具体质疑时,还是有选择、有重点的。其一,向自己的人生提问:"我是谁?""我从哪里来?""我往哪里去?""我来干什么?""我能干什么?""我怎样生活才有价值?"等等,问题自己提,答案自己追寻。它们包含的内容太丰富了,越思索越无法准确回答。到后来,答案已不重要,重要的是思索本身。答案多种多样,每个人都会在对人生质问的长期追问中,获得自信的基本感觉,觉察自我个性的光华,沉浸在了不起的自我表现意识中,可为自己的良好个性成长铺平道路。其二,质疑书本知识。人们通过学习,积累了一定的科学知识,如果对自己所学知识不加以怀疑,全盘接受,提不出疑问,那么,实际上我们并没有真正懂得这门知识,也不可能真正把所学知识运用到实践当中去。当我们读书时,对书本知识提出自己的疑问,说明我们有了自己的独立思考,这就是一种学习进步,只有这样才能够发现前人的不足之处,才能够增长自己的新知识、新概念。西方哲学家狄德罗说过:怀疑是走向哲学的第一步。其实,不但学哲学是这样,学所有的知识都是这样。其三,质疑日常习惯。我们常常会把某些习惯视为理所当然,殊不知许多偏见就是这样形成的。自己的日常习惯是怎样形成的?有哪些合理部分与不合理部分?为什么?该如何避免习以为常、明知不好,又不改正的毛病?该如何养成遇事多思考,认识自己也认识别人的良好习惯?质疑日常习惯,自己可以列一张单子看看自己的日常习惯,对其中的每种习惯提出质疑。

(3) 善于质疑。善于质疑主要是指能不断变换视角,从不同寻常的角度去质疑,然后通过思索,使存在于事物中前人或自己未发现的某些不寻常的事物联系或事物性质显示出来。据历史记载,古希腊思想家苏格拉底善于质疑,他母亲是一个助产士,他把自己的质疑思维训练法称为"头脑助产术",至今仍值得现代人借鉴。(可参考本章阅读材料一)

(二) 发散法与训练

如前所述,发散思维是创造性思维的最明显的标志。简而言之,发散思维就是采用发散法进行的思维。所谓发散法就是指拓展解决问题的联想范围,围绕思维对象,把它放在更广阔的背景里来思考,寻找解决问题的多种有效答案的思维方法。运用发散法,可以破除各种思维定势,从而有可能有新的发现。事实上,发散法是基于万物之间有无穷多的联系,只要在解决问题的思维过程中,拓展联想范围,不受限制,从各种角度去思考,就可能发现它们之间的新联系、新属性,往往对创造活动起到关键性的突破作用。

发散思维能力可以通过训练来提高。

(1) 强制性训练,就是强制自己的头脑转换思考方向,朝思维盲点发散。比如,把我们打算创新的事物与某些它所不具有的属性连接起来,然后再思考两者之间的关系,从中找出新的联系和属性。如果想设计一种新式的鞋子,就可以先强制性地朝思维盲点发散,如:鞋可以吃;鞋可以扫地;鞋可以指引方向……对于上述联想,有人可能斥之为荒唐、发神经,但确有人受到启发,设计开发出新颖实用的新式系列鞋。例如:鞋可以吃,但不是用嘴吃,而是用脚吸收。在鞋内加些药物,通过脚的吸收,可以治脚汗、脚臭、鸡眼,甚至可以治疗高血压、关节炎、胃溃疡等疾病。这就是新开发的多种防病鞋、治脚鞋。鞋可以指示方向。在鞋上装上指南针,调到所选择的方向,当方向偏离时,鞋就会自动发出警报,这对野外考察探险的人来说很有益处。如此等等。

(2) 在日常生活和教学活动中进行训练提高。例如,在教学中可以训练学生"一题多解"、"一文多作";在日常生活中,可以训练自己说出某种物品的多种用途。这也是开发个人发散思维能力的最常用的方法。比如,绞尽脑汁去想象曲别针到底有多少用途,至少能想出50种以上,你不妨试试能不能办到。我国一位以思维魔王著称的怪才许国泰先生,对于曲别针的用途就列出了成千上万种。

发散思维还可以从思维的流畅性、变通性、独特性三方面进行训练。(训练的具体方法要求,参见本章阅读材料二)

(三) 逆向法与训练

逆向法又称反向法,即遇到问题,改变正常思路,从与其相反的视角来思索,求得问题的解决。逆向法是创造性思维中常用方法之一。有些问题从正面思维看起来一时难以解决,通过逆向思维,就可能打破旧框框的束缚,使问题迅速得到有效的解决。例如,司马光小时候砸水缸救小朋友的故事一直被传为美谈,实际上,司马光就是运用了逆向法思维来解决问题的:不能让人离开水,但能让水离开人,那就是砸缸救人。削切物品常是固物动刀,反过来,固刀动物或固刀固物,像卷笔刀、切菜机、锯刨机等诸如此类的实用工具就发明出来了。逆向思维训练并不难,只要注意经常运用,养成习惯就可收到好的效果。不过训练逆向思维具体表现的逆向视角是多种多样的,诸如失败—成功、美—丑、固定—移动、大—小、高—低等。在创造性思维中经常运用逆向法,创造效率可以得到提高。

(四)横向法与训练

横向法一般是指把两个或多个并列的事物交叉起来思考,从而把两者的特点组合在一起,使之成为一个新事物的思维方法,又称为组合法。利用横向法思维,跳跃较大,能克服经验的束缚,产生新设想,开发新产品。例如,将热水瓶与杯子强制联系在一起,开发出保温杯;把圆珠笔与电子表联系在一起,开发出带有电子表的圆珠笔。横向思维训练要注意平时广泛涉猎多个学科领域的知识,文理渗透;经常有意识地将多种的或不相关的信息要素组合在一起思维,以期获得对问题的不同创见。

(五)治弱法与训练

治弱法是指在创造性思维中,潜心寻觅和列举分析某种事物的弱点、缺点或弊端,以此作为治理的突破口,列出其希望点,从而产生崭新的设想的思维方法。例如,美国佛罗里达州的画家律普曼十分贫寒,画具又少,修改用的橡皮只有一小块。一天,他作画时不小心出了个失误,须用橡皮把它擦掉,但找了好久才找到橡皮,但等到擦完想继续作画时又找不到铅笔头了。这使他非常生气,于是产生了拥有一支既能作画又带有橡皮的铅笔的愿望。最终他想到了满意的方法,用一块薄铁板将橡皮和铅笔连接在一起。后来律普曼借钱办理了专利申请手续,这项专利最终由 PABAR 铅笔公司花 55 万美元获得。这是运用治弱法创造成功的典型例子。治弱思维训练可采用如下程序实施:① 确定目标;② 列出弱点和希望点;③ 将弱点和希望点整理分组,并从中选择出最关键的几点;④ 针对缺点和希望,分别找出克服弱点和实现希望点的方法。

创造性思维的方法多种多样,在运用时要灵活,平时要综合训练,才能收到好的效果。

四、青少年思维品质及思维特点

(一)青少年思维品质

1. 思维的深刻性和广泛性

思维的深刻性是指善于透过纷繁复杂的表面现象发现问题的本质。思维的广阔性是指善于全面地考察问题,从事物的多种多样的联系和关系中去认识事物。青少年学生思维的深刻性和广阔性开始形成,并得到发展,表现在高中学生能从事物或命题的各种变量的依存关系中排除无关因素,控制主要变量,找出重点或本质来,能够避免对问题认识的狭隘性和片面性。初中学生处于从"经验型"思维向"理论型"思维过渡的阶段,相对高中生思维的深刻和广阔程度要低一些,还不善于区分本质与非本质的特征,不善于抓住事物的关键、正确认识事物发展的规律。

2. 思维的独立性和批判性

思维的独立性是指独立地发现问题,并独立地解决问题。思维的批判性是指思考问题时不受别人暗示的影响,能严格而客观地评价检查的结果,冷静地分析各种思想、各种结论的利弊。青少年学生思维的独立性和批判性显著发展,表现在能够依据一定的标准判断是非、善恶,能独立地提出问题和解决问题,喜欢探访问题产生的原因。特别是高中生随着理论型思维的发展,他们能解释和论证事物或现象之间复杂的因果关系。如,一种原因可能造成几种不同的结果,一种结果也可能有多种原因。学生在确定原因和结果的关系时,思维的独立性便发展起来。随着思维独立性的发展,学生思维的批判性也发展起来,他们一般不轻信结论,喜欢怀疑、争论和评论。但高中生比初中生思维的独立性和批判性要强些。初中学生看待问题往往会出现不是肯定一切就是否定一切的倾向,容易产生片面性和表面性;高中生虽然也会表现出坚持己见,不容易改变自己错误见解的现象,但总体上看,他们思维的独立性、批判性比初中学生有明显进步。

3. 思维的灵活性与敏捷性

思维的灵活性是指能够根据客观条件的发展与变化,及时地改变先前拟订的计划、方案、方法,并及时地寻找到解决问题的新途径。思维的敏捷性是指善于捕捉和发现问题,反应迅速,能当机立断。青少年具有思维的灵活性与敏捷性,但发展很不平衡,因为决定人的思维品质的条件是大脑机能的敏捷性和思维系统锻炼的程度。前者是先天的条件,后者是后天的条件,对于青少年学生思维的灵活性和敏捷性来讲,先天条件制约性很大,各人训练的程度不一,所以发展很不平衡,存在明显差异。

4. 思维的逻辑性

思维的逻辑性是指思考和解决问题时,思路清楚,条理清晰,能严格遵循逻辑规律。青少年学生思维的逻辑性迅速发展,高中学生抽象逻辑思维达到了较高水平,开始出现辩证逻辑思维。

(二)青少年思维发展的特点

思维的发展有一定的顺序性和阶段性,而且有一个最佳年龄阶段,称为"关键期",错过这个时期,就难以正常发展。许多心理学家致力于关键期与智力开发的研究表明,青少年时期是思维发展的最重要时期。其中,初中二年级是中学生思维发展的关键期,从初中二年级开始,中学生的抽象逻辑思维能力开始从经验型水平向理论型水平转化;到高中二、三年级,就明显实现了这种转化,思维能力基本成熟,接近成人水平。青少年思维发展的特点,概括起来主要如下:

1. 少年期学生(初中生)的思维处在从"经验型"思维到"理论型"思维的过渡阶段

初中生已能领会和掌握一般的抽象概念,形成每一学科的概念体系,掌握一定的定理,假设和演义推理的能力有所发展,能对许多想象进行概括和抽象。但初中生在掌握复杂的概念和原理时,还需要具体的、直观形象的感性材料作为支柱。如,学生掌握物理、化学知识,需要通过实验亲自观察到物理形象和化学变化,才能加深对有关概念和原理的理解。以理解掌握抽象概念为例,有研究表明,初一学生学习字词概念还不会从事物的本质下定义,只会从事物的功用或具体形象方面加以描述,或接近本质地比较具体的解释,学习社会概念和哲学概念特别感到困难。初三学生一般能从事物的功用或具体的本质下定义,或接近本质的比较作具体的解释,能学习理解一些抽象概念,但仍需要一定感性材料作支柱。

初中二年级是中学生思维发展的关键期。教学中要从学生思维发展的这一特点出发,根据学生的思维能力和知识水平实际,适当选择具体形象作为支持,帮助他们分清主要和次要、本质和非本质的属性,充分运用变式,使他们多角度、全面地掌握事物的本质属性,掌握科学概念。紧紧抓住初中二年级这一关键期,以开设的几何、物理等课程为重点,强化抽象思维的训练,引导学生自觉地、独立地对事实材料进行分析、概括、判断和推理,促进学生向理论型转化。

2. 青年初期学生(高中生)思维处于基本成熟、接近成人水平阶段,思维具有抽象概括性与理论性,开始出现辩证思维

少年期学生的抽象逻辑思维由经验型向理论型过渡,经历的时间较长,一般从初二开始,到高二基本过渡完毕。研究表明,高中一年级学生经验型

思维仍占有相当大的分量,在相当大的程度上仍依靠具体经验材料作支持,不善于从理论上进行逻辑推理。由于他们继续学习,经常探讨事物发展的规律和科学理论,需要严密逻辑分析事物发展的因果关系。从高二开始,他们不仅能够以经验材料为基础作理论的说明,而且可以摆脱具体材料在理论上进行推导、论证,即依据理论命题去获得新知识,并能用理论把材料贯穿起来。例如,他们在论述"容器内盛有一定质量的气体,当气体温度升高时,如果容器的体积适当增大,可以使气体压强保持不变"的道理时,能从分子运动的观点去加以解释。比如说:"当一定质量的气体受热而温度升高时,气体分子运动速度增大,因而气体分子对单位面积容器壁的碰撞次数增多,每次撞击的作用增强,有使压强增大的倾向;如果体积适当增大,可使气体分子对单位面积容器壁的碰撞次数减少,有使压强减少的倾向。这两种相反的倾向相互抵消,就可以使气体压强保持不变。"可见,高中学生思维具有了较高的抽象概括性和理论性,他们能从一般原理原则出发,运用理论来分析、综合事实材料,从事物的对立统一中进行合乎逻辑的推理。这种理论思维已开始具有辩证逻辑思维的特点。辩证逻辑思维是思维发展的高级形式,高中学生的辩证思维已初步形成。研究表明,高中生已基本能理解特殊与一般、归纳与演绎、理论与实践等的辩证关系,能初步运用全面的、发展的、联系的观点去分析、解决问题。

五、青少年创造性思维能力的培养

创造性思维能力不是先天就有的,是个体在一般思维能力培养发展的基础上,在创造活动中逐步训练和培养出来的。青少年时期是人的创造性思维能力培养的黄金时期,青少年创造性思维能力的培养是一个系统工程。尽管用教育的手段来培养青少年创造性思维能力不是件轻而易举的事情,但良好的教育,可为学生的创造性思维能力的发展与提高提供必要的条件。创造性思维能力的培养应从以下几个方面下工夫:

(一)激发求知欲和好奇心,培养学生学习兴趣,博学广识

求知欲和好奇心人皆有之,青少年学生更强烈。在求知欲和好奇心的驱使下,学生往往不满足于书本上的结论和问题的现成答案,而会积极地去思考、去探索,试图发现新问题,作出新解释。学校教师在教学过程中要善于激发学生的求知欲和好奇心,这就要求教师:

(1)要创设能激发学生求知欲、好奇心的教学环境;

（2）善于组织引导学生观察学习，考察社会生活；

（3）珍视学生在观察和考察中发现的新情况、提出的新问题；

（4）努力启发学生自己寻找答案，或帮助学生对问题进行满意的解答；

（5）经常结合教学向学生提出一些学生乐意且又需动脑筋思考才能解答的有趣的思考题。

教学中激发学生的求知欲、好奇心，有利于培养学生的学习兴趣。学生兴趣是激励学生深入地钻研和思考问题的动力因素之一，兴趣对正在进行的活动有推动作用，对活动的创造性态度有促进作用。学生有了学习兴趣，才会孜孜不倦地去学习、钻研，才可能博学广识，积累大量的知识经验。博学广识为创造性思维能力的发展奠定了坚实的基础。

（二）教师应树立创造教育观念，教给学生创造性思维的方法，加强训练

如前所述，创造性思维是有方法和技术可供学习和训练的。学习掌握诸如质疑法、发散法、结合法、逆向法、治弱法等带有普遍意义的创造性思维方法，加强训练，养成行为习惯，创造性思维能力必然会得到发展提高。

研究表明（托兰斯，E. P. Torrance）教师创造性水平高低对学生创造力培养至关重要。要培养富有创造能力的学生，就必须有创造性的教师，要教给学生创造性思维的技法，教师首先要熟练掌握创造性思维的技法，成为创造型教师。所谓创造型教师，一般是指那些善于吸收最新教育科学成果，并将其积极运用于教学中，并且有独立见解，能够发现和采用行之有效的新教学方法的教师。在此，值得特别提出的是，每个现代教师都要转变传统教育观念，树立创造教育观念，基本要求如下：

（1）转变传统教育观念中阻碍学生创造力发展的观点；

（2）鼓励学生创造性学习，发挥学生的主体能动性；

（3）尊重学生个性，鼓励大胆质疑与创新；

（4）建立新型师生关系，教师不再是权威的代表，而是保护、激发创造力的支持者；

（5）重视实践活动，在实践活动中培养学生创造性个性品质。

（三）积极引导、鼓励学生参加创造性活动

学生参加富有创造性的活动，可以激发其创造欲望和创造灵感。通过尝试运用掌握创造性思维方法，养成创造性思维的行为习惯，从而培养和发展创造性思维能力。因此，学校应广泛开展科技创新活动，经常组织引导学生参加科技小组、兴趣小组、手工制作、文艺创作小组等课外活动，开辟"第

二课堂",让学生生动活泼地学习,自由创造。对学生积极参与创造活动所取得的新成果要给予鼓励、奖励,维护其创造权益,使创造型人才茁壮成长。

阅读材料

一 头脑助产术

从历史上看,创新思维训练具有悠久的传统。在西方,最早采用系统的方法进行思维训练的人,也许可以追溯到古希腊时代的苏格拉底。

据历史记载,苏格拉底相貌丑陋,不修边幅,整日在市场上闲逛。古希腊的市场上不仅卖物品,也卖思想——经常有人站在市场上面对大众发表演讲。有一天,苏格拉底遇到一位年轻人,正在宣讲"美德"。

苏格拉底装作无知者的模样,向年轻人请教说:"请问,什么是美德呢?"那位年轻人不屑地答道:"这么简单的问题你都不懂?告诉你吧:不偷盗、不欺骗之类的品行都是美德。"

苏格拉底仍然装着不解地问:"不偷盗就是美德吗?"年轻人肯定地答到:"那当然啦!偷盗肯定是一种恶德。"

苏格拉底不紧不慢地说:"我在军队当兵的时候,记得有一次,接受指挥官的命令,我深夜潜入敌人的营地,把他们的兵力部署图偷出来了。请问,我的这种行为是美德呢,还是恶德?"那位年轻人犹豫了一下,辩解道:"偷盗敌人的东西当然是美德。我刚才说的'不偷盗',是指'不偷盗朋友的东西';偷盗朋友的东西,那肯定是恶德!"

苏格拉底依然不紧不慢地说:"还有一次,我的一位好朋友遭到了天灾人祸的双重打击,他对生活绝望了,于是买来一把尖刀,藏在枕头下边,准备夜深人静的时候用它结束自己的生命。我得知这个消息,便在傍晚时分溜进他的卧室,把那把尖刀偷了出来,使他得免一死。请问,我的这种行为究竟是美德呢,还是恶德?"那位年轻人终于惶惶然,承认自己无知,拱手向苏格拉底请教"什么是美德"。

苏格拉底把自己的这种思维训练方法称为"头脑助产术",意思是说,创意观念本身就存在与你自己的头脑中,但是你在挖掘创意的时候不得要领。苏格拉底不过采取了一些科学的方法,使你的创意得以顺利地"分娩"。"教育"一词的拉丁文原义,恰好与此相吻合,说不准正是来自苏格拉底的"头脑助产术"呢!

二　发散思维的训练

（一）流畅性训练

对思维的流畅性训练可以用以下几种方法：

1. 用词的流畅性训练。例如，在平时或上课时对学生提出要求：在一定时间内说出尽可能多的含有规定的字母或字母组合的词来，并提供范例进行训练。

2. 联想的流畅性训练。例如，在平时或上课时对学生提出要求：在限定时间内对一个指定的词说出尽可能多的意思及其同义词或反义词，并提供范例进行训练。

3. 表达的流畅性训练。例如，在平时或上课时对学生提出要求：按照句子的语法结构与语意要求，运用尽可能多的词汇造出一个句子来。

4. 观念的流畅性训练。例如，要求学生在限定的时间内提出尽可能多的满足一定要求的观念，即提出尽可能多的解决问题的答案。

前三种训练都要运用语言，后一种既可借助语言也可借助动作。训练也可个别进行，如"头脑风暴法"就是一种集体观念的流畅性训练方法。

所谓"头脑风暴"，是指运用人的智慧去冲击问题。它采用开会形式组织人们对特定的问题进行讨论，当一个与会者提出一种设想或看法后，就会激发其他成员的联想，而这些联想又会激发更多更好的联想，这样就形成了一般"头脑风暴"。由于各人在起点、掌握的材料、观察问题的角度和研究方法等方面的差异，会产生各自独特的见解。然后，通过相互间启发、比较甚至是诘问、责难，可在短时间内产生解决某一问题的许许多多的方法。想法越多，最后得到有价值见解的可能性也越大。它既是开拓人们思路的训练方法，也是使人们产生具有创造设想，得到一些意想不到的解决问题的好途径。

（二）变通性训练

对思维的变通性训练可用以下几种方法：

1. 物体功能变通性训练。例如，要求学生在一定时间内对普通物体如桌子、木块等提出尽可能多的用途来。

2. 遥远联想变通性训练。例如，训练学生能在意义距离相隔甚远，表面看似不存在联系的事物间建立新联系。

3. 问题解决变通性训练。例如，要求学生解决一系列问题，而其中每个问题的解决都需要运用一个不同的策略,从而增强思维灵活性的意识。

(三)思维的独特性训练

对思维的独特性训练可用以下几种方法:

1. 命题独特性训练。例如,要求学生对所给予的一段故事情节给出一个适当的又富有新意的题目,并且越有新意越好。

2. 后果推测独特性训练。例如,给出一些独特性的事情,如"如果国家和地方的法律都突然被废止"、"在宇宙飞船上分娩"等,让学生想象可能会发生什么事。

3. 故事结尾独特性训练。例如,给出一些短的故事或寓言,但缺少结尾,要求学生作出独特性的结尾来完成这些故事或寓言。

4. 问题解决独创性训练。也就是要求学生对所提出的问题尽可能用独特的方法去解决。

三 创造力自我诊断量表

下面是有关创造能力的测试。评分标准主要有三项:① 流畅性,即你的反应速度快不快;② 灵活性,即你的反应数量多不多;③ 独创性,即你的答案的新颖程度。此外,你的答案的修饰、完善程度也作为评分的一个参考。因而,在做下列测验题时,你要考虑到这几个方面。

这套测验共20题,时限为50分钟,你要妥当安排时间,做出又快、又好、又新的解答。根据题后的参考答案及分数等级换算表,就可知你的创造水平有多高了。

测验题

1. Book 在英语中是书的意思。怎样拿掉其中的四根火柴,使它变成另外的英文单词。(4分)

2. 下图正方形内有10个图形,如果要在这个正方形内画几条直线,把它分成11个区域,而且每个区域内只有一个图形,应该怎样画?(6分)

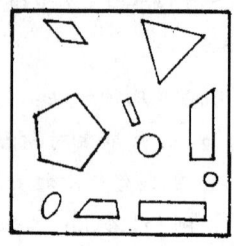

3. 说说下列哪些东西有共同之外。(3分)

报纸 汽车 黑板 飞机 书 "天"字 "大"字 铅笔 篮球 眼镜 日光灯 海龟蛋

4. 给这幅画起名字。(越多越好。每个1分,最高得5分)

5. 从以下各词出发,可以联想到哪些与它有关联的词语。(6分。每项至少联想四个)

(1) 白云 (2) 温暖 (3) 读书

6. 下图是一幅画中的一部分,这幅画画的可能是什么?(尽可能多,至少3个。6分)

7. 小明在打开汽水瓶时,不小心把一枚壹分的硬币掉进了瓶内。他从汽水瓶里倒出硬币,硬币竟然没湿。这是怎么回事呢?(5分)

8. 有铜板8块,直放5枚,横放4枚,如下图排好。只能移动其中一枚,使纵横皆成4枚,应如何移法?(5分)

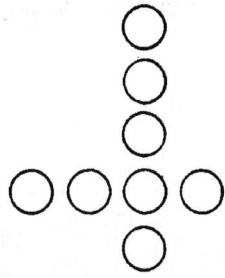

9. 一张桌子(用一只脚支撑的),桌面上有 4 个杯子。只打一枪,最多能打破几个杯子?(5 分)

10. 将 4 枚硬币放到 3 个玻璃杯中,使每个玻璃杯中的硬币数都是奇数。(5 分)

11. 利用几根蜡烛和数枚图钉做成壁灯,要怎样才能以现成材料将蜡烛固定在墙上?(5 分)

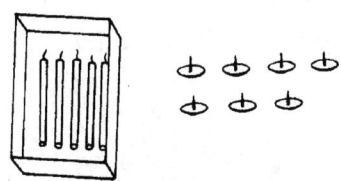

12. 请用 6,6,4,8 这 4 个数字加上任意运算符号,使其结果等于 24。(要求有 4 种以上答案才得分。4 分)

13. 直径不同的 4 个圆,每个圆都与其余 3 个圆相切,可能出现哪几种情况?(想出两种得 2 分;想出三种以上,每种得 2 分,最高 6 分)

14. 请看看下图这幅画是什么?(5 分)

15. 请给以下几组词分别找出共同的定语。（6分）

(1) 小路　大树　尺子

(2) 风　阳光　湖水

(3) 树　头　山

16. 两条线段相加，能构成数学符号，如加"＋"（加号）、"∥"（平行）等，请再想几个。（至少四个。4分）

17. （每小题2分，共6分）

(1) 你能用蘸红墨水的笔写出蓝字吗？

(2) 满满一杯滚烫的开水，一次只能喝半口，你能用什么办法在2秒钟内让开水只剩半杯？

(3) 北京火车站戴最大号帽子的人是谁？

18. 用下面这三张卡片，能摆出一个被7整除的三位数吗？（4分）

19. 笔不离开纸面，一笔画出下图。（5分）

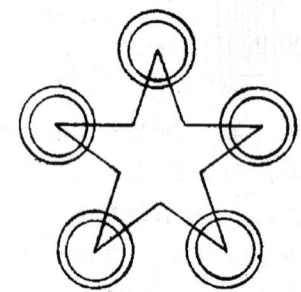

20. 一位古怪的百万富翁，愿意出50万巨款给车赛中最后一名。有10个司机参加竞赛，但是对富翁提出的竞赛条件感到为难。

"我们怎么能进行这样的比赛？"一名司机问道，"我们大家都开得越慢越好，结果比赛就无法结束了。"如果当时你在场，有什么高见？（5分）

答案及咨询指导

答案

1. 变成LOOK或COCK。

2. 如图：

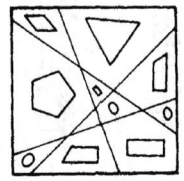

3. 有这样几种联系：

报纸——黑板都是长方形。"天"字——"大"字都包含"大"字。海龟蛋——篮球都是圆的。飞机——汽车都是运输工具。铅笔——书都是学习用品。眼镜——日光灯都有玻璃。

4. 休息、疲劳、梦幻、睡眠、沉思、痛苦、养神……

5. （1）白云可以联想到棉絮,层层叠叠的绵羊等。（2）、（3）略（从词语表示的事物的形态、特点、性质等多方面去想）

6. 两棵树,梅花鹿的角,河中的小草,珊瑚石……

7. 当水瓶里没有汽水的情况下,硬币不湿。

8. 如图,将①移到②的位置与②重叠即可。

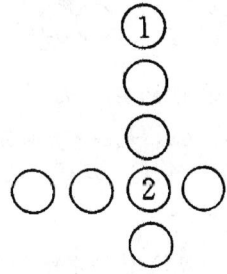

9. 最多能打破所有的4个杯子。（打桌脚）

10. 如图所示：

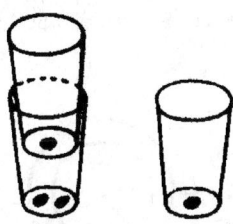

11. 解决问题的方法有下面4种。如果你还能想出其他方法,就说明你已具有超人的创造力了。

12. (1) 8÷(6－4)×6
    (2) 6＋6＋4＋8
    (3) 6×8÷(6－4)
    (4) 6×6－8－4
    (5) (4－6÷6)×8
    (6) (6＋6)×(8÷4)

13. 如下图的五种：

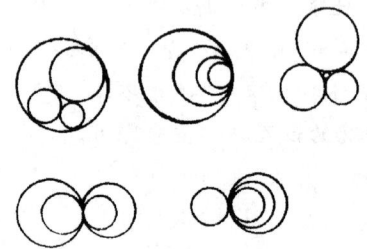

14. 一团烟,4个人头,戴礼帽的男人头像……

15. (1) 笔直 (2) 柔和 (3) 大、小等都可以

16. ⊥、∠(角)、＜(小于号)、＞(大于号)、＝(等号)……

17. (1) 用笔写出一个"蓝"字。

(2) 把开水倒掉半杯。(题目没有要求喝掉半杯,应不受"一次只能喝半口"的限制)

(3) 头最大的那个人

18. 将 9 倒过来 6 变为本,6、5、0组成560,为7的倍数。

19. 如图起点和路线：

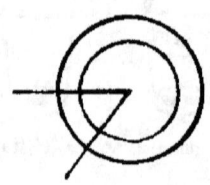

20. 让 10 名司机都互相开别的司机的车,这样,在比赛中,每个司机都会开着别人的车拼命冲向终点。

咨询指导

优秀:70 分以上。说明你有很高的创造力,你的智能大有潜力可挖。进一步努力,你会结出丰硕的创造发明之果!

良好:60~70 分。说明你的创造水平高于一般人的平均水平。若通过练习,在博闻强记的基础上,学会一些创造的技法,保证思路灵活,避免犹豫不决,信心百倍地迎战难题,你的创造能力将得到良好的发挥和提高。

中等:40~60 分。得分与平均数相当。你在创造力方面,目前与平常人的水平相近,但创造力经过训练是能提高的。通过认真反复训练,你也能脱颖而出。

不佳:40 分以下。你的得分比平均数低,但是不必介意。也许是你还不适应这方面的测试。如果今后掌握了一定的知识经验,并学会创造方法,你的大脑就会活跃起来。充满自信地去培养自己的创造能力,创造奇迹也会属于你!

思考练习

1. 简述思维与创造的关系。
2. 简述掌握科学概念的途径和条件。
3. 结合实例分析影响解决问题的主要心理因素。
4. 试述解决问题的策略。
5. 简述创造想象的作用。
6. 试述创造性思维的方法。
7. 简述青少年思维发展的特点。
8. 联系实际谈谈青少年创造性思维的培养。

第七章 情绪和情感

本章内容摘要：

1. 情绪和情感的概念
2. 情绪的功能及外部表现
3. 情绪的理论研究
4. 情绪与情感的种类
5. 情绪健康与情绪调节
6. 青少年的情绪、情感的特点与培养

情绪（emotion）和情感（feeling）是人们心理生活的重要组成部分，对人们生活、学习、工作产生不可低估的影响。它以其独特的方式影响着人们的认知活动、人际交往、社会适应以及人们的心理健康。正因为情绪、情感存在之普遍，早在古希腊亚里士多德时代就为学者所关注。在人类发展的历史长河中，众多的学者试图澄清情绪的有关问题。什么是情绪和情感？如何界定情绪和情感的概念？情绪和情感的实质是什么？情绪与机体内部器官的活动是什么关系？情绪的表现形式有哪些？等等，这一类问题，一直是学者热衷探讨的问题。各派学者切入的角度不同，研究方法不同，对情绪、情感的描述也不同。这些研究对我们了解情绪与情感以及进一步探讨情绪和情感的有关问题，奠定了基础。

第一节 情绪和情感概述

一、情绪和情感的概念

（一）什么是情绪和情感

情绪和情感是指人们对于客观事物是否符合其需要而产生的态度的

体验。

身处在自然与社会环境中的人,当接触到现实中的人、事、物时,内心常常产生不同的主观体验,或欢喜,或愤怒,或哀伤,或恐惧。例如,当我们在学习和工作中顺利达到预期目的时,就会感受到不同程度的快乐、满意、喜悦甚或狂喜;当我们在工作学习和生活中没有达到预期目的,或者在向预期目标努力遇到阻碍时,就会感受到沮丧、懊恼、不满甚至愤怒。诸如此类的喜、怒、哀、惧等主观体验,就是情绪和情感的具体表现。

情绪和情感是人对客观现实与人的需要之间的关系的反映;需要则是人的生理和社会的要求在人脑中的反映。当外界事物与人的需要相一致、与人的生理和社会需要相吻合时,人们就会接纳该事物,并会对其产生肯定的情绪和情感,诸如喜悦、高兴和快乐等,当客体和我们的需要不相一致,与人的生理需要和社会需要相悖时,就会对其产生消极的或否定的情绪和情感,诸如不满、生气、愤怒等。例如,当人饥饿时看到一块面包,人会感到高兴,如果是在特别饥饿的状态下,你可能会对这块面包有喜出望外之感;假如人在吃饱后看到这块面包,可能会表现得很漠然,甚或会反感。人之所以对面包有不同的情绪反应,因为人在不同的状态下,其需要不同。饥饿的状态下,面包与人的需要相吻合,所以,人们对它产生肯定的情绪体验;吃饱的状态下,人不需要食物,因此,人就表现出否定的情绪体验。情绪和情感是反映客观现实与人的需要之间的关系,但不能把这种关系简单化。由于不同的时间,不同的环境,人的需要不同,因此,相同的事物,在不同的时间和地点,可能会引起人们不同的内心体验。同时,人们的信念、认知水平、认识事物的角度不同,相同的事物也会引起不同的内心体验。

情绪和情感和认识过程一样,是一种心理现象,是客观事物在人脑中的反映。认识过程反映事物的特点,但情绪和情感不同于认识过程,不反映事物的特点。例如,我们通过视觉可感知到客体的颜色和形状等特性。情绪和情感则不同,它不反映事物本身的特点,是伴随认识过程而产生的。人们在认识事物的过程中,对事物产生一定的观点,同时,内心对该事物的喜好、厌恶等体验也相伴而生。认识过程好比对事物的素描,而情绪和情感则是对心理这幅主观画面的着色,使得人对外界的反映更为丰富和人性化。

(二)情绪与情感的关系

情绪和情感是人的主观体验,是人在对事物的认识过程中相伴而生的感受。但情绪和情感是不同层次的心理体验,既有区别又有联系。

情绪和情感的区别:其一,情绪更多的是表现为生理性,是生理需要满足与否而引发的心理体验;情感则更多表现出其社会性,是与社会性需要满足与否相联系的。情绪是原始的,是人和动物共有的,情感则是人类所特有的心理活动。例如,对食物的需求没得到满足,而引发的不满,是情绪反应。情感则更多的是由于社会性需要满足与否而引发的心理体验,例如,由于交往的需要得不到满足,引发的孤独寂寞和不快,更大程度上是情感反应。其二,情绪具有情境性、短暂性和冲动性,而情感则具有相对的稳定性、深刻性和持久性。情绪常常是在特定的时刻、特定的时间由具体事件引发的,随着情境的消失,情绪也很快就消失;而情感并不随着情境的消失而消失。例如,幼儿会因为饥饿而哭泣,但当得到食物后,哭泣就会停止;而母亲对儿子的爱,不论儿子在不在身边都不会消失。其三,情绪具有外显性、冲动性,而情感具有内隐性。情绪常常伴随外部表现,而情感则常常表现为内心体验,且不轻易表露出来。

情绪与情感的区别是相对的,情绪和情感有着密不可分的密切联系。一方面,情绪是情感的基础,情感离不开情绪。情绪是情感的外在表现形式,情感是通过情绪表现的,离开了情绪过程,情感就无从存在。另一方面,情绪受制于情感,情感作为比较稳定、深刻的心理反应,一定程度影响着情绪的表现。情感的强度决定着情绪的反应强度。例如,对儿女的深厚情感,使得父母对儿女的成功感受到由衷的喜悦。

二、情绪和情感的机体变化及外部表现

大量的研究认为,人的情绪过程包含以下三个成分:主观体验、生理唤起、表情行为。这三种成分相对独立,同时又有机地结合在一起。主观体验是指主体对自身情绪状态的感知,如高兴、恐惧、愤怒等。有关这方面内容在后面将会详细介绍。情绪的生理成分包括所有的身体变化和对内部脏器的活动的感受。情绪的表情行为包括各种身体表情和面部表情等。

(一) 情绪与情感的机体变化

1. 情绪状态下机体的内部变化

情绪的生理学研究认为,当情绪发生时,伴随着特定的身体变化。心理生理学的研究发现,当情绪反应发生时,存在着自主神经系统的反应模式。

(1) 呼吸反应

人在产生情绪状态时,伴随着呼吸的反应。研究发现,在愤怒时呼吸变

得快而浅,欢笑时呼气快而吸气慢。研究发现,人在平静状态时,每分钟呼吸20次;愤怒状态时,每分钟呼吸40～50次;惊讶时,吸气是呼气的2～3倍;恐惧时,呼气与吸气的比率由平静状态下的0.70上升到3.00或4.00。图7-1说明了不同情况下呼吸的变化情况。

（2）循环系统的反应

循环系统在情绪反应发生时,会产生心率变化以及舒张压的升高或降低。研究发现,当人处在恐惧状态时,心率比平静时增加20次,血压也会升高。

（3）消化系统的反应

当情绪状态发生时,消化系统也发生变化。沃尔夫的研究发现,在产生焦虑和逃避愿望时,胃酸、胃蠕动和血流量减少;当愤怒和怨恨的时候,胃机能增进。布伦威克的研究发现,在恐惧、嫉妒、失望等状态下,存在着胃肠功能的丧失,而在痛苦、惊奇和大惊中,则胃肠功能扩大。

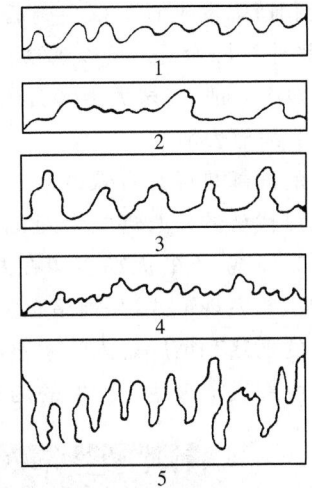

1. 高兴——每分钟17次;
2. 消极悲伤——每分钟9次;
3. 积极地动脑——每分钟20次;
4. 恐惧——每分钟64次;
5. 愤怒——每分钟40次。

图7-1

（4）皮肤电反应

皮肤电反应是皮肤对电流运动的阻力,是皮肤电阻力或为皮肤的导电性。外来的或新鲜的刺激都会导致皮肤电的波动,研究发现,人在等待重大的活动时,皮肤电阻降低。皮肤电的变化,是因为人在活动中皮肤血管收缩和汗腺分泌的变化引起的。

（5）分泌腺的反应

在情绪或情感状态时,腺体的分泌发生变化。如情绪激动时,唾液和胃腺分泌减少,而肾上腺激素增加,汗腺分泌也增加。

由上可见,人在情绪状态下,循环、呼吸、腺体分泌等活动都产生相应的变化,尽管什么样的情绪反应会产生什么样生理反应模式,目前尚不十分清晰,但一些学者的研究却证实了情绪生理反应模式的存在。

2. 情绪的外部变化——表情

表情是与情绪和情感有关的外显行为。情绪和情感是人的主观体验,在情绪和情感发生时不仅会引起有机体内部的生理变化,同时也有外显行为,这些外显行为就是可以观察到的外部表现,我们称之为表情。表情分为三种:面部表情、身段表情和言语表情。

(1)面部表情

人的面部是最为有效的表达情绪的区域,其表情之丰富、细腻,是其他区域无可代替的。心理学者对面部表情的研究做了大量的研究工作,有的学者研究发现,人的面部表情在两万种以上。面部表情是情绪和情感外显行为的主要表现形式,是情绪在脸部的表现。

人的情绪和情感是人的主观感受,是通过外部行为表现出来。图7-2各人的面部表情表达了他们的内心体验。

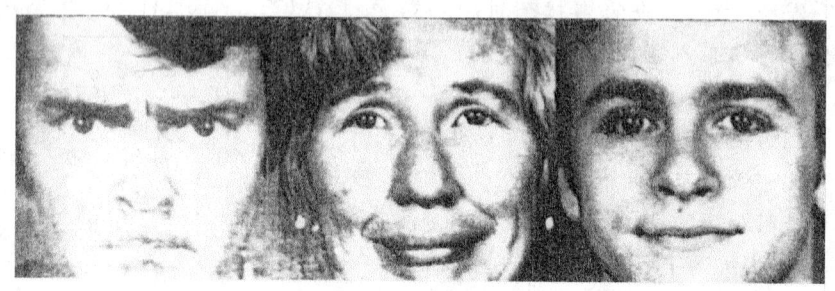

图7-2

人的面部表情主要是通过眼部肌肉、颜面肌肉和口部肌肉的变化来表现的。如:人高兴时额眉至鼻根区放松,眉稍低垂,面颊上提,鼻面扩张,嘴角后收上翘;人在愤怒时,咬牙切齿,双目圆睁等。内心体验不同,人脸部肌肉的表现不同。我国学者林传鼎的研究表明:口部肌肉对表达喜悦、怨恨等少数情绪比眼部肌肉更重要;而眼部肌肉对表达其他的情绪,如忧愁、怨恨、惊骇等,比口部肌肉更重要。

(2)体态表情

体态表情又叫身段表情或动作表情,是指除面部之外身体其他部位的表情动作。体态表情主要分为身体表情和手势表情两种。当人处在不同的情绪状态时,常常伴随着体态表情。如高兴时手舞足蹈、捧腹大笑,愤怒时双拳紧握,沮丧时垂头丧气,悲哀时掩面而泣等。各种体态与所表达的情绪见图7-3。

羞怯　　暴怒　　激动　　疑惑

图 7-3

（3）言语表情

言语表情是情绪在言语的声调、变音转调、节奏和速度上的表现。人们在不同的情绪状态下，其言语的声调、节奏和速度不同；而相同的语言由于表达时的声调、节奏和速度不同，所表达的情绪也不同。如说"你做得挺好！"，说话的语调不同，重音所放的位置不同，就会表达出不同情绪的状态，可能表达出说话者对对方的满意之情，也可能表达出说话者对对方的嘲讽之情和不满之意。

关于情绪的表情，心理学家做了大量的研究，一些心理学家的研究表明，一种面部表情是和一种情绪是相关联的，而与文化或语言的差异无关。也就是说人类基本情绪的面部表情是相同的。

不同文化背景的人，其面部表情具有一致性。国外学者在一项研究中，把不同表情的照片给五种不同文化背景下生活的人观看，结果他们很容易指出了每种表情所代表的情绪，甚至对西方毫无了解的新几内亚的一些部族人也能正确地判断表情所代表的情绪。这说明人类基本情绪的面部表情是相同的，不受文化背景的影响。

我国学者孟昭兰的研究发现，成人基本的情绪面部表情在很大程度上保持了儿童时期以来的原始模式，从而说明人们的面部表情具有一致性和继承性。

然而，也有的学者的观点与上述观点截然相反，他们认为人们的面部表情是后天习得的、特异性的。

上述观点各执一端。某些体态表情有种族遗传的痕迹，C. 达尔文的研究确认，动物和人类的各种情绪的表情都具有发生学上的共同的生物学根源。有些体态表情是人在后天的生活过程中习得的。不同地域、不同民族、不同国家，由于社会文化和风俗习惯不同，体态表情存在着差异，也就是说体态表情是受文化制约的。

三、情绪和情感的功能

情绪和情感是人们心理活动的重要组成部分,尽管情绪和情感是人的主观心理体验,然而对人们的现实生活和精神生活有着不可低估的价值。

（一）适应功能

情绪和情感是人们对现实的主观体验,是有机体适应生存和发展的一种重要方式,对人们适应环境有重要作用。

情绪是人类远古祖先时代进化发展而来的,情绪的许多原始表达方式具有某些帮助人们适应环境的生存价值。例如,引起愤怒的原因,主要是人们在努力实现其目的时遇到阻碍。当愤怒发生时,人们常常怒目圆睁,紧握双拳,与此同时有机体会调动能量,帮助人克服障碍,这是人们适应环境的需要。又如,尚未学会说话的婴儿在饥饿或身体不舒服的时候,常常会哭泣,这实质是求助的信号,以期人们帮助其解除困境,这是尚无能力应付环境的弱小婴儿适应生存的表现。现代社会生活节奏加快,竞争激烈,社会环境的急剧变化常常使人们处在应激状态,人们常常会出现适应不良,如紧张、不安、郁闷不乐等,这些情绪反应预示着人们对变化产生了不适应,这些反应往往也提醒人们应做适当调整,降低紧张,减少不安和郁闷,以适应变化了的环境。

2. 动机作用

情绪和情感是人们对客观现实是否符合其需要而产生的态度的体验,而需要是动机产生的基础和来源。有的心理学家认为情绪是基本的动机系统,它能够激励人的活动,提高人的活动效率。国外学者斯皮尔伯格的研究证明,适度的状态焦虑可以促进人脑的内部加工过程,提高作业成绩;但过高或过低的状态焦虑,则起反作用。泰勒、斯彭斯的研究证明了同样的问题,他们认为,一般性焦虑有激活身体的效能,是一种习得性的内驱力,过高或过低的驱动力水平对学习效率不利。适度的情绪兴奋性会使人的身心处在最佳的活动状态,从而使人提高活动效率。一定的情绪紧张度也有利于活动效率的提高,而人在过于紧张或过于松弛的状态下对活动效率有不利影响,见图7-4。

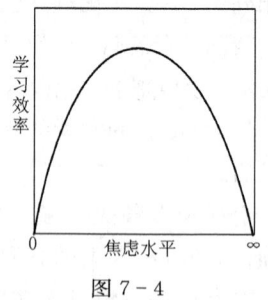

图7-4

3. 组织作用

情绪和情感反映人对客观现实与人的需要之间的关系。它是一种独立的心理过程。情绪和情感对其他心理活动具有组织作用。这种组织作用主要表现为积极的情绪和情感具有协调作用，消极的情绪具有破坏和干扰作用。情绪和情感在人的认知过程和行为方面均体现了其组织功能。

在人们的知觉和记忆的过程中，情绪就好像人脑内部的检测系统，监视着信息的流动。研究发现，人们偏重把喜好的事物作为知觉的对象，也更容易记住喜欢的事物，而对那些不喜欢的事物就难于记忆。同时，情绪和情感对推理的操作和问题的解决也有组织作用，人们更愿意偏听偏信喜欢的人和事。

情绪和情感对人的行为的影响表现为，人在某些特定的环境，常常受某种情绪和情感的影响，而表现出某些行为。例如，人在愤怒状态下常常表现出冲动的行为，甚至失控而做出不计后果的行为，而在冷静状态下，人们常常经过思考后，才决定做出什么样的行为反应。由此可见，情绪和情感对人的心理和行为具有组织功能。

4. 信号作用

情绪和情感的信号作用是通过表情来表达的。人们在交往过程中，可以通过面部表情、体态表情和言语表情反映自己的意愿，通过表情表达自己的喜、怒、哀、乐；也可通过对他人表情的观察和体验来了解周围人的态度和意愿，进而进行有效的沟通。例如，一岁左右的婴儿常常通过成人的表情而选择行动。

四、情绪的理论

环境中的事件是如何引发主观情绪的？情绪产生的生理机制是什么？早在近代科学建立之前，一些哲学家试图对情绪和情感现象做出合理的解释。随着科学的发展，许多心理学家及学者从不同的角度对情绪进行探讨，试图建立情绪的整体性理论框架，由于研究角度和研究方法的不同，形成了不同的情绪理论。

（一）早期情绪理论

1. 詹姆斯—兰格理论

1884年和1885年，美国的心理学家詹姆斯（Willian James，1842～1910)和丹麦的生理学家兰格（Carl Lange）相继提出了观点相似的情绪理论。他们强调情绪的产生是植物性神经系统的产物,情绪产生的原因是由于身体外周活动的变化。按照詹姆斯的理解,由于人们发抖、哆嗦和口吃,所以才会感到焦虑。也就是说,情绪刺激引起身体的生理反应,而生理反应进一步导致情绪的产生。如图7-5所示:当一个情绪刺激物作用于感官时,引起个体生理上的某种变化和反应,同时激起神经冲动,神经冲动传至中枢神经系统而产生某种

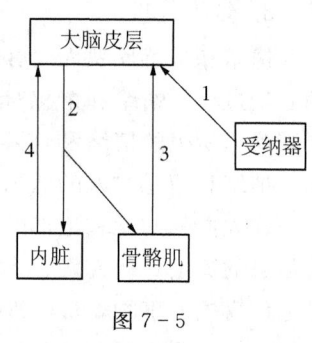

图7-5

情绪。詹姆斯—兰格理论曾引起心理学家长期的争论。(箭头表示作用的方向)

他们看到了情绪与机体变化的直接关系,强调了植物性神经系统在情绪产生过程中的作用这为人们对情绪的进一步研究奠定了基础。然而,他们忽视了中枢神经系统的调节和控制作用,这也是后来引起人们对其理论的争议所在。

2. 坎农—巴德学说

美国生理学家坎农(W. Cannon,1927年)是第一个注意到詹姆斯—兰格学说的人,并对其理论提出了质疑:首先,在各种情绪状态下机体的生理变化差异较小,这无法用生理变化解释纷繁复杂的情绪;其次,情绪的变化较为迅速、丰富,而由植物性神经系统支持的生理变化较为缓慢,这亦无法解释情绪的变化;第三,药物可以唤起机体的生理变化,而这种激活的生理状态并未产生相应的情绪。坎农认为,情绪变化的中心不在外周神经系统,而在中枢神经系统的丘脑,当外界情景刺激受纳器把冲动传给皮层,在皮层刺激起丘脑过程中,丘脑中的神经细胞得到"释放"。丘脑释放的作用:一是兴奋肌肉和内脏;二是把信息传回给大脑皮层。当丘脑过程被唤醒时,情绪的特殊性质就加于简单的感觉之上,见图7-6。

坎农的理论由巴德实验所验证,故被称为坎农—巴德情绪学说,见图7-6。

与詹姆斯—兰格学说相比较,坎农—巴

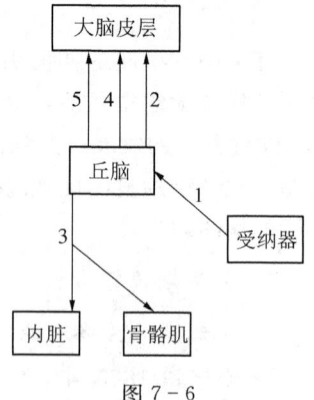

图7-6

德的学说忽视了外周神经系统及大脑皮层对情绪的作用,但他们的理论唤起了人们对丘脑的注意,这推动了后来人们对情绪的神经生理方面的注意。

(二)情绪的动机——唤醒理论

在解释情绪现象时,有些心理学家认为,情绪具有动机的性质,主要代表人物为扬(P. T. Yang)和汤姆金斯(S. S. Tomkins)等。

1. 扬的理论

1961年,美国心理学家扬认为感情过程和感觉过程不同,感情的重要作用是产生动机并影响行为。他认为,情感过程的主要作用表现为:其一,激活诱发行为;其二,维持并结束行为;其三,组织行为,并决定神经活动模式的形式。扬的理论有其独特之处,扬重视情绪的动机作用,同时他更多地看到情绪的破坏作用,而忽视了情绪的适应性,这也是受到人们质疑之所在。

2. 汤姆金斯的理论

汤姆金斯于1962年提出了他的观点。汤姆金斯更多地使用情感一词。他认为情绪等同于情感,认为情感系统是主要的,是先天的和原始的动机系统,驱力系统是次要的,感情系统和驱力系统相互影响,不断地向驱力提供能量。感情是最基本的动机系统,它的作用是激活、唤醒或放大内驱力,成为行为的动力。

(三)情绪的行为主义理论

1929年和1930年,华生第一个提出行为主义的情绪理论,华生强调情绪的生理方面。他认为情绪是一种遗传的"反应模式",它包含整个身体机制,特别是内脏和腺体系统的深刻变化。华生在对儿童进行观察的基础上,提出儿童的基本情绪反应是恐惧、愤怒和爱,温柔的抚摸等刺激是婴儿产生情绪的来源。华生的研究为行为主义理论的建立奠定了基础。继华生之后,一些行为主义的心理学家对情绪做了进一步的研究。哈洛(J. F. Harlow)和斯塔格纳(R. Stagner)以华生的行为主义学说的条件作用模式为依据,对情绪与情感加以区分。他们认为,无条件感情反应(感情就是体验到的中枢生理变化)是情绪产生的根源,在对这些反应的条件化过程之中便形成了情绪。情绪不是先天的,而是对情感的条件化形式。情感、情绪条件作用和这些名称的社会性学习均受到皮层和皮层下的调节。

米伦森(J. R. Millenson)认为,通过一个经典性条件作用过程引起的情绪变化增加或抑制其他的非情绪的行为。

格雷(J. A. Gray)采用了情绪发展的概念,侧重研究变态情绪理论。他认为:情绪是由外部时间引起的内部状态,它与驱力相区别。当外部时间与内部状态之间关系变得混乱时,就产生病理反应。

情绪的行为主义理论以华生的理论为基础,详尽论述了行为,并认为情绪是由强化刺激的性质和复杂的经典性条件作用决定的。以外部刺激引起行为的角度来解释情绪是可以的,但忽略认知的作用则有些偏颇。

(四)精神分析理论和体验理论

在众多的精神分析心理学家的情绪理论中,最为完满的对情绪做出解释的尚属萨特的理论。萨特认为情绪的主体和客体密不可分,情绪是人们理解世界的一种方式,例如,一个人会根据自己的认知去调节自己的行为,如果他失败了,他的感觉就再次被歪曲。情绪包含着对世界的改变,如果在实现某个目标的过程中遭遇挫折,这个人就会设法去改变世界。简单的行为并不是情绪,真正的情绪必须有情绪体验,这种体验不是主观能控制的。并非所有的情绪都是完全清晰可辨的,朦胧的直觉是潜在的情绪,它可能会使人产生对灾祸或喜事的朦胧预感。

萨特站在新的视角对情绪现象做了探讨,这无疑对情绪的研究开辟了一个新的视野。然而,他将情绪看作本能、不可驾驭的,这没有科学的依据。

(五)情绪的认知理论

情绪认知理论是一个较为全面的理论,该理论把认知因素引入对情绪问题的研究,把认知因素看作引起情绪的原因。许多心理学家从认知角度研究情绪问题,并提出了许多见解。从情绪研究历史来看,较为有突破的研究当首推阿诺德评价学说,及继她之后拉扎勒斯和沙赫特的理论。

1. 阿诺德的情绪认知——评价理论

在20世纪50年代美国心理学家阿诺德(M. B. Arnold)提出了著名的情绪认知评价理论。该理论的主要内容:其一,刺激情景必须通过认知评价才能引起一定的情绪。阿诺德认为,情绪产生的基本过程是刺激情景——评估——情绪。也就是说,刺激情景不直接决定情绪的性质,从刺激的出现到情绪的产生,必须经过对刺激情景的评估或评价。评估以过去的经验为基础。阿诺德认为同样的刺激情景由于对它的评估不同,个体产生的情绪反应也不同。以刺激对象熊为例,森林里的野生熊会引发人们的恐惧感,然而,动物园里的熊则引起人们愉悦的感受。这是因为,熊所处的情景不同,人们对其认知不同,评估也不同,情绪反应也不同。其二,强调大脑皮层兴奋对情绪产生的重要作用。认知评估是皮层过程,因此皮层兴奋是情绪产生的基础。阿诺德认为,情绪的产生是大脑皮层和皮层下组织协同活动的结果,大脑皮层兴奋是情绪行为的最重要条件(图7-7)。该图表明,感受器的刺激(R)传递不同的冲动,通过丘脑(Th)的感受接力站(SR),由通路(1)传到大脑皮层(C)。在皮层水平,情景被评估(EV),一种特殊的状态,诸如怕(F)或愤怒(A),在这里形成。这种皮层状态经通路(2)传递到丘脑中心的交感神经接力站(SNS),或经通路(2′)传到副交感神经系统接力站(PNS)或两者兼有。于是兴奋发射到血管(BIV)和内脏组织。从血管和内脏组织来的不同冲动,通过丘脑的感觉接力站(SR),经通路(3)达到大脑皮层,在这里形成对内脏变化的感觉(S)。这种从外周来的感觉的反馈信息到大脑皮层而被评估,这样就把纯粹的认识经验转化为体验到的情绪。

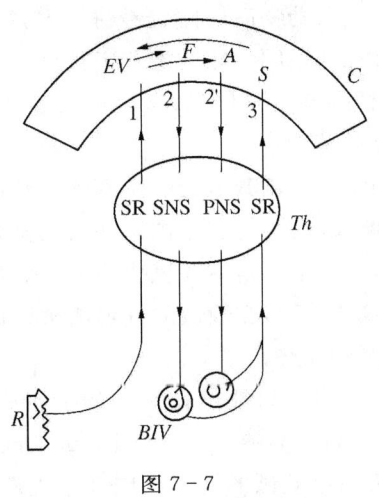

图 7-7

2. 拉扎勒斯的理论

拉扎勒斯(R. S. Lazarus)发展了阿诺德的认知评价学说。他强调认知因素在情绪中的重要性,并进一步把阿诺德的评价扩展为评价、再评价的过程。这种过程包括筛选信息、评价以及应付冲动、交替活动、对活动后果的知觉等成分。每一种情绪包括生理的、行为的和认知的三种成分。拉扎勒斯从生物和文化方面论述了情绪。他认为对情绪的研究重点已经放在从进化上说是更原始的皮层下结构。这些结构本身具有一种像皮层结构一样的进化演变,它们对认知也起着重要的影响。此外,拉扎勒斯也强调文化对情绪的影响,他认为个性结构(如信仰、态度、人格特征等)是认知因素的决定性条件。文化对情绪的影响表现为四种方式：① 通过对情绪刺激的理解；② 文化直接影响表情；③ 通过确定的社会关系和判断；④ 通过高度礼仪的行为。

3. 沙赫特的理论

20世纪60年代，美国心理学家沙赫特（S. Schachter）提出：生理唤醒与认知评价之间的密切联系和相互作用决定着情绪。

为了检验他的观点，沙赫特精心设计了一系列实验情景。在实验中，参加实验的大学生被分成三组，并告诉他们给他们注射一种维生素，而实际上注射的是肾上腺素，目的在于使他们处在典型的生理唤醒状态。实验者对被试作了三种不同的说明，解释注射药物可能引起的反应：告诉第一组被试，注射后将会出现心悸、手颤抖、发烧等现象（注射肾上腺素会引起这种反应）；告诉第二组被试，注射药物后，身上会发抖、手脚发麻，但不会有其他反应；对第三组被试不做任何说明。然后把三组被试分成两部分，让他们分别进入分别设计好的两种实验情景休息，这两种实验情景一种是惹人发笑的情景，一种是令人愤怒的情景。

实验假设，如果情绪是由刺激引起的生理唤醒状态决定的，那么这三组被试应产生一致的情绪反应，因为三组被试注射的都是肾上腺素，引起的生理反应应该是相同的；如果情绪是由环境决定的，则各组被试的情绪反应应和他们所处的环境气氛相一致，在愉快的环境的被试应该感到愉快，在愤怒的环境中的被试应该感到愤怒。

实验结果：第二组、第三组被试在愉快的情景中表现出愉快的情绪，在愤怒的情景中表现出愤怒的情绪；第一组被试则没出现相应的愉快或愤怒的情绪。第二组、第三组被试的情绪反应证明生理唤醒和环境因素对人情绪的作用，第一组被试的情绪反应说明认知因素的作用。第一组的被试之所以很平静，是因为实验者向第一组被试准确地说明了注射药物后会引起的身体反应，使被试对生理反应有了正确的估计与解释，同时对环境对他的影响也做了认知解释，所以，当他们进入预先设计的情景时能保持平静。

这个实验证明，情绪状态是认知过程、生理状态和环境因素共同作用的结果。外界环境信息通过感受器输入到大脑皮层；内部生理变化向大脑输入生理变化的信息；认知过程是对过去经验的回忆和当前情境的评估，大脑皮层对来自这三方面的信息进行整合，产生一定的情绪，见图7-8。

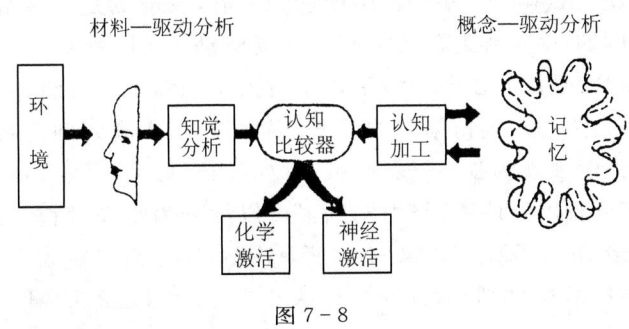

图 7-8

第二节 情绪和情感的形成及分类

一、情绪的分类特性

情绪和情感是一种主观体验,其表现形式多种多样,变化也千差万别。因此,对情绪进行严格的分类比较难。学者们站在不同的角度,对情绪的分类进行了尝试。就目前来看,分类可谓异彩纷呈。有的学者把情绪分成积极情绪和消极情绪两类,认为能带来幸福和向上的感受是积极情绪,而使人紧张的情绪状态是消极的情绪;有的学者把情绪分成简单情绪和复杂情绪,认为简单情绪至少有七种,如快乐、厌恶、惊奇、悲伤、愤怒、害怕等,复杂情绪是由简单情绪复合而成;有的学者把情绪分成对立情绪,认为很多情绪是以成对的方式存在的;有的学者依据情绪的强度为标准,对情绪进行分类,等等。

目前,我国大部分心理学工作者是依据情绪固有特征来区分情绪的种类的。就情绪的固有特征来看,主要有情绪的快感度、情绪的激动度、情绪的强度和情绪的紧张度等四个方面。每一个情绪特征都具有两种对立的状态,我们称其为情绪的两极性。每两极之间有情绪不同程度的变化。

情绪的快感度是指情绪体验在快乐或不快乐程度上的差异,其对立的两极表现为愉快——不愉快。由愉快到不愉快,中间经历了情绪不同程度的变化。例如,由愉快到高兴再到狂喜的过程,就是人的快乐的不同程度的表现。情绪的快感度取决于客体满足于主体的程度。客体满足主体的需要,会引起快乐的体验,不能满足主体的需要,则引起不快乐的体验。

情绪的激动度在很大程度上反映个体在情绪状态下的机能状态,其对立的两极表现为激动——平静。由激动到平静,反应的是由兴奋到抑制状态的过度。例如,由狂喜到高兴到麻木,就是激动度不同程度的变化。

情绪的强度是指人在产生情绪体验时由弱到强不同等级的变化,从强到弱,反应的是人卷入到情绪中的程度;强度越大,人卷入到情绪中的程度越深。情绪强度表现为强——弱两极,例如,欢喜由弱到强可划分为愉快、欢乐、狂喜不同程度的体验;怒由弱到强可以划分为不满、愤怒、大怒、暴怒和狂怒。情绪的强度取决客体对主体所具有的意义,意义越大,引起的情绪反应强度就越大,反之则小;同时也取决于自己对自己的期望水平和需要状态。

情绪的紧张度是指想要动作的冲动的强弱,其两极表现为紧张——轻松。情绪的紧张度取决于面对情景的紧迫性,个体心理的准备状态及应变能力。在情况紧急,个体又感到无力应付的情况下,常常会感到紧张。

二、情绪的维量结构

情绪有四个基本的特征,每个特征又具有两极表现,可见情绪的复杂性。这也使得对情绪和情感的研究远不如对认知过程的研究来得容易。为了更好地理解情绪,并对情绪进行度量,心理学家试图从维量角度研究和描述情绪和情感,对此,心理学家也进行了大量的研究工作,并提出了不同的观点和不同的理论。

(一) 三维理论

在19世纪90年代,近代心理学的创始人冯特(Wundt),在其所著的《生理心理学》一书中提出情感三维度说。他认为,情感可以归结为三个主要的方向,每一个主要的方向是一对两极性的情感名称,其中包含着大量个别变异的情感。这三个主要的方向为愉快——不愉快、紧张——松弛、激动——平静,见图7-9。冯特的研究为情绪的维度理论奠定了基础。20世纪50年代,斯皮尔伯格根据对面部表情的研究提出了情绪的三维度说,认为情绪表现和识别的三个维量是愉快——不愉快、注意——拒绝、睡眠——紧张,并创制了面部表情三维模式图,见图7-10。

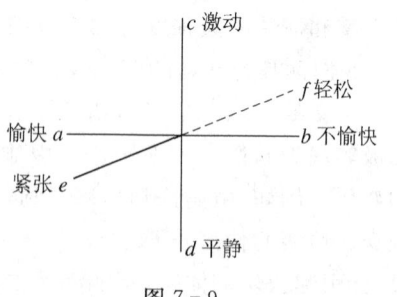

图7-9

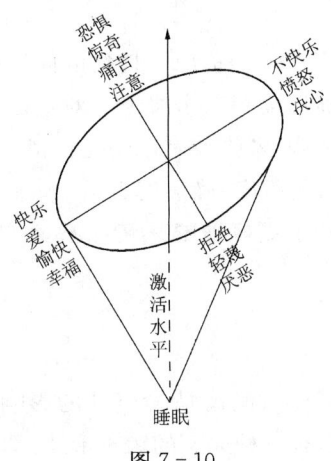

图 7-10

20世纪60年代末,普拉契克(Rplutchik)设计了情绪的分类模式,该模式用锥体模型表示,见图7-11。该模型分为八个扇面,每一块截面代表一种原始情绪,垂直方向表示强度。每种基本情绪都在模式的垂直方向占有一块的体积。在每块体积的内部,每种基本情绪都具有从最微弱到最极端的强度变化。例如,烦恼、生气、狂怒代表了模式中基本情绪的三个强度水平。模式既含有积极情绪也含有消极情绪,相邻的两种情绪彼此有些相似,而相对的两种情绪是对立的情绪。普拉契克的模式较好地说明了各种情绪之间的关系。

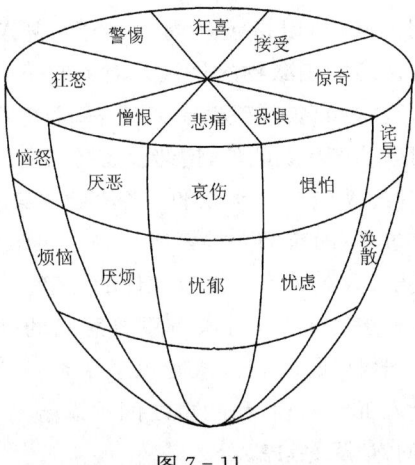

图 7-11

（二）四维理论

美国心理学家伊扎德（Izard）提出了情绪的四维理论。他认为情绪有愉快度、紧张度、激动度和确信度等四个维量。对这四个维量的解释是：愉快度表示情绪体验的享乐色调；紧张度表示情绪的胜利激活水平；激动度表示个体缺乏预料和缺乏准备的程度；确信度表示个体胜任、承受感情的程度。

情绪维度的确定有利于更好地描述情绪现象，对情绪的测量也有重要的意义。

三、情绪的状态

情绪的状态是指在某种时间或情境事件的影响下，在一定时间内所产生的某种情绪。情绪状态有三种典型的表现形式，即心境、激情和应激。

（一）心境

心境是指一种比较微弱、持久且具有渲染性的情绪状态。

心境具有弥散性，没有特定的对象，不是针对某一特定对象的独特体验。当某一心境被一定的情境唤起后，处在某一心境状态的人，将会以同样的情绪状态去感受周围的事物，其言谈举止都会染上同样的情绪色彩。例如，当人由于某些原因而处在郁闷的情绪状态时，可能会感到周围所有的人和事处处不快、事事烦恼，而当人心情愉快时，则会感到周围到处是阳光，事事都欢喜。这种带有渲染性的情绪状态在一段时间会影响主体对事物的态度和体验。

心境持续的时间不同，可以持续几周、几个月，甚至更长。心境持续时间长短取决于引发该情绪的刺激物的性质。对人有重要意义的事件引发的情绪，就会持续时间长些，如高考落榜、亲人故去、金榜题名等都会使人在一段时间内陷入某种情绪状态中。此外，情绪状态持续时间的长短也取决于人的个性特点，有的人神经系统具有灵活性，当他处在某种情绪状态时，在很短的时间内就会调整过来；而有的人神经系统缺少灵活性，那么当人陷入某种情绪状态时，可能就会久久走不出此时此地的心境。

引起心境的原因是多方面的，对人有重要意义的事件往往易引发人们产生某种心境。工作、学业顺利与否，人际关系是否融洽等都会导致某种心境的出现。如果一个人工作顺利，和同事之间关系融洽，人的心境就会很平和，反之则会感到郁闷、烦躁、焦虑。

身体健康状况也会引发某种心境的产生，人的身体状况不佳、久治不愈,会令人陷入到焦虑、烦闷的情绪状态中。此外,自然环境因素也会影响人的心境,在灰暗的冬天,人们常会感到心情压抑;而在万物复苏、新绿遍地的春天,人们则会感到心情愉悦轻松。一般情况下,人们常常意识不到引发心境的原因,所以,现实中人们常常会在一段时间有莫名的郁闷、焦虑、喜悦等感受,但他们自己也说不清是什么原因。

心境对人的工作学习和生活都有影响。积极的心境使人心情豁然、轻松,工作、学习和生活有朝气,消极的心境使人沮丧悲观,郁郁寡欢,没有上进心。因此,在现实中人们该学会调整自己的心境,使自己在祥和愉悦的心态中工作、学习和生活。

(二)激情

激情是一种短暂、强烈、爆发性的情绪状态。激情犹如暴风骤雨,来势迅猛而强烈,悲痛欲绝、暴跳如雷、狂喜、绝望等都是激情的表现。当激情爆发时,人们的自我卷入较深,控制力减弱。

激情的发展经历三个阶段:第一阶段,人体变化和表情动作越来越失去控制,高度紧张使细微的动作发生紊乱。这时人的行为受情绪体验的左右,但还是有自控能力的。第二阶段,人失去意志的监督,发生了不可控制的动作和失去理智的行为,冲动状态下产生的犯罪行为常常是这一阶段的结果。第三阶段,激情爆发后的平息阶段,这时会出现平静和疲劳现象,严重时甚至出现衰竭,对一切事物不关心,精神萎靡。例如,人在狂风骤雨般地发完脾气后,会表现异常的安静;悲伤的人,哭天抢地之后漠然如水静。

激情爆发时,常伴随着生理的变化和明显的外部行为。如暴怒时,人会面红耳赤、怒目圆睁、咬牙切齿、呼吸急促、心率加快等;极度恐惧时,言语不流畅,心率改变,呼吸频率变化,甚至出现休克。

激情常常是生活中的重大事件引起的,如亲人的突然亡故会引起极大的悲哀、事业的突然失败会令人产生绝望、失恋会给人带来极大的痛苦等。对立意向的冲突和过分的抑制也会导致激情的产生。例如,长时间地抑制对某人的不满情绪,累计到一定时间,这种不满情绪就会以激情的形式爆发出来。

激情对人的活动有很大影响。激情有其积极意义,积极的激情状态会推动人的活动,提高人的活动效率,例如,诗人在激情状态下,会诗兴大发,文思流畅,甚至出口成章。但激情爆发时,常常使人的自控力减弱,甚至丧失控制。在激情状态下,人们往往意识不到自己在做什么,也就是出现了"意识狭窄"现象。此时，人常常失去理智而做出鲁莽行为，甚至触犯法律。从心理卫生角度来看，激情对人的健康有害，因为在激情爆发时，机体发生一系列的骤变，正常的生理活动如果经常被打乱，势必影响身体健康。因此，人们应学会把握自己的情绪，学会控制和调节情绪。

（三）应激

应激是人在出乎意料的紧张与危急状况下出现的情绪状态。应激实质上是人对某种意外的环境刺激所作出的适应性反应。人在情况突变的情况下，机体会处在高度觉醒状态，并处在高水平活动状态，以应付当前情况。例如，学生临时决定参加一场重要的考试，在考场学生全身心高度紧张，大脑处在高水平紧张和活动状态，此时，学生即处在应激状态。又如，汽车驾驶员在行车途中，遇到紧急情况骤然刹车；招聘面试、众人面前的演讲等都会引起人们的紧张，使人进入应激状态。

应激状态的产生与人面临的情景及对自己能力的估计有关。面临的事件对人的要求与已有经验不一致，而又意识到自己无力应付当前的情况时，此时人体验到了紧张并进入应激状态。

应激状态对人的活动有很大的影响。有时应激反应有利于解决当前的危机情景，例如，情急生智就是应激状态的典型表现，飞机驾驶员在紧急情况下，会迅速做出判断，做出决定，找出解决故障的有效办法。但是，也有情急无智状况的产生，例如，让学生在没有任何心理准备的情况下参加考试，面对平时轻而易举能解决的问题，有些学生会显得束手无策。

在应激状态下，伴随着情绪体验，人的生理和心理都会产生相应的变化，这些变化会导致人体防御机制作用的降低，并导致适应性疾病。应激对人的健康有影响已经引起学者们的关注。

四、情感的种类

情感是与人的社会性需要相联系的内心体验，是人类特有的心理现象之一，具有鲜明的社会性、历史性。人类高级情感主要有道德感、理智感和美感。

（一）道德感

道德感是个体根据一定的社会道德行为标准，在评价自己或他人的行为举止、思想言论和意图时产生的主观体验。例如，对见义勇为行为的赞叹，对爱国英雄的崇敬，对他人、集体、国家、工作的责任感，对违反社会道德和法律行为的厌恶和憎恨等都是道德感的表现。

道德感产生的基础是对社会道德规范的认识和接纳,对社会道德规范缺乏认识,对道德行为标准不掌握,道德感就无从产生。由于道德规范具有社会性、历史性和阶级性,因此,道德感受社会历史因素的影响,在一定程度上反映了社会的价值观念和价值取向。

(二)理智感

理智感是在智力活动过程中,在认识和评价事物时而产生的主观体验。例如,人们对未知领域的好奇心和求知欲,在解决疑难问题时而产生的疑虑、惊讶、焦虑,在疑难问题解决后而产生的愉悦和满足感,在解决工作和学习中的问题时而产生的困惑、烦恼等都是理智感的表现形式。

理智感是人类社会特有的心理现象,是在人的认识活动中产生和发展起来的,同时,它对人的认识活动又具有推动作用,成为认识活动的一种内在动力。人的理智感的产生和发展与人的认识水平和经验有关,也与人的世界观、理想等相关联。

(三)美感

美感是根据一定的审美标准评价事物时所产生的主观体验。青山绿水、奇峰异石、瀚海蓝天等引发的人们的心旷神怡之感;恢弘的北京故宫、雄伟的长江大桥等引发的人们的惊叹;人类的善良行为、质朴的待人方式等引发的赞美等等,都是美感的表现。

美感作为一种主观体验,是由客观情景引起的。不同的社会、不同的风俗习惯、不同的历史时期,人们的审美标准不同,人们对美的感受也不同。因此,美感具有社会性、历史性和阶级性。

第三节 情绪健康与情绪调节

情绪在人的心理生活中处于一个特殊的位置,它与人的心理健康息息相关。情绪的异常变化往往是心理疾病的先兆。有人认为情绪在心理疾病中处于核心地位。变化是世界永恒的现象,我们的身边时刻都在发生着变化,我们的自身、周围的环境和事物时刻都在变化,尤其在当今社会,变化是社会发展的必然趋势。随着社会变化的加剧,人与人的关系、人与社会的关系日趋复杂。变化使人感到紧张,使人感受到压力。面对压力人们要不断地调整自己以适应变化的环境,在适应性的调整中,较为敏感的情绪产生震荡是不可避免的。因此,如何调整好情绪从而保持心态的平衡,成了众多心理学家关心的问题。

一、压力与情绪健康

(一)压力的概念

压力原本是物理学的概念,在字典里对压力的解释常常有两种含义:一种含义是指作用于物体的力;另一种解释是指情况的紧迫或紧张。19世纪中叶,压力一词引入到生物学领域和心理学领域,发展到今天,其含义与原意已不同。

H. 默里在人格理论中对压力的解释是:压力是指那些有效地决定行为的环境部分,压力是外部的,表现了个体力求满足与观念化了的内在需要有直接意义的客体的特征。

有的学者认为可以用压力一词代替应激,压力就是应激。在英语中,单纯从词意看压力和应激是同一个词即"stress",词典的解释是指重压或紧张。

从心理学的角度看压力,压力与应激有着不可分割的联系,提到压力不能不谈应激,但压力不同于应激。压力是能引起人紧张的事件或环境刺激对人的影响,也就是说压力是客体和主体之间的一种相互作用。

压力和应激有联系也有区别。压力是能引发心理张力的情境对人施加的影响,而应激则是这种影响引起的心理反应。压力更倾向归属于刺激情景,而应激则更倾向归属于内在的反应。应激是机体在压力作用下而产生的生理和心理反应,是一种面对环境变化而产生的生理和心理的适应性调整过程,没有压力也就无从产生应激。如果面对压力机体没有应激反应,一定程度上机体就没有感受到压力的存在。可见压力与应激既有着因果联系,又有一定的区别。

(二)压力与心理健康

1. 压力的来源

活得累是当今人们的普遍感受,之所以有活得累的感受,压力感的存在恐怕是主要原因。在以人为本的当今社会,这种现象引起了心理学者的极大关注,什么原因导致了人们的压力感?压力感是社会变化的必然结果吗?怎样应对压力,减轻人们的压力感,从而获得轻松的生活?对此学者们进行了大量的理论和实践方面的探讨。

引发压力感的因素来自方方面面,有躯体的因素、心理的因素,还有社会文化因素。

你去医院看病,当医生做了初步的检查后,告诉你说:"你需要做进一步的检查"时,你会紧张地问:"为什么？我出了什么问题？"近似一种本能反应说明了人对自己身体状况的担忧。人在身体健康出了问题的状况下,会有一种无形的压力感。对生命的担心,对痊愈可能的疑虑,对医药费的担忧,由于生病人际交往的隔离等等,都会使一些人产生紧张的状态。

人们自身的心理素质对压力感的产生有一定的影响。① 认知角度不同,压力感的程度不一样。压力无处不在,大到升学就业、工作事业、恋爱婚姻,小到为人处世,我们常常遇到一些事情,令人思虑紧张。然而,人们对此的反应却大相径庭,有人处之泰然,有人却忧心忡忡,如牛负重。其实,正如心理学家所说的,在许多情景里,一个刺激的绝对量并不重要,重要的是他对个体的意义。当一个新的任务下达时,如果以挑战的心态接纳之,工作起来就会轻松很多,如果作为一个差事被动接受,工作起来可能就会苦不堪言,压力感就会产生。② 性格特征对人的压力感有影响。研究发现,A 型性格的人,喜欢用极大的能量投入奋斗,把注意力集中在越来越大的成就上,而 B 类性格的人则无忧无虑。相比之下,A 类性格的人更容易感受到压力。③ 生活经验对人的压力感有影响。当新的情境的要求与以往不同,而人已有的经验与当前事件的要求不一致,或者已有的经验使人对当前的境遇感到无力应付和无法控制时,均会导致压力感的产生。④ 能力的高低对压力感有影响。当人的能力应付不了当前的情境,而又没有求助于其他人,这往往易使人形成压力感。

由于环境的复杂和多变性,以及人的个性特点,导致压力感的因素复杂多样,诸如人的承受力、信仰等都会或多或少的影响到人对压力的感受。

2. 压力与健康

压力对人的影响有积极的也有消极的,适当的压力会提高人的行为效率,有利于问题的解决。但压力过大,则会对人的心理健康产生负面的影响。如同物理力学的原理一样,当压力作用于有机体时,必然会引起有机体产生相应的反应,即有机体必然要对"压力"产生反弹或者产生防止变形的回应性反应措施,也就是我们所说的应激现象。这种反应有可能表现为生理过程,也可能表现为心理过程。目前研究证实,当人在应激状态时,对人的生理和心理影响较大,对有些人来说,可能会导致独特的生理变化和病变,如血压变化、心脏病、癌症、溃疡等;对另一些人来说,则可能产生心理和行为问题,如焦虑、攻击行为、抑郁、精神病、酗酒、吸毒和自杀等问题。

人在应激状态下会产生一系列的机体反应,这些反应有助于适应环境的急剧变化,与此同时也会引发健康问题。国外应激研究理论大师汉斯·薛利(Hans Selye)把这种反应称为"适应综合症",并提出适应综合症经历三个阶段:第一阶段是警戒反应阶段。在一个很短时间内,人体会产生一个低于正常水平的抗拒,这个短时的阻抗会引起人体肠胃失调、血压升高,人体会迅速地做出自我保护性的调节。如果此时危机状况得到解决,人体就会恢复正常活动。第二阶段是抗拒阶段。如果在第一阶段危机没有解决,人体则需要调动全身的能量解决当前的危机。一般情况下,以抗拒的减少而告终,同时出现更多更严重的身体症状,如溃疡、动脉粥样硬化。第三阶段是衰竭阶段。如果危机仍然没解决,比较严重,那么人体将进一步消耗能量,抗拒也会一起衰弱,甚至面临死亡。①

二、焦虑对学习的影响

(一)焦虑的概念

焦虑是在一种压力状态下而产生的一种情绪紧张状态。众多的心理学家从不同的角度对焦虑做了大量的研究,对其概念做了不同的界定。

《心理学词典》([美]阿瑟·S.雷伯)指出:焦虑是泛指一种模糊的、不愉快的情绪状态,具有忧虑、惧怕、苦恼、心神不安的特点。

在学习理论中,焦虑指一种次级的内驱力,它驱动人们做出回避反应。在弗洛伊德的理论中,如果要实现无意识的愿望,或按该愿望行动,则焦虑起着一个信号的作用。在存在主义理论中,焦虑是对我们生活于其中的这个世界的无意义性、不完满性和混乱本质的直接觉知的情绪伴随物。

(二)焦虑的种类

用不同的标准对焦虑进行划分,可以得到不同的划分结果。

弗洛伊德认为焦虑包括三类:其一,神经过敏性焦虑,是指当本我冲动不能为自我所控制时,就会出现类似于惧怕的情绪反应。例如,在考试之前,无根据地担心自己学业失败而忧心忡忡就是神经过敏性焦虑的表现。其二,现实性焦虑,是指当自我感受到外界环境中的危险而又自觉无力应对时,这时所产生的情绪反应就是现时性焦虑。例如,由于看到升学竞争的剧

---

① Phillp Rice:《压力与健康》。

烈及自己的实力的缺乏，而产生对升学的担忧，这就是现实性的焦虑。其三，道德性焦虑，是指当自我的失控导致不道德思想或行为出现，这种不道德的思想或行为又面临超我惩罚的威胁时，就产生道德性焦虑。例如，由于违反了学校的校规，而产生的内疚就是道德性焦虑的表现。

斯皮尔伯格认为，焦虑分为状态性焦虑和特质性焦虑。状态性焦虑是指短暂的、波动的情绪状态，焦虑通常表现为忧虑不安等主观性的体验，以及植物性神经系统的过分兴奋。特质性焦虑是指稳定的、持久的人格特质，更倾向于动机或习得的行为倾向。

（三）考虑水平对学习的影响

焦虑对学习有非常重要的影响，在人的一生中，焦虑始终是影响学习的重要因素。目前的研究成果显示，焦虑对学生学习的影响主要表现为以下几个方面：

1. 焦虑水平对学习的影响

研究认为焦虑水平与人的学习效率之间呈倒"U"曲线，见图 7-12。这个曲线表明，焦虑程度过强或过弱都会降低学习效率，中等程度的焦虑则会使学习效率提高。心理学家考克斯（F. N. Cox）对五年级男生进行了实验研究，他把学生分成高焦虑、中等焦虑和低焦虑三组，研究结果表明，中等焦虑组的学生学习成绩显著高于其他两组的学生，而高焦虑组的成绩最差。现实中的事例与这一实验的结果相吻合。一个有力的

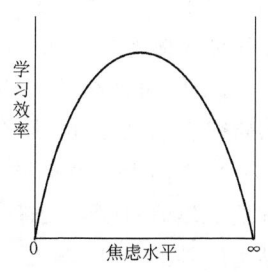

图 7-12

证明是，在升学考试中，那些高焦虑者往往成绩不甚理想。这是因为，在考场上高焦虑者往往过于注重考试结果，因而形成了一种心理压力，难于集中注意力，阻碍了思维等心理活动。

2. 学习能力不同的学生，焦虑对其影响也不同

研究表明，焦虑对学习能力低的学生，影响不大；而对于学习能力一般的学生，焦虑越高，学习成绩越低；一部分学习能力高的学生，高焦虑水平反而使其学习成绩升高。这是因为，对于超常和低常的学生来说，不存在学习压力的问题。

3. 学习内容的难易程度不同，焦虑对学习的影响也不同

心理学家的研究发现，学习内容容易时，高焦虑的学生比低焦虑成绩

好,而当学习比较复杂时,高焦虑的影响则起了阻碍的作用。例如,焦虑对学习较为抽象的数学学科有不利影响,而对于学习较为形象的语文学科则有有利的影响。这一现象在高中阶段不太明显。

4. 学生的年龄不同,焦虑对其学习的影响不同

我国心理学工作者曾对189名中小学生作过检测,以研究焦虑和学习之间的关系。结果显示,小学生的数学成绩和焦虑呈负相关,而中学生,不论是语文还是数学的成绩与焦虑呈正相关,这表明,学生的年龄不同,焦虑对其学习的影响也不同。对低年级的学生,焦虑对其学习的消极影响较为明显,随着年龄的升高,焦虑对学习的积极影响越来越明显。

5. 焦虑对学习的作用,受学习时有否时间限制及学习的反馈等因素的影响

高焦虑对学习有不利影响,而低焦虑则对学习有促进作用;在不计时的状况下,高焦虑对学习有促进作用,而低焦虑则不利学习的进行。在学习反馈不同的情形下,焦虑对学习的影响也不同。在学习失败的情形下,在后继的学习中,高焦虑的学生往往比低焦虑的学生表现差;反之,则高焦虑的学生比低焦虑的学生表现好。

此外,焦虑对学习的影响与学生的生理特性也有一定的联系。心理学的研究表明,焦虑的水平与遗传有一定的关联。

焦虑作为一种多维变量,其对学习的影响是受多方面制约的。不能笼统地说焦虑对学习是有积极影响还是有消极影响,要具体情况具体分析。学生的年龄、学习能力、学习内容的难易以及学习的具体情境不同,焦虑所起的作用也不同。因此,教师在教学中应注意培养学生良好的心理素质,增强其心理的承受力,培养学生的适当焦虑水平,以提高其学习效率;要根据学生的具体情况,帮助学生确立学生的学习目标,并选择适合学生能力的学习内容,使得学生在相对轻松的状态下完成其学业。

三、挫折与适应

我们所处的环境千变万化,我们总要不断地调整自己适应周围的环境,但是,由于我们身边的不确定因素太多,总会遇到这样或那样的失败,这时我们就不可避免地会遭遇挫折。

(一)挫折的概念

挫折是指人们在某种动机的推动下,在达到目标的道路上遇到无法克服的阻碍时产生的紧张状态或情绪反应。人们在工作学习生活中经常遇到

挫折,学习成绩没有达到理想的成绩、就业面试遭到拒绝、失恋、自己的要求被父母拒绝等,都会引发人们的挫折感。

(二) 挫折效应

挫折常会对人的行为产生一定的影响,既表现为积极影响,也表现为消极影响。挫折对人的积极影响可以提高人的承受力,提高人的意志力。消极的影响可能会导致如下效应:

1. 攻击行为

个体在实现目标的过程中遇到阻碍时,会引起认知归因,进而会产生攻击行为。攻击行为常常表现为两种形式:直接攻击和转向攻击。直接攻击是指可能直接指向造成挫折的人或物,其表现方式为语言攻击、人身攻击或对物品的直接毁坏等。例如,自己的要求被父母拒绝时,发脾气摔东西。转向攻击是指个体把攻击行为转向自己或者其他的人或物。例如,受到老师的批评时,下课后和同学吵架等。

2. 冷漠

冷漠是个体对遭受挫折后表现出的漠不关心或无动于衷的态度,是个体对痛苦和愤怒压抑的结果,是个体屡次遭遇挫折而无法解决的情况下,对目标实现的绝望和放弃。

3. 退缩

退缩是指个体遭遇挫折后,不表现为攻击,而是放弃对目标的努力,以幼稚、简单的方式应付情境。例如,自己的要求被父母拒绝后,就哭闹不止,这是典型的退缩行为。

4. 固执

当个体遭受挫折时,反复重复某种无效的行为,尽管这一行为对目标的实现无效。例如,在做了错事后,反复牵拉头发或擦搓双手等。人在紧张的状况下,经常出现固执行为。

(三) 挫折产生的原因

挫折产生的原因来自于客观和主观两个方面。

1. 客观原因来自两方面

(1) 来自于自然界方面的限制。当自然环境与个体目标实现需要的条件相悖,妨碍目标的实现,就难免会使人感到无可奈何,垂头丧气。例如,台风导致人不得不放弃旅游的行动。又如,由于身高不够,而没被自己理想的单位录取,也能导致人的挫折感。

(2) 社会条件往往限制个体目标的实现。当个体的目标和社会的组织机构、风俗习惯、信仰、社会的价值观等发生冲突时,个体势必会体验到挫折感。例如,由于信仰不同,青年男女的恋爱可能会受到阻碍;由于价值观的差异,年轻人的行为可能会遭到老年人的反对等,诸如此类的事情,都会使人感受到挫折。

2. 主观条件是造成挫折的主要原因

(1) 生理因素。神经类型弱型的人更容易感受到挫折。比较而言,抑郁质比多血质的人更容易感受到挫折,而胆汁质的人对挫折的反应可能比多血质和抑郁质的人反应更为强烈。

(2) 行为目标。行为目标高的人比行为目标低的人更容易体验到挫折。行为目标高的人,在行动的过程中可能遭遇失败的机会多,如果对失败没有充分的心理准备就会体验到挫折。

(3) 社会阅历少。由于阅历少,很少有坎坷经历,对挫折的承受力较小,一旦遇到失败,就会萎靡不振,甚至做出极端行为。

(4) 认知因素。同样的一件事,认知角度不同,感受不同,有的人可能感受到的是喜悦,有人感受到的可能是挫折。思维缺少弹性的人更容易感受到挫折。

(四) 挫折的调节

由于环境的复杂性,人的一生不可避免地要遭遇挫折。在现实中,人要不断地调整自己,协调主体和客观环境的关系,在调整中不断提高自己对挫折的承受能力。挫折的调节需要注意的情况如下:

(1) 充分了解自己的特点,针对自己的弱点进行分析,在遇到挫折时,学会控制自己,避免过激的情绪反应。

(2) 客观地分析自己和周围环境。确立适合自己的人生目标,并根据现实不断地进行调整。缩小理想自我和现实自我之间的距离,减少理想和现实之间的落差。

(3) 培养良好的认知方式,学会弹性地思考问题,避免绝对化和糟糕透顶的理念。

(4) 平时注意挫折承受力的培养,提高自己的心理承受力。

四、情绪的自我调节

(一) 什么是情绪调节

情绪调节是个体管理和改变自己和他人情绪的过程,包括:具体情绪的调节,指喜、怒、哀、惧、焦虑、抑郁等的调节;情绪唤醒水平的调节,指使情绪体验和情绪行为维持在适度的水平;情绪成分的调节,指情绪系统、认知和行为、情绪的格调和动力性的调节。情绪的调节往往是一种自动化的过程,不需要有意识地进行。

(二) 情绪的自我调节

情绪在人的生活中有重要的地位。个体情绪不但对其自身有影响,同时对他人也有很大的影响。适时地对情绪进行适当的调节,不但可以顺应和协调社会和个人的关系,还可以协调人际关系,同时,把情绪调节在适当的水平对人类的心理健康有重要意义。情绪的调节要注意如下几个方面:

1. 生理调节

在情绪过程中,伴随相应的生理唤醒,生理唤醒是典型的情绪生理反应。情绪的生理调节是以一定的生理过程为基础的。国外学者研究发现,悲伤受到抑制时,引起躯体活动下降,皮肤电、心血管系统的交感神经激活水平和呼吸等明显上升;快乐受到抑制引起躯体活动、心率、皮肤电水平等明显下降。情绪生理成分的调节是系统性的,情绪的生理调节将改变或降低处于高唤醒水平的烦恼和痛苦。鉴于此,人们应注意学会控制自己的情绪,通过对自己某一种情绪的控制,使自己的情绪生理唤醒维持在适度的水平。

2. 情绪体验的调节

情绪体验是个体对自身情绪状态的感知。对情绪体验的调节包括对心态的调节,也包括对情绪体验强度的调节。不同情绪的调节,采取不同的策略。当人愤怒时,说明某个人或某个事物妨碍你达到你的目的,这时要把注意力放在寻找解决问题的办法上,要想办法说服对方不再妨碍你,而不是向对方发泄你的不满。当人悲伤时,要学会向其他人倾诉,当某人使你感到厌恶,而你又摆脱不掉时,最好的办法是忽视他。在现实中要适时适度地调整情绪的反应强度,避免过深地卷入情绪状态,不论是积极的情绪还是消极的情绪,卷入太深,人被情绪控制,难以做出理智的抉择。保持心态平和,不大喜也不大悲,因为任何事情都有利与弊两个方面。

3. 情绪行为的调节

情绪行为的调节是个体通过控制和改变自己的表情和行为来实现的。心理学的研究表明,行为调节可以对情绪体验产生影响,例如,脸部肌肉的变化可以引起个体产生相应的快乐和愤怒的体验,而且脸部肌肉的变化可以加强人的愤怒的体验。因此,在现实中,适当地调整自己的行为,可以达到控制情绪的目的。主要可以通过这两种方式进行调节:一是控制好情绪表达,要学会抑制不良的情绪,适当的时候要学会掩盖;二是掌握交际技巧,充分利用积极情绪的表情动作,表达自己的要求,愿望和思想;三是当郁闷和焦虑等不良情绪出现而又无法排解时,做些自己喜欢的运动,使不良的心理能量得到释放和疏解。

4. 认知调节

认知过程是情绪产生的基础,认知角度不同,得到的信息不同,人的感受亦不同。现实中,遇到令人烦恼、苦闷的事情时,多方位、多角度地认识周围的事物,学会弹性地思考问题,掌握辩证的思维方式,良好的认知方式会使人的心境得到大大的改观。看问题的角度多,人就会更全面地认识问题的利与弊,就会冲淡事物不利的那面引发的不快。

5. 人际调节

人际调节是指利用个体的动机状态、社会信号、自然环境、记忆等因素调节情绪。客观地分析环境,对周围的环境做出正确的评估,调整自己的目标,使之和周围的环境保持协调和一致;建立良好的人际关系,获得亲人、朋友、同事和其他人的心理支持,对保持良好的心态很重要;注意环境的选择,自然环境要清新、有序,社会环境要有健康、积极向上的氛围。

第四节 情绪和情感的发展特点及培养

一、青少年情绪和情感的特点

广义的青少年期是指11、12岁～24、25岁,本书的青少年期是指少年期和青年初期,主要指11、12岁～17、18岁,也就是初中和高中阶段。青少年期,情绪情感发生较大的变化,有人形容青少年期的情绪情感犹如疾风骤雨,以此说明青少年期情绪情感的剧烈变化。由于这一时期的特殊性,国外的学者称这一时期为"危机期",因为他们认为这一时期,成长中的问题较多。这一称呼的科学与否姑且不论,这一时期情绪情感的独特性是事实存在的。青少年期的情绪情感发展趋势的一般特点主要表现为以下几个方面:

(一)情绪情感强烈,富有热情

青少年情绪高亢,富有激情。与成人比较,他们更多地表现出活力和朝气,并善于表达出自己的情绪和情感;对未来充满憧憬和幻想;对喜欢的事情会表现出极高的热情,对不满的事情会表现出强烈的不满。

(二)明显的两极性

青少年期是重要的转折时期,是从幼稚向成熟的过渡期。这一时期,他们的内心充满了矛盾冲突。体现在情绪情感方面,他们情绪和情感的两极性表现明显,波动较大,经常同时出现情绪的两极表现。考试取得好成绩时,情绪高昂,信心十足,而当成绩不理想时,情绪一落千丈,垂头丧气;和同学相处时,一件小事会使两个人的关系亲密无间,也会使两个人的关系怒目相向;对父母既有情感的依恋,又想保持自己的独立性,有时会因为父母的批评负气出走。随着年龄的增长,青少年对情绪和情感的控制性逐渐增强。

(三)情绪情感的稳定性逐渐增强

随着年龄的增长,青少年情绪和情感的稳定性逐渐趋于稳定,主要表现如下:

1. 对情绪情感的自我调节和控制能力增强

少年期对情绪情感的调节和控制能力还较差,情绪起伏也大,富于冲动,往往不分场合、时间表达自己的情绪。青年初期,他们对情绪情感的控制力有所增强,能对情绪和情感进行自我控制和调节。但偶尔仍然表现出冲动性,还是比较富于激情。

2. 青少年情绪和情感逐渐出现了带有文饰、内隐和曲折的性质

相对于青年期,少年期情绪情感控制能力较差,内心的感受常常形之于色,而青年初期,其情绪情感的控制能力增强,他们的情绪情感更为含蓄,他们会根据场合和时间控制情绪情感的表达方式,有的时候内心体验和外部表现会出现不一致的情况。

(四)情绪情感逐渐深刻,高级社会情感迅速发展

随着年龄的增长,青少年情绪情感的内容和形式日渐丰富,高级社会情感迅速发展,对祖国、对集体、对他人的感情日益深刻。青少年的道德感有

了一定的发展,他们有较强的集体荣誉感,很重视学校和班级的荣誉。青少年理智感的发展表现在对事物的求知欲上。研究发现,少年期和青年初期,其求知欲从低级向高级发展,逐渐由对事物的直接兴趣过渡到对事物的本质感兴趣。这一时期美感的发展表现为更加广泛,国内学者从形体和声音两方面对我国儿童青少年的美感体验进行了研究,发现随着年龄的增长,他们的美感体验逐渐深刻,美感的欣赏能力逐渐由低级向高级发展,其声音美感的发展已经接近成熟水平。

(五)青少年重友谊,两性情爱开始萌芽

儿童对父母较为依恋,经常会和父母谈论学校发生的事情,随着年龄的增长,这种对父母的依恋逐渐转向朋友,他们更喜欢与朋友和要好的同学谈论。尤其是高中阶段,他们对友谊更为珍重。

随着成熟期的提前以及青少年性意识的觉醒,有些中学生出现了早恋的情感,对此家长和老师要善于引导,避免粗暴的干涉和指责。

二、教师情绪与情感对青少年成长的影响

情绪和情感本身具有很大的感染性,同时,青少年的情绪与情感尽管有了很大的发展,但仍不很成熟,一定程度上仍易受周围情境的影响。因此,与学生朝夕相处的教师,其情绪与情感对学生成长的影响至关重要。教师情绪与情感对学生的影响主要表现如下:

(一)教师情绪与情感状态直接关系到学生学习的情绪状态

教学活动是师生间的双边活动,不仅仅是知识的传递过程,也是师生间情绪与情感相互作用的过程。教学过程中,教师的情绪与情感状态直接影响到学生学习的情绪状态。教师情绪饱满、和颜悦色,很容易使学生产生共鸣,使学生在良好的心态下进行学习活动,并愉悦地接纳教师的思想和感情。相反,如果教师的情绪低沉、焦躁,学生必然会感到索然无味,情绪的稳定性必然也将受到影响。

(二)教师对学生的热爱是教育成功的保证

教师热爱学生与否直接影响到学生情绪的稳定性及高尚情感的形成,以及学生智力活动的效率和学习兴趣的形成。良好的师生关系是教学成功的重要条件。教师热爱学生,可以使学生在一种安详的氛围中、稳定的情绪状态下学习,这会提高学生的学习效率;同时,教师的情感也会潜移默化地影响学生,有利于学生高尚情感的形成。此外,研究表明,学生的学习兴趣

很大程度上受老师的影响,很多学生之所以喜欢某一学科,往往与该科的任课老师有关,与学生建立良好的师生关系,有利于培养学生对该学科的学习兴趣。

教师对学生的爱表现为两方面:其一,全面真诚。教师要关注学生的成长,要及时地对他们的学习和生活中遇到的问题给以帮助,从而使他们健康成长。其二,公正无偏。真正热爱学生的老师,爱所有的学生,公平地对待每一位学生。尤其对学习差的学生,教师对他们的关爱极为重要,这对他们的成长将产生积极的影响。

三、青少年情感品质的培养

青少年处在情绪与情感发展的关键期,他们情绪与情感的可塑性较大,因此,对他们进行情感教育就十分必要。对青少年进行情感教育,如下几方面应该考虑:

(一)利用教学中的因素进行情感教育

在教学中,挖掘教学中的情感教育因素,适时地进行情感教育。根据教学内容,选择恰当的教学方法,采用适合学生年龄的教学方法,激发学生的热情;充分利用老师的影响力去感染学生,发挥老师的表率作用。

(二)帮助学生科学地理解情绪与情感现象

引导学生认识自己情绪与情感的特点,帮助学生学会自己把握自己的情绪与情感,帮助学生提高情绪与情感的正确表达方式,学会情绪的自我控制和调节。

(三)培养学生形成正确的人生观

正确的人生观往往决定人的价值取向。良好的人生观的确立,可使学生有宽阔的视野,而不患得患失,从而使学生形成良好的心态。

阅读资料

不同文化背景的人对表情的判断

达尔文是最早开展面部表情的观察研究的,他在《人与动物的情绪表达》一书中指出,人类的情绪是从低等动物的类似状态中进化而来的,面部表情帮助人们有效地与别人交往。心理学家现在已经摒弃了达尔文的观点,因为这种看法认为人类的情绪是被决定了的,或者说是一种本能。但达尔文的理论成了许多研究检验的对象。例如,针对达尔文情绪从根本上说是被决定的,人类的面部表情没有文化差异的观点,一些心理学家拿了一叠人类面部表情的照片,到各个国家去请人们辨认照片上的表情表达了什么情绪。结果发现,不同文化背景的人,对同一张照片上的标识有很高的一致性。这证明一种面部表情是和一种情绪相关联的,而与文化或语言的差异无关,见图 7-13。

判断者\表情	愉快	厌恶	惊奇	悲伤	愤怒	恐惧
美国(99 人)	97	92	95	84	67	85
巴西(40 人)	95	97	87	59	90	67
智利(119 人)	95	92	93	88	94	68
阿根廷(168 人)	98	92	95	78	90	54
日本(29 人)	100	90	100	62	90	66

表内数据是各国被试对表情判断符合的百分数。

图 7-13

拉扎勒斯关于情绪评价的研究

拉扎勒斯在研究中提出,在情绪活动中,人们需要不断地评价刺激时间与自身的关系,人们的评价分为三个层次,即初评价、次评价、再评价。初评价是指人确认袭击时间与自己是否有利害关系,以及这种关系的程度。只要人们处在清醒的状态下,这种评价随时随地都会发生,这是人的生存适应的一个重要方面。拉扎勒斯列出了 15 种情绪及其"核心相关主题"。

情绪及其"核心相关主题"

情绪	核心相关主题
发怒	对我及我的所有物的贬低或攻击
焦虑	面对不确定的存在条件
害怕	一种直接的、暂时的、巨大的危险
内疚	道德上的违反
害羞	过错归结到自己

续 表

情　绪	核心相关主题
悲伤	体验到不可挽回的丧失
羡慕	想别人所拥有的东西
嫉妒	憎恨他人得到别人的爱
厌恶	从事或接近令人讨厌的物体、人或思想
高兴	向着一个真正的目标
骄傲	由于自己的成就得到别人的承认或认同而使自我增强
放松	沮丧的情景得到改善
希望	怕坏的结果,想要更好的结果
爱	经常渴望的情感而不要回报
同情	被他人的遭遇所感动而愿帮助他们

次评价是指人对自己反应行为的调节和控制,它主要涉及人们能否控制刺激时间,以及控制的程度,也就是一种控制判断。当人们要对刺激事件做出行为反应时,必须根据主观条件和客观社会规范来考虑行为的后果,从而选择有效的措施和方法。如,当人们受到侵犯、伤害时,是采取攻击行为还是防御行为,这取决于人们对刺激事件的控制判断。在这种评价过程中,经验起着重要的作用。

再评价是指人们对自己的情绪和行为反映的有效性和适宜性的评价,实际上是一种反馈性行为。如果再评价结果表明行为是无效的或不适宜的,人们就会调整自己对刺激事件的初评,并相应地调整自己的情绪和行为反应。(资料来源《普通心理学》彭聃龄)

思考练习

1. 说明情绪与情感的含义与功能。
2. 试说明情绪和情感的关系。
3. 试述情绪、情感的两极性。
4. 简要叙述詹姆斯——兰格情绪学说。
5. 简要叙述阿诺德的情绪认知——评价理论。
6. 试说明焦虑对学习的影响。
7. 试分析挫折的成因。如何调节挫折感?
8. 如何调节情绪?
9. 青少年情绪、情感的特点是什么？怎样培养青少年的情绪和情感?

第八章 意 志

本章内容提要：
1. 意志及意志行动特征
2. 意志与其他心理活动的关系
3. 意志行动的心理分析
4. 意志行动中的冲突与挫折
5. 意志品质的特征及培养

第一节 意志概述

一、意志的概念

意志（will）是自觉地确立目的，并根据目的组织、调节自己的行为，克服困难，以实现目的的心理过程。

意志是人的能动性的集中表现，是人类独有的心理现象。人在作用于客观世界的过程中，往往总是根据对客观事物的认识，先在头脑中确定行为的目的，然后根据确定了的目的来组织、调节自己的行为，并克服困难，力求达到目的。这个过程集中体现了人的能动性，而意志在其中起着重要作用。人有了意志，就能够积极地改造世界，改造自身，从而成为世界的主人。

动物没有意志。动物也作用于环境，有些高等动物甚至仿佛有某种带目的性的行为。但是从根本上说，它们不能意识到自己行为的目的和结果，它们的行为是盲目的。动物的行为从根本上说不能达到自觉意识的水平。动物也不能自觉地组织、调节自己的行为，克服困难，以实现目的。因此，它们只能消极地顺应环境，而不能积极地改造环境，从而成为环境的奴隶。

二、意志行动的特征

由意志支配的行动叫意志行动(volitional movement)。人的大部分行动是意志行动。对意志行动的深入分析有利于培养良好的意志品质。

人的意志行动有以下三个特征：

(一) 意志行动是具有自觉目的性的行动

意志行动的自觉性首先表现在行动前要先确定目的，并意识到行动的目的，能预见其行动的结果。因此，那些无意识的、盲目的冲动行为不是意志行动。意志行动的自觉目的性还表现在自觉地按照目的去组织、调节自己的行为。这种组织和调节功能既包含激励符合目的的行为以及选择一定的策略组织符合目的的行为，又包含抑制不符合目的的行为。

(二) 意志行动是与克服困难相联系的行动

意志行动在目的的确立和实现的过程中，往往会遇到各种各样的困难，正是在克服各种困难的过程中才表现出一个人的意志力量。因此，意志行动是与克服困难相联系的行动，没有困难的行动不是意志行动。

困难有内部困难和外部困难。内部困难是指干扰目的的确定与实现的内在条件，它包括心理上和生理上两种。心理上的困难，如信念的动摇、情绪的冲动、能力的缺乏等。生理上的困难，如健康状况不佳等。外部困难是指阻碍目的的确定与实现的外在条件，如缺乏必要的工作条件等。人在活动中为了克服困难，就必须动员自己所具有的知识、情绪与体力，使之处于良好的状态，这就是意志的表现。

(三) 意志行动是以随意动作为基础的

人的行动是由简单动作所组成的。动作可分为不随意动作和随意动作。随意动作是指由意识指引的动作，是在生活中学会的、具有目的方向性的动作，如上课专心听讲、举手发言等。不随意动作是指那些不由自主的动作，如无条件反射动作、某些习惯性的动作等。意志行动主要以随意动作为基础。当然，也可能包含一些不随意动作。

通过意志行动特征的分析，充分说明意志在人的意识活动中具有自觉的、有目的的主观能动作用。否认人的能动作用，把人的行为都归结为由外界刺激机械地决定的，或者否定人的意志对客观规律的依存性，宣扬意志绝对自由，这两种见解都是错误的。意志既是自由的又是不自由的。说它是自由的，是因为在一定条件下，人可以根据自己的意愿自主地选择目的，发动或制止某种行动,按某种方式方法行动;说它是不自由的,是因为人的一切愿望、一切行动都必须符合客观规律。意志有巨大的能动作用,但又绝不能违背客观规律和超越客观条件的限制。人越善于认识并运用客观规律,人就越主动、越自由。

三、意志行动的生理机制

意志活动是人脑的机能,是神经系统多部位、多层次整合活动的结果。由于意志活动的复杂性,其具体的生理机制至今尚未探明。

意志行动是通过一系列随意运动来实现的。直接控制机体运动的是运动区。运动区对一定部位肌肉的支配,具有精细的机能定位。大脑皮质运动区由许多呈纵向柱状排列的多细胞单元("运动柱")组成。运动区的细胞与皮质的其他部位有广泛的神经联系;来自皮肤、肌肉和关节的冲动以及来自额叶等部位的信息,为运动区调节运动提供了所需的信息;"运动柱"内细胞之间的环路使不同层次的细胞广泛作用,最后离开皮质的锥体细胞和非锥体细胞,对输入信息和指令信息的总和发生反应。随意运动是通过锥体和锥体外系的协同活动完成的。其中锥体系的机能是对敏捷灵活活动进行精细调节,而锥体外系的机能则主要与调节肌肉紧张、肌群的协调性运动有关。

大脑额叶在意志行动中具有非常重要的意义。大脑额叶是形成意志的目的器官,它随时将活动的结果与预先拟订的计划目的进行校核。鲁利亚等人的研究表明,额叶损伤的患者丧失了形成行动的愿望,不能独立地产生行动计划,行动的意识调节受到严重破坏,患者不能借助语言形成的动机而产生某种行动。额叶严重损伤时,随意运动程序的机制遭到破坏。这与运动区损伤时,运动的执行环节遭到破坏是不同的。

网状结构在行为的意志调节中也有重要意义。因为行为的意志调节必须以大脑皮质的优势兴奋中心为前提,要使大脑皮质建立优势兴奋中心,必须高于正常的动力供应。网状结构则是皮质动力供应的特殊电池和操纵台。

总之,意志行动是大脑的许多复杂的神经过程相互作用的结果,其中中央前回运动区和额叶起着十分重要的作用。

四、意志与其他心理活动的关系

(一)意志和认识的关系

意志和认识过程有着密切联系。

首先,意志的产生是以认识过程为基础的。我们知道,意志行动具有自觉目的性。人在确立行动的目的,选择方法和步骤时,要审度客观形势,分析主观条件、回顾过去的经验,设想将来的结果,拟订方案,编制计划,并对这一切进行反复斟酌,所有这些都必须通过感知、记忆、思维、想象等认识过程才能实现。这样人才能确立切合实际的目的,选择合适的方法,制订有效的方案。所以说,意志行动离不开认识过程,意志是在认识活动的基础上产生的。

其次,意志对认识过程也有很大的影响,人在进行各种认识的过程中,总是会遇到一定的困难。要克服这些困难,就需要作出意志的努力,没有意志努力去克服困难,认识过程就难以深入和持久,取得一定的成效。在认识过程中缺乏意志的人往往遇难而退,半途而废,很难达到目的。

(二)意志与情绪、情感的关系

意志与情绪、情感也有着密切联系。

情绪、情感既可以成为意志行动的动力,也可以成为意志行动的阻力。一般而言,积极的情绪、情感,如强烈的热情、责任感以及良好的心境等对意志行动起着推动或支持的作用。消极的情绪、情感,如对要达到的目标的冷漠态度、畏难情绪,不切实际的骄傲情绪以及高度的焦虑情绪、不良的心境、缺乏责任感等都会妨碍意志行动的贯彻、动摇以致削弱人的意志。不过,对不同的人来说,消极情绪、情感的干扰作用的大小取决于个人的意志水平。意志坚强的人,可以克服消极性情绪、情感的干扰作用,使其影响降到最低;意志薄弱的人则可能被这些消极情绪、情感所压倒,使行动半途而废。

反过来,意志可以控制情绪,丰富和升华情感。人可以通过意志调节和控制情绪,意志坚强的人往往能够战胜不良情绪,他们会主动采取有效的办法调节和控制不良情绪,并产生良好的、积极的情绪,使意志行动顺利进行,他们往往成为自己情绪的主人。

坚强的意志往往有利于丰富和升华情感。在意志活动中,意志坚强的人克服一个个困难,产生丰富而高级的情感体验,他们的情感也变得越来越丰富、深刻,情感的境界越来越高。尤其是经历过巨大的意志努力取得成功以后,人们会获得情感的质的飞跃。

(三)意志与个性的关系

意志和个性的关系十分密切。理想、信念和价值观以及兴趣爱好等个性倾向性制约着人的意志表现。崇高的理想、坚定的信念、强烈的兴趣爱好或认为某事很值得去做等会激发出强大的意志力量,促使人克服各种困难和障碍,从而达到目的,即使是原本意志薄弱的人也可能如此。这一点提示我们,在培养意志力的时候,要高度重视理想、信念、价值观以及兴趣爱好等的培养。

意志对个性的形成和发展具有十分重要的意义。坚强的意志有利于高品质的个性倾向性的形成,也有利于形成良好的情感品质,有利于能力的发挥,有利于形成健康而有魅力的个性。所以,培养良好的意志品质是教育的重要任务。

(四) 意志与成就行为的关系

一般说来,成就的高低与意志水平的高低是一致的。意志坚强的人自觉性较强,并能克服困难,艰苦奋斗,直至达到目的,因此往往取得较好的成就;反之,意志薄弱的人往往难以取得好的成就。

谢敏等(1997)对大学生成才心理进行长达 10 年的实证研究,建立了一个成才监控系统模型①(图 8-1):从这个模型我们可以看到意志在成就行为中的极为重要的作用。

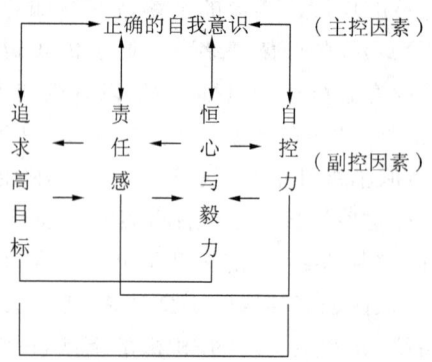

图 8-1

下面一个案例可以说明自制力品质与学业成功的关系。

糖 果 实 验

美国心理学家瓦尔特·米斯切尔于 20 世纪 60 年代在斯坦福大学的一所幼儿园做了一个著名的实验。在实验中,瓦尔特·米斯切尔事先在那些

---

① 谢敏等:《成才监控与人格智能》,重庆:重庆出版社,1997 年 11 月,第 1 版 31 页。

仅有4岁的儿童面前放上一颗棉花糖,告诉他们:"你们可以吃掉这颗糖,但如果能等到我出去一会后,回来再吃,就能吃到两颗。"当他刚离去,有的小孩就迫不及待地吃掉了;有的小孩等待了一会儿,但还是忍耐不住把糖吃掉了;剩下的那些孩子则坚持等候了对他们来说很漫长的20分钟,吃到了两颗棉花糖。

10多年后,这些孩子长大了,参加了大学入学考试,结果是那些坚持得到两颗糖的孩子的平均分比得到一颗糖的孩子要高出210分(总分800分),他们的智商水平并没有明显的差别。

这个例子说明自制力品质与学业成功的重要关系。

(选自《成才监控与人格智能》,谢敏等著,重庆出版社,1997年11月第1版,99页)

第二节 意志行动过程的心理分析

一、意志行动的基本阶段

人的大部分行动是意志行动。对意志行动过程的心理分析有利于了解意志行动的内部机制,有利于帮助青少年策划高效的意志行动计划,以培养青少年高水平的意志力。意志行动的心理过程分为两个阶段:采取决定阶段(主要包括动机冲突、确定目的、策略和方法的选择、制订计划许多环节)、执行决定阶段。

(一)采取决定阶段

采取决定阶段是意志行动的开始阶段,它决定着意志行动的方向及意志行动的动因。

1. 动机冲突

在采取决定的过程中,有时候很容易就做出决定;有时候,可供选择的目标有好几个,在确立目的时会产生各种动机冲突,只有妥善解决动机冲突后,才能确立目的,做出决定。关于动机冲突,稍后再论述。

2. 确定目的

在动机冲突解决后,确立目的往往还有许多事情要做。

目的在意志行动中起着极其重要的作用。目的越深刻(社会意义越大)、越具体,则由目的所引起的毅力也越大。目标越远大,它对行动的动力作用也越大。但在远大的目标之下,应再确立一些近期的具体的目标,否则,遥远的目标反而易使人懈怠。

在确定目的的过程中,有时很容易就能完成。有时候要审度客观形势,探索事物的规律,分析主客观条件,设想将来的结果,探讨目的的意义、价值及各种方案,同时搜集各种情报,从中选出一个最可行和最有前途的目的,这一过程需要较大的意志努力去认真斟酌。

目标的确定和选择与一个人的抱负水平密切相关。所谓抱负水平是指一个人在做某件实际工作之前估计自己可能达到的成就目标。抱负水平制约着对行动目标的追求,个人的抱负水平是后天形成的,个人的成败经验、自信心等因素会影响一个人的抱负水平。成功的经验一般能提高抱负水平,而失败的经验一般会使其降低。自信心强的人比自信心弱的人的抱负水平更高,而且更符合实际。

3. 选择方法和策略,制订计划

目的确定后,进一步就要选择达到目的方法和策略,制订行动计划。方法与策略的选择、计划的制订,对行动目的的顺利实现关系极大。切实可行的方法、策略、计划使行动结果事半功倍,不好的方法、策略、计划则事倍功半,甚至导致行动的失败。

有的时候,只要目的确立,方法、策略和计划便可以确立,不需要意志去努力。在通常的情况下,却需要较大的意志努力,要了解情况,摸清规律,比较各种方法、策略和方案,以及可能导致的结果。这时也可能产生动机冲突,内心犹豫不决,难以下决心。因此,这一阶段也体现一个人的意志水平。

(二) 执行决定阶段

在做出决定之后,便过渡到执行决定阶段。执行决定阶段是意志行动的关键。因为采取决定只是主观的东西,而执行决定才是主观见之于客观的物质活动。通过执行决定才能发挥意志在改造客观世界中的作用。

从做出决定到执行决定,在时间间隔上有两种情况:一种情况是在行动目的已确定,方法策略方案已选好,完成行动的主客观条件都已具备,就应当机立断,立即执行。这时如果优柔寡断,当行而不行,这是意志薄弱、缺乏果断性的表现。另一种情况是,在做出决定之后,要隔相当长的时间才能执行,需要意志的坚持性。这时如果草率从事,则是盲目性的表现。由此可见,在执行决定过程中,意志表现为采取积极行动来达到目的,也表现为抑制那些不利于达到目的的行动。

在执行决定过程中常常会遇到很多困难,例如体力和脑力的紧张与疲劳、知识经验不足、失败与挫折等,这就需要较强的意志努力。克服困难是意志力水平的最突出的表现。意志坚强的人往往能直面各种困难,千方百计地动员自己全部身心去克服困难,做到百折不挠、屡败屡战,最终达到自己的目标;意志薄弱者往往回避困难,放弃努力,在失败面前垂头丧气、一蹶不振。优良的意志力水平也正是在克服困难的过程中锻炼和培养起来的。

二、意志行动中的冲突

意志行动是由一定的动机引起的。动机是激起人去行动或抑制这个行动的动力。意志行动中,特别是确定目的阶段往往存在着动机冲突。动机冲突是指在面对相互矛盾的动机时所产生的矛盾的心理状态。动机冲突的解决也反映着一个人的意志水平。

就动机冲突的内容来说,可分为原则性动机冲突和非原则性动机的冲突。凡是涉及个人愿望与社会道德、法律准则相矛盾的动机冲突,就是原则性动机冲突。解决这类冲突要经过激烈的思想斗争才能解决。一个意志坚强的人善于有原则地权衡和分析不同的动机,及时地选择正确的动机,并确定与其相适应的目的;意志薄弱者则会长久处于犹豫不决的矛盾状态,甚至确定目的后也不能坚持,并且还会受到其他动机的影响而改变目的。凡是不与社会准则相矛盾,仅属于个人爱好、兴趣、习惯等方面的动机冲突属非原则性动机冲突。这种冲突的解决也表现一个人的意志水平。

就动机冲突的形式来说,可分为以下四种动机冲突:

(1) 双趋冲突:指一个人以同样强度追求同时并存的两个目的,但又不能兼得时产生的内心冲突。一个中学生到了周末既想学习又想玩耍,就产生双趋冲突。解决的办法很可能是选择一个,放弃一个。

(2) 双避冲突:指一个人同时遇到两个威胁性而都想躲避的目的,但又必须接受其一始能避免其二时所产生的内心冲突。如一个学生既怕学习又怕受处分,都想逃避,但他必须选择其一,这就产生双避冲突。

(3) 趋避冲突:指一个人对同一目的同时产生两种动机。一方面好而趋之,另一方面又恶而避之,这样产生的内心冲突就是趋避冲突。例如,一个学生想提高自己的学习成绩,但又觉得学习太苦太累,因而又不愿意学习,这就产生趋避冲突。

(4) 多重趋避冲突:一个人面对两个或两个以上的目的,而每一个目的又分别具有趋避两个方面作用,这就产生多重趋避冲突。如一个学生想做三好学生但又觉得三好学生标准太高而不愿努力,想做雷锋式的人却又怕别人嘲笑,想向老师请教又怕老师嫌自己基础太差而被批评等。解决这样的冲突往往比较困难,对人的意志构成比较大的挑战,如果经常能正确解决这样的冲突,其意志水平往往能得到提高。

三、意志行动中的挫折

挫折是指当意志行动的目标不能成功实现或在意志行动中不能成功解决动机冲突时所产生的心理状态,这种挫折心理由一系列的行为反应组成。

(一)挫折中的行为反应

受挫后会产生各种各样的行为反应。产生什么样的反应,反应的强度如何,与下列一些因素有关:第一,目标和冲突的重要性。目标和冲突对一个人越重要,受挫折后的反应就越强烈。第二,个体的意志水平。意志坚强的人在受挫折后可能会坚韧不拔,百折不挠,竭力达到目的,作出比较理智的反应。而意志薄弱的人可能灰心丧气,一蹶不振,甚至失常,做出非理智的反应。第三,挫折经验。过去受挫折次数多的人与受挫次数少的人的反应可能不一样。

受挫后的行为反应大致可分为理智反应与非理智反应。

(1) 理智反应:指受挫后采取冷静的态度,客观地分析挫折,调整目标和策略,避免或减少焦虑的反应,或化消极因素为积极行为,增加努力,克服困难,达到目标等。

(2) 非理智反应:非理智的反应多种多样,这里主要介绍两种。

① 攻击:指受挫后发泄愤怒情绪,导致过激行为。攻击可分为直接攻击和间接攻击、外攻击和内攻击等。直接攻击指把攻击的矛头指向引起挫折的人或物,间接攻击则指把攻击的矛头和不满情绪发泄到和挫折没有直接关系的人和物上;外攻击指攻击他人和外界事物,内攻击则指将不满情绪、攻击情感指向自己,甚至自虐自伤。

② 消沉:指受挫后产生没有希望、没有前途等的想法,从而悲观消沉,不再做出努力。这样的消沉可能会影响到生活的其他方面,在其他的事情上也放弃自己应有的努力。消沉还可能造成长期的焦虑和抑郁。

(二)挫折的应对

善于应对挫折,是意志行动中的重要技巧,是实现意志行动的重要条件,也是提高意志水平的重要条件。一般认为,应对挫折应注意如下方面:

（1）建立正确的挫折观。例如认识到挫折是人生不可避免的，"人生逆境十有八九"、"挫折是人生的伴侣"；挫折有消极的一面，也有积极的一面。挫折往往成为自强不息、奋起拼搏的动力，往往也是锻炼意志品质，提高耐挫力的机会。耐挫力和坚强的意志正是通过战胜挫折，与困难作斗争培养起来的。

（2）正确客观地分析挫折事件。正确客观地分析挫折的原因、后果，总结经验教训，以便调整目标、策略、计划，重新奋斗，避免以偏概全、无限夸大后果等错误认识。

（3）培养应对挫折的积极态度。敢于面对挫折，主动自觉地把自己置身于困难中去磨炼，不逃避，不放弃奋斗等。自强不息是一切成功者共同的特征。

（4）学会一些应对技巧。如怎样处理失败情绪，怎样把消极因素转化为积极行为，怎样处理复杂局面等。

第三节　青少年意志品质的养成

不同的人在意志行动中表现出不同的特点，有的人目的明确，有的人盲目行动，有的人处事果断，有的人优柔寡断，等等。在意志行动中表现出来的稳定的行为特点称为意志品质。意志品质主要包括自觉性、独立性、果断性、自制力、坚韧性等特征。它们在意志行动中贯彻始终，影响着人的意志行动的进行，并构成人的性格特征。

培养意志品质对学习和事业成功、培养健康心理以及生活幸福有着十分重要的意义。

一、意志品质的特征

（一）自觉性

自觉性指一个人能自觉地确立意志行动的目的，并能清楚地、深刻地认识到该目的及其正确性和重要性，能自觉地支配自己的行动以服从相应的目的的意志品质。

有自觉性的人有坚定的立场和信仰，能自觉确立目的，并相信自己的目的是正确的，能依据目的自觉地支配自己的行动，在行动中能够把自己的热情和力量投入行动中，千方百计克服困难，充分发挥自己的主观能动性。

与自觉性相反的是盲目性,盲目性是指对自己的行动目的缺乏清楚的意识,没有真正意识到自己行动的正确性,不能自觉地依据目的有效支配自己的行动,不能自觉遵守有关规则等。

(二) 独立性

独立性是指倾向于自主地确立目的,做出决定,采取行动的意志品质。独立性的人,在行动中既不轻易接受外界的影响而改变自己的目的、计划和方法,也不拒绝一切有益的意见和建议。

与独立性相反的品质是受暗示性和独断性,受暗示性是指容易接受别人的影响,不加分析地接受别人的思想和行为,轻易改变或放弃自己的决定。独断性是指对自己的决定深信不疑,一概拒绝他人的意见和建议。独断性的人,表面上看似乎具有独立性,但实际上,仍是缺乏独立性的表现。

(三) 果断性

果断性是指善于明辨是非,抓住时机,迅速而合理地采取决定,并实现所做决定的意志品质。果断性的人能全面而深刻地考虑行动的目的以及达到目的的方法和计划,虽然也有内心冲突,但在动机冲突时,没有多余的疑虑。在需要行动时能当机立断,但在不需要立即行动或情况有所变化时,又能立即停止或改变已经执行的决定。

意志的果断性品质是以自觉性、独立性为前提的,并与思维的批判性和敏捷性、知识经验的丰富性相联系,大胆无畏和深思熟虑等也是重要条件。

与果断性相反的是优柔寡断和草率决定。优柔寡断是指在做决定时顾虑重重,犹豫不决,迟迟做不出决定,对自己已作决定的正确性也常怀疑。草率决定是指对任何事情总是不加思考,既不考虑主客观条件,也不考虑行动后果,就匆忙做出决定。

(四) 坚韧性

坚韧性是指对行动目的的坚持性,并能在行动中保持充沛的精力和体力的意志品质。坚韧性的人,一方面善于克服和抵制不符合行动目的的主客观诱因的干扰,做到目标专一,始终不渝,直到实现目的;另一方面能在行动中做到锲而不舍,百折不挠,勇于克服各种困难。坚韧性是人的重要的意志品质,一切有成就的人都具有不屈不挠地向既定目的前进的坚韧的意志品质。与坚韧性相反的是动摇和顽固。动摇是指立志无常,见异思迁,尽管有行动目的,但虎头蛇尾,遇到困难就放弃对预定目的的追求。顽固是指只承认自己的意见或论据。当实践证明其行动是错误时仍固执己见,一意孤行,因而往往受到客观规律的惩罚。

(五)自制力

自制力是指在意志行动中能自觉、灵活地控制自己的情绪、约束自己的言语和动作等方面的品质。自制力反映着意志的抑制职能。自制力又称为自我控制能力,主要包括五个方面①:抑制冲动行为,抑制诱惑,延迟满足,制订和完成行动计划,采取适应于社会情境的行为方式。自制力强的人,一方面善于控制自己去执行所采取的决定,另一方面又善于控制自己的情绪和冲动,表现出较强的忍耐性。

与自制力相反的是冲动性。冲动性是指不能控制自己的情绪,对自己的动作和言语约束力较差。其主要表现为思想容易开小差,并易受外界的引诱和干扰而不能律己。

以上谈到的意志品质都具有一定的内在联系,缺少其中任何一种品质都会影响到其他品质,都会给人的个性带来缺憾。

值得注意的是,不应抽象地看待意志品质。意志品质与意志行动的具体内容密切相关。例如,有的人可能在此种情境或活动中意志品质差,但在彼种情境或活动中意志品质好;有的人在此阶段可能意志品质差,但在彼阶段意志品质好;有的人可能一般情况下意志品质差,但特殊情况下意志品质好,等等。意志品质有着稳定性的一面,也有其可塑性的一面,而且更重要的是可塑性的一面。我们不能轻易地给一个人贴上意志薄弱的标签。意志品质是在具体的意志行动中发展起来的。因此,我们在培养青少年意志品质的过程中,应通过精心设计意志行动的有关活动来进行。

高考压力对意志品质的正面作用

高考压力对学生意志品质的正面作用主要表现在促进了自觉性、自制力、坚韧性等成才必备的意志品质的高度发展。

在自觉性方面,不少学生做到了完全不要家长、教师督促。自己能做好全面的学习计划,每天紧张而有序地自觉学习。

在自制力方面,学生们表现尤为突出。各种有强诱惑力的事物、活动,如课外读物、电视节目、文娱活动、聚会、打游戏机等都被学生用理智克制甚

---

① 但菲:《儿童自我控制能力综述》,沈阳师范学院学报(社科版),2001年第1期,第68页。

至压制下去了。

学生在坚韧性方面也表现得超乎常人。他们能以充沛的精力、顽强的毅力投入到枯燥的学习中,以达到考上理想大学的目标。这种不断与自己内心的疲劳、分心、松懈、外界干扰、诱惑作斗争的勇气和毅力,体现了高度的意志品质。

高考有明显的负面作用。但是,高考压力对意志品质的正面作用表明,人的意志品质具有很大的可塑性,在特定的条件下可达到很高的水平。这为我们培养青少年意志品质提供了宝贵的启示。

(引自《成才监控与人格智能》,谢敏等,重庆出版社,1997年11月第1版,211页)

二、青少年意志品质的差异与特点

(一)自觉性和独立性的差异与特点

小学生的意志行动盲目性大,不稳定性强。他们很容易改变自己的行动或盲目地追随他人的行动。他们的行动在很大程度上是根据家长和老师的要求和指导来调节的,有很大的依赖性。青少年则不同,他们对客观事物的认识能力已大为发展,自我调节能力和行动规划能力都与小学儿童大有不同。他们的学习活动一般都有比较明确的目的,能在一定程度上独立确立目的、制订计划、支配调节自己的行动。

初中生的自觉性特点,还表现为其近期目标起着更重要的作用,如得到老师的表扬、考到第几名等。他们对未来理想的观念比较笼统和肤浅,其对行为的影响较小。在独立性方面,少年学生往往还保留依赖性和模仿性,易受人暗示。

高中生的自觉性则有了很大的发展。首先,他们既有近期目标,又有较长远的目标,如既可能有考第几名的目标又可能有今后考什么大学的目标;其次,高中生确立行动目的,比初中生有更强的独立性,也更能独立支配自己的行为。

(二)果断性的差异与特点

少年学生一般都能按照一定的观点、原则去行事,果断性比以前提高了。但是,他们常常带有盲动性、冒险性等特点,遇到困难和复杂的事物,往往不加周密思考就草率从事,有时也表现为犹豫不决。

我国的一些心理学研究表明,意志果断性的发展,从小学二年级到初中二年级并不显著,到高一前后才出现明显提高。这可能是同他们的认识能力,特别是思维的批判性和敏捷性的发展相联系的。高中生的果断性比初中生就明显提高了。

（三）自制力的差异与特点

初中生的自制力比小学生有了质的提高。无论在课堂纪律的维持上,还是在学生课外活动中,都显示出小学生更多地需要教师的提示和管束,而初中生则表现出更多的自律能力,但仍然较差。初中生的情绪也易于变化,意志也不够坚定。初中生与高中生相比,前者比后者有明显的不足。

（四）坚韧性的差异与特点

青少年中,行动目的的明确性、情绪情感和个性对意志的支撑作用、自我调控能力等方面都比小学生强,因此,坚韧性比小学生大有进步。但初中生也常表现出有坚持下去的决心,遇到困难时却又易灰心丧气。青年的坚韧性往往比少年要强。

三、青少年意志品质的养成

（一）以对学习目标的意义和结果的认识、理解来激励学生的意志行动,培养学生的意志品质

实践证明,目标越明确、对目标的意义和结果理解越深刻,就越能激发学生的动机和积极的行动,学生越具有克服困难的力量,也越能培养学生的自觉性、自制力、坚韧性等品质。所以,教师在教学过程中应多采用目标定向的教学法,让学生明确学习的目标,理解目标的意义和结果。在教学管理中应鼓励学生自定目标、制订计划、实施计划。

这里还值得一提的是,学生的理想、信念、价值观、人生观、世界观等对学生确立学习目标、理解目标的结果和意义是十分重要的,也对学生的自觉性、独立性、果断性、自制力和坚韧性等品质有深远的影响。因此,教师以恰当有效的方式对学生实施理想、信念、世界观、人生观、价值观等方面的教育,是十分必要的。

（二）设置困难情境,使学生获得意志行动的成功经验

学生的意志品质是在不断克服困难过程中培养起来的。学生成功克服困难的经验能增强他们克服困难的信心和自我效能感,对增强意志品质十分有益。教师和家长应该在教学和生活方面根据学生的特点设立适当的困

难情境,鼓励学生通过自己的意志努力克服困难,获得意志行动的成功经验,增强其克服困难的信心和自我效能感。"成功教育"理念应贯彻到意志品质的培养中去。

(三)以学生积极的情感体验增强其意志力量

积极的情感能激发起人的行动动机,使人表现出巨大的意志力量,从而以极大的热情去战胜困难,完成任务。为此,教师首先应与学生建立起真挚、亲密的师生关系,将学生对教师的情感迁移到学习中去,成为学习的动力。其次,教师在对学生的学习和个性进行评价时,要以正向的、鼓励性的评价为主。不仅对成功的行为结果进行表扬鼓励,在对待失败的行动结果的评价中也应尽量让学生看到自己的成绩与进步,这样能使学生产生愉悦感,增强自信心,增加战胜困难的勇气。教师在教学中遵循使学生"逐步成功"的原则可增加学生的积极情感和自信心。

(四)让学生在不感兴趣但很有意义的行动中培养高度的责任感,以锻炼意志品质

高度的责任感是自觉性、自制力、坚韧性的重要支撑力量。通过让学生参加不感兴趣但又很有意义的活动来培养高度的责任感,不但有利于意志品质的培养,也有利于良好品德的培养。

(五)重视榜样和群体意志的作用

"榜样的力量是无穷的。"榜样对改变学生的知、情、意、行都有巨大的力量。教师善于树立典型的榜样,促使学生在认识上认同,在情感上受到震撼,那么,学生在意志行动中必然会模仿榜样,从而激发出坚强的意志力量。

个体意志与群体意志相互影响、相互促进。优良的个体意志品质能提高群体意志的层次,坚强的群体意志也会优化个体的意志行为。对学生意志品质的培养必须重视优良班风、校风等的建立,通过群体意志来培养个体的意志品质。

(六)重视意志的自我锻炼

首先,要鼓励学生善于自我评价,使学生通过对自身意志行动的分析评价,看到自己意志品质的优点,以增强自信心,也看到自己的缺点和不足,以增强自我锻炼的决心。其次,要鼓励学生善于对自己提出意志行动的具体化要求,如自我控制、信念坚定、勤奋努力等。再次,要鼓励学生善于约束自

已,如严格遵守规章制度、如期完成工作和任务、养成良好的生活习惯等。最后,要鼓励学生善于自我督促、自我激励等,如用格言、名人名言等来对照督促自己、激励自己,以形成优良的意志品质。

阅读资料

目标实现计划一例

目标的属性:健康计划

 预计目标:将体重由95公斤降到70公斤

第一步:目标叙述——我的体重目前已达95公斤,严重超标。我计划:

   短期目标(1个月内):降低体重2公斤;

   中期目标(3个月~1年内):降低体重25公斤并维持;

   长期目标(2~5年内):维持减轻了的体重。

第二步:达到该目标的意义

  (1) 我的体格看起来会更棒,工作能力的表现会更好,在同伙中会更有魅力。

  (2) 与大家共同活动时,我会有较好的体力和耐力,可提高我的自尊心。

第三步:分析自己的当前处境

  (1) 超重太多,不好买衣服,很多情况下使我感到窘迫。

  (2) 我吃太多脂肪和糖,太容易气喘,和年龄不相适应。

第四步:找出风险和障碍

  (1) 如果不立刻下定决心改变现状,自尊心会更加受到伤害。

  (2) 我必须自觉地少吃甜食,多运动。如果体重减得太快,还有可能反弹。

  (3) 最近有两位朋友邀请我参加他们的生日晚会,会有很多可口的食物。

  (4) 减肥食品和健身活动的花费。

第五步:明确需要进一步学习的知识

  (1) 理想的脂肪值和胆固醇含量是多少?什么样的饮食结构是适合我的?

  (2) 我应该选择什么样的运动来减轻体重?如何保持理想体重?

第六步：确定能监督并帮助自己的人
    （1）医生和营养师、家人、同学和朋友。
    （2）减肥中心。

第七步：拟订计划
    （1）接受健康检查。决定饮食计划并采购必需的食物。
    （2）决定运动计划并参加健康俱乐部。
    （3）减轻第一个2公斤、第二个2公斤、第三个2公斤……展开维持体重的计划。

第八步：设定期限并给予奖励。确定在某个日期前达成某个目标，达成后将怎样奖励自己。

培养学生意志品质的实践模式

北京市石景山区教育科学研究所的王曦、李树义等提出了一个适合小学、中学的实践模式来培养学生的意志品质。该模式分为三个阶段：

1. 自我分析：学期初，引导学生全面反思自我，正确认识自我。让学生对自己的德、智、体、心理、特长都心中有数，从而明确自己前进的起点。在学生自我分析过程中，教师、家长都参与意见，使学生的分析更符合实际。以后每学期初，学生都要针对自己的实际情况修改自我分析。这样逐步培养和提高学生的自我分析的意识和能力，锻炼学生的自觉性、果断性、独立性。

2. 自我设计：在自我分析的基础上，学生制定自己的努力目标。努力目标分为近期目标、中期目标、远期目标。近期目标主要指学生半学期或一学期的努力目标；中期目标指学生实现远期目标所必需的教育与训练，要以近期目标的达成为基础并面向远期目标；远期目标指学生的理想，包括人生理想和职业理想，在此前提下充分发挥自己的潜能，实现自己的价值。培养学生的自我设计能力，主要是培养学生做事情的计划性，逐渐学会设立目标，明确努力的方向和努力的策略，调动学生奋发向上的积极性和良好的心态。

3. 自我管理：自我管理是自我控制能力培养的重要内容，可分为课上管理和课下管理。通过自我管理锻炼学生的自制力、坚韧性等。

① 课上自我管理：可以通过帮助学生在课堂学习中树立和体现"三个意识"来实现。这"三个意识"是"主体意识"（指学生要明确自己是学习的主人，在课堂学习中要积极思考、主动发言、主动参加课堂学习活动，自觉认真

完成作业，课前准备好学习用品）、"效率意识"（指学生要有当堂的任务当堂完成的高效意识，要积累、讲究学习方法，要克服学习中的懒惰情绪，提高学习效率）、"自控意识"（指学生要能控制自己，把自己的身心状态调整到最佳，不做与课堂学习无关的事，集中注意力学习）。为了落实"三个意识"，他们设计了《课上三个意识评价表》，周或月进行互评与总结，起到督促与检查作用。

② 课下的自我管理：他们要求实验班的学生要做到：遇事有主见；情绪能调节；生活有规律。周或月进行互评与总结。他们还把学生自我分析、自我设计、自我管理综合起来形成了《自我教育手册》。使用这套实践模式对实验班进行训练，并在一段时间后与对照班比较，结果表明，实验班比对照班在意志品质的很多方面都有显著提高。

意志力自测

说明

本测验有26道试题，每道试题你可按下列作出判断。

a——很符合自己的情况；
b——比较符合自己的情况；
c——介于符合与不符合之间；
d——不大符合自己的情况；
e——很不符合自己的情况。

1. 很喜爱长跑、远足、爬山等体育运动，但并不是因为我的身体条件适应这些项目，而是因为这些运动能够锻炼我的体质和毅力。

     a b c d e

2. 我给自己订的计划常常因为主观原因不能如期完成。

     a b c d e

3. 如没有特殊原因，我每天都按时起床，从不睡懒觉。

     a b c d e

4. 我的作息没有什么规律性，经常随自己的情绪和兴致而变化。

     a b c d e

5. 我信奉"凡事不干则已，干则必成"的格言，并身体力行。

     a b c d e

6. 我认为做事情不必太认真，做得成就做，做不成便罢。

     a b c d e

7. 我做一件事情的积极性，主要取决于这件事情的重要性，即该不该做，而不在于对这件事情的兴趣，即不在于想不想做。

     a b c d e

8. 有时候我躺在床上，下决心第二天干一件重要事情，但到第二天这种劲头又消失了。

     a b c d e

9. 在学习和娱乐发生冲突的时候，即使这种娱乐很有吸引力，我也会马上决定去学习。

     a b c d e

10. 我常因读一本引人入胜的小说或看一出精彩的电视节目而忘记时间。

     a b c d e

11. 我下决心办成的事情（如练长跑），不论遇到什么困难（如腰酸腿疼），都坚持下去。

     a b c d e

12. 我在学习和工作中遇到了困难，首先想到的就是问问别人有什么办法。

     a b c d e

13. 我能长时间做一件重要而枯燥无味的工作。

     a b c d e

14. 我的兴趣多变，做事情常常是"这山望着那山高"。

     a b c d e

15. 我决定做一件时，常常说干就干，决不拖延或让它落空。

     a b c d e

16. 我办事喜欢捡容易的先做，难的能拖则拖，实在不能拖时，就赶时间做完算数，所以别人不大放心让我干难度大的工作。

     a b c d e

17. 对于别人的意见，我从不盲从，总喜欢分析、鉴别一下。

     a b c d e

18. 凡是比我能干的人，我不大怀疑他们的看法。

     a b c d e

19. 遇事我喜欢自己拿主意，当然也不排斥听取别人的建议。

     a b c d e

20. 生活中遇到复杂情况时,我常常举棋不定,拿不出主意。
     a b c d e

21. 我不怕做我从来没有做过的事情,也不怕一个人独立负责重要的工作,我认为这是对自己很好的锻炼。
     a b c d e

22. 我生来胆怯,没有十二分把握的事情,我从来不敢去做。
     a b c d e

23. 我和同事、朋友、家人相处,很有克制能力,从不无缘无故发脾气。
     a b c d e

24. 在和别人争吵时,我有时虽明知自己不对,却忍不住要说一些过头话,甚至骂对方几句。
     a b c d e

25. 我希望做一个坚强的、有毅力的人,因为我深信"有志者事竟成"。
     a b c d e

26. 我相信机遇,很多事实证明,机遇的作用有时大大超过个人的努力。
     a b c d e

评分原则:

在上述26道试题中,凡题号为单数的试题(1,3,5,7,9…),a,b,c,d,e依次为5,4,3,2,1分;凡题号为双数的试题(2,4,6,8,10…),a,b,c,d,e依次为1,2,3,4,5分。

26道试题的总得分,如果在:

110分以上,说明你意志很坚强;

91～110分,说明你意志较坚强;

71～90分,说明你意志只是一般;

51～70分,说明你意志比较薄弱;

50分以下,说明你意志很薄弱。

(引自《你是意志坚强的吗》,中国保险,1999年第3期)

思考练习

1. 试设计自己的一个意志行动方案。

2. 试针对你或你所熟悉的人意志的某一项弱点,制订一个培养意志的计划。

3. 请分析自己的意志品质的特点。

4. 就你完成过的某项活动，分析一下意志行动的心理过程，并指出其成败的原因。

5. 针对你的一次挫折，分析一下你的心理反应以及你是怎样应对挫折的。

6. 就意志与认识、情绪情感、个性、成就行为的关系谈谈你的看法。

第九章　个性倾向性

本章内容提要：

1. 需要的概念及特征
2. 需要的种类
3. 需要理论
4. 动机及其种类
5. 兴趣的种类
6. 自我意识形成及特点
7. 青少年的需要、动机、兴趣及自我意识的特点与培养

人的心理活动不仅有各种各样的心理过程,在具体的人身上还会有各自不同的特点。正是这些不同的特点构成了个体心理上的个性差异。个体所具有的意识倾向和对客观事物稳定的态度就是人的个性倾向性。个性倾向性作为人对事物的态度和行为的动力、诱因和调节控制系统,它决定着人的心理及活动的积极性、方向性和选择性。个性倾向性是个性结构中最活跃的因素。

个性倾向性的形成主要是一个人在后天的社会化过程中形成的,较少受到生物因素的影响。

第一节　需　　要

人是万物之灵。人类是在长期的劳动实践中逐渐从动物群中分离出来的。人的群体或个体的所有活动,都是由大脑支配的,而行为的内在动力是需要。人类需要的产生、发展和不断满足,是实现个人与社会和谐统一的客观基础。

一、需要的概念及形成

（一）需要的概念

需要（need）是个体和社会的客观需求在人脑中的反映，是个人的心理活动与行为的基本动力（《心理学大词典》朱智贤）。也有人认为，需要是指人在生活中感到某种欠缺而力求获得满足的一种心理状态，是对客观事物要求的反映。

（二）需要的形成

人的发展是一个由不平衡产生平衡，再达到新的不平衡的螺旋式上升过程，人的需要也是一个由低级的生理需要的满足逐渐产生出社会性的需要的发展过程。对于任何的生物个体要想生存都会有不同的需要，植物的生长需要空气、阳光和水，动物的生长需要必需的生存条件。但植物、动物都是被动的、自然而然的生存过程，而只有人是主动的，人的需要是人脑对生理和社会的要求的反映，如果离开了社会活动，人的需要与动物的需要就难有本质的不同了。一个人从出生到成年，每一个阶段都会有主要的矛盾和与之相对应的需要，并形成不同阶段的主导需要。例如一个刚刚出生的婴儿，他的基本需要是生存的需要，即满足进食、睡眠等先天性的本能需要。但随着其生理的不断成熟及与成人的交往，婴儿会产生出对爱的需要、与成人交流的需要，成人如果给予积极的应答会唤起儿童积极的反应，不断产生出更多的情感需要。例如：两个月的婴儿逐渐出现对人脸的积极情绪反应。他们对着大人的脸微笑，有时甚至手脚挥动，这就是"天真活泼"的反应。这不是生理性的反应，而是社会性需要的产生。

到了幼儿阶段幼儿对周围的环境表现出强烈的好奇、探究和兴趣，什么都想看一看、摸一摸，尤其愿意模仿并想像成人那样无所不能，在游戏中他们可以是"妈妈"、"售货员"、"司机"、"医生"，游戏满足了这个阶段的儿童的社会性需要，成为这个阶段的主导需要。

学龄阶段儿童的主导需要是学习，而许多需要都是围绕着学习而产生的，学习的好坏成为成人评价学生的一个标准，要争做好学生，以得到社会、家庭、学校的积极肯定。

青年期社会性需要表现出更为丰富的社会内容，人生观、世界观的形成及随时都可以参加社会、集体等各种活动，因此在工作、学习、爱情、友谊、知识创新等方面表现出丰富的社会需要。为了实现自己的理想，越来越关心社会,并自觉地使自己各个方面的需要达到成人的水平。

成年人的主导需要是自我价值的实现,追求更完美的人生,所有的需要都是如何使自己的人生价值得到更充分的体现。

(三)需要的特点

人的需要具有特殊性,正确了解需要有利于了解个性的全面发展,人的需要主要有以下几个特点①:

1. 相关性

需要与人的生存发展密切相关,需要的是否满足及满足的程度,直接影响人的生存与发展,尤其是对于未成年人,对于正在成长着的青少年,需要与人的生存发展之间的关系更为密切。

2. 个体性

需要有集体的需要和个体的需要,但需要的满足必须发生在个体身上,表现在个体的行为上,例如生理的需要、爱的需要、学习的需要、工作的需要等都。

3. 多样性与层次性

马克思认为"在现实世界中,个人有许多需要",有人把需要分为物质需要、运动和活动需要、与别人关系需要、文化需要等,心理学家马斯洛提出了著名的需要五层次论,即生理需要、安全需要、归属及爱的需要、尊重需要、自我实现需要。尽管分类各有差异,但共同点是需要有多样性和层次性之分。

4. 动态性

人的需要是随着满足对象的范围改变和满足需要的方式改变而发展的,原有需要满足了,又会产生新的需要;物质需要得到了满足,又会产生精神需要。例如一个幼儿的需要和一个小学生的需要是不同的,饥饿时食物是第一需要,温饱问题解决了,就会产生出更高的需要。

5. 社会制约性

人总是生活在特定的历史条件下,需要总带有社会的政治、经济、文化以及与之相适应的印记,有着与人所处的阶级或阶层、职业地位相应的特征。因为需要的满足客观地受社会历史条件限制,尤其是当时生产力水平

---

① 冀伦文:《大学生的心理需要及管理对策》,中国高教研究,2000年,第2期。

的限制,人的需要不会超越时代,人会根据社会的特点调节自己的需要,人的需要总会打上时代的烙印。

二、需要的种类

人的需要是多种多样的,历来心理学家对需要的种类的认识众说纷纭。比较常见的分类法是根据需要的起源和需要指向的对象划分。

(一) 自然需要和社会性需要

这是根据需要的起源来划分的,自然的生理需要是指人的衣、食、住、行、家庭等需要。这些都是为了维护生命有机体的存活和人口的再生产。人和动物都有自然的需要,但需要的内容、表现方式及满足需要的手段却有本质的区别。人的自然需要不仅可以通过自然物体得到满足,还可以通过社会生产的产品得到满足。例如食物,对于人类不仅是要满足解决饥饱,还要有饮食文化,如对食品的色香味的需求,对餐具、进餐环境的需要,对进餐礼仪的需求;对衣物,不仅要有遮羞的需要,而且有审美的需要。

社会需求也称后天养成需要,是社会生活的要求在人脑中的反映,是人在同社会交往活动中产生的对周围环境、人际关系、生产活动等客观环境的需求和欲望。社会性需要是人所特有的,即人除了生理性的需要外,还要有学习的需要、交朋友的需要、劳动的需要、受人尊重的需要、取得成就的需要等。这是人所具有高于生理需要的社会性需求,是自然需要的发展和升华。

(二) 物质需要和精神需要

从需要的对象来分,可把需要分为物质需要和精神需要。物质需要是指向物质产品,并以对物质产品的占有为目的。物质需要可分为低级的物质需要和高级的物质需要。低级的物质需要是指向最基本的食物、性、自卫等,高级的物质需要指向高级的住宅、高级服饰等高档消费品。

精神需要是指人对社会精神生活及其产品的需求,包括对文学艺术作品的需求、对学习的需求、对美的需求、欣赏的需要、对爱的需要等。

物质需要和精神需要既有联系又有区别,精神需要的满足要建立在物质需要的基础之上,例如人对艺术品的收藏需要,首先要有一定的物质基础,才能实现收藏艺术品的愿望。

物质需要不等同于精神需要,物质生活水平低,同样可以有精神上的需求;相反,高水平的物质生活未必就能满足精神上的需要。

三、需要的理论

(一) 马斯洛的需要层次理论

需要的理论主要体现在需要层次理论的研究上,其中以美国心理学家马斯洛(A. H. Maslow,1908年~1970年)的需要层次论的影响最大。马斯洛1943年在他的《人的动机理论》一书中,提出了人的需要层次理论。马斯洛把人的需要分为五个层次:生理的需要、安全的需要、社交的需要、尊重的需要和自我实现。当基本的需要满足后就会产生上一个层次的需要,直到需要层次的顶峰,需要由低向高形成宝塔型(图9-1)。

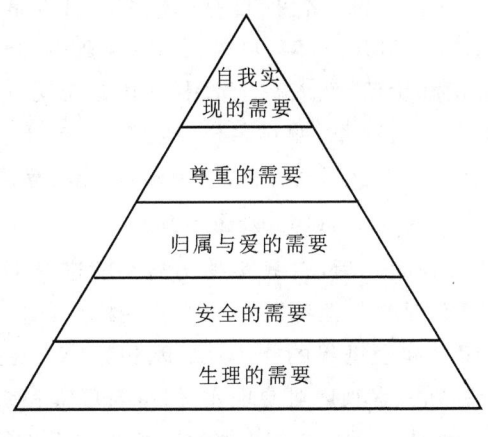

图 9-1

1. 生理的需要(physiological need)

这是最基本的需要,是人对食物、水分、空气、睡眠、性等的需要。它们在人的所有需要中是最重要的,也是最有力量的,往往比其他需要占优势,而成为其他需要的基础。人在荒漠中由于饥饿濒临死亡时,就会体会到自尊、虚荣,对美的需要是多么的渺小。所谓"仓廪实而知礼节",就是这个道理。

2. 安全的需要(safety need)

当生理的需要得到满足后,便随之产生安全的需要。安全的需要是指安全的环境、恒定的秩序、避免身体遭遇危险、无忧虑、寻求保护免于威胁等心理上的需要。生理的需要也可能被某些安全的需要所控制,肌体的生理需要也需求安全的保护。低幼儿童由于无力应付环境中的不安定因素的威胁,他们的安全需要就显得尤为强烈。

3. 归属和爱的需要(belongingness and love need)

当生理和安全的需要得到一定程度的满足时,个体就开始渴望与别人接触,与他人建立感情的联系或关系。马斯洛认为,人是一种社会的动物,喜欢而且热爱别人是他们的天性,同样他们也希望得到别人的喜欢和热爱。人们愿意结交朋友,参加社会活动,愿意在集体中有自己的位置。如果爱和归属的需要得不到适当的满足,人们会产生失落感,会痛苦不安。

4. 尊重的需要(esteem need)

人在社会生活中渴求个人价值的实现,使自己既受到社会和别人的尊重,也能尊重别人。尊重的需要包括自尊和他尊。自尊是指个人对自己的尊重,如渴求力量、成就、自强、自信、自主、胜任、支配等,自尊需要的满足会使人相信自己的力量和价值,使人在生活中更好地表现自己的能力和创造性。他尊指别人对自己的尊重,如对名誉、地位、尊严、承认、关注、欣赏等。尊重的需要得不到满足,人会产生自卑、软弱无力、脆弱等体验。

5. 自我实现的需要(self-actualization need)

上述各种需要得到满足后,自我实现的需要就进入活跃期。根据马斯洛的推断,达到自我实现的个性特征有如下一些特点:① 有积极肯定自我的观念,有接纳一切人和全世界的能力;② 能和其他人建立深厚的人际关系;③ 能够有效地感知并客观地对待现实,保持与现实和谐的关系;④ 对现实永保新鲜感,不断地从生活中寻找乐趣;⑤ 尊重自己的行为和价值标准,成为自主的人,不受文化和环境束缚;⑥ 不墨守成规,有首创性;⑦ 尊重他人的独特性;⑧ 灵感的频度较多;⑨ 相信新生事物具有无比的生命力;⑩ 把助人当做个人应尽的义务;⑪ 有与人合作的愿望;⑫ 有良好的心境和幽默感;⑬ 有强烈的道德感,他们的行为以理性和逻辑为依据;⑭ 他们需要有独处的时机去思考问题和解决问题。

具有自我实现的个体,将努力发展和实现上面所谈到的崇高的潜能或需要。人们追求实现自己的能力和人生价值,在人生的道路上自我价值实现的形式是不同的。科学家要发明创造,文学艺术大师要创作,音乐家要作曲,都是为了要把潜能发挥到更高的境地。普通人也都有自我实现的需要,一个大学女教师和一个女司机,一个男木匠和一个男医生,他们都会找机会去完善自己的能力,满足自我实现的需要。

马斯洛认为,这五种需要都是人的最基本需要。这些需要是天生的、与生俱来的,由低级向高级的运动过程。在此之后,马斯洛又把需要修改为七个等级(1957),见图9-2。

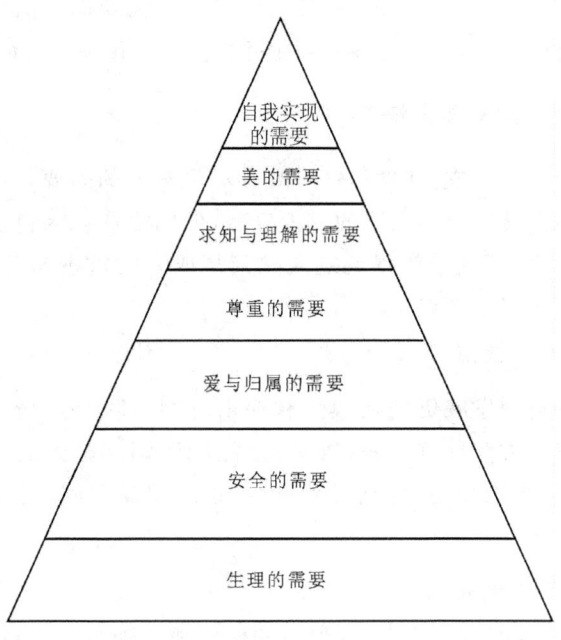

图9-2

马斯洛把图中下面的四种需要称为缺失需要(deficit or deficiency need),即低级需要,如果得不到满足,将会使满足这些需要的动机增强,越是渴,找水的愿望越强,但缺失性需要满足后,需要程度降低。把上面三层称为生长性需要(growth need),即高级需要。高级需要不是维持个体生存所绝对必需的,因此这种需要的满足可以稍作延迟。但是,高级需要也不是与人的健康毫无关系,满足这种需要可以使人健康、长寿、精力充沛。高级需要比低级需要更复杂。满足高级需要,需要较好的外部条件。

(二)奥尔德弗的需要理论

心理学家奥尔德弗(C. P. Alderfer)根据大量的调查研究,提出个人存在的三类基本需要:生存需要、关系需要、生长需要。这种理论被称为ERG理论。其中,E为Existence(生存)的第一个字母,R为Relatedness(关系)的第一个字母,G为Growth(成长)的第一个字母。生存需要即个人的基本物资生存条件的需要。当一个人满足了最基本的生存需要后,就会产生更高的需要,例如,人满足了饥饱后,就会产生更高的人际交往的需要。成长的需要即人寻求发展的需要。当人的生存需要得到满足后就会产生人际关系的需要,当人际关系的需要得到满足后就会产生出在事业和前途上发展的需要。这三种需要是相互联系的,需要可以由低级需要向高级需要逐步发展,在发展中也可以越级,也可能在发展中受到挫折而倒退、下降。

四、青少年的需要及培养

青少年期与其他成长阶段一样,既有对物资上的需要,也有对精神上的需求。尤其社会性需要的发展的更为显著,他们往往认为自己"长大了",不仅要求独立自主,而且希望得到别人尤其是成人的重视与尊重。青少年的需要主要表现出以下特点:

(一)肯定的需要

青少年的自我发展仍处在模仿和探索时期,其行为的价值要受到师长和同龄人的肯定方能体现。积极的肯定能使他们体验到成功和满足,能激发兴趣,调动学生积极性,特别对后进生,肯定得越及时、越具体,越能引发学生的内驱力。

(二)自主的需要

自足的需要往往与"自我"的形成相辅相成。随着自我意识的发展,"成人感"的出现,青少年在潜意识中希望与父母、教师平等交往,希望能自己当家作主,自己处理自己的事物,希望自我的观念、主张、兴趣等得到赞同,以实现存在的价值。如果我们无视这一需要,居高临下则极易引起青少年的消极、烦躁、逆反心理。因此家长和教师应该尽量用商量的方式,尊重他们、体谅他们、信任他们、爱护他们,给学生自主的机会,使其在自主的实践中认识自我,完善自我。

(三)参与的需要

随着青少年生理和心理的发展,"成人感"的出现,青少年要求参与学校、社会和家庭活动的愿望日益强烈,希望在参与活动中表现自我存在的价值,满足自身成长与发展的需要。因此,成人应为他们提供参与的机会,不剥夺他们参与的权力和要求,在参与中满足其各种需要,培养他们良好的适应能力、交往能力和自尊心与自信心。

(四)轻松愉快的需要

青少年虽处于身心迅速发展过程中,但毕竟还不成熟,他们身心的承受能力远不及成人。长期处于紧张、焦虑状态,会使其身心功能产生失调,不利于他们健康成长,因此,学校的教育工作者及青少年的家长应考虑他们具有放松的需要,应满足其娱乐活动的需要。在学习和生活中做到张弛有度,劳逸结合。教学情景的设计应考虑有轻松愉快之感,学习环境的布置应考虑舒适和美感,教学内容的安排要符合青少年的实际水平和个体差异,使不同水平和类别的青少年均能体验到成功的快感,从而满足其成长和发展的需要。

(五)友善的需要

人的需要包括在集体中获得友善的需要。一个充满友善的集体,会给人以克服困难增强信心的勇气和力量。同时,良好的集体行为也会对人产生巨大的吸引力。人际关系的淡漠会影响到青少年未来的发展,因此,成人应为他们创造各种机会,加强集体中人际交往,让集体中的每一个人都感受到集体的温暖,满足他们友善的需要。

第二节 动 机

一、动机的概念及功能

(一)动机的概念

动机(motivation)是在需要刺激下直接推动人进行活动以达到一定目的的内部动力。人的活动是在意识支配下进行的,是由一种目标或对象所引导、激发和维持的个体活动的内在心理过程或内部动力,即推动和维持人的活动的心理动因。一个人的动机,总是同他满足自己的需要紧密相关的。例如,喝水是因为渴,选择时装是为了打扮自己,作家体验生活是为了积累创作素材,从这个意义上说,动机是需要的具体表现。但是,并不是任何需要都成为动机,只有当需要被引发起来,并指向某一目标,进而坚持追求这一目标时,才能形成动机,使之成为活动的动因。例如人有学习的需要,看看书,读读报,感到是一种享受。但当人把获得文凭作为追逐的目标时,会推动人做出许多努力,克服许多困难,直到目标的实现。因此,动机这一概念具有三层含义:第一是活动性。一个人由于需要产生某种活动的倾向,这种倾向的出现对他的行为具有推动作用,表现为行为的发生和加强。第二是选择性。一个人的行为被推动之后,其活动总是指向一定的目标,相应的忽视其他方面,从而表现出明显的选择性。第三是坚持性。为了达到这一目标,一个人必须将其行为维持一段时间,从而表现为坚持追求的愿望和态度。

动机的产生取决于两个必要条件:一个是个体的需要(内驱力);二是行为的目标(诱因)。因此,动机是以作为内因的内驱力和作为外因的诱因为必要条件而存在的。

（二）动机与目的

动机和目的既有区别又有联系。动机是驱使人进行活动的内部动因,说明一个人为什么进行这种活动。目的则是期望在行动中所要达到的结果,两者既有区别又有联系。一种是动机与目的完全一致。如想努力学习,认为学习知识可以报效国家,所以在学习过程中非常努力,并取得好的成绩。另一种是活动的动机与目的并不一致。① 动机相同而目的不同。例如,高中毕业生都想考大学,但有的想学工,有的想学医,有的想学文。② 目的相同而动机不同。例如,同样是学医,有的是为解除患者的病痛,发展我国医药事业为动机,有的是以医生为职业以挣钱多为动机。

动机和目的有时还可以转化。在一种情况下属于动机,在另一种情况下也可以成为目的。为了英语"过级"而努力学习英语,过级是学习英语的动机,而要想使自己在毕业时找到理想的工作,必须要努力学好英语通过"过级"考试。此时,"过级"又成为了目的。

（三）动机与行为

动机与行为的关系是十分复杂的,同一种行为可能有不同的动机,不同的活动也可能有相同的或相似的动机。例如在同一个集体中,大家工作的动机可能是各种各样的,有的希望成为先进工作者,有的希望得到上司的赏识,有的为了多得到报酬,有的为了养家糊口,有的是在先进人物的鼓励下和影响下努力工作,也有的是为了祖国的建设奉献自己的全部,也有的人没有明确的目的,当一天和尚撞一天钟。另外,同一种动机也可能有不同的行为。例如几个人都想休息,但有的去听音乐,有的去海边,有的去散步,有的去打球等。

在活动动机与效果的关系上,情况也非常复杂。一般来说,良好的动机会产生好的效果;相反,不良的动机会产生不良的效果,即为动机和效果的统一。但是,在现实生活中也常有动机和效果不一致的情况,比如一个孩子想帮大人做家务,结果打碎了碗,即生活中我们常说的帮倒忙,越帮越忙。

这样的事情从动机上讲无可非议,但由于各种因素的影响,却产生了不好的行为效果。因此,动机与行为效果之间的关系十分复杂,只有了解一个人的动机,才能比较准确地解释其行为,并对行为做出比较准确的控制与预测。

(四)动机与效率

动机与效率的关系主要表现在动机强度与工作效率的关系上。人们往往认为,动机强度越高对行为的影响越大,工作效率越高;相反,动机强度越低则工作效率越低。但事实并非如此。心理学的研究表明,动机强度与工作效率之间的关系不是一种简单的线性关系,而是倒U型曲线关系。中等强度的动机最有利于任务的完成,也就是说,动机强度处于中等水平时,工作效率最高,一旦动机强度超过了这个水平,对行为反而会产生一定的阻碍作用。如运动员成功心切,急于求成,会产生焦虑和紧张,干扰了训练过程中的情绪和对动作的掌握,使训练效率降低,比赛时"怯场",无法正常发挥。这主要是由于动机过强,求胜心切造成的。

心理学家耶基斯和多德森(Yerkes & Dodson,1908)的研究表明,各种活动都存在一个最佳的动机水平。动机不足或过分强烈,都会使工作效率下降。研究还发现,动机的最佳水平随任务的性质的不同而不同。在比较容易的任务中,工作效率随动机的提高而上升;随着任务难度的增加,动机的最佳水平有逐渐下降的趋势,也就是说,在难度较大的任务中,较低的动机水平有利于任务的完成。这就是著名的耶基斯—多德森定律(Yerkes—Dodson Law),如图9-3所示。

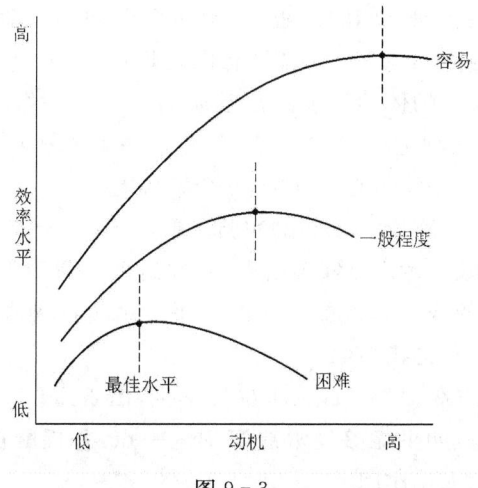

图9-3

（五）动机的功能

动机具有如下功能：

1. 引发功能

人们的各种各样的活动总是由一定动机所引起，有动机才能唤起活动。例如，人为什么走进书店，可能是因为想买一本书；人为什么去旅游，因为人想放松一下自己。这些都是人行为的动机，它对活动起着启动作用，调动人活动的积极性。动机是引起活动的原动力。

2. 定向功能

动机使行动具有一定的方向，它像指南针和方向盘一样，指引着人行动的方向，并使其具有稳定性、持久性和完整性，使行动朝预定的目标进行。如果一个大学生确立了毕业后要考研究生的学习动机，他会克服一切困难，坚持努力学习功课，为实现自己的目标而努力做好准备。

苏联心理学工作者马努依连柯对学前儿童做的实验也说明了动机的此种功能。毫无内容地要求5岁～6岁的学前儿童一点不动地保持某种姿势站一些时候是比较困难的。但是，如果根据某种对儿童有意义的动机向他提出一定的目的要求，那么，他就较容易地使自己的行为服从于这个目的。例如，儿童在游戏中扮演某种对他感兴趣的角色，要求他长时间保持不动的姿态，那他就会耐心地站着。这个时间，比对他在没有意义的动机的情况下要长3～4倍。

3. 强化的功能

个人的行动在达到目标的过程中，动机可以加强行动的力量。强化可以是来自诱因产生的刺激；也可以是有内发性的动机所产生的行为后果。一个人的成功和失败的体验对他的活动志向有一定的影响，可以起强化作用，使其活动能够顺利进行。在一般情况下，一个人成功地做成了某件事情，可以增强继续做好的信心，希望自己会做得更好。

心理学工作者希阿特（Seart）的实验结果如下：

他对4～6年级儿童进行实验后发现，在这些一贯取得良好成绩的儿童中，总希望下一次的成绩超过前一次的水平。由于这种志向为一再成功所强化，它们也就成为"自我强化"的诱因。

研究也发现，班级中学习成绩不良的学生，由于意识到会受到家长或教师的责备而不愉快，如果能够经常意识到这一点，并提醒自己，这种动机也能起到努力学习的强化作用。

人类的动机对个体的行为具有较大的作用,他指引人行动的方向。它给人以活动的动力,又对人的活动方向具有控制的作用。

二、动机的种类

人的动机是多种多样的,可以从不同的角度和侧面进行分类。

(一)根据需要的种类把动机分为生理性动机和社会性动机

生理性动机的基础是人的生理需要,如吃的动机、喝的动机、性的动机、休息的动机等;社会性动机的基础是人的社会性需要,如交往的动机、学习的动机、劳动的动机等。同时,根据动机所追求的对象,也可以把动机分为物质性的动机和精神性的动机。

(二)根据动机的社会意义把动机分为高尚的、正确的动机与低下的、错误的动机

符合国家和人民的利益的动机是高尚的、正确的;相反,违背国家和人民的利益的动机就是错误的或低下的。

(三)根据动机所起的作用把动机分为主导动机和辅助动机

在个体的动机体系中,对行为起调节和支配作用的动机叫主导动机。主导动机表现得比较强烈和稳定,也叫优势动机。主导动机通常对行为有决定意义,具有更大的激励作用。辅助动机在动机体系中对个体的行为没有决定意义,仅起辅助作用。在个体复杂的行为中,不仅主导动机起作用,辅助动机也在起作用,辅助动机能强化主导动机。例如,一个人具有为教育事业贡献自己毕生精力的主导动机,但这并不排斥其他辅助动机的存在,如为了教学研究需要设备;为了更新知识需要掌握最新信息,需要进修提高学历;为了无后顾之忧,需要安排好家庭生活,等等。

(四)根据动机的影响范围和持续作用时间,可以把动机分为长远的间接动机和暂时的直接动机

长远的间接动机一般来自对活动的意义的深刻认识,比较稳定,影响范围广,持续作用的时间也长久。例如一个三好学生,努力学习为了掌握更多的知识,将来更好地报效国家,即为长远动机;在学习过程中,取得好的成绩还可以受到老师的表扬、同学的称赞,甚至可以获得奖学金,这些为暂时的直接动机。把这两种动机结合起来对学生的学习活动有极大的推动作用。

三、青少年学习动机的特点与培养

（一）青少年学习动机的特点

学习动机是直接推动学生进行学习的一种动力，即一种学习的需要。这种需要是社会和教育对学生学习的客观要求在学生头脑中的反映，表现为学习的意向、愿望或兴趣。[①] 其特点如下：

1. 学习动机的复杂多样性

当今社会是一个高度开放性和高度信息化的社会。青年学生处于一个不断吸取知识经验的阶段，随着年龄的增长、社会交往的不断扩大、信息量的不断增加，由此产生丰富多彩的需要，体现在学习上即形成复杂多样的学习动机。

2. 学习动机的矛盾斗争性

青少年学生希望通过学习使自己成为一个有真才实学、具有一技之长的人才，但在学习上不知选择什么样的方法，学习目标不明确，陷入困惑。同时，许多青少年学生受商品经济因素的影响，过于讲究实惠，因而产生偏重于眼前的个人利益，追求急功近利的学习动机。

3. 远近景动机交织互补

从学习动机的来源远近和作用的持久性来看，学习动机可分为直接的近景性学习动机和间接的远景性动机。前者是由学生对学习科目的兴趣和结果的直接追求而产生的，其作用短暂且不稳定。后者与学习的社会意义相联系，一旦形成，具有较大的稳定性。这两类动机相互作用，彼此交织，共同构成学生的学习动力。

（二）青少年学习动机的培养

学生是教学的主体，一切富有成效的教学成果都离不开学生的积极主动参与。学生的积极参与又可以激发教师的教学热情，进而提高教学效果和教学质量。研究学生学习动机的形成与发展，对提高教学质量、提高学生学习成绩都将有所裨益。激发学生的学习动机可以采取以下方法：

1. 明确学习的具体目的和学习知识的具体意义

教师在教授新知识之前，使学生了解学习的具体目的、任务、要求，讲清

[①] 王志杰：《谈学生学习动机特点极其培养与激发》，《广西公安管理干部学院学报》，1999年，第1期。

教学内容在实践中的意义和在整个知识体系中所占有的位置,是调动学生学习知识积极性的有效措施。

2. 形成良好的教风和学风

一个学校对教学的重视程度如何、教风如何,对学生影响很大。教师把精力用到教学研究上,专心把教学搞好,对学生会产生积极的影响,激发学生发奋学习。

3. 更新教学方式、方法,激发学生学习的积极性

学生的学习动机往往是被动的,需要在学习过程中不断地进行激发,才能起到对学习的强有力的促进作用。教师在教学过程中教学内容和方法要体现新颖性、灵活性,这样才能吸引学生学习的兴趣,引发学生主动的探究活动。

4. 创设问题情景,激发探求兴趣

所谓问题情景,就是将一些需要学生解决的矛盾问题带到一定的情境(如课堂教学、课后作业)中去。这些矛盾问题是与教学内容相联系的,必须经过学生的努力才能解决。做到这一点要求教师必须深入地钻研教学大纲和教材,了解新旧知识、纵横知识之间的联系,充分了解把握学生的特点(知识经验、智能水平特点),这样创设的问题情境才能做到繁简适当,难易适度。所以,经常性地创设问题情境,引导和鼓励学生从事探究性的智力活动是激发学生内在学习动机的有效途径。

5. 适当引入竞争机制,推动学生学习成功

竞争是个体为了自己的正当利益、要求和需要同他人争胜的行为特征或心理倾向。竞争包括同学之间的竞争和同龄人之间的竞争。同学之间的竞争会给学生带来心理压力,对学生自尊、荣誉构成威胁,因此是强化学习动机的一种有效手段。在竞争中,学生的成就动机往往比平时更强烈,学习兴趣和克服困难的毅力也大大增加,学习效率可有较大的提高。但是也不能过激地使用这种手段,因为同学之间的竞争是以人际比较为前提,带来的压力较大,对学习不好的学生会直接挫伤其学习情绪和动机。有些老师喜欢将全班学生的成绩张榜公布,排名次,虽然对一部分学生的学习的确会起到促进作用,但也存在一定的负面效应。因此,竞争的使用应把握度。

第三节 兴　　趣

一、兴趣的概念及形成

(一) 兴趣的概念

兴趣(interest)是人对事物的一种认识倾向,是价值观的初级形式,随着积极的情绪体验,对个体活动特别是认识活动有巨大的推动力。兴趣会逐渐发展成为个体活动的内在动机。

兴趣在人的实际生活中具有重要意义,兴趣可以使人集中注意,产生愉快、紧张的心理状态。这对人的认识和活动具有积极的影响,有利于提高工作的质量和效果。潘菽在《教育心理学》中,认为兴趣是学习动机中最现实、最活跃的成分。兴趣对一个人从事的活动起支持、推动和促进作用,并且为未来的生活做准备。

(二) 兴趣的形成

需要是兴趣形成的决定因素。没有一定的需要,人就不会对任何特定的事物产生相应的兴趣。兴趣是在生活和学习中逐渐形成的。对兴趣的形成影响较大的有如下因素:

1. 能力因素

兴趣受能力制约。人们对自己能够胜任的事情比较感兴趣,对自己比较薄弱、难于胜任的事情往往提不起兴趣,甚至回避。这也是正常的自我防御的表现。青少年正是能力形成和发展的关键年龄,帮助学生形成良好的学习能力、组织能力及多方面的表现能力,使其在各种活动中感受到成功的喜悦。当感受到自己能力时,青少年就会充满信心,就会促使其对更多的事情产生兴趣,产生探究问题、解决问题的强烈动机。

2. 年龄与性别

年龄和性别对兴趣的形成和发展都有很大的影响。目前关于兴趣和年龄关系的研究多集中在儿童发展年龄阶段和兴趣变化方面。心理学工作者在一项研究中,用追忆法调查了 255 名大学生兴趣发展情况。结果表明,从小学后半期到中学,兴趣发生显著变化,进入青年期的学生进行体育运动、读书、看电影、听音乐等已不只是为了游戏,而是向认知和文化追求的高度发展。青年期的认识兴趣在对象和内容方面都在发生变化,不但内容丰富了,也显现出个性兴趣特色。

性别也是影响兴趣的一个因素。一般来说,女性对具体的、个人的事物或活动较有兴趣,而男性多对抽象的、社会的事物或活动较感兴趣。从学科来讲,男生对理科的兴趣略高于女生,女生对文科的兴趣略高于男生,对时事、政治的兴趣男生也高于女生。男女儿童在兴趣方面存在的差异,既有生理因素的影响,同时也有社会文化和社会习俗的影响。男孩舞刀弄枪就会得到社会的认可,但女孩如此就会遭到大人的否定。在长期的文化陶冶中,逐渐形成了男女不同的社会角色和各自不同的兴趣。

3. 家庭和环境

家庭的环境、家庭生活的地域特点都可能有不同的兴趣特点,这些特点对家庭成员的兴趣形成会产生一定的影响。如许多京剧世家、教师世家、美术世家等,用一句俗语来讲叫"子承父业"。还有地域形成的传统文化特色,也容易感染百姓,形成地域兴趣的特点,如武术之乡、游泳之乡、足球之乡等。

青少年兴趣的形成受到许多因素的影响。

二、兴趣的分类

人的兴趣有多种多样的,可以从不同的角度进行分类:

(一)根据兴趣的社会价值,可以把兴趣分为高尚的兴趣和低级的兴趣

有的人立志于献身人类进步的事业,并对与之有关的一切事物产生兴趣,即为高尚的兴趣。不求上进,对纸醉金迷的生活怀有浓厚的兴趣,即为低级的兴趣。

(二)根据兴趣的内容不同,把兴趣分为物质兴趣和精神兴趣

物质兴趣以人的物质需要为基础,表现为对物质生活用品如衣物、房屋、食品、工具等的兴趣。精神兴趣以人的精神需要为基础,表现为认识的兴趣,如对文学、艺术、数学的兴趣。学校兴趣教育的主要任务就是要培养学生具有合乎社会发展要求和内容健康的认识兴趣。

(三)根据兴趣的起因划分,可分为直接兴趣和间接兴趣

直接兴趣就是由于对事物或活动本身需要而引起的兴趣,如电视中的故事情节、美丽的场景、新潮的服饰、美妙的音乐等。间接兴趣就是对于事物或活动本身并没有兴趣,而是对事物活动的结果感到需要而引起兴趣。

如学生对背外语单词感到枯燥乏味，但想到升大学必须要考外语，因而能鼓励自己努力学习，在学习过程中逐渐产生了对外语的兴趣，这种兴趣即为间接兴趣。直接兴趣可以使人轻松自如地集中注意力，从而不需要很大的意志努力去关注该种事物。间接兴趣开始需要付出一定的意志努力，但间接兴趣不断得到积极的肯定后，会转化为直接的兴趣。

三、青少年兴趣的品质及培养

（一）兴趣的品质

1. 兴趣的指向性

人对他感兴趣的事物总是心向神往，积极地把注意指向并集中于该种活动。例如假期学校组织了许多活动：外语旅游、音乐会、体育活动、社会活动、智力竞赛等。参加哪种活动是要进行选择的，这就是兴趣指向性的表现。兴趣的指向性不是偶然的、一时性的倾向于某种事物，而是经常地、主动地去观察和思考某一事物，并渴望去研究和获得它。

兴趣的指向性是建立在需要的基础之上的，而且在需要的基础上发展。随着社会的发展和进步，人在各种需要满足的基础上又产生新的需要，这就使兴趣的指向也得到丰富和提高。

2. 兴趣的广阔性

兴趣的广阔性是指兴趣指向客观事物范围的大小。在兴趣的广阔性上，人与人之间的差别是很大的。有的人兴趣范围十分广阔，几乎对什么事情都感兴趣，这往往是大学问家、思想家、科学家的特点；有些人的兴趣则十分狭窄，好像什么事情都难于引起他的兴趣。兴趣的广阔性会促进人们的求知欲，成为知识渊博的基础。但是广阔的兴趣必须与中心兴趣紧密结合，才能成为真正优良的品质，否则会形成"样样通，样样松"，什么都知道，又什么都不深入。当然，广博多样的兴趣是许多工作所必须具备的品质。

3. 兴趣的稳定性

兴趣的稳定性是指兴趣的持久与稳固程度。兴趣的稳定性在人与人之间有很大的差异，有的人对自己从事的工作或活动几十年如一日，像"着了迷"似的，无论在工作中遇到什么样的困难都能克服，在事业上能够取得成功；有的人兴趣缺乏稳定性，见异思迁，朝秦暮楚，一种兴趣还没有稳固，又被另一种兴趣所代替，做事没有恒心，事业上也难于取得成绩。

4. 兴趣的效能性

兴趣的效能性是指兴趣对一个人的实际活动所引起效能的大小而言。兴趣在不同人身上产生后，所起的作用的大小是很不相同的。有的人的兴趣很容易变成行动，有的人则很困难。凡是能使人积极主动地学习和工作，并产生明显效果的都是积极的有效能的兴趣。相反，兴趣只停留在口头或文字上，只具有一定的企图或愿望，不能真正落实到行动之中，不能推动学习或工作，则是消极的无效能的兴趣。

(二) 青少年兴趣的培养

兴趣对学生进行的各种活动起着推动作用，对未来事业的成功又起着准备作用，兴趣可以使学生在快乐中求得学业的进步，取得成功。孔子曾经说过："知之者，不如好知者，好知者不如乐知者。"爱因斯坦也曾说过："我认为对一切来说，只有喜爱才是最好的老师，它远远超过责任感。"这些都说明兴趣的重要性。青少年时期是培养兴趣的最佳时期。青少年兴趣的培养应从以下方面着手：

1. 明确目的，促进直接兴趣和间接兴趣的转化

生动、直观、形象的事物易引起青少年的兴趣，使之看起来津津有味，但学习过程中，有些知识的学习枯燥无味，需要付出意志努力。明确学习的目的可以使学生知道为什么学习、学习与自身的发展的关系、学习与社会之间的关系，这样才会增强学习的动力，在间接兴趣中找到快乐。

2. 创设实践的机会，让青少年体验成功的快乐

任何一件事情成功时，都会体验到成功带来的愉快和满足，进而激发进一步探究的欲望，产生兴趣。例如一个学生的动手能力相当强，在学校的科技小组设计并制作了小发明，得到老师和同学的赞扬和表彰，多次的成功及带来的鼓励，使这个学生对科技发明的兴趣越来越浓，在成功中体验到愉快。

3. 相信自己，确立切实可行的目标

青少年在能力上存在明显的个别差异，同一活动，相同的目标，常因能力上的差异而带来不同的结果，形成学生不同程度的兴趣。教育要尊重青少年的个性，使其建立起符合自己能力水平的努力目标，在最大的可能性上获得成功，建立起自信心，使兴趣的辐射范围更广。

4. 提高教学质量，引发青少年学习的兴趣

当青少年对某一事物既感到新颖而又无知时，最能诱发好奇心、激发求

知欲。在教学中教材要符合学生的年龄特点,既不能过浅,学生无兴趣,但也不能过深,会使学生知难而退,要符合儿童的"最近发展区"。教师在教学中语言要准确、鲜明、生动,举例要巧、新、趣。教师的教学风格是激发学生学习兴趣的重要因素,教师不仅"教得懂",而且"教得美",学生不仅"学得好"而且"学得愉快"。

第四节 自我意识

一、自我意识的概念及形成

（一）自我意识的概念

自我意识(development of self-consciousness)是人对自己以及自己与客观世界关系的一种意识,它具有复杂的心理结构,是一个多维度多层次的心理系统,包括自我认识、自我体验和自我调控。

自我意识是个性社会化的结果,自我意识的发展表现为三个方面：生理自我、社会自我、心理自我。

生理自我：是个人对自己身躯的认识,包括占有感、支配感、爱护感和认同感。这些意识是在与他人交往的过程中通过学习而形成的。

社会自我：是指个人对自己社会属性的意识,包括自己扮演的社会角色、权利义务的意识。儿童的角色游戏对个人实现社会自我起着重大作用。游戏的过程与社会化的过程是吻合的,儿童的游戏正是对成人社会生活的反映。例如开商店、娃娃家、开医院等游戏中,有售货员、顾客、爸爸、妈妈、孩子、医生、患者等不同的社会角色,儿童在扮演角色的同时,学习着该角色的社会行为并体验角色之间的社会关系。随着年龄的增长,生活范围的扩大,学习社会经验的途径越来越多。

心理自我：是指个人对自己心理属性的意识,包括对自己的感知、记忆、思维、动机、需要、行为等的意识,它们是相互联系、相互影响的。

（二）自我意识的形成

1. 通过与他人的交往来认识自我

自我意识不是一个人生来就具有的,它是个体在社会交往过程中通过认识他人而逐渐认识自己的。儿童生活的第一年没有自我意识,他们还没有把自己作为主体从周围世界的客观环境中分离出来,甚至不知道自己身体的各个部分是属于自己的。到了第一年末,儿童开始把自己的动作和动作对象区分开来,初步意识到自己是动作的主体。到了两岁时,儿童会使用"我",标志着自我意识的产生。在与人交往的过程中,他人对自己所表现出来的态度,影响到个体对自己的认识,他人的评价在自我意识的形成中有重要的意义。

2. 通过自我观察来认识自我

自我观察有两种方式:一是自己通过直接感知自己的一些特性。例如通过照镜子观察自己的五官、身材等。自我观察的另一种方式是内省,对自己的心理进行观察。此时个体被分解为主体的观察者的我和客体的被观察的我,实际上是对过去的我进行的回忆和反思,在这一过程中会产生情绪体验,这种对自己的内省是在少年期开始产生的。

3. 通过分析自己的活动结果来认识自我

正确分析自己的活动结果,并能对自己的活动结果进行正确的评价,能帮助青少年建立起正确的自我观念。活动的结果影响到他人和集体的评价,从而影响到一个人在周围人心目中的地位,也影响到一个人的自我认识、自我体验和自我控制。

二、青少年自我意识的特点及发展

青少年时期是自我意识发展的重要时期。正如前苏联心理学家维果斯基所说:"自我意识发展是过渡年龄的精髓和主要成果。"这一个时期的自我意识的发展既不同于儿童,又不同于成人,他们有着自己的特点。这些特点与青少年的态度、行为选择有密切的联系。青少年自我意识具有如下特点:

(一)关注"自我形象"和内心世界

由于"第二性征"的出现,青少年除了对自己的体征极大关注,更加注重"自我"形象以及自我体验,喜欢修饰外表,关注自我内心世界的变化,对自己在别人心目中的位置看得十分重要,常常在反省中观察、体会、评价自己的内心活动,随着年龄的增长其关注程度逐渐增强。

(二)自我评价的独立性获得了发展

青少年自我评价独立性经过两个阶段:一是开始摆脱成人权威的依赖,表现出某种反叛的对抗;在评价标准上由童年期的成人评价标准取向向同龄团体评价标准取向过渡,形成了相对独立的自我评价。二是自我评价摆脱了对成人的依赖,又逐渐克服了同龄团体的强烈影响,表现出真正的个体独立意向，形成个体特有而明显的自我评价。

（三）自我调节能力明显增强

自我调节可分为被动的自我调节和主动的自我调节。前者是指由外在控制力作用引起的自我调控。后者是指由主体自设目标、自定要求而致的主动的自我调控，但其发展过程常常表现为有一定的波动性。在由被动的自我调节向主动的自我调节转变中，具有不稳定性和浮动性，待青少年自我意识水平不断成熟、提高后，自我调节水平和能力也逐渐提高和发展起来。

（四）有维护自尊和保护自尊的需要

青少年随着自我意识的发展，对个性品质的意识不断增强，自尊心也得到了突出的发展，产生要求别人尊重自己的言行、维护一定的荣誉和社会地位的自我意识倾向，强烈反对成人把他们当成"小孩子"看待，要求父母和老师尊重他们的个性独立性，保护他们的"隐私"和"内心秘密"，要求成人信赖他们，给他们一定独立发展的"空间"。这是青少年自我意识走向成熟的表现。

三、青少年自我意识的培养

从教育上说，培养学生良好的自我意识，最重要有两点：一是使学生建立自信心；二是使学生正视自己的优缺点。为此，应努力做到以下几点：

（一）坚持正面教育，培养自我接受能力

所谓自我接受能力，是指能正视自己的现状并喜欢自己，接纳自己的能力。人的自我意识的形成发展离不开别人的评价和态度。一个人若经常得到别人的肯定和鼓励，就会充满自信；反之，则会丧失信心，悲观失望。教师对学生自信心的建立负有重大责任。教师要善于发现学生的优点，让他们知道他自己的可贵可取之处。喜欢和接纳自己意味着承认自身的价值。一个人要能自信其本身有可贵可取之处，才能自尊自爱，不断努力去提高自己、完善自己，形成良好的自我意识。一些儿童、青少年行为顽劣，屡教不改，这常常与社会、成人对他们的厌恶、嫌弃态度有关。他们从他人的态度中感受不到自身价值，因而自暴自弃。所以，"最需要爱的孩子，正是那些不讨人爱的孩子"。教师要喜欢学生，肯定学生，才能使学生接受自己，悦纳自己，发展良好的自我意识。

（二）参与社会生活，培养自我认识能力

所谓自我认识能力，指的是既知道自己长处，也知道自己短处的能力。

知道自己长处,可以增强一个人的自信心,使之有勇气去克服困难,实现目标;知道自己短处,可以有意识地加以克服或扬长避短,使之变劣势为优势。因此,认识自己是一个人形成良好自我意识的重要方面。

各种社会生活实践是认识自我的最好课堂,学习、工作、社交等活动为我们检验自我意识的正确与否提供了条件。在每一种社会活动中,每个人都会有自己的利弊、得失感受和体验,我们可以借此对自己各方面的情况作一番冷静、认真地回顾和总结,看看以前对自己的认识是否正确、有没有夸大或缩小自己的优点、有没有过高或过低估计自己等。俗话说:"金无足赤,人无完人。"每个人都会有许多长处和短处,只有认识它们,才能扬长避短,发挥优势,获取成功,建立自信。良好的自我意识只有通过参与社会生活才能得到培养和发展。

(三)父母与老师应引导青少年形成正确的自我意识

随着身体的迅速增长,"第二性征"的出现,迎来了青春期的到来,自我意识也在急剧的变化。青少年越来越关注自己的身体特征和容貌,强烈关注周围人对自己的评价等,这个时期意味着从儿童向成人、从被保护的依存者向独立的存在者过渡。贺林渥斯(L. S. Hollingworth,1928)把青年摆脱父母监督,成为独立人的过程称之为"心理断乳期"。此时青少年独立性有了很大的发展,想急于摆脱成人的监督,但另一方面,在经济上对成人又有很大的依存性。此时,青少年身心各方面能力的显著发展,使得父母难于满足他们内心世界的欲求,只好在同龄人身上选择知心朋友作为精神上的依托。尤其是当他们与父母发生分歧时,同龄人往往彼此更能沟通,更愿意听取同龄人的意见。

针对这一特点,父母和教师既不要对其过分保护,也不应对孩子提出过多的要求。要充分给孩子自己做主的权力。而对孩子的行动过多地限制,企图包办一切,就会增强孩子的反抗情绪,使孩子产生压抑感。但是如果只看到孩子的独立、自主的一面,过早地期望孩子独立,也会使孩子失去安全感。青少年时期是自我意识发展的时期,家长和教师应看到他们的长处和不足,有目的地培养正在成长的年轻的一代的自我意识,使他们能正确地进行自我教育、评价别人。为他们树立榜样,开展恰当的评价活动,坚持用辩证的分析的方法看问题,使他们对自己的要求变成行动的需要,更有利于他们个性的发展。

阅读资料

需要层次理论在我国古代已具雏形

美国当代人本主义心理学家马斯洛于1943年在《人类动机理论》一文中首次提出了这一理论。但我国一首古老的民谣，却是一篇中国式的"需要层次理论"。民谣是我国文化宝库中的一颗璀璨的明珠和瑰宝。在中国五千年的历史文化上，民谣的内容有政治的、经济的、文化的、民风民俗的等，几乎包罗万象。这首民谣为："忙碌为充肚子饥，刚得饭饱又思衣。恰得衣食两足分，家中缺少美貌妻。家娶三妻和两妾，出门走路少马骑。骡马成群任驱使，身无官职被人欺。七品、六品官太小，四品、三品官亦低。朝中一品当宰相，又想面南坐皇帝。"笔者无法考证民谣问世的具体年代，但从内容上看，肯定是中国封建社会的产物。若如此，笔者认为需要层次理论的雏形在中国封建社会早已形成，只是没有人明确提出来加以研究、总结、宣传罢了。

民谣"忙碌为充肚子饥，刚得饭饱又思衣"清楚地表明了人要先吃饱肚子，才能干事业。"民以食为天"，"食"是维持人的生命的基础，是人的物质需要的重要组成部分。西汉文学家刘向指出："食必常饱，然后求美；衣必常暖，然后求丽。"

民谣"恰得衣食两足分，家中缺少美貌妻"说明人在温饱解决之后，就产生了新的需要。

民谣"出门走路少马骑"表现了人在丰衣足食、妻妾成群之后，便产生了与外界进行社会交往的需要。进行社交，只靠安步当车，走不了多远，交际圈子有限，有骏马任骑，日行数百里，交际范围扩大了，广泛的社会交往，既能使人消除寂寞，满足精神上的某种需要，又能获得更多的信息，使人见多识广，乐在其中。

民谣"骡马成群任驱使，身无官职被人欺"反映了对安全迫切需要的渴望，几乎是渴望安全的呐喊。

民谣的最后四句，反映了步入仕途者胸怀大志、雄心勃勃、需要自尊和他尊的不甘人下的坚强意志和决心。但我们也看到了步入仕途者的苦心积虑。笔者对这首民谣加以粗浅的分析，并以马斯洛的需要层次理论加以类比，可以清楚地看出，在我国几千年的封建统治年代，已经有了需要层次理论的萌芽，只是：

第一，民谣语言过于简洁，不像马斯洛的理论那样条理清晰、表述严谨、层次分明、观点明确。

第二，民谣是封建社会的产物，难免带着封建主义的烙印。笔者无意对此津津乐道，而只是想通过分析，找出我们祖先早于西方创造出需要层次理论的证据，仅此而已。

第三，马斯洛的需要层次理论虽然有着明显的阶级局限，但它概括出的五点需要，却是客观的，基本上反映了人在心理发展的各个阶段上的规律。因此这一理论被世界各国管理专家广泛应用。

（选自：《理论探讨》1999年4期）

试 试 看

有一些激励人们做事的原因很简单，例如饥饿、口渴或者睡眠，但也有一些是很复杂的，如报仇、安全或承认。心理学家亚伯拉罕·马斯洛认为：人们是被多种需求所激励的。当一种需求得到满足后，人们会被更高层次的需求所激励。马斯洛把他的理论称为"需要层次理论"（图9-2）。

按照马斯洛的理论，必须在低层次的需求得到满足之后，高层次的需求才会变得重要起来。例如，如果你已经一个星期没吃东西了，那么你可能不太在意爱情和其他问题。这一序列的目标——最高层次的需求——是自我实现。自我实现的人觉得生活是有意义的，因为他们的所有需求都满足了，他们更有能力帮助其他人。

马斯洛考虑的是需求，但是我们可以用他的理论来考虑重要性的排序问题。你可制定自己的"重要性顺序等级"从而来帮助自己达到目的。下面演示一个例子。

假设你想教某人演奏巴赫的d小调"拖卡塔和赋格曲"，这是你的最高目标。但是在你教别人以前，你首先得自己会演奏。在你演奏以前，你得练习。在你练习之前，你得找到人来教你演奏。在你找老师之前，你或许应该先买一个口琴！你的重要性序列看起来是如此。

现在考虑一下你自己想达到的目标。这个目标可以很简单，也可以很伟大。把你想要达到的目标写在这一序列的顶部，接下来考虑你必须达到的小目标，然后从底部开始，把它们按重要性的顺序加在你的目标序列中。如果你需要更多的地方，那么你可以自己画等级图。

了解激励我们事业有成的原因能够帮助我们根据重要性来排序，排序又能够帮助我们实现自己的目标。

你在排序方面做得怎么样？在达到自己的目标方面又表现如何？这个

测验对你来说是容易还是困难?它有用吗?有趣吗?

从你的回答中,你得到关于你的人格类型的什么样的信息?

挑出一门你愿意有所改进的学科,请你的老师帮助你设一个目标,然后设定达到目标所需要的顺序。

为你的家庭考虑一个目标。它可以是一些简单的事情,如一起清扫车库。与家人一起确定完成工作的顺序。

(选自《孩子心理学》[美]乔妮·金洁著)

思考练习

1. 什么是需要?需要是如何分类的?
2. 试述马斯洛需要理论的内涵并进行评价。
3. 什么是动机?动机有什么功能?
4. 如何激发和培养青少年的学习动机?
5. 什么是兴趣?如何培养青少年的兴趣?
6. 什么是自我意识?如何培养青少年的自我意识?

第十章 能 力

本章内容提要：

1. 能力的涵义及种类
2. 智力的理论
3. 智力测量
4. 能力发展的一般趋势
5. 能力发展的个体差异
6. 能力形成的基本因素
7. 青少年智力发展的特点及培养

第一节 能力的概述

一、能力的概念

能力（ability）是人们成功地完成某种活动所必须具备的个性心理特征。首先，能力是与活动密切联系的，是人进行活动时必备的个性心理特征。其一，能力是在活动中形成发展和表现出来的；其二，从事任何活动必须以能力为前提。正如苏联心理学家克鲁捷茨基所说：如果一个人能迅速地和成功地掌握某种活动，比其他人较易于得到相应的技能和达到熟练程度，并且能取得比中等水平优越得多的成果，那么这个人就被认为是有能力的。其次，能力是人成功地完成活动所具备的心理特征，能力直接影响活动效率。例如有些心理特征：活泼、沉静、运动速度、情绪稳定性等，虽然对于活动的顺利进行也有一定的影响，但它们不是顺利完成活动所必不可少的条件，所以不能称为能力。像音乐的节奏感和曲调感对于从事音乐活动是必不可少的；色彩的差别、线条比例、形象记忆对于绘画活动具有重要意义；观察的精确性、思维的敏捷性、反应的灵活性是完成许多活动所必不可少的条件。缺乏这些心理特征,就会影响活动效率,不能成功地完成这些活动。因此,我们可以把这一类影响活动效率的心理特征称为能力。

人从事某一活动,不可能只运用一种能力。为了成功地完成某种活动,多种能力的完备结合称为才能。数学才能就是有对数学材料迅速而广泛的概括能力;解题时迅速"压缩"或"简化"推理过程及运算的能力等的结合。

才能的高度而完善的发展,称之为天才。天才是多种能力的最完备结合,使人能够创造性地完成某种或多种活动。恩格斯在谈到欧洲文艺复兴以及在这一时期涌现出许多天才人物时曾说:"这是一个人类前所未有的最伟大的进步的革命,是一个需要而且产生了巨人——在思想能力、在热情上和性格上、在多才多艺上和学识渊博上的巨人的时代……那时差不多没有一个著名人物不曾作过长途的旅游,不会说四五种语言,不在许多部门放射光芒。"[1]由此可见,天才不是天生之才,天才是在个人良好素质基础上,随着社会的要求和实践的需要,由于个人的主观努力逐渐形成和发展的。

二、能力的种类

人类所从事的活动丰富多彩,完成这些活动所必需的能力也是多种多样的。根据不同的划分标准,能力的种类也有差异。

(一)从能力的特殊性维度上划分:一般能力和特殊能力

一般能力(general ability)是人成功地完成各种活动所必需的能力的总和,包括观察力、注意力、记忆力、思考力、想象力等,也称智力(intelligence)。

特殊能力(special ability)是人成功完成某种专门活动所必需的个别能力,如音乐能力、绘画能力、写作能力、数学能力等。一个人可以具有多种特殊能力,但其中有一二种特殊能力占优势。例如:就音乐能力而言,有人可能音乐感受力、音乐记忆力占优势;有的人可能音乐想象力、音乐情感能力占优势。

一般能力和特殊能力有密切联系。一般能力是各种特殊能力形成和发展的基础,一般能力为特殊能力的发展提供有利的条件;特殊能力的发展,也会促进一般能力的发展。在活动中,一般能力与特殊能力共同起作用。

(二)从能力的创造性维度上划分:模仿能力和创造能力

模仿能力(imitative ability)是仿效他人的言行举止而引起的与之相类

---

[1] 恩格斯:《自然辩证法》(导言),北京:人民出版社,1955年版,第5页。

似的行为活动能力。人的能力不是先天具有的,是在生活中不断从他人那里学习获得而形成的,儿童是模仿能力形成和发展的重要时期。儿童主要的模仿对象是老师或家长,而青春期的少年更多是模仿同龄人,"追星族"的出现就是例证。美国心理学家班杜拉(A·Bandura,1963)认为,模仿是人际间相互影响的重要方式,是实现个体行为社会化的基本途径之一。他认为:模仿是人学习必备的一种能力,通过模仿能使原有的行为得到巩固或改变,使原来潜伏的行为得以表现,能习得新的行为动作。

创造能力(creative ability)是指产生新思想、新发现和创造新事物的能力。创造能力的客观成果集中表现在首创性方面。由于人类具有创造能力,才能在模仿的基础上有所突破,人类的生活方式和生活内容也随之日益丰富。人与智能机器人的区别就在于人有创造能力,而机器人无论多么高明,也只能按人为它设计好的路线进行活动。

模仿能力和创造能力是相互联系、相互渗透的。模仿能力是创造能力的基础,一般来说,人总是先模仿后创造。同时,模仿能力常包含创造能力,创造能力中亦有模仿的成分。

(三) 从能力的功能性维度上划分:认知能力、操作能力和社交能力

认知能力(cognitive ability)指个体接受、加工、储存和应用信息的能力,是人们成功地完成活动最重要的心理条件。有时,我们搞不清"智力"、"思维"、"认知"三者之间的关系。在一些不需要严格区分的情况下,这三个概念常被通用,因为三个词之间有很大相似性,都表示人在认识方面的特点和能力。但是,从严格的意义上分析,三个概念是不同的。智力包含着思维,思维是智力的核心和灵魂。"认知"是近几十年来由心理学家提出的新概念,用以描述人的认识能力。它有广义和狭义之分,从广义角度使用时与"智力"的含义等同;从狭义角度使用时,与"思维"的含义相同。随着现代信息加工理论的发展,心理学家们目前更倾向于用"认知"来描述个体在认识方面的能力。

操作能力(operant ability)是指操纵、制作和运动的能力。劳动能力、艺术表现能力、体育运动能力、实验操作能力等被认为是操作能力。操作能力是在操作技能的基础上发展起来的,又成为顺利地掌握操作技能的重要条件。

社交能力(social ability)是人们在社会交往活动中所表现出来的能力,包括自我表现力、理解他人的能力、组织协调能力、语言的感染力等。

认知能力与操作能力紧密相连,认知能力中有操作能力,操作能力中也必然有认知能力。在社交能力中,也包含着认知能力和操作能力。

(四)从能力的显现性程度划分为:实际能力和潜在能力

实际能力是个体已经具备并表现出来的能力,国外心理学家称之为成就,它是个人先天遗传基础与后天学习的结果。

潜在能力是个体将来可能发展并表现出来的能力,又叫性向(张春兴,1991)。潜在能力是实际能力的基础和前提,而实际能力是潜在能力的展现。

1949年,心理学家D.O.赫布提出,人类的智力有两种:一是先天的智力,即"潜在的智力",指个体天赋的正常大脑和神经代谢作用,它是智力发现的潜在力量;二是后天的智力,即"机能智力",是在后天环境和教育影响下,先天智力成熟发展的结果。两者相比,机能智力是比较直接地作为形成个体智力实际水平的基础。

三、能力与素质

能力的形成和发展,有赖于人的素质。关于素质,目前还没有一个统一的定义,人们有着不尽相同的理解。

有人从心理发展的角度理解素质,认为素质是主体"内在身心发展水平",是个体的"发展潜能";素质是"整个主体的现实性,即在先天与后天共同作用下形成的身心发展的总水平"。

有人从发展的角度理解素质,认为素质"是人的各种发展着的因素的总和","是指人们现在的基本条件"。

也有人从社会化的结果理解素质,认为素质是"后天形成的基本品质的总和",是"后天形成的人的比较稳定的品质"。

根据以上分析得出:素质是由先天的生理解剖特点以及后天的环境教育和实践活动所形成的人的发展水平和发展倾向,是个体在活动中存在和发展的条件。关于能力和素质的具体关系,将在本章第三节详加说明。

第二节 智力理论与智力测量

智力是一个复杂的概念,分析智力结构,对于深入理解智力的本质,合理地设计度量智力的工具,科学地拟订智力培养计划,具有重要意义。

一、智力结构理论

(一) 因素论

英国心理学家斯皮尔曼(C. E. Spearman,1940)认为,人的智力包括两种因素:一般因素(G因素)和特殊因素(S因素)。G因素是人的基本心理潜能(能量),是决定一个人智力水平高低的主要因素,是人一切智力活动的共同基础。S因素是保证人们完成某种特定的作业或活动所必需的能力。

美国心理学家瑟斯顿(L. L. Thurstone,1938)对芝加哥大学的学生进行了56个能力测验。他发现某种能力测验之间具有较高的相关,而与其他测验的相关较低。能力测验可归纳为七个不同的测验群:字词流畅性、语词理解、空间能力、知觉速度、计数能力、归纳推理能力和记忆能力。由此,他提出智力由以上七种基本心理能力构成,并且各种基本能力之间彼此独立,这是一种多因素论的观点。

(二) 流体智力与晶体智力

美国心理学家卡特尔(R. B. Cattel,1963)提出了流体智力(fluid intelligence)和晶体智力(crystallized intelligence)理论。流体智力是一般的学习和行为能力,由速度、能量、快速适应新环境的测验来度量,如逻辑推理测验、记忆广度测验、解决抽象问题和信息加工速度测验等。晶体智力是人通过后天学习而获得的知识和技能,由词汇、社会推理及问题解决等测验来度量。流体智力的主要作用是学习新知识和解决新问题,主要受人的生物学因素影响;晶体智力主要的作用是处理熟悉的、已加工过的问题。

二、多元智能理论

一些心理学家,在具体的心理研究中,提出了多元智能理论。

(一) 吉尔福特的"智能结构"研究

美国心理学家吉尔福特(Guilford,1959)用因素分析法发现了至少40种智力因素。此后,他又设计了一种三维结构智力模型,预计将最终找出智力的120种因素。1971年吉尔福特又将智力加工对象中的图形分为视觉和听觉两部分,使智力分解为150种因素(图10-1)。

吉尔福特认为智力活动就是人在头脑里加工(操作过程)客观对象(内容)、产生知识(结构)的过程。因此,智力活动分为三个维度:操作过程、内容和结果。

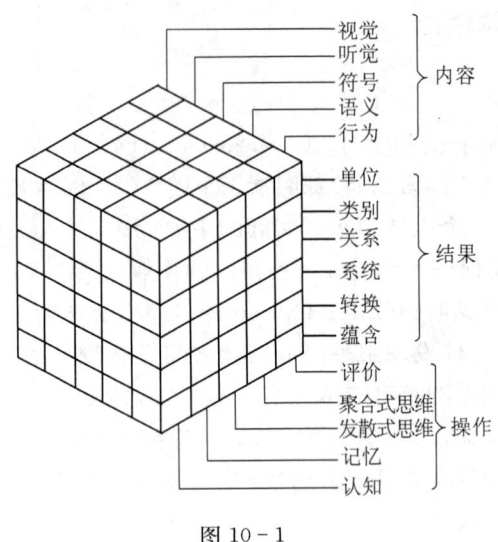

图 10-1

1. 操作

(1) 认知（C）：发现、知道、领会或熟知某些信息项目。譬如看出一个物体的锥形，或知道"成功"这个词的意义。

(2) 记忆（M）：把认知的信息放入记忆贮存。比如记住一个电话号码或一个日期。这种操作不包括回想起所记信息项目，提取这一事件涉及智力结构的另外两种操作。

(3) 发散性加工（D）：根据自己的记忆贮存，以精确的或修正了的形式，加工出许多准备选择的信息项目，以满足一定的需要。例如，思考可用来打开包裹的各种可供选择的工具。

(4) 辐合性加工（N）：从记忆中回忆出某种特定的信息项目以满足某种要求。例如，回想一个最后一个字母是"L"的人名，或像福尔摩斯那样从已知的种种事实中推断出一个正确的结论。因此，发散性加工是一种记忆的广泛搜寻，而辐合性加工则是一种聚焦搜寻。

(5) 评价（E）：对某项信息是否满足逻辑的要求或满足的程度做出判断。例如，确定某一个词是否准确地反映了你想要说的事情。这种操作不适用于审美的判断。至于它是否适用于道德评价现在还不知道，但它可能确实适用于判断某些行为活动是否合法。

2. 内容

(1) 视觉（V）：由眼睛视网膜接受的刺激直接引起的信息，或者以同样性质的映像间接引起的信息。

（2）听觉(A）：由内耳耳蜗所受刺激直接引起的信息，或者同样性质的映像引起的信息，这种内容的最重要表现是言语和音乐。

（3）符号(S）：通过被用来代表其他信息项目，诸如为语言和数学提供基础的数字、字母或文字（印刷的与口头的）等。

（4）语义(M）：指意义，通常是（并不总是）依附于某些词语的。但我们有时无法用言语来表达我们的思想。

（5）行为(B）：有关心理状态以及所观察到的个体行为等方面的信息项目。例如，个体用富有表情的行为——用他们的"体态语言"表现出来的信息。

3. 产品

（1）单元(U）：有一系列属性，并具有自己独特组合的一个单一事物。例如，一块长方形的红色布块，一个词的发音，一个印刷词"爱"的意义，或一个人要打某个人的意图。

（2）类别(C）：有关包括一组类似的单位（或其他各种产品）的观念。例如，在看到一组圆圈或听到一组弦乐声时所产生的观念；看到所有以"ing"结尾的印刷词或一张列有各种蔬菜名称的单子等所产生的观念。

（3）关系(R）：两个单位之间公认的联结。例如，一个男孩被认为比另一个男孩高，两个全音程间为一个音阶，依字母顺序排列的两个名字，"真"是"假"的反面，或小李在生小吴的气。

（4）系统(S）：在一个整体中相互联系的三个或三个以上项目。例如，餐桌上碟子的排列，所听到的节奏或旋律，一个电话号码，一个段落或一个句子。

（5）转化(T）：一项信息所发生的任何一种变化。例如，看到书桌上东西的布置已经变动过了，一首旋律中的一个变奏，纠正一处错误的拼写，一句双关语，或改变了对一个朋友的印象。

（6）蕴涵(I）：由另一项或另几项信息所暗示的一项信息。例如，在乱写的符号上加一条线，由闪电想到雷鸣，看到"3+5"就想到"8"，听到"硬"就想到"软"，思考一位皱着眉头的朋友接下来可能会说些什么。

吉尔福特认为任何一种智力都有三个方面，因此，每一种智力都给予独特的定义，都能从三维智力加工模式中找到其相应的位置，从而排除任何模棱两可。

（二）加登纳的"六种智能结构"研究

美国哈佛大学教授加登纳(H. Gardner)在1985年出版了《智能的结构》一书,提出了多元智能结构学说。[①]

1. 语言智能

包括阅读、书写、听和讲的技巧。诗是语言智能的范例。将成为诗人的人,其标志并不是对表达思想有强烈的愿望,而是迷恋于语言和非凡的语言表达的技巧——储存某些特殊词汇并作出新鲜的词汇组合。

2. 音乐智能

作曲家的突出特征是,他脑子里不断有曲调出现——在他意识表层附近听到曲调、节奏以及较长的乐曲格局。

音乐智能的构成成分,除了音高感、曲调(旋律)感、节奏感以外,尚有音乐的情感以及鉴赏音乐所必要的"先验图式",从而使人产生音乐感。

3. 逻辑——数学智能

按皮亚杰的智力发展观,所有逻辑——数学的智能形式都存在于最初对于对象的操作之中。由于"内化",这种实际操作演化成为智力操作。逻辑必然性开始进入到这些操作中去,这便是"具体"运算。在青春期的前几年,正常儿童便能在大脑中进行形式运算——在代表对象、代表加于对象上的行为的那些文字、符号系列(比如像等式)上进行运算。

数学智能包括两种:一种是对推导系列各个步骤的纯记能力;另一种是熟练处理推理系统的能力、数学直觉能力以及存在着识别有效难题而后又加以解决的能力。

4. 空间智能

空间智能的核心能力是准确地知觉到视觉世界的能力,是对一个人最初所知觉到的那些东西进行改造或修正的能力,是能够重造视觉经验(即便在有关的物体刺激不在的情况下)的某些方面的能力。它包括绘画与雕塑能力。

5. 身体——动觉智能

它是熟练地操作身体的能力。一方面,像哑剧演员那样,为表达目的而使用身体的智能;另一方面,具有熟练操作对象的能力,其中既有包括手指

[①] 加登纳:《智能的结构》,北京:光明日报出版社,1990年版,第80页、第320页。

与手的微细动作运动的能力,又有使用粗糙身体动作运动的能力。

6. 人格智能

它包含两个要素:内省智能和人际智能。内省智能是一个人感受本人情绪(原始形式为区分快乐与痛苦)的能力,在体验中辨别情绪,表现并用符号记号去固定情绪,利用它们来理解与指导自己的行为。人际智能则面向外部,指向于其他人的行为——对他人的气质、需要、情感与意志作出区分的能力。因而六种智能说亦即七种智能说。

这种理论打破了仅以语言和数理逻辑智能为依据的传统智能理论,由以往关注"你的智能有多高"转为"你的智能类型是什么"。这为教师发现和开发学生具有的那些在传统教育中不被承认或未被发现的智能强项,为发现人才,实现面向全体、因材施教,有效地使每个学生都得到发展提供了现代理论与实验研究的依据。

(三)斯腾伯格的"成功智力"研究

美国心理学家斯腾伯格(R. L. Sternberg 1985)曾提出了三元智力理论(triarchic theory of intelligence)[①],试图以主体的内部世界、现实的外部世界以及联系由外部世界的主体的经验世界这三个维度来描述智力。20世纪90年代后期,他在智力三元理论的基础上,又提出了"成功智力"理论[②],试图从智慧行为的机能本质上更深入地把握智力的精髓。

1. 成功智力的含义

斯腾伯格认为,成功智力是用以达成人生中主要目标的智力,它能导致个体以目标为导向并采取相应的行动,是对个体的现实生活真正起到举足轻重影响的智力。在这里所说的"成功",其一是个体通过努力能够最终达到的人生理想目标的成功;其二是每个正常的个体都可以发展的成功。他强调的智力不应仅仅与教育机构中的成功有关,而更应同生活中的成功紧密相连。生活中的成功是个体用创造和实践的能力去适应环境、选择环境和塑造环境,并最终获得的成功。

2. 成功智力的结构

斯腾伯格对成功智力的结构进行了分析,他认为成功智力包括三个方

---

① 斯腾伯格著,俞晓琳、吴国宏译:《超越IQ——人类智力的三元理论》,上海:华东师范大学出版社,2000年版。

② 斯腾伯格著,吴国宏、钱文译:《成功智力》,上海:华东师范大学出版社,1999年版。

面结构：

（1）分析智力。这是发现好的解决办法的智力，也就是有意识地规定心理活动的方向，以发现一个问题的有效解决方法的智力。

（2）创造的能力。这是找问题的智力，他认为，创造的能力可以帮助我们一开始就形成好的问题和思想。

（3）实践的能力。这是在日常生活中将思想及其分析的结果以一种行之有效的方法来加以使用的智力。

斯腾伯格认为，成功智力只有在分析、创造和实践能力三方面协调、平衡时才最为有效。知道什么时候以何种方式来运用成功智力的三个方面，要比仅仅具有这三个方面的素质来得更为紧要。具有成功智力的人不仅具备这些能力，而且会思考在什么时候、以何种方式来有效地使用这些能力。因此，成功智力的三个构成因素，最关键的是要形成一个有机的整体。

3. 成功智力的特征

斯腾伯格认为，具有成功智力的人具有 20 个特征：① 能自我激励；② 学会了控制自己的冲动；③ 知道什么时候应坚持；④ 知道如何充分发挥自身的能力；⑤ 能将思想转变行动；⑥ 以产品成果为导向；⑦ 完成任务并能坚持到底；⑧ 都是带头者；⑨ 不怕失败的风险；⑩ 从不拖延；⑪ 接受合理的批评和指责；⑫ 拒绝自哀自怜；⑬ 具有独立性；⑭ 寻求克服个人困难的办法；⑮ 能集中精力达到自己的目标；⑯ 既不会对自己要求过高，也不会对自己要求过低；⑰ 具有延迟满足的能力；⑱ 既能看到树木，也能看到森林；⑲ 具有合理组织的自信及完成其目标的信念；⑳ 能均衡地进行分析性、创造性和实践性的思维。

斯腾伯格认为，这些特征同时反映在具有成功智力者的个人品质和行为之中。

三、智力测量

智力的科学研究，从一开始就与智力测量紧密地联系在一起。公元 245 年，我国三国时期的刘劭著有《人物志》一书，提出"观其感变以审常度"的主张，认为根据一个人的行为变化可推测他的一般心理活动。现代的智力测量，则仅有一百多年的历史。

（一）智力测验产生的背景

机能心理学的理论先驱达尔文（Darwin，1890～1882）提出的进化论使人们意识到：生存的重要因素是对环境的适应，适者生存又提出了人类的进化中智力起着重要的作用。高智力的人由于其对环境的优良适应性必定通过自然选择，生命得以延续和发展。根据这种思想，达尔文的姑表弟高尔顿(F. Galton,1882~1911)对智力进行一系列研究。他认为，智力水平的高低与神经系统的完整性和功能有效性有关，外部世界的信息是通过我们的感觉到达大脑的。我们的感觉越敏锐，获得的信息便越多；信息越多，判断与思维越有用武之地。为此，他设计了多种测量工具，测量项目有身高、体重、肺活量、拉力和握力、叩击的速率、听力、视力和色觉等，以研究能力的个体差异。同时，他又用问答法研究意象的个体差异，他被称为心理测量学先驱之一。

世界上第一个正式的智力测验是由法国心理学家比奈和医生西蒙(A. Binet and T. Simon)于1905年编制的。比奈—西蒙智力测验量表编制的目的是为了分辨出不适合在一般学校学习的智力落后儿童，以对他们实施特殊教育。比奈认为，智力是由多种能力组成的，智力测验必须包含大量不同类型的测验项目。同时，他们还注意到随儿童年龄的增长，其智力也随之增长，年龄是影响测验结果的一个关键因素。为此，他们提出了"心理水平"概念，以解释儿童达到的智力程度，后来被"心理年龄"(mental age)分数的概念所代替。比奈认为，如果一个儿童的心理年龄比他的实际年龄小两岁的话，那么就可以认为该儿童智力落后。

德国心理学家W. 斯腾(Stern,1912)首先提出了用一个商数表达儿童智力水平，即智力商数(intelligence quotient,缩写IQ)。

(二) 智力测验

1. 智力测验应具备的条件

智力测验应是一种标准化的测验，其含义有两个方面：一是智力测验工具是依据一定的智力理论，经过标准化的程序，按客观方法和一定的步骤编制而成；二是指智力测验的施测、评分和解释必须按标准化程序和原则进行。智力测验应具备的条件如下：

(1) 常模。一个测验量表的常模是在编制过程中建立的，通常将"标准化样本的平均数与标准差"视为该测验量表的常模。常模是解释测验结果(分数)的依据。例如：某生外语测验成绩95分，单一分析这个分数难以断定他外语学习的水平，因为缺乏一个比较的标准。如果得知外语测验的团体平均分为80分，标准差是10分，这样就可以判断该生外语成绩高于一般水平。

(2) 信度。信度是指测量的一致性和可靠性,一般用两次测验得分的相关系数表示信度的高低。信度测定有重测法、折半法等。用同样工具、同样被试、施测两次,求相关称重测法;用同样工具,施测一次,按单双号题目得分求相关,称折半法。

(3) 效度。效度指一个测验工具希望测量某种行为特征的有效与准确程度,即一个测验能够测量出其所要测量的东西。

(4) 施测程序与评分的标准化。

2. 几种常见的智力测验

(1) 斯坦福—比奈智力测验

1905年世界上第一个智力测验——比奈—西蒙量表公布后,美国斯坦福大学心理学家推孟(Terman,1916,1937,1960,1972)先后几次对比奈—西蒙量表进行修订,称为斯坦福—比奈量表。该量表提出了采用比率智商的方法计算智力商数,其公式为:

$$智商(IQ) = \frac{心理年龄(MA)}{实足年龄(CA)} \times 100$$

(2) 韦克斯勒智力测验

随着人年龄的增长,不可能为每一个年龄提出一套独立的题目。同时,智力也不可能不断地随年龄而增长。因此,运用心理年龄与实足年龄的比值来计算的比率智商的方法,存在着缺陷。

美国心理学家韦克斯勒(Wechsler,1896~1981)针对比率智商的缺点,提出了离差智商代替比率智商。离差智商是根据平均数和标准差来计算的,它的基本原理是把每个年龄阶段儿童的智力分布看成是正态分布的,其平均数就是该年龄组儿童的平均智力。某个儿童的智力高低是把他的得分与均数作一比较,以它与平均数之间的距离来表示,这个距离在统计学上称"离差",离差智商因此而得名。

在离差智商中,离差是以标准差为单位来计算的。斯坦福—比奈量表的比率智商分布的平均数约为100,各个年龄段的标准差则为12~20。韦克斯勒智力量表中离差智商的平均数为100,标准差约为15。韦克斯勒智力量表中,其计算公式为:

$$IQ = 100 + 15Z$$

其中:
$$I = (X - \overline{X})/S$$

式中,Z代表标准分数,X代表个体测验得分,$\overline{X}$代表团体的平均分数,

S 代表团体分数的标准差。离差智商的特点是：分数本身并不能说明个体拥有多少知识或技能，它反映的是个体与同年龄组人的智力分布相比较所处的水平位置。

四、学生智力水平的评定

（一）确定学生智力水平在智商分布中的位置

智 商	智力类别	百分比(%)
140 以上	极优秀	1.3
120~139	优 秀	11.3
110~119	中 上	18.1
90~109	中 等	46.6
80~89	中 下	14.5
70~79	低能边缘	5.6
70 以下	智力缺陷	2.6

一般智商分布服从正态分布，但由于所使用的智力量表的不同，标准化样组的大小不同，因此，同一智商在团体中所占的百分比亦不尽相同。所以在评定学生智力水平时，就有必要查明这些智商是来自何种智力量表及如何计算的。

推孟根据斯坦福—比奈量表的测验结果，得出斯坦福—比奈量表智力分布。

（二）学生智商的稳定性和变异性

学生智商具有稳定性的特点，但这种稳定性受两个因素的影响。① 首测和再测的相关系数与首测的年龄有关。首测年龄较小，相关系数较小；首测年龄较大，相关系数较大。② 首测和再测的相关系数与两次测验的时间间隔有关。时间间隔较短，相关系数较大；时间间隔较长，相关系数较小。

学生智商也具有变异性特点。一是智商受生活环境的影响而发生变化。父母离异以及父母教育程度低或经济地位低，都不利于儿童智力的发展。二是智商受儿童本身的个性特征的影响。研究表明，智商水平变化与个体的心理防卫机制有密切关系。凡是退缩的、理想化的人，其智商趋于减低；凡是主动的、面对现实的人，其智商则趋于增高。

(三)学生智力水平评定的一种重要方式是学业成就测验

所谓成就是代表某种知识和技能的训练结果的水平。学业成就测验通常用于测量某项学习计划的具体效果的测验形式,一般适用于对学生学过或完成的内容作出终结性评价。例如,学完一门数学课后,学生参加期末考试,这就是成就测验。这种测验,几乎适用于每门学科和各种学业能力。

第三节 能力发展与个体差异

一、能力发展的一般趋势

在人的一生中,智力水平随个体年龄的增长而变化。一般来说,智力的发展可分为三个阶段:第一,智力发展的增长阶段(出生至25岁)。儿童从出生到15岁左右,智力的发展与年龄的增长几乎等速,随后增长的速度逐渐减慢。一般在18岁到25岁之间,智力的发展达到高峰。第二,智力发展的稳定阶段(25至60岁左右)。个体进入成人期,智力表现为一个较长时间的稳定保持期,一直持续到60岁左右。第三,智力发展的衰退阶段(60岁以后)、个体进入老年时期,智力的发展呈迅速下降趋势。

由于人的能力由不同的成分所构成,其发展的轨迹不相同,达到顶峰的年龄以及增长与衰退的过程也不相同。同时,个体的不同能力,其发展的速度是有差异的,见图10-2、图10-3、图10-4。

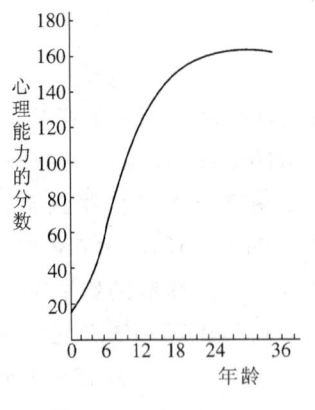

图 10-2

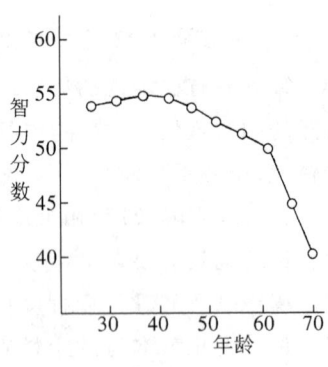

图 10-3

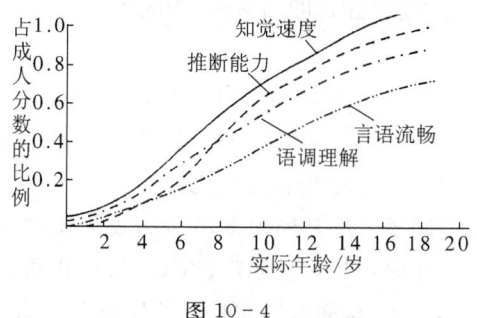

图 10-4

二、能力发展的个体差异

由于遗传、教育和环境以及主体在活动中的表现等因素的影响,不同个体能力发展存在一定的差异。

（一）能力类型的差异

1. 一般能力的类型差异

人在知觉、记忆、言语和思维能力等方面存在着差异。人在知觉事物时存在着类型的差异,表现在:① 综合型。知觉具有概括性和整体性,但分析能力较弱。只见森林,不见树木。② 分析型。知觉的分析能力较强,对事物的细节能清晰地感知,但对事物的整体知觉较弱。只见树木,不见森林。③ 分析综合型。知觉兼有上述两种类型的特点。既见树木,又见森林。

个体在记忆方面也存在着差异。根据记忆的感官不同,其记忆可分为:视觉型,以视觉为主的记忆,如画家;听觉型,听觉识记的效果较好,音乐家多属于这种类型;运动型,运动觉参加时识记的效果较好,如运动员;混合型,运用多种感官进行记忆的效果好,大多数人属于此类。

思维和语言方面的类型差异有:生动的思维言语型,这类人在思维和言语中有丰富的形象和情绪因素;逻辑联系的思维言语型,这种人的思维和言语是概括的、逻辑联系占优势;大多数人属于中间型。

2. 特殊能力的类型差异

人的特殊能力也存在类型的差异,同样是具有音乐才能的人,有的可能曲调感、听觉表象能力强,但节奏感弱;有的可能曲调感、节奏感强,但听觉表象能力弱;有的可能节奏感听觉表象能力强,但曲调感弱。

（二）能力发展水平的差异

个体间在能力发展水平上存在着明显的差异。在人口总的分布中,智力水平的分布呈常态发展趋向,即两头小、中间大。

1. 超常儿童

超常儿童指儿童的智力发展显著地超过同龄常态儿童的水平,或具有某方面突出发展的特殊才能,能创造性地完成某种活动的儿童。一般研究者把智商130作为划分天才儿童的最低线。

我国唐代诗人白居易1岁开始识字,5岁开始做诗,9岁已精通声韵。音乐家莫扎特5岁开始作曲,11岁能创作歌剧。超常儿童在各国的称谓有所不同,中国称为"神童",日本称为"英才儿童",西方国家一般称为"天才儿童"。

古今中外已有许多关于天才儿童的研究,心理学家加德纳(Gardner,1977)提出了天才儿童的特征,可作为教师鉴别天才儿童的参考。

① 独创性强或技术水准高;② 学习轻松和迅速、好奇心强;③ 身高、体重和健康方面都超过普通人的发展水平;④ 多才多艺;⑤ 比一般儿童提前运用许多词汇;⑥ 记忆力强;⑦ 观察敏锐,反应动作迅速;⑧ 能够解决高度抽象的问题;⑨ 掌握阅读技能迅速;⑩ 对语文的理解力强;⑪ 具有独立性和支配性,社会适应能力强;⑫ 可能产生个人或社会的问题;⑬ 潜能充分;⑭ 兴趣广泛。

2. 低常儿童

低常儿童是指智力发展明显低于同龄儿童平均水平,并有适应行为障碍的儿童,也称智力落后儿童、智力残疾儿童等。

当代心理学根据以下三个指标确定和鉴别低常儿童:

(1) 智商明显低下。一般认为,智商在70以下的儿童是低常儿童。

(2) 社会适应不良。低常儿童常有生活不能自理、不能从事简单劳动等情况发生。

(3) 低常儿童表现较早,一般在1岁至16、17岁就会发现低常儿童的问题,如缺乏注意力、面目表情呆滞、言语出现迟且水平低下。

(三) 能力发展的性别差异

大量研究表明,男性女性在总的智商方面没有显著差异,只有在一些特殊能力方面存在一定差异倾向。

一般来说,女生在小学和初中阶段的数学能力(对数学原理和数学符号的理解和运用)优于男生,但青春期以后,直至老年,则男生优于女生。据文献记载(Benbow,1988;Halpern,1992):女性在一些世界高水平的数学奥林匹克竞赛中所占比例甚少。自1975年以来,在国际数学奥林匹克竞赛中美国无一女性参加,而1988年世界49个国家所派出的参赛选手中,只有4名为女性(Stanley,1990)。

在语言能力方面,也存在一定性别差异。一般认为,女性在某些词语任务(如同义词生成和词语流畅性)上的平均成绩明显高于男性,特别在词语流畅性上,女性的优势最为明显。

(四)能力发展时间上的差异

能力发展基本上有三种形态:一是稳定发展,大多数人属于这种模式;二是先快后慢式发展,如有的人能力早期表现,从小就崭露头角,但成年后却发展一般;三是先慢后快式发展,即所谓大器晚成。

三、能力形成的基本因素

一个人的能力是逐渐形成的,影响个体能力形成的有以下基本因素。

(一)遗传因素

遗传因素指那些与遗传基因相联系的、与生俱来的解剖生理特征,如机体的构造、大脑的结构、神经系统活动的特点等,这是能力发展的生物前提。一个先天的盲人绘画才能不可能得到发展,一个先天的聋哑人也不可能成为音乐家。

关于能力遗传的研究,起始于英国科学家高尔顿。他比较了杰出人士成为杰出者的可能性和普通人成为杰出者的概率。研究发现在977位名人(包括法官、政治家、文学家、科学家、诗人、音乐家和画家等)的亲属中,其父亲为名人的有89人、儿子有129人、兄弟114人,共有332人,约占样本总数的1/3。在社会背景可比较的普通人组中,只有1个亲属是名人。而随着血缘关系的下降,名人亲属成为名人的概率则会有规则地下降。

双生子的研究也能说明遗传对能力的影响。有研究表明,同卵双生子和异卵双生子在智力上的相关分别为0.88和0.47(Tambs,Sundet Magnuts,1984)。

(二)环境因素

环境因素有广义和狭义之分,广义的环境是个体生活的整个活动空间,包括自然环境和社会环境;狭义的环境是指教育,主要是指学校教育及影响能力发展的相关环境。对能力有影响的是广义的环境,其中教育是环境因素中的主导力量。因为教育是一种有目的、有计划、有系统地为学生提供知识、发展能力的过程,因此教育更直接决定个体能力发展的速度和水平。但是,环境不是制约个体能力发展的唯一决定因素。

（三）个体实践因素

能力是在个体的实践活动中得以形成和发展的。遗传因素为能力的形成提供了现实的可能性,环境因素尤其是教育因素为能力的发展起到了决定性作用,而这一决定性作用,必须通过个体的实践活动才能得以实现。"勤能补拙"就足以说明个体实践因素在能力发展中的积极作用。

第四节 青少年智力的特点与培养

青少年时期是智力迅速发展的时期,这一时期具有明显的发展特点。

一、青少年智力发展的特点

（一）智力水平随年龄增长而变化

美国心理学家贝利研究发现智力整体发展趋势呈一种负加速状态。13岁以前智力发展较快呈直线上升趋势,以后逐渐缓慢,到25岁时达到高峰,并一直保持到30岁左右,40岁开始下降,60岁以后下降更快。国内外一些研究发现,初中二年级是智力发展的关键年龄;高中二年级迅速发展且逐渐占有优势;智力的批判性也比较明显。所以,青少年时期不仅是身体发展的关键期,也是智力发展的关键期。

（二）智力发展趋势各有差异

青少年时期是推理能力、理解能力迅速发展时期,他们的各种特殊能力发展处于不稳定状态,除了少数智力超常者外,大多数智力水平一般的人,特殊能力均表现出来,使之出现各自不同的智力水平发展的差异。由于青少年处于发展阶段,其智力水平中各发展趋势表现出不一致性。

（三）创造能力的发展相对滞后于智力的发展

研究发现,30～40岁是创造力发挥的最佳年龄,55岁是创造力的又一高峰期。青少年时期虽然创造能力有较大的潜力,且挖掘出来,具有明显的能量,但毕竟创造力还处于萌芽状态,他们的思维定势的影响小于成人,而且好奇心强,探索兴趣广泛,所以,青少年期是培养创造能力的最佳时期。

二、青少年智力的培养

(一)重视早期教育

早期教育的重要性已逐渐被社会、家长们所认识,但对于如何实施早期教育问题,则还存在着认识误区,如认为早期教育就是要及早对儿童进行正规的、系统的学科知识教育。其实对学前儿童来说,早期教育目的是发展他们的注意力、观察力,提高认识各种事物的兴趣;培养乐观、自信、活泼开朗的情绪特征和行为特征,以便为日后接受正规、系统的教育教学打下良好的心理基础。因此,早期教育的方法应以游戏为主,包括音乐、美工、讲故事、参加简单的力所能及的劳动等,寓教于乐,到了接近学龄期时也可以进行一些初步的读、写、算教学。这样,既不会剥夺他们的玩乐时间,泯灭儿童活泼好动的天性,又能提高他们的学习兴趣和学习的自觉性与积极性。

(二)加强知识和技能的学习

能力是在掌握和运用知识、技能的过程中得到发展。如在语文课的学习中,主要通过听、说、读、写培养语文学习的各种能力。通过数学知识的学习,可以使我们的概括力、空间想象力、计算能力、判断和推理的能力等得以发展。可以说,天文、地理、哲学、美学、建筑、机械、物理、化学等任何一门学科,都是训练人的智能的一套形式不同的体操。教师应在讲授自己本学科知识技能的同时,尽力启发学生思考,培养各种能力。

(三)开展创造性的教学活动

教育对智力发展的影响是以掌握知识、技能为中介的。教学是教育的主要形式,通过专门的教学,不但可使学生掌握一定的知识技能,而且可以促进智力的发展,学生的智力正是在学习和运用知识技能的过程中获得的。例如,如果学生不认识红领巾、金字架屋梁和三角尺等,就不可能掌握"三角形"这个概念。逻辑思维能力和运算能力,也只能在学习和运用数字知识技能的过程中才可获得和发展。当然,通过创造性的教学活动可以发展学生的智力,挖掘其智力潜能,同时教师又对教学内容进行正确选择、教学过程进行合理安排及教学方法进行恰当运用。教师应采用启发式教学方法,帮助学生抓住关键,掌握规律,发现问题,解决问题,提高独立思考能力,促进智力发展。

(四)开展丰富多彩的课外实践活动

健康、丰富的科技和课外活动是促进学生探究兴趣的养成和观察、思维、想象能力发展的有效途径。根据学生的年龄特点,开展游戏、棋类、谜语、球类、航模、桥牌等多种形式的活动,可以调剂学生的精神,增强体质,陶冶情操,又可增长知识,开阔眼界;可以培养勇敢、团结、互助的道德品质,也可增进思路敏捷、判断正确、反应灵活等智力品质。

有益文艺、体育、科技活动可以培养许多专门人才。实践经验表明,在中小学课外活动的基础上,选拔人才参加各级业余体校、少年宫、科技站的活动,是培养未来体坛健儿、文艺新秀、科技新星的重要途径。

(五)注意能力的个别差异,进行因材施教

因材施教就是根据学生们不同的个性特点、智力发展水平,有区别地进行教育教学工作。

目前,一般学校多实行班级授课制,即将一部分知识水平相近的学生编在一个班里,进行统一教学。这种方式,叫"同质分组"。开设"重点学校"、"补课班"等都是同质分组的不同形式,但同质分组是相对的。在相对同质的一个班里,个别差异不仅存在,而且可能还很突出,教师如果对所有学生采用千篇一律的教学目标、教学内容和教学方法,那么,能力强、智力水平高的学生,就难以充分发挥他们的潜能;能力较低的学生,则可能因跟不上进度、达不到要求、屡遭失败而失去学习的信心。至于大多数中等生,实际智力水平也是各不相同的,各有自己的特点。因此,在班级教学中,教师要贯彻统一要求与个别教学相结合的原则,实行"抓两头,带中间"的因材施教方针。

阅读资料

智力发展的关键期

人类智力的发展速度是不均衡的,有时快、有时慢。个体在发展的某一时期,对外界刺激特别敏感,容易接受特定刺激的影响而获得某种智力,这一时期就是智力发展的关键期。关于发展的关键期首先是在动物中发现的,进而推动了对人类智力关键期的研究。20世纪20年代本特纳(Pintner)提出:"从出生至5岁,智力增长最快,从5岁至10岁,智力增长虽没有如此之大,但仍旧是固定的,并且是容易测量的。再发展5年,增长逐渐缓慢。"皮亚杰(Piaget)认为,从出生到4岁,是人类智力发展的决定性时期。弗鲁姆(Bloom)认为,如果把17岁智力发展的水平看作100%,那么,0~4岁就获得了 50%，4～8 岁获得 30%，最后的 20% 的智力则在 8～17 岁获得。因此，人类智力发展的关键期在 4～5 岁以前。不同的能力，关键期的时间也不同。口语发展在 2～5 岁；书面语言为 4～5 岁；数概念为 5～5.5 岁；弹钢琴在 3～5 岁。

人类智力青出于蓝而胜于蓝吗？

新西兰奥塔戈大学教授詹姆斯·弗林于 20 世纪中期首次发现人的 IQ 测试分在上升，把这种现象称为"弗林效应"。

新南威尔士大学实验心理学家罗伯特·霍华德认为，营养改善、家庭缩小、教育面扩大和其他的环境变化使我们的总体智力的确有所提高。其原因之一是由于社会变得更加复杂，人们不得不更努力地思考解决问题的办法。

霍华德在对澳大利亚、新加坡和韩国的比较研究中发现：澳大利亚的老师说这些年来学生没有变聪明；而新加坡和韩国的绝大多数老师说孩子们变得聪明了。他说："我的解释是，工业化国家的整体智力很早以前就停止了上升。"只有视觉空间技能仍在继续提高。亚洲新兴国家进入现代化社会只有约 40 年的时间，所以仍在发生迅速变化。

弗林说："在人类历史上，富足常常导致堕落。看看当初的罗马人：他们变得懒惰，雇佣希腊人替他们思考。"

（资料来源：[英]《新科学家》周刊 2002.3.2）

案例分析

适应智力差异的教学组织形式

在学校教育的实际教学中，学生学习能力参差不齐的情况下，既要考虑到使每一个学生得到受教育的机会，又要照顾到学生之间智力的个别差异而因材施教。现在有些学校采取能力分班教学，就是将同年级学生按其智商或学业成就标准，分为好、中、差班，或快慢班。你对这个问题是怎样一种态度呢？

分析：

仅从知识教学而言，同质编班的形式易于教学，但从全体学生的利益来看，这种能力编班难免有以下缺点：首先，教师对不同班级的学生有不同的期望，对差的班级会产生低期望，这样会产生不良影响；其次，对能力差的班级会产生标签效应(labeling effect)，班级以"普通班"或"差生班"的名称作标签，对学生会产生不良影响；第三，教师在教学上对不同班级会产生不同态度，对能力强的班级会更认真些。由此可见，以能力分班的方式，只考虑到了因材施教，而忽略了有教无类的原则；只考虑到教师教学的方便，而忽略了全体学生的教育效益。

建议：

从教育心理学的角度看，比较合于心理原则的选择，是采用班级内能力分组(within—class ability grouping)的方式。班级内能力分组，原则上保持异质编班的形式，在同一班级内，按学生的不同语文、数学或外语能力分为两组或三组，调整教材教法和教学进度，以适应不同能力学生的需要。其他科目仍保持原班级教学形式。这就是以团体教学为主，小组教学为辅的班级内能力分组，也是学科能力分组教学方式。这种方式既合于团体教学个别辅导的原则，也可以避免班级间能力分班所产生的缺点。采用学科分组教学时，应考虑以下几个原则：

1. 班级内学科能力分组，按学生学科成就为标准，不宜按智商高低或各科总成绩分组。而且，随时可按学生学习成就予以调整，使教学符合学生实际水平。

2. 学科能力分组不宜太细，一般分为2~3组为宜。

3. 教师对分组后教学，在教材内容的选择上，教学进度的设计方面，应以学生能力与需求为依据。成绩考虑以各组为标准。同时，实行学科能力分组教学，学生人数不宜太多。

（资料来源：黄希庭《心理学》，第267~268页）

思考练习

1. 什么是能力？你是如何理解能力分类的？
2. 谈谈你对智力结构理论的理解。
3. 斯腾伯格的成功智力对你有何启发？
4. 智力测验是怎样产生的？
5. 智力测验应具备哪些条件？
6. 如何对学生的智力进行评定？
7. 根据阅读资料，谈谈你对智力发展的理解。
8. 根据能力发展的个体差异结合实际谈谈对学生能力培养的策略。

第十一章 人　格

本章内容提要：

1. 人格的含义与特征
2. 人格形成与发展的因素
3. 人格的理论
4. 人格的类型与差异
5. 人格测量的方法
6. 青少年健全人格的培养

千百年来，无论是古希腊人还是现代人，无论是戏剧、小说家，还是哲学、心理学家，人们在不断地探索、描述和诠释那些千姿百态、性格迥异的人格问题。中国古典小说中就曾勾画了一些栩栩如生、人格迥异的人物，如鲁莽忠烈的李逵、勇猛忠诚的关羽、雄心奸诈的曹操、足智多谋的诸葛亮，多情叛逆的贾宝玉、聪慧抑郁的林黛玉……它给人们的展示的是各具特色的人格差异。

本章介绍人格研究的基本理论，探讨人格的特征、结构、个别差异以及影响人格形成和发展的规律。介绍人格测量的方法以及人格的培养等。

第一节　人格的概述

一、人格的含义

人格（personality）一词最初源于拉丁文"persons"，此词的原意指古希腊、罗马时代的戏剧中演员戴的面具，而且随着人物角色的不同而变换，就如同戏剧中的脸谱一样，红脸代表忠心、白脸代表奸佞、黑脸代表刚强……面具体现了角色的特点和人物性格。

心理学沿用其含义，转意为人格。这其中包含了两种含义：一是指人格是一个人在人生舞台上所表现出来的种种言行,人遵从社会文化习俗的要求而作出的反应。人格所具有的"外壳",就像舞台上根据角色要求所戴的面具,表现出一个人外在的人格品质。二是指一个人由于某种原因不愿展现或内隐的人格成分,即面具后的真实自我,是人格的内在特征。这仅仅是以人格概念的一种形象理解。

科学的心理学是如何来界定人格的呢?在心理学范畴中,人格是探讨完整个体与个体差异的领域。但到目前为止,由于心理学家各自研究取向的角度不同,对人格的看法众说不一。本节综合各家之见,对人格界定出一个简明易懂的概念:人格是构成一个人思想、情感、行为的特有模式,这个独特模式包含了一个人区别于他人的稳定而统一的心理品质。

二、人格的特征

人格是一个具有丰富内涵的概念,它反映了人格的多种本质特性。

(一)独特性

一个人的人格是遗传、成熟、环境、教育等先后天因素的交互作用所形成的。不同的遗传、教育和环境的影响,形成了人各自独特的心理特点,如有人外向、有人内向。独特性还体现在人格各种特征组合的不同风格。例如,在我们的周围,有人热情奔放,有的冷淡孤僻;有人聪明敏捷,有人反应迟缓;有人顽强果断,有人优柔寡断;有人善良助人,有人恃强凌弱。人格结构中包含着人与人不同的且有独特色彩的差异性。正如俗语所说:"人心不同,各如其面。"

(二)稳定性

人格的稳定性是指那些经常表现出来的特点,一时表现出的特征不能称之为人格。例如,一个学生平时对人忍让和善,但偶然一次突然大发脾气,我们仍然认定其人格特征为性情和善而不是坏脾气。另外,一个人的某种人格特点一旦形成后,就相对稳定下来了,要想改变它,是较为困难的事情。俗话说:"江山易改,秉性难移。"这种稳定性还表现在,人格特征在不同时空下表现出一致性的特点。例如,一位性格内向的大学生,他不仅在陌生人面前缄默不语,在教师面前少言寡语,在参与学生活动时也沉默寡言。大学四年他一直如此,毕业几年后同学聚会时,他也不会变化很大。

(三)整体性

每个人的人格世界都不是由各种特征简单地堆积和组合起来的,而是如同宇宙世界一样,是一个排列有序的系统结构,无论是看得见的人格还是看不见的人格,都会有规则地结合成一个有机的整体,具有内在的一致性,受自我意识的调控。

（四）功能性

人格是一个人生活和事业成败、喜怒哀乐的根源。有一位先哲说过:"一个人的性格就是他的命运。"人格决定一个人的生活方式,甚至有时会决定一个人的命运。人们经常会使用人格特征解释某人的言行。面对挫折与失败,坚强者发奋拼搏,懦弱者一蹶不振。悲痛可以使人化为力量,也可以使人溺于消沉。当人格正确发挥其功能时,表现为健康而有力,支配着一个人的生活与成败;当人格功能失调时,就会表现出软弱、无力、失控,甚至变态。

三、人格的结构及作用

（一）人格的结构

从纷繁复杂的诸多的心理现象中,根据它们共有的某些特征可以分出构成人格心理的人格倾向性和人格心理特征两大类。通常把心理现象分成心理过程和人格心理两大部分。人格心理的狭义结构则是人格心理部分(图11-1)。

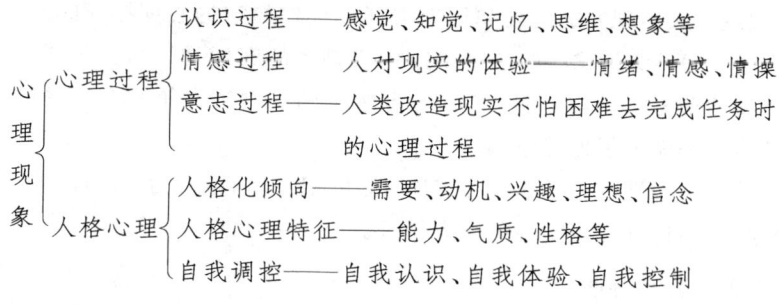

图11-1

人格心理的广义结构包括人格倾向性、人格心理特征、心理过程和心理状态。这四方面各自包含许多不同层次,它们所起的作用也不同。人格心理结构的各个方面是有机联系着的,它们构成一个自我调节、自我控制、自我完善的活动系统。

我们从人格的狭义和广义结构的分析可以看出,人格因素结构是十分复杂的,是一个具有多层次、多侧面的心理动力系统。国内学者柳友荣参照张履祥教授的研究,绘制人格因素结构的模型图可助我们思考,见表11-1①。

表11-1 人格因素结构模型

内隐	心理倾向	需要　世界观 动机　价值观 兴趣　人生观	内在复合机制	人格特征
	态度体系	对社会、集体和他人态度 对学习、工作和劳动的态度 对自己的态度	性格特征	
	行为特征	情感特征 意志特征 理智特征		
外显	动力特征	行为能量水平 行为时间特征	气质特征	

人格因素结构模型图的最上层是心理倾向性,或称内在复合机制,核心是一个人的世界观、价值观和人生观,是人格的内隐主导因素;人格因素结构模型图中层是个体对现实的态度体系,包括对社会、集体和他人态度,对学习、工作和劳动的态度,以及对自己的态度。态度体系大多属于思想品德范畴,受制约于心理倾向,但却制约着一个人的行为特征,是人格因素的核心成分。人格因素结构模型图下层是行为特征,是个体心理活动的外显行为的情感特征、意志特征和理智特征,它是直接影响学习和智力活动的人格因素,表现在人对现实的态度和行为特征中比较稳定的心理特征的总和,我国心理学界通称为性格。人格因素结构模型图的底层是气质。气质是人的心理活动的动力特征,是性格形成的自然基础。它仿佛使一个人的整个心理活动行为都涂上了独特色彩。

各种人格因素在每个具体人身上总是相互依存、相互制约,具有系统性、完整性、多样性和可塑性的动态特征。

(二)人格的作用

人格是人生成功与成败、喜、怒、哀、恨的根源之一。人格是人的思想、情感、意志和品德的统一体,是影响人的心理和行为的重要因素之一。人格是个体自身的所有内部因素的总和,它与环境的相互作用构成人的行为及其方式。人格是做人的根本,是人际交往的基础,是社会风尚的象征。全社

---

① 柳友荣:《新编心理学》,合肥:安徽大学出版社,2000年版,第165页。

会的人格水平不仅表现在关系到国家、民族的根本利益方面即国格,而且更经常地表现在日常生活的社会责任与社会义务之中。例如,见义勇为、助人为乐是人格高尚的表现,而见利忘义、损公肥私则是人格卑下的表现,等等。个体通过履行社会责任与社会义务表现出的人格力量是推动社会进步的重要力量,并且成为维系民族、社会的巨大凝聚力。因此,从某种意义上说,它对推动社会的发展、加强社会主义精神文明建设、提高社会成员总体人格水平显得尤为紧迫和重要。

四、人格形成的因素

人格不是先天的,先天的遗传素质只为人格的形成和发展提供物质基础和发展可能;人格也不是环境消极影响的结果,它是人们在生活实践中、在主体和客观现实相互作用中形成发展起来的,是个体在漫长的社会化进程中受到社会环境的影响和自身努力培养的结果。

人格形成的实质是个体的社会化过程。由社会熏陶与学习训练,从自然人变为社会人的过程,就叫作社会化过程。社会化在个体身上发生了两个过程,即反射和内化。最初的自然人属于一个单一的生物机体,但他们一经出生便生活在被人类所特定安排的社会化生活环境中,随时随地受到周围环境的潜移默化作用。

社会生活环境对人格的形成和发展起着决定性作用。社会生活环境主要由五个方面构成,即个体出生背景、家庭影响、学校教育、社会角色、社会文化等,它们交织在一起,作用于个体的人格体系,并通过个体的社会实践活动,形成了不同的人格特征。

(一)个体出生背景对人格形成有着起始作用

个体出生背景,主要指个体从胎儿到出生,其母体的特定环境、男女性别、子女排序、家境状况等,这些对个体来说是无法选择的,但对个体未来人格的影响却是不可避免的。

母体的特定环境主要是指胎儿时期的营养、胎教以及母亲的生活习性、情绪状态和健康状态等。

(二)家庭对人格形成有着重要的奠基作用

(1)不同家庭的不同政治、经济地位通过日常生活和父母言传身教,使儿童领会到自己在物质生产、消费关系及政治关系中的地位,逐渐形成对现实的态度和行为方式。

（2）父母的性格特征和家庭生活气氛有着明显地影响作用。父母互相尊重爱护,以礼相待,家庭融洽温暖的气氛有助于儿童形成良好的人格品质。

（3）家庭教育方式也影响儿童的人格。民主型的教育方式能使多数儿童形成活泼、谦虚、有礼貌、诚恳、自信等特征；放纵溺爱型的教育方式,往往使孩子形成懒惰、胆怯、自私、任性、感情和意志脆弱等特征；严厉或独断的教育方式,使孩子容易形成说谎、孤僻、拘谨、感情淡漠、暴躁冷酷等特征。此外,儿童在家庭中所处的地位、扮演的角色、父母对子女的态度是否公正,对人格形成也有一定作用。

（三）学校教育对人格形成起着主导作用

（1）班集体的特色对人格的影响作用。学生生活在班集体中,班集体的特点、要求、评价和舆论,对其人格的形成产生潜移默化的影响作用。

（2）学校教育的思想、人才培养规格对人格的影响作用。学校担负着培养学生现代优良人格的重担,学校的办学思想、人才培养规格影响学生人格的形成与发展,特别在由应试教育转变为素质教育的今天,那种创新意识和创新精神的人格培养由学校来实施,这对学生人格的形成尤为重要。

（3）学生在集体中的地位也影响人格的形成。此外,良好的校风、教师对学生的情绪态度、学校的团队活动、体育、劳动都影响着学生人格的形成。

（四）社会所处的地位对人格形成起着影响作用

社会角色心理给人格的形成带来较大的影响。人们从事的职业活动、担任的社会角色、处于何等社会地位、被社会接纳或排斥的影响以及社会的潮流都对人格形成产生一定的影响。

第二节 人格理论

人格理论的种类很多,研究者的侧重点不同,有的侧重于探讨人格的结构,有的侧重于研究影响人格形成的条件,也有的侧重于揭示人格发展的过程。下面主要介绍几种具有代表性的人格理论。

一、精神分析理论

精神分析理论是西格蒙得·弗洛伊德(Sigmund Freud)开创的一种有一定影响的人格结构理论。他的核心思想是,人格结构由本我、自我和超我三部分组成的,并将"三我"与早期的意识层次理论结合起来,构成了人格的冰山图①,见图11-2。

"三我"构成了一个冰山,三种意识层面构成了海水。露出水面可以看得见的部分是意识层面,位于海水之下无法看见的部分是无意识层面(或称潜意识层面)。

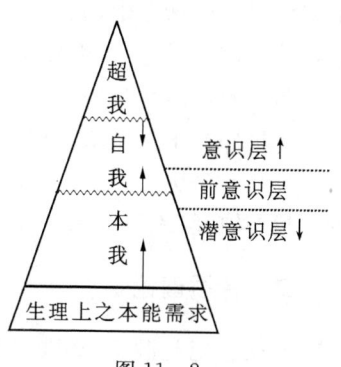

图11-2

(一)本我

本我是人格结构中最原始的部分,是人与生俱来的、原始的力量来源。构成本我的成分是人类的基本需要和本能活动。如饥、渴、性三者均属之。本我淹没于无意识中,是潜意识的,表现为冲动、无所顾忌、非理性的,它只顾及寻求需要的即刻满足,按"快乐原则"行事。本我还要受到自我的检查。

(二)自我

自我是个体出生后,在现实环境中由本我分化发展而产生的,其作用在于调节现实要求与本我需要的矛盾。自我位于人格结构中的中间层,它一方面调节着本我;另一方面又受超我的控制,对本我的冲动与超我的管制具有缓冲与调节的功能。自我是按现实原则来操作的,所以是理性的、合乎逻辑的。

(三)超我

超我代表人格结构中的道德成分,是个体在生活中接受社会文化道德规范的教养而逐渐形成的,它包括良心和自我理想两大部分。良心是规定自己行为免于犯错的限制;自我理想是要求自己的行为符合自己理想的标准。如:个体所作所为合于他的自我理想时,就会感到骄傲;相反,所作所为违反了自己的良心,就会感到愧疚。超我的目的在于追求完美而不是快乐,是人格中道德、良知、理性部分,是通过教育把社会规范、道德准则、价值判断内化的结果。

本我、自我和超我的互相关系构成了人格的动力结构。这三个成分不断地互相影响,一个结构成分的变化,必然导致其他成分的改变,三者处于

---

① 許燕:《人格——绚丽人世间的画卷》,北京:北京师范大学出版社,2000年版,第24页。

动态相对平衡状态中,共同构成整体人格。一旦这种平衡关系难以维持或遭到破坏,个体就会产生焦虑或出现人格异常。

弗洛伊德是悲观的本能决定论者,他的观点极富争议,难以得到认同,但他最早构建了人格结构理论,开辟了人格心理学研究的新领域,许多人格理论是在弗洛伊德的理论基础上产生的,所以,人们仍把他看作人格心理学的鼻祖,其功绩不可磨灭。

二、特质理论

特质理论起源于20世纪40年代的美国,主要代表人物是美国心理学家奥尔波特(G. W. Allport,1897~1967)和卡特尔(R. B. Cattell,1905~)他们把特质作为个体有别于他人的基本特征,是人格的有效组成元素,也是测定人格时常用的基本单位。

(一)奥尔波特的特质理论

奥尔波特于1937年首次提出了人格特质理论。他把人格特质分为两类:一类是共同特质,是在某一社会文化形态下,大多数人或群体所具有的共同特质;另一类是个人特质,指个体身上所独具的特质。个人特质又依其在生活中所起作用的大小,分为三种:其一为首要特质,是指一个人最典型、最具概括性的特质,如多愁善感是林黛玉的首要特质、狡猾奸诈可以说是曹操的首要特质等。其二为中心特质,指构成个体独特性的几个重要的特质,在每个人身上大约有5个~10个,如林黛玉的清高、率直、聪慧、孤僻、内向、抑郁、敏感等;其三为次要特质,指的是个体一些不太重要的特质,往往只有在特殊情况下才表现出来。这些次要特质除了亲近他的人外,其他人很少知道。如果一个人在外面很粗鲁,而在自己的母亲、妻子或丈夫面前却很顺从。这里的顺从就是他的次要特质。图11-3是奥尔波特的人格特质结构图。

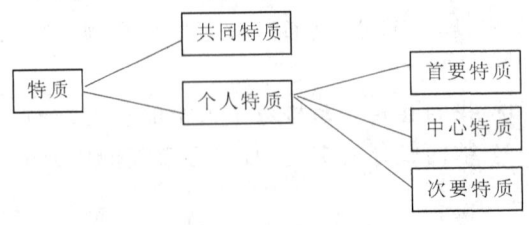

图11-3 奥尔波特的人格特质结构图

(二)卡特尔的人格特质理论

美国心理学家 R. B. 卡特尔认为人格特质是人格建筑的砖石。特质是人在不同时间和情境中都保持的行为形式和一致性。人格特质不仅是人格的结构单元,也可以作为人格分析的人格测量的单元。

卡特尔发展了奥尔波特的特质理论,他认为人格特质是有层次结构的,他用因素分析的方法对人格特质进行了分析,提出了基于人格特质的理论模型,他用心理元素周期表的形式表示出来,见图11-4。

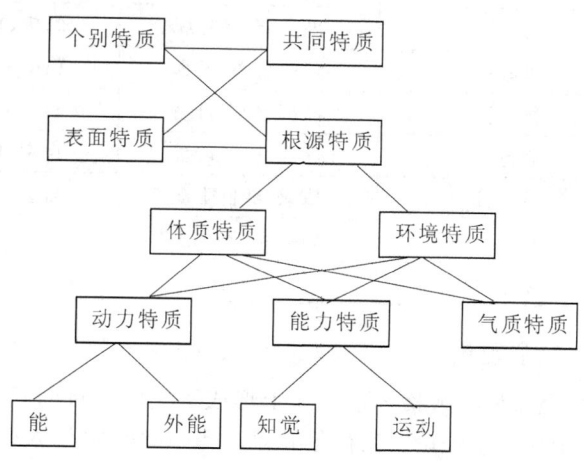

图 11-4 卡特尔的心理元素周期表

在心理元素周期表中,最重要的是根源特质。根源特质是人格的内在基本因素,它是人格结构中最重要的部分,是一个人行为的内部根源。表面特质只是根源特质的外在表现,是可以直接观察得到的行为表现。

1949年卡特尔用因素分析方法提出了16种相互独立的根源特质,并制定了"卡特尔16种因素测验"。

根据16种人格特质编制了"卡特尔16种人格因素调查表"(Sixteen Personality Factor Questionnaire,16PF)(表11-2)。

表 11-2 卡特尔的16种人格特质

	人格因素	低分者特征	高分者特征
A	乐群性	缄默孤独	乐群外向
B	聪慧性	迟钝、知识面窄	聪慧、富有才识
C	情绪稳定性	情绪激动	情绪稳定

续表

	人格因素	低分者特征	高分者特征
E	恃强性	谦逊顺从	支配、攻击
F	兴奋性	严肃审慎	轻松兴奋
G	有恒性	权宜敷衍	有恒负责
H	敢为性	畏怯退缩	冒险敢为
I	敏感性	理智、着重实际	敏感、感情用事
L	怀疑性	信赖随和	怀疑刚愎
M	幻想性	现实、合乎常规	幻想、狂放不羁
N	世故性	坦白直率、天真	精明能干、世故
O	忧虑性	安详沉着、有自信心	忧虑抑郁、烦恼多端
Q1	激进性	保守、服从传统	自由、批评激进
Q2	独立性	依赖、随群附众	自立、当机立断
Q3	自律性	矛盾冲突、不拘小节	知己知彼、自律严谨
Q4	紧张性	心平气和	紧张困扰

(三) 现代特质理论

近年来，研究者们在人格描述模式上形成了比较一致的看法，提出了几种有代表性的现代人格理论。高德伯格（Goldberg）称之为人格心理学中的"一场静悄悄的革命"。

1. 艾森克的"三因素模型"

艾森克（Eysenck，1947，1967）依据因素分析方法提出了人格的"三因素模型"。

三因素指人格的外倾性、神经质和精神质。艾森克依据这一模型编制了"艾森克人格问卷"（eysenck personality questionnaire，简称 EPQ）。

2. 塔佩斯的"五因素模型"

塔佩斯（Tupes）运用词汇学的方法对卡特尔的特质变量进行了分析，发现了五个相对稳定的因素。

五因素是外倾性、宜人性、责任心、神经质或情绪稳定性、开放性。五个特质的英文首字线构成"OCEAN"一词，意思是"人格的海洋"。麦克雷和可斯塔编制了"大五人格因素的测定量表"（NEO—PI—R）。

3. 特里根等的"七因素模型"

特里根等（Tellegea & Waller，1987）用不同的选词原则获得了七个因素。

七因素是正情绪性、负效价、正效价、负情绪性、可靠性、宜人性、因袭性。这七个因素模型测量工具为人格特征量表（the inventory of pearacteristics，IPC—7）。

现代人格理论在临床心理、健康心理、职业心理、发展心理、管理心理和工业心理等领域日益显示了广泛的应用价值。

三、类型理论

类型理论是20世纪30～40年代在德国产生的一种人格理论，主要用来描述一类人与另一类人的心理差异，即人格类型（personality type）的差异。人格类型理论有以下三种：

（一）单一类型理论

该理论认为，人格类型是依据一群人是否具有某一特殊人格来确定。代表人物是美国心理学家佛兰克·法利（Franck Farley）提出的T型人格，即单一类型，这种T型人格具有好冒险、爱刺激的人格特征。

（二）对立类型理论

该理论认为，人格类型包含了某一人格维度的两个相反的方向。

1. A—B型人格，由福利曼和罗斯曼提出（Friedman & Rosenman，1974）

A型人格的主要特点是性情急躁，缺乏耐性。他们的成就欲高，上进心强，有苦干精神，工作投入，做事认真负责，时间紧迫感强，富有竞争意识，外向，动作敏捷，说话快，生活常处于紧张状态，但办事匆忙，社会适应性差，属不安定型人格。具有这种人格特征的人易患冠心病。美国20世纪60年代进行的一次纵向调查表明，在257位患有冠心病的男性病人中，A型人格的人数是B型人格人数的两倍多。

B型人格的主要特点是性情不温不火，举止稳当，对工作和生活的满足感强，喜欢慢步调的生活节奏，在需要审慎思考和耐心的工作中，B型人往往比A型好，他们属于较平凡之人。对冠心病患者的调查表明，B型人格只占患者的三分之一。

2. 内—外向人格，由荣格最先提出

荣格认为，当一个人的兴趣和关注点指向主体时，就是内向人格；当一个的兴趣和关注点指向外部客体时，就是外向人格。内向人格特点是自我剖析、做事谨慎、深思熟虑；外向人格特点是情感表露在外、热情奔放、当机立断、独立自主、善于交往、行动快捷、有时轻率。

（三）多元类型理论

该理论认为，人格类型是由几种不同质的人格特性构成的。

1. 气质类型学说

气质学说源于古希腊医生希波克里特的体液说，认为人体有粘液、黄胆汁、黑胆汁、血液四种液体，由于配合比率不同而形成不同类型的人。后来罗马医生盖伦提出了四种气质类型是胆汁质、多血质、粘液质和抑郁质。巴甫洛夫用高级神经活动类型说解释气质的生理基础，详见第三节。

2. 性格类型学说

由德国心理学家斯普兰格依据人类社会文化生活的六种形态，将人格类型划分为六种，即经济型、理论型、审美型、权力型、社会型、宗教型。

3. 阴阳五行说

由我国春秋战国时期著名医书《内经》按阴阳强弱，把人分为太阴、少阴、太阳、少阳、阴阳平和五种类型（表11-3）。

11-3　阴阳五行说与神经类型说、气质类型说

阴阳五行说	太阳之人	少阳之人	阴阳平和	少阴之人	太阴之人
神经类型说	兴奋型	中间型			抑制型
气质类型说	胆汁质	多血质		粘液质	抑郁质

四、人本主义理论

人本主义理论是20世纪50年代兴起的以马斯洛（Araham H. Maslow）、罗杰斯（Carl R. Rogers）等为代表的心理学上第三种力量的理论学派。他们强调个人责任、自由意志、个人成长与满足。其理念是"以人为本"，实现自我的主动、积极的发展。

（一）马斯洛的人格自我实现论

马斯洛把自我实现作为理论的中心，也视为人生发展的最高境界。他提出自我实现的人格特征：

（1）了解认识现实，持有较为实际的人生观。

（2）悦纳自己、别人以及周围的世界。

（3）在情绪与思想表达上较为自然。

(4) 有较广阔视野,就事论事,较少考虑个人利益。
(5) 能享受自己的私人生活。
(6) 有独立自主的性格。
(7) 对平凡事物不觉厌烦,对日常生活水平永感就鲜。
(8) 在生命中曾有过引起心灵震动的高峰经验。
(9) 爱人类并认同自己为全人类之一员。
(10) 有至深的知交,有亲密的家人。
(11) 具有民主风范,尊重别人的意见。
(12) 有伦理观念,能区别手段与目的;绝不为达到目的而不择手段。
(13) 带有哲学气质,有幽默感。

(二)罗斯杰的人格自我理论

罗斯杰的人格理论是以个体自我中心为理念,所以一般称之为自我论。他的基本观点如下:

(1) 自我观念。是个体在生活环境中与人、事、物交互作用时所得经验的综合。
(2) 积极关注。指个体在形成自我观念时,渴求别人的好评,希望别人无条件的积极支持自己。
(3) 自我和谐。指一个人自我观念中没有自我冲突的心理现象。

罗杰斯的人格自我理论对人性持有一种积极的态度,强调尊重人的尊严和价值,无论是在普通教育领域还是在心理咨询的临床应用中,都有重要的借鉴作用。

五、学习理论

学习理论也称为社会学习论,是由罗德(Rotter)和班杜拉(Bandura)提出的一个重要的人格理论之一。

(一)罗德的社会学习理论

罗德提出了一个强调期望的社会学习理论。他认为:对于人类行为来说,行为主义或者条件反射论可以通过增加各种内部过程(如期望、强化值)来得以扩展和改进。他提出了在控制点方面存在着个体差异。

(二)班杜拉的社会学习理论

班杜拉认为人格可以通过社会学习方式获得,也可以通过社会学习而改变。他强调观察学习、模仿及替代强化的重要性。强调自我调整和认知过程。自我调节以自我观察、个人标准和个人反应过程为基础,他把人与环境交互作用和自我调整观点将强化、认知人的信念和价值体系等因素联系起来考虑人的行为发展和变化,对人格或行为倾向的解释有重要而独特之处。

上述五种理论,每一种理论都具特色,都对人格的研究起了重要的作用,但也存在不足。因此,要全面理解人格的实质还要将多种理论综合起来。

第三节 人格的类型与差异

一、气质类型与个别差异

人格的核心特征是人的心理差异,人的心理差异体现在人格结构中的差异是:认知方式体现人格在认识加工过程中的差异;气质体现出高级神经活动类型上的差异;性格体现在社会道德评价方面的差异。

(一)气质的含义

1. 气质的界定

气质(temperament)通常也称"脾气"、"秉性",是人格特征之一,是表现在心理活动的强度、速度、灵活性与指向性的一种稳定的心理特征。它给每个人的心理活动蒙上一层独特的色彩。如《红楼梦》中的人物,有叛逆的宝玉、忧郁的黛玉、圆滑的宝钗、泼辣的凤姐、刚毅的探春、孤僻的妙玉……这些心理差异就是气质差异。

2. 气质的产生

人的气质差异是先天形成的,受神经系统活动过程的特性所制约。孩子刚一出生时,最先表现出来的差异就是气质差异,有的孩子大哭好动,有的孩子平衡安静。这些最先表现出来的人格差异就是气质差异。格赛尔(A. L. Gesell)在观察婴儿的心理表现时,发现婴儿的气质表现有三种类型:第一类婴儿表现平静,不着急,慎重对待周围事情;第二类婴儿急急忙忙,注意力不集中,动作伶俐反应快;第三类婴儿动作不规则,注意和性情不稳定,但才气焕发。这是由生理因素造成的,特别是受高级神经活动过程特性所制约。

气质是一个古老的概念。最先源于古希腊医生希波克里特(Hippocrates)的体液说,他认为人体内有四种液体:粘液、黄胆汁、黑胆汁、血液,这四种体液的配合比率不同,形成了四种不同类型的人。约500年后,罗马医生盖伦(Galen)进一步确定了气质类型,提出人的四种气质类型是胆汁质、多血质、粘液质、抑郁质。虽然依照体液来对气质类型进行分类缺乏科学依据,但是气质及四种气质类型分类的名称一直被研究者所沿用,因为在现实生活和文学作品经常可以看到这四种气质类型分类的典型人物。例如,《水浒传》里的黑旋风李逵脾气暴躁,气力过人,为人耿直,忠义烈性,思想简单,行为冒失,属胆汁质;而浪子燕青聪明过人,灵活善变,使枪弄刀、弹琴吹箫、交结朋友等无所不会,属多血质;豹子头林冲沉着老练,身负深仇大恨,尚能忍耐持久,几经挫折,万般无奈,终于逼上梁山,属粘液质。又如,《红楼梦》里的林黛玉多愁善感、弱不禁风、孤僻清高,属抑郁质。

(二) 气质类型及特征

1. 高级神经活动类型说

巴甫洛夫在研究高等动物的条件反射时,发现不同动物高级神经活动的兴奋和抑制过程中的独特的稳定的结合,构成动物的神经系统类型。巴甫洛夫的这一发现为气质学说提供了科学依据。

巴甫洛夫认为,神经过程三个基本特性的独特结合就形成了高级神经活动的四种基本类型。这四种基本类型与四种气质类型有对应关系,见表11-4。

表11-4 高级神经活动类型与气质类型

神经过程的基本特征			高级神经活动类型	气质类型
强度	平衡性	灵活性		
强	不平衡		兴奋型	胆汁质
强	平衡	灵活	活泼型	多血质
强	平衡	不灵活	安静型	粘液质
弱	不平衡		抑制型	抑郁质

(1) 强而不平衡类型。兴奋比抑制占优势,以易激动、奔放不羁为特点。巴甫洛夫称之为"不可遏止型"——胆汁质。

(2) 强、平衡、灵活型。兴奋和抑制都较强,两种过程易转化。它以反应灵活、外表活泼迅速、适应环境为特征,故称为"活泼型"——多血质。

(3) 强、平衡、不灵活型。兴奋和抑制都较强,两种过程不易转化。它以坚毅、迟缓为特征,故称为"安静型"——粘液质。

(4) 弱型。兴奋和抑制都很弱,而且弱的抑制过程占优势。它以胆小、经不起冲击、消极防御为特征,故称"抑制型"——抑郁质。

巴甫洛夫指出,纯粹属于这四种类型气质的人在人群中并不占多数,多数人属于两种或三种类型结合的中间型。

巴甫洛夫的高级神经活动类型学说为神经活动类型和气质类型的关系勾画了一个轮廓,对气质的实质作了科学的解释。

2. 划分气质类型的心理指标

气质包括以下六个因素,这六个因素的不同结合就构成不同的气质类型。

(1) 感受性

人对外界刺激的感觉能力称为感受性。人们的感受性存在着差异。

(2) 耐受性

耐受性指个体在经受外界刺激作用时,表现在时间和强度上的承受能力,以及在这些刺激下个体的心理状态。例如,当你处于烟雾弥漫、险情丛生的恶劣环境时,能否保持情绪的稳定。

(3) 敏捷性

敏捷性指不同心理反应的速度和灵活性,如动作速度、言语速度、思维、记忆速度以及注意转移的灵活程度。

(4) 可塑性

可塑性指个体适应环境影响的难易程度。

(5) 兴奋性

兴奋性主要指情绪兴奋性的强弱以及情绪向外表现的强烈程度。

(6) 倾向性

倾向性指反应主要倾向于外部世界,还是倾向于内心体验。

上述各心理指标的不同结合便构成各种气质(表11-5)。

表11-5 心理指标与气质类型的相互关系

类型特性	感受性	耐受性	敏捷性	可塑性	兴奋性	倾向性
胆汁质	强(一)	强(+)	强(+)	强(+)	强(+)	外
多血质	强(+)	强(+)	强(+)	强(+)	强(+)	外
粘液质	强(一)	强(+)	弱(一)	弱(一)	弱(一)	内
抑郁质	强(+)	强(一)	弱(一)	弱(一)	强(一)	内

3. 气质类型的基本特征

人们在传统上把气质分成多血质、粘液质、胆汁质和抑郁质四种类型。

(1) 多血质

多血质又称活泼型,属于敏捷好动的类型。这种类型具有很强的耐受性、兴奋性、敏捷性和可塑性,反应速度快,感受性较强。其行为表现为为人热情、活泼、敏捷、精力充沛,适应能力强,善于交际,常能机智地摆脱窘境。

(2) 粘液质

粘液质又称安静型,属缄默而沉静的类型。这种气质类型感受性弱,敏捷性、可塑性、兴奋性也弱,唯有耐受性强。行为表现为缓慢、沉着、镇静、有自制力、有耐心、刻板、内向。不易接受新生事物,不能迅速地适应变化了的环境,与人交往适度,情绪平稳。

(3) 胆汁质

胆汁质又称不可遏止型,属于兴奋而热烈的类型。这种气质类型的人感受性较弱,耐受性、敏捷性、可塑性均强,兴奋比抑制占优势,外向。行为表现常常是反应迅速、行动敏捷,在言语、表情、姿态上都有一种强烈的热情,在克服困难上有坚韧不拔的劲头。

(4) 抑郁质

抑郁质又称弱型,属呆板而羞涩的类型。这种气质类型的人感受性很强,体验深刻,往往为一点微不足道的事而动感情,耐受性、敏感性、可塑性、兴奋性都很弱。他们的行为表现为孤僻,动作迟缓,避免同陌生的、刚认识的人交往。

在幼儿和小学生中不少人可以明显地归入这四种气质类型,而在青年和成人中只有部分人或少部分人属于这四种基本类型,多数人属于中间型或混合型。四种典型气质类型的表现可见图 11-5。

(三) 气质与教育

1. 气质对人格的影响

从气质类型特征的分析中可以看到,气质是人的天性,无好坏之分。一个人做什么、如何做,是由动机、愿望、信念决定的,气质只是心理活动反应的特点,只赋予人心理活动和行为的独特色彩,并不决定人的社会价值,也不决定人的智力水平高低,而只能影响人智力活动和方式。在同一社会

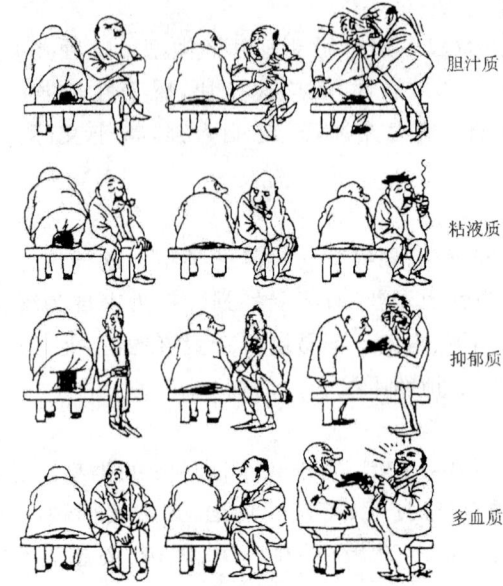

图 11-5 四种典型气质类型

实践领域可以找到不同气质类型的杰出人物(表 11-6)①。

表 11-6 气质类型的代表人物

多血质	赫尔岑　列宁
粘液质	克雷洛夫　库图佐夫
胆汁质	巴甫洛夫　普希金　彼得一世
抑郁质	达尔文　果戈理　柴可夫斯

2. 气质的职业适应性

我国心理学工作者(1988)调查空军战斗机飞行员与地面参谋人员气质类型报告：战斗机飞行员中，多血质占 45.31%，胆汁质占 19.80%，胆汁质与多血质混合型占 15.3%，多血质与粘液质混合型占 5.81%，胆汁—多血—沾液三种混合型占 2.32%；前三项气质类型占整个人数的 88.37%。这个战

---

① 韩永昌：《心理学》(修订二版)，上海：华东师大学出版社，2000 年版第 168 页～187 页。

斗机飞行员样本中没有发现抑郁质的人,而地面参谋人员中粘液质占29.90%,抑郁质28.74%,粘液质与抑郁质混合型占23%,三项合计占总人数的81.64%。可见,职业与气质有密切关系。

表11-7 气质类型的行为特征与适宜的职业

气质类型	行为特征	适宜的工作
多血质	活泼好动,敏捷、反应迅速,喜欢与人交往,注意力易转移,兴趣易变换,具有外倾性	社交工作、推销员、采购员、外交工作、管理人员、律师、新闻记者、演员、侦探等适宜从事需要有表达力、活动力、组织力的工作
粘液质	安静、稳重,反应缓慢,沉默寡言,情绪不易外露,注意稳定,但难转移,善于忍耐,具有内倾性	自然科学研究、教育、医生、财务会计等。适宜从事安静、独处、有条不紊的工作,思辨力较强的工作
胆汁质	直率、热情,精力旺盛,情绪易冲动,心境变化剧烈,具有外倾性	社交工作、政治工作、经济工作、军事工作、地质勘探工作、推销、节目主持人、演说学家等
抑郁质	孤僻,行动迟缓,情绪体验深刻,善于觉察到别人不易觉察的细小情节,具有内倾性	研究工作、会计、化验员、雕刻、刺绣、机要秘书、检查员、打字员等。适宜从事不需过多与人打交道而需较强分析与观察力,需要耐心、细致的工作

3. 气质特征与因材施教

善于区别和正确对待不同气质类型的学生,是搞好教育的重要前提,如何依据学生不同的气质特征,采取不同的教育策略?

(1)对多血质的学生,要着重培养其朝气蓬勃、满腔热情、足智多谋等心理品质,防止朝三暮四、虎头蛇尾、粗心大意、任性等不良个性特点的产生。在教育方法上,要注意要求他们埋头苦干,在激起他们多方面兴趣的同时,要培养中心兴趣;在给予参加多种活动机会的同时,要强调认真负责的态度和坚持性;要严格要求他们的组织纪律性。对多血质学生进行教育时,一定要"刚柔交替"。

(2)对胆汁质的学生,要着重发展其热情、豪放、爽朗、勇敢、进取和主动的心理品质,防止粗暴、任性、高傲等个性特点的产生。为此,应当要求他们善于自制,能沉着、深思熟虑地回答问题,培养他们在行为上和对人态度上的自制力和扎实的工作作风。对胆汁质的学生进行教育时,宜用"以柔克刚"和"热心肠冷处理"等有效方法。

(3)对粘液质的学生,要着重发展其诚恳待人、工作踏实、顽强等品质,注意防止墨守成规、执拗、冷淡、迟缓等品质。这种气质的学生由于他们安静,不妨碍别人,而且很勤勉,因而常常被教师忽视。对这类学生的教育应当注意培养他们所欠缺的品质——高度的灵活性、积极性,杜绝可能发生的淡漠和萎靡不振。应以满腔热情吸引他们参加集体活动,激发他们的积极热情,引导他们机敏地完成各项任务。

(4) 对抑郁质的学生,要着重发展敏感、机智、认真细致、有自尊心和自信心等品质,防止怯懦、多疑、孤僻等消极心理的产生。在教育的方法上,教师要给以更多的关怀、帮助,要引导他们多参加集体活动,扩大交往,勇于展现自己。

教师要帮助学生分析和认识自己气质特征中的长处和短处,善于驾驭自己的气质。如教会学生经常有意识地控制自己气质上的消极方面,发展积极方面,有利于形成良好的个性。

二、性格类型与个别差异

如果说气质是个性的特征系统中影响其特征表现形式的一种外部色彩的话,那么性格则是个性的特征系统中具有核心意义的成分。它与人们日常生活中所说的人品、秉性等涵义相近。性格是由许多个别特征所组成的复杂心理结构。由于每个人性格特征组合情况及表现形式不同,因而形成了千差万别的性格。

(一) 性格的含义

1. 什么是性格

性格(character)是表现在人对现实的态度和相对应的行为方式中比较稳定的心理特征的总和。一个人愿做什么、不做什么、追求什么、拒绝什么,表明了他的动机和方向,也表明了他对世界所持的态度,是人们在长期接受和反映一定社会影响之后,保存和固定下来的一种稳定的态度体系,并体现在其言行举止之中。

在文学书海中,我们通常能看到一个个性格鲜明的人物。例如,王熙凤的狠毒,堂·吉诃德的呆板,葛朗台的吝啬,都是令人生厌的性格。正如恩格斯所说:"人物的性格表现在他做什么,而且表现在他怎么做。"例如,有的人正直无私,有的人虚伪自私。像这些具有道德评价含义的人格差异,我们都将其归为性格差异。性格不像气质那样具有天赋性、没有好坏之分,它是后天在社会环境中逐渐形成的,是最核心的人格差异,受人的价值观、人生观、世界观的影响,所以性格有好与坏之分。

2. 性格的结构特征

性格是由人格中多种个别特征所组成的复杂而稳定的心理结构，具体表现在以下几个方面：

（1）性格的态度特征

这一特征是指人在对客观现实的稳固态度方面的特征，具体表现在以下三个方面：① 对社会、集体、他人的态度；② 对工作、学习、劳动的态度；③ 对自己的态度。性格的态度特征在性格结构中具有核心意义。

（2）性格的意志特征

这一特征指人在调节行为方式方面的特征，主要表现在以下三个方面：① 是否具有明确的行动目标，行为是否受社会规范的约束；② 对行为的自觉控制能力；③ 在紧急情况或困难条件下处理问题的特点。

（3）性格的情绪特征

这一特征指情绪活动的强度、稳定性、持久性和主导心境等方面的特征。

（4）性格的理智特征

这一特征是指个体在感知、记忆、想象、思维等认识过程中表现出来的认知特点和风格的个体差异，也称为性格的认知待征。

3. 性格与气质

气质和性格是人格结构中既有区别且又密切联系的两个概念。

（1）性格与气质的区别

性格与气质的区别主要展现在以下五个方面：① 概念内涵不同。气质是心理活动的动力特质；而性格是一种人对现实稳定的态度和与之相适应的习惯化了的行为方式。② 气质是神经活动特征的心理表现，更多地受先天生物因素制约；性格是在实践中形成的心理特征，受社会生活条件的制约。③ 社会意义不同。气质无好坏之分，性格有好坏之分。④ 气质、性格不是一一对应的。气质不同的人性格可以相同，相同气质的人性格也可不同。⑤ 作用不同。气质具有调节作用，性格具有整合作用。

（2）性格与气质的联系

性格与气质的关系密切，两者互相渗透、互相影响。不同气质类型的人，都可以形成爱国、勤奋、乐于助人等性格，并且可以使性格带上个人色彩。例如，同样乐于助人的性格，不同气质的人表现是不同的：胆汁质的人带有满腔热情的特点，抑郁质的人带有怜悯的特点。气质是性格形成的自然基础,性格对气质具有一定的制约作用。

(二) 性格类型的特征

性格的类型是指在一类人身上所共有的或相似的性格特征的独特结合。长期以来,一些心理学家曾试图按一定标准对性格进行分类,提出了许多分类学说,但由于性格这种心理现象极为复杂,至今仍未有一个公认的分类标准。以下介绍几种有代表性的性格类型。

1. 按心理机能优势分类为理智型、情感型和意志型

这种分类观点是英国心理学家培因(A. Bain,1855,1859)和法国心理学家李波特(Ribot,1906)等提出来的,它依据智力、情绪、意志三种心理机能何者占优势来确定性格类型。理智型的人通常用理智来衡量一切,并支配自己的活动。他们观察事物认真仔细,思维活动占优势,很少受情绪波动影响。情绪型的人,内心情绪体验深刻,外部表露明显,情绪不稳定。意志型的人,行动目标明确,积极主动,勇敢、果断、坚定,自制力强,不易为外界因素所干扰。

2. 按心理活动倾向分类为内倾型和外倾型

此观点由瑞士心理学家荣格(Jung,1913)提出,是性格类型论中最为著名的观点。荣格根据个体力比多(libido)的活动性来划分性格类型,力比多指个体内在的、本能的力量。力比多的活动指向于外部环境,就是外倾型(外向型)的人;力比多的活动指向于主体自身,就是内倾型(内向型)的人。外向型的人,重视外部世界,表现为自信、勇敢、开朗、活泼、善交际、情绪外露,不拘小节,易于适应环境。内向型的人,表现为沉静、内省、谨慎、多思、缺乏信心、易害羞、冷漠、寡言,反应缓慢,较难适应环境。荣格认为,多数人并非典型的内向型或外向型性格,而是介于两者之间的中间型。

3. 按个体独立性分类为独立型和顺从型

威特金(Witkin,1940)在垂直视知觉的一系列研究中,发现了认知方式的个体差异,即场独立性和场依存的差异,根据这两种类型差异的划分,前者称为独立型,后者称为顺从型。独立型的人,具有坚定的个人信念,善于独立思考,能够独立地发现、分析和解决问题;自信心强,不易受他人的暗示和其他因素的干扰。顺从型的人,做事缺乏主见,易受他人意见所左右,常常不加分析地接受别人的观点或屈从于他人的权势。

4. 按生活方式分类为理论型、经济型、权力型、社会型、审美型、宗教型

这种观点是由德国哲学家、教育家斯普栏格(Spranger,1928)提出来

的。他根据人类的六种生活方式，把人的性格划分为相对应的六种类型，理论型的人，总是冷静而客观地观察事物，根据自己的知识体系来评价事物的价值，把握事物的本质。政治型或称权力型的人，重视权力，并竭力尽全力去获取权力，有强烈地支配和命令别人的欲望。经济型的人，总是以经济的观点看待一切事物，根据实际功利来评价事物的价值，以获取财产和利益为其生活目的。审美型的人，总是从美的角度来评价事物的价值。宗教型的人，总是感到上帝的拯救和恩惠，坚信有绝对的生命，生活在信仰之中。

5. 按生活适应性分类为 A 型性格、B 型性格和 C 型性格

近年来国内外研究者根据人们在生活适应性方面表现的时间上的匆忙感、紧迫感和好胜心等不同特点以及易感心身疾病的不同，而划分出三种性格类型。

A 型性格或 A 型行为模式，即易患冠心病的行为模式。其主要特征是：① 对时间有紧迫感，做事快，感到时间过得快；② 长期的亢奋状态：总想同时做几件事，把工作日程安排得满满的，凡事自己亲自动手，每天都处于紧张状态；③ 争强好胜：爱与别人比高低，强烈地希望自己主宰自己的身体一切并维护控制权；④ 遇到挫折变得敌意和攻击，对他人怀有戒心，缺乏耐心和容忍。这类人往往智力较高，能力较强，充满着成就欲和进取心。

B 型性格或 B 型行为模式，其主要特征是：悠闲自得，不爱紧张，一般无紧迫感，不好争强，对受到的阻碍反应平静，善容忍，少敌意，喜欢娱乐活动。

C 型性格即癌症倾向性格。其主要特征是：不表现愤怒，把愤怒藏在心里加以控制；在行为上表现出与别人过分合作，原谅一些不该原谅的行为；生活和工作中不确定性；尽量回避各种冲突，不表现负面情绪（特别是愤怒），屈从于权威。虽然上述提法是否与癌症有直接的联系尚需进一步研究。但是，对愤怒的压抑与癌症的发生和导致治疗失败有联系的研究报告则是相当多。（Eysenck，1988，Grossarth-Maticek，Bastiaans，Kanazir，1982）①研究表明：A 型性格的人容易得冠心病，其发病率为 B 型性格的 2 倍，而心肌梗塞的复发率为 B 型性格的 5 倍。该内容研究还在深入探讨之中。

（三）性格与教育

一个人的性格不是天生的，而是多种因素作用下形成的，每一种性格类

---

① 黄希庭：《心理学》，上海：上海教育出版社，1997 年版，第 48 页。

型的特点都反映了一个人所经历的生活、环境、教育以及个体自我因素的作用和影响,其中起重要作用的有以下几种:

1. 性格与家庭教育

一个良好的性格的形成,最初形成于家庭这个沃土上,养成于父母这第一任教师的言行举止之中,每个孩子的性格都与父母的性格神奇般融合,并互相折射,产生深远的影响。具体在体现以下几个方面。

(1) 父母的教养方式

西蒙兹(S. Symonds)认为,在父母和孩子之间有两个基本要素:一是接受——拒绝,要么给孩子以爱,要么就拒绝给孩子的要求;二是支配——服从,要么随心所欲地去支配孩子,要么服从孩子的要求。父母对待孩子最理想的方式是居于两个要素的中间,即既不特别宠爱孩子,也不过于严厉;既不随心所欲地支配孩子,也不完全听凭孩子的支配。父母对孩子倾注非常适中的爱,只为孩子提供必要的环境和照顾,使孩子的性格健康发展。许多年来,众多心理学家研究了父母的教养方式对儿童性格的影响,见表11-8。

表11-8 父母教育方式与儿童性格的关系

父母亲的教育方式	儿童性格
支配性的	消极、顺从、依赖、缺乏独立性
溺爱性的	任性、骄傲、利己主义、缺乏独立精神、情绪不稳定
过于保护的	缺乏社会性、依赖、被动、胆怯、深思、沉默、亲切的
过于严厉的(经常打骂)	顽固、冷酷、残忍、独立的;或怯懦、盲从、不诚实、缺乏自信心和自尊心
忽视的	妒忌、情绪不安、创造力差,甚至有厌世轻生情绪
父母意见分歧的	易生气,警惕性高;或有两面讨好、投机取巧、好说谎的行为
民主的	独立、直爽、协作的、亲切的、社交的、机灵的、安全、快乐、坚持、大胆、有毅力和创造精神

(2) 家庭的气氛

家庭气氛对孩子性格的形成可起到潜移默化的影响。

父母之间感情和谐,互敬互爱;兄弟姐妹之间相亲相爱;邻里之间和睦相处,往往易使个体形成谦虚、礼貌、随和、诚恳、乐观、大方等良好的性格特征。相反,家庭成员之间经常吵闹打骂,邻里之间纠纷不断,则易使个体形成粗暴、蛮横、孤僻、冷漠等不良的性格特征。

2. 性格与学校教育

学校是一个模拟的"小社会",同时又有别于一般自发的社会影响。这个"小社会"中有严格训练的教育者和经过选择的教育内容、规章制度等,对学生性格形成具有重要的影响。

(1) 校园文化

校园文化对学生性格的形成既可起到直接指导作用,也可产生潜移默化的影响。优良的校风,尤其是班集体风气对学生则是一种无声的规定,对其心理产生很大的影响力和约束力,从而起一种正面的导向作用。丰富多彩的校园文化活动则给学生提供了发现自己、丰富自己、完善自己、发展自己的机会,学生在其中容易形成勇敢、坚强、艰苦、求实、自信、自制、积极乐观、团结友爱和敢于创造等良好的性格特征。

(2) 教师的教育态度和方式

教师对学生的态度及其言谈举止,都会自觉或不自觉地影响着学生,引起学生相应的反应,久而久之就会固定为相应的性格特征。

在教学中,教师采取何种教学态度,学生往往表现出对应的性格特征。教师的教育态度对学生的影响,见表11-9。

表11-9 教师的教育态度与学生的性格

教育态度	学生的性格
专制的	情绪紧张,不是冷淡就是带有攻击性。教师在场时毕恭毕敬,不在时秩序混乱、不能自制
民主的	情绪稳定、积极,态度友好,有领导能力
放任的	无团体目标,无组织,无纪律,放任状态

(3) 同伴群体

人际关系对性格的形成和发展影响很大,其中,同龄人之间交往常因彼此年龄相仿、面临的社会评价标准相似,更容易心心相印、彼此理解。青少年往往希望自己被同伴团体所认同以产生归属感;如果自己被排斥在同伴团体之外,就会产生孤立感。由于同龄人之间具有可比性,良好的交往关系能刺激个体间形成正确合理的竞争心态,你追我赶,齐头并进,共同成功。

3. 性格与社会教育

所有个体都是在一定的文化背景和社会制度下成长起来的,社会特定的风俗习惯、道德标准以及经济文化发展水平的差异对个体的性格有着自然的影响。

大众传媒对社会风气的形成和推广起到了推波助澜的作用。正确的传媒引导有利于形成好的社会风气。另外,大众传媒本身对人的性格发展也起到了社会舆论评价的作用,影响社会经济文化、风俗习惯和个体的道德标准等,大众传媒是可以直接作用于个体的一条重要传播途径。

4. 性格与自我教育

环境因素、教育方法、社会影响等一切外来的影响,都必须通过个体的自我调节才能起作用。因此,从这个意义上讲,每个人都在塑造着自己的性格。随着学生自我意识的发展,他们常常能主动地分析自己的性格特征,自觉地扬长避短,培养自己良好的性格特征。这时,他们对自己性格的形成已从被控制者转变为自我控制者和自我教育者。教师和家长要以积极期待导引、感召学生,提高他们控制自我和自我教育的能力。

第四节 人格的测量

一、人格测量概述

人格测量是心理测量的一种。它是指在标准化的条件下引发出被试的行动和内部心理变化的手段。人格测量是采用测量的方法对人格进行测验,测出一个人在一定情境下,经常表现出来的典型行为和人格特征等。由于心理测量的对象是人的心理现象,对人的心理能力,人格特征是无法直接测量的,人们只能测量心理活动的外显行为,一般只是通过对一个人测验题目的反应来推论出他的心理特点。目前,已有百余种人格测量方法,本章主要介绍几种典型的有代表性的人格测量方法。

二、人格测量方法

人格测量的主要方法有自陈量表法和投射测验法。

(一)自陈量表法

自陈量表法是让被试按自己的意见,对自己的人格特质进行评价的一种方法。自陈量表通常也称为人格量表(personality inventory)。

用自陈量表法编制的人格量表,在我国常见的有明尼苏达多项人格测验量表、爱德华个人兴趣量表、卡特尔系列人格特征量表和艾森克人格类型量表等,仅举两例:

1. 明尼苏达多相人格测验

明尼苏达多项人格测验量表(minnesota mulitiphasia personality inventory,简称 MMPI)是目前著名的人格测验之一。此量表是由美国明尼苏达大学教授哈萨威(Hathaway,1942)和麦克金里(Mckinley)编制的,该量表内容包括健康状态、情绪反映、社会态度、心身性症状、家庭婚姻问题等 26 类题目,可鉴别强迫症、偏执狂、精神分裂症、抑郁性精神病等。明尼苏达多人格测验包括 10 个临床量表:疑病(Hs)、抑郁(D)、癔症(Hy)、精神病态(Pd)、男子气或女子气(Mf)、妄想狂(Pa)、精神衰弱(Pt)、精神分裂症(So)、轻躁狂(Ms)、社会内向(Si);另外还有 4 个效度量表:说谎分数(L)、诈病分数(F)、校正分数(K)、疑问分数(Q)。所有题目均采用是、否、不一定来回答,题目举例如下:

1. 我相信有人反对我。　　　是[ ] 不一定[ ] 否[ ]
2. 我相当缺乏自信。　　　　是[ ] 不一定[ ] 否[ ]
3. 每隔几夜我就会做噩梦。　是[ ] 不一定[ ] 否[ ]

这个测验所重视的是被试的主观感受,而不是客观事实,又因为在编制量表时采用正常与异常两个对照组为样本,因此 MMPI 不可用做临床上的诊断依据,但可用来评定正常的人格,使人们对一个人的人格有个概略的了解。

2. 爱德华个人兴趣量表

爱德华个人兴趣量表(edwards personal preference schedule,简称 EPPS)是由美国心理学家爱德华(Edwards,1953)编制的,并以美国心理学家莫瑞(Murray,1938)所列举的人类 15 种需要为基础的。由此构成了 15 个分量表:成就需要(ach)、顺人需要(daf)、秩序需要(ord)、表现需要(exh)、自主需要(aut)、亲和需要(aff)、自省需要(int)、求助需要(suc)、支配需要(dom)、谦虚需要(aba)、助人需要(neer)、交通需要(cha)、坚毅需要、性爱需要(het)、攻击需要(agg)。整个量表共有 225 个题目,每个题目通常包括两个"我"为开头的陈述句,用"强迫选择法",要求被试从两者中按照自己的喜好选出其中的一个。例如:

1. A. 我喜欢结交新朋友。
　　B. 当我有难时,我希望朋友能帮助我。
2. A. 在长辈和上级面前,我会感到胆怯。
　　B. 我喜欢用别人不太懂其意义的字词。

EPPS 的主要功能是通过被试对题目的反应,评定他在 15 种需要上相对于一般人的强弱程度,然后绘出人格剖面图。这样,一个人 15 项的人格定位状况便一目了然。

自陈量表式人格测验的优点是题目数固定,题目内容具体而清楚,因此施测简单,记分方便。其缺点是因编制时缺乏客观效标,效度不易建立;而且测验内容多属于情绪、态度等方面的问题,每个人对同一问题常常会因时空的改变而选择不同的答案;另外,使用这种方法时,还难免出现反应的偏向。例如,有些被试对问卷中提出的各种问题总是持赞同的态度,这种反应偏向影响到对人格做出客观的评定。因此,其信度和效度都不如智力测验。

(二)投射测验法

投射测验法(projective)是以弗洛伊德心理分析的人格理论为依据的。它是在测验时向被试提供一些无确定含义的刺激,让被试在不知不觉中,毫无限制、自由投射出自己内在的思想感情,然后确定其人格特征。投射测验种类较多,仅举两例。

1. 罗夏克墨渍测验

罗夏克墨渍测验(Rorschach Ink Blot Test)是由瑞士精神医学家罗夏克(H. Rorschach,1884～1922)于1921年设计的,共包括十张墨渍卡片,如图11-6所示。其中五张为彩色,另五张为黑白图形。施测时每次按顺序给被试呈现一张,同时问被试:"你看到了什么?""这可能是什么东西?"或"这使你想到了什么?"等,允许被试自己转动图片从不同的角度去看。这种测验属于个别施测,每次只能施测一个。施测时主试一方面要记录被试的语言反应,同时还要注意被试的情绪表现和伴随的动作,见图11-6。

图 11-6

2. 主题统觉测验

主题统觉测验(Thematic Apperception Test,简称 TAT)是由美国心理学家莫瑞(Murray,1938)编制的。这种测验的性质与看图说故事的形式很相似。全套测验由 30 张模棱两可的图片构成,另有一张空白图片,图片内容多为人物,也有部分景物,不过每张图片中至少有一个人物在内,如图 11-7 所示。测验时,每次给被试一张图片,让他根据所看到的内容编出一个故事。故事的内容不受限制,但必须回答以下四个问题:图中发生了什么事情?为什么会出现这种情境?图中的人物正在想些什么?故事的结局会怎样?主题统觉测

图 11-7

验的主要假定是,被试在面对图片情境时所编出的故事,会和其生活经验有联系,因而不自觉地把自己隐藏或压抑在内心的动机和欲望穿插在故事中,进而把这些内在的东西"投射"出来。因此,通过分析被试自编的故事,有可能对他的需要和动机做出鉴定(图 11-7)。

投射测验的优点是弹性大,被试可在不受限制的条件下,随意作出反应。由于投射测验使用墨渍图或其他图片,因而便于对没有阅读能力的人进行测验,进而推论其人格倾向。

投射测验也有缺点:首先,评分缺乏客观标准,对测验的结果难以进行解释。同样的反应由于施测者的判断不同,解释很可能不一样。其次,这种测验对特定行为不能提供较好的预测。例如,测验结果可能发现,某人具有侵犯他人的无意识欲望,而实际上,他却很少出现相应的行为。最后,由于投射测验适于个别施测,因而它需要花费大量的时间,这一点不如问卷法优越。

(三)句子完成法

句子完成法(sentence completion test,简称 SCT)是以未完成的句子作为刺激,让受测者自由地给予语言反应来完成未完成的部分。依据受测者的反应内容来推断受测者的情感、态度以及内心冲突等。例如:"我们的朋友……""我喜欢的是……"。

这种言语联想方法起源于德国,最初用于测查儿童的智力,后来美国使用这种方法测查人格。这种方法广泛地运用于临床预诊。而且它使用比较方便,易于掌握,既可以施测于个人,也可以施测于团体。

第五节 青少年人格的健全与培养

一、健全人格的含义及标准

（一）健全人格的含义

所谓健全人格,从理想的角度来看,人格的要素应是健全的而不是残缺的或畸形的表现;从人格要素之间的关系上看,应具有良好的人格系统关系;从个体心理来看,应是良好的人格特征在个体身上的集中体现。具体表现在,人在日常生活、工作和学习中,保持良好的心理适应状态和和谐的人际交往关系,能够充分发挥个人的潜能,并且不断地发展和完善自我。

（二）青少年健全人格的标准

一个健全的人格应具备哪些标准呢?

1. 人格要素完整统一

人格要素应具有完整性,是有机的统一体。理想的健康人格,应是有机统一的。这种统一是差异中的统一,每个个体的要素之间的差异情况不一样,因而这种统一是有个性的统一,而不是千篇一律的。

2. 具备宁静的心境

人格健全者有积极健康的人生态度和正确的价值观,需求合理,言行一致,有坚定的自信心,善于自我控制,保持内心世界和谐一致。

3. 有和谐的人际关系

人格健全者的心胸往往比较开阔,善解人意,尊重自己也尊重别人。既不狂妄自大,也不妄自菲薄。其观点、行为和情绪反应与周围人协调一致。在人际交往中具有吸引力。

4. 有效地运用个人能力

人格健全者对未来的成就充满希望。这种成就动机和能力相结合,就引发出巨大的创造力。这种创造发现给生活带来欢乐,激发兴趣、维持动机,从而形成良性循环。[①]

[①] 高玉祥:《健全人格及其塑造》,北京:北京师范大学出版社,1997年,第14~16页。

5. 与环境保持适应

环境是与有机体发生联系的外部世界，它制约了人的心理和行为。道德表现在人的心理、生理与行为上的发展都是与环境相适应的结果。人的行为改变环境，环境反过来又影响心理和行为，两者相互影响、相互制约。

二、青少年人格障碍与矫正

（一）人格障碍的特征

人格障碍（personality disorder）也称病态人格，是人格特征偏离了正常。通常指人格发展的内在不协调，在没有认知过程障碍或者没有智力障碍的情况下出现的情绪反应、动机和行为活动的异常。

人格障碍不属于精神疾病的范畴，没有明显的起病经过、病理过程和转归等疾病特征，是人格的极端变异。人格障碍的表现十分复杂，不同的类型有着不同的表现，但也具有一些共同的特征：

（1）严重的人格缺陷。人格严重偏离正常、不协调，与他人格格不入，而且性格的某些方面非常突出和过分发展。

（2）严重的情感障碍。智能没有改变，但情感不稳定，易激怒、偏执怀疑、心肠冷酷，与人交往不正常。

（3）行为目的和动机不明确。行为大多数受情感冲动、偶然的动机或本能的愿望所支配。因此，行为缺乏目的性、计划性、完整性。自制力一般较差，易发生冲突和不正常的意向活动。

（4）自我中心，没有责任感。不能从过去的生活经验中吸取教训，把自己所遇到的困难都归咎于命运或别人的错误。因而，对自己的所作所为都能作出自以为是的辩护，把自己的复兴和想法放在首位，而不是去理会别人的看法和意见。

（5）人格偏离的相对稳定性。人格障碍一旦形成以后就比较恒定，不易改变，但到40岁至50岁以后，可渐趋缓和。

（6）对自己的人格障碍主观上感到痛苦、为难，但并不能从多次挫折、失败中吸取经验教训，主动去克服、矫正。

（7）不存在智力、记忆力等方面的障碍，但由于社会适应不良，常常不能有效地施展其才能和智慧。

（二）青少年人格障碍的表现

1. 反社会型人格障碍

反社会型人格障碍也称悖德型人格障碍，是人格障碍中带有违法或犯罪特征的障碍。这种类型的人，情绪不稳定，常为一时的冲动性动机所支配，容易发生各种违纪违法的不正当的意向活动。这种类型表现为撒谎、逃学、小偷小摸、打架、被学校开除、拘留、管教、有过早的性活动、虐待小动物或弱小同伴的行为出现，少数人有破坏公共财物、经常旷工、旷课长久待业或多次变换工作；易激怒斗殴和攻击别人，心肠冷酷，忘恩负义，对自己的至亲也不例外；危害别人时无内疚感。有这种人格障碍的人，给家庭、学校、社会以及周围青少年的学习和生活都带有危害作用。

2. 偏执型人格障碍

偏执型人格障碍又称妄想型人格障碍。这种人格障碍的特征是：固执刻板、敏感多疑、心胸狭隘、报复心强，好嫉妒、易冲动、喜诡辩。夸大自己的重要性，自我评价过高，对挫折与拒绝过分敏感，且在遇到困难、挫折时，易于责备或推诿客观。在生活和工作中易与他人发生摩擦，难与领导、同事和周围的人相处。别人常常敬而远之。

> 例如，一位17岁的女孩，在日常生活和学习中，对自己评价过高，认为自己一贯正确，自我感觉良好。实际上，学习成绩较差。她为人心胸狭窄，嫉妒心强，自己学不会、做不出来的题，也千方百计阻止别人学习，不让别人学会。所以，她常常趁别人不在时，偷同学的作业本或撕毁他们已做好的作业，或把教科书藏起来。有时冷言冷语，挖苦、讽刺学习好的同学。老师、同学们要帮助她，反而被视为恶意。因此，在班里人际关系很差，与大多数人相处不融洽。大家对她时时提防或敬而远之。

3. 分裂型人格障碍

分裂型人格障碍其观念与行为表现奇特，与众不同。表现为行为怪癖而偏执，为人孤独而隐退，情感冷淡、性格孤僻，麻木不仁、难以体验愉快的情感。从不关心他人对自己的鼓励、选择或批评；对人际关系采取不介入的态度，常常独往独来，不愿社交；喜欢做白日梦，常沉湎于幻想和内省之中，相信心灵效应、第六感官等。满脑子是玄妙的想象。缺乏进取心，尤其是回避竞争性情境，保持漠不关心的态度。

4. 爆发型人格障碍

爆发型人格障碍也称为冲动型障碍。主要特征是情绪不稳定,行为有明显的冲动性。常因较小的精神刺激而突然爆发强烈的愤怒情绪和冲动行为,而且自己完全不能克制。平时情绪也易激动,喜怒无常。

例如,一位13岁的男孩,性情暴躁,爱发脾气,不能自控;易激怒,稍不如意,便大发雷霆,大喊大叫,乱扔东西。其幼年受父母溺爱,其父亲性情暴躁,常因一点小事而争吵,管教孩子方法简单、粗暴,该生经常遭到父母打骂。后父母分居,该生随父亲生活。其父不关心儿子的生活、学习,得知儿子的学习成绩下降,便严厉地惩罚儿子。即使这样,在学校时他也常因学习和纪律问题受老师的批评,尽管学校教育抓得很严格,但他仍然无视法纪,我行我素,与老师顶撞,攻击和谩骂老师。对此,他曾后悔不已,但又无法控制。事隔不久,老毛病又复发。

(三) 青少年人格障碍产生的原因

一般来说,人格障碍要到成年时期,在走上社会、工作岗位时才会定型,但其主要特征在儿童时期就有所表现,早期的社会环境(家庭环境)、父母的教养态度,以及遗传与生理因素的影响都与人格障碍的形成关系密切,具体表现以下几种因素:

1. 遗传因素

研究发现,人格障碍者的亲属中,人格障碍的发生率与血缘关系成正比,即血缘关系越近,人格障碍发生率越高。双生子研究发现,双生子发生人格障碍的一致率为20%~25%。寄养研究表明,人格障碍者子女,即使从小寄养在正常的家庭,与正常家庭的孩子对照比较,仍有较高的人格障碍发生率。

2. 环境因素

后天环境因素对人格障碍形成的影响,往往超过先天的遗传素质的影响作用,缺陷的养育环境、恶劣的社会环境都是人格障碍产生的温床。环境的影响表现为:① 早期心理创伤。早期强烈的精神刺激和创伤,如剥夺母爱、人身隔离,常常可以对儿童的人格发展带来严重的影响。② 不和谐的家庭关系。家庭成员之间缺少关心、抚爱,没有平等、互相尊重和理解的氛围;父母道德败坏、违法乱纪,往往给儿童人格的发展带来严重的危害。③ 不合理的教养。凡粗暴、凶狠、放纵、溺爱、过分苛求、棍棒教育,以及父母之间、父母与祖辈之间的教育方式不一致,都会对儿童人格的发展产生不良影响,成为人格障碍形成的"祸源"。(4)不良的社会影响。社会上凶杀打斗、色情、暴力、金钱至上、享受主义、性解放等腐朽没落的东西,影响青少年人格的健康发展,成为人格异常、人格障碍形成的社会因素。

3. 病理因素

人格障碍者虽然没有发现神经系统解剖生理上的病变,但一般认为在人格不健康者的神经系统先天素质特点上,有不健全的地方,同时也与神经生理、神经化学和内分泌方面有密切关系。

(四)青少年人格障碍的预防与矫治

1. 人格障碍的鉴别与预防

具有人格障碍的人在儿童时期都可能有某些个性倾向,表现出一些行为障碍。如说谎、逃学、不遵守纪律、不尊重老师、家长、欺侮弱小同学;一点小事稍不如意便大发脾气;执拗、固执、极端任性;孤僻、不合群、不能容纳他人;好嫉妒和猜疑别人;羞怯、好做白日梦;也有夜惊、抽动和持续遗尿等症状。这些症状对早期鉴别儿童人格障碍具有一定的作用。

对人格障碍的预防:① 从优生入手,预防人格障碍形成的先天因素。应重视妇幼卫生,开展儿童、青少年心理卫生教育,大力开展心理卫生宣传及咨询诊治服务。② 掌握科学的教养方法、保持家庭环境的健康与和谐。③ 学校和社会服务机构应对儿童和青少年进行有目的、有计划、鼓励儿童和青少年积极参加集体生活,培养良好的品质,促进个性全面发展。

2. 人格障碍的矫治方法

(1)认知领悟法。认知领悟法是通过对病人的暗示和启发,使之逐渐改变自己扭曲的认知结构,逐渐学会客观全面地认识自我、评价自我,改变对别人和对自己的错误看法。通过摆事实、讲道理,循循善诱,使他们逐渐协调自己与周围环境的关系,以达到良好地适应社会的目的。

(2)角色扮演法。利用环境因素对具有人格障碍者安排一个合适的社会角色,按照社会角色的要求表现自己,并逐渐形成相应的性格特征。例如,分裂型人格具有孤独、淡漠、缺少愉快与成功的体验。因此,让其参加班干部竞选,扮演班干部角色,来锻炼、约束自己;改变自卑,缺乏进取心、责任感以及怪癖的性格,在与人交往和工作中认识自己个性缺陷;改变不良的性格和行为,培养独立、主动、进取的人格品质。

(3)宣泄疏导法。指导有人格障碍者把不愉快的情感、郁积的烦恼和内心的委屈、痛苦、疑虑和不平释放出来,以缓解心理的压力,有助于消除不良的心理障碍。一般来说,人在悲痛、苦恼和压抑时,采取放声大哭的方法,可以排解内心的忧伤;采取倾诉的方法,找自己身边的知己、朋友、父母和老师,敞开心扉,吐露真情,听从劝解,以达到心理平衡;采取呐喊的方式到无人之处、空旷地带,大声喊叫,以发泄内心的不平和疑虑,达到心情的舒松和欢畅。

（4）代替迁移法。指导有人格障碍者通过另一种活动来弥补自己由于对某种活动力不能及而受到挫折的失意,在与人交往的活动中,学会灵活处理事物,改善人际关系的技能,体验获得成功的愉快,增强自信心,逐渐适应社会,逐步矫正多疑、冲动、固执、任性、易激怒等不良情绪和行为,提高自我控制的能力。

（5）社会性处置治疗。所谓社会性处置就是按照一定的方案,通过强制性的行为训练和教育,以改变反社会人格者的意识和社会行为。如加强法纪教育,加强校规、校纪和学生法则的教育。通过行为规范训练和必要的惩罚以阻止其向更严重的偏移方向发展。

（6）药物治疗。对人格障碍特别严重的人应采取心理治疗与药物治疗相结合的方法,以减轻疾病的症状。例如,反社会型人格的病人应在医生指导下根据病情服用适当药物。

三、青少年健全人格的塑造

人格的发展完善伴随着生命的始终,而青少年时代则是人生中人格形成的重要时期。学校、家庭、社会三方面构成系统的人格教育大环境、大课堂。对青少年实施全面的人格教育必须做到三方有力配合,形成合力。

（一）发扬文明、健康的人格精神

社会环境,既为人格的现状所规定,又反过来制约或促进人格的发展和进步。维护一个健康的社会环境,除了法制手段,还应弘扬民主和文明的人格精神。只有从个体人格入手,才能带来整个社会的变化。

传统民族文化对人格的影响是不能低估的。中华民族人格中有许多优秀的品质,如"下降其志,不辱其身"是民族人格的个性独立的品质;"老吾老以及人之老,幼吾幼以及人之幼"是民族人格中的优秀道德品质;"学而不厌,诲人不倦"是民族人格中的智慧与审美的品质;"天行健,君子以自强不息"是民族人格中高尚的意志品质;"天下兴亡,匹夫有责"是民族人格宝贵的社会品质,这些优秀的人格精神至今仍有强大的生命力。对培养青少年健康的人格品质都有重要的借鉴作用。

(二)发挥学校人格教育的优势

1. 针对学生的特点,开展良好的人格教育

培养和发展学生良好的人格特征,克服已经形成的不良人格倾向,是学校一项重要任务。为此,教师应该根据学生的人格特点,采取相应的教育方法和方式。例如,对自尊心强的学生要注意照顾其面子,有问题用个别谈心方式解决;对好胜自负的学生,要一面肯定成绩、一面指出问题,使他在学习的成功或失败中看到自己人格上的积极和消极因素,以利于克服骄傲和自满,发展良好的人格素质;对情感易冲动的学生,应让他们冷静后再讲明道理,指出危害性,以减少学生的对抗情绪;对情感脆弱、自卑心重的学生,要多表扬鼓励,即使点滴进步亦要肯定成绩,使他们看到自己的优点和能力,增强自信心。在教育工作中,教师要特别注意善于发现和依靠学生人格中原有的良好品质,以此为出发点,引导他们不断地增强和发展良好的人格特征,以利于消除不良的性格影响。

2. 充分发挥学校集体教育的优势

教育者应充分发挥学校集体组织的积极作用,使其形成对学生人格的正面影响。学校中集体组织很多,有班集体、共青团、学生会等组织。这些组织的活动,对学生人格形成起着直接或间接的影响。特别是班集体与学生的关系最为密切,班风、班纪、人际关系以及个体在班集体中所扮演的角色的成功与否,对个体人格的形成与发展都有很大影响。教师应对个体在群体中的位置倍加关注,并帮助他们在集体中找到合适的位置,扮演成功的角色。

3. 教师为学生塑造人格楷模

在学校里,教师是学生最亲近的最尊敬的人,学生具有天然的"向师性",教师往往成为学生最直接的模仿者。教师的理想人格,会像一丝丝春雨,"随风潜入夜,润物细无声",潜移默化地影响着学生的人格。教师的人格之光对学生心灵的烛照深刻且久远,甚至可能影响学生的一生。可以说,优秀的教师是人生道路上的楷模和导师。我国伟大的人民教育家陶行知先生就是一个光辉的典范。他对教师的要求提出了很多精辟的论述,并躬行实践,表现出特有的教师人格魅力。他有"捧着一颗心来,不带半根草去"的献身精神,也有"富贵不能淫,贫贱不能移,威武不能屈"的高风亮节。他的思想和行为深刻地影响他的学生,使许多学生走上了革命道路,他的伟大人

格至今仍为他的学生以及学生的学生所敬仰。鲁迅留学日本时的教师藤野先生纯真的品质、博大的胸怀曾给身处异国他乡的鲁迅以极大的温暖,使得鲁迅在回国20多年以后,还深深地怀念着老师。在鲁迅晚年,深感写作极疲倦时,抬头看见藤野先生的照片,便激起无穷的力量,点一支烟继续奋笔疾书。鲁迅把藤野先生作为自己奋斗的力量源泉,这正是教师人格的特殊魅力。

(三)优化主体的人格模式

主体的人格模式是主体人格要素的排列组合方式,以及由此而带来的主导人格力量的特征。个体人格要素的发展水平越高,组合方式越佳,其健康化程度就越好,双重人格的困扰就越小。个体人格模式的优劣情形,直接影响着个体人格的塑造和个体对别人人格的评价。

美国著名人格心理学家奥尔波特在哈佛大学长期研究高心理健康水平的人,并把他们称作"成熟者"。从他们身上归纳出以下七个指标:

(1)能主动、直接地将自己推延到自身以外的兴趣和活动中。
(2)具有对别人表示同情、亲密或爱的能力。
(3)能够接纳自己的一切,好坏优劣都如此。
(4)能够准确、客观地知觉现实和接受现实。
(5)能够形成各种技能和能力,专注和高水平地胜任自己的工作。
(6)自我形象现实、客观,知道自己的现状和特点。
(7)着眼未来,行为的动力来自长期的目标和计划。

人格塑造是长期的、持续的过程,良好健全的人格是青少年人生发展阶段的重要基础。人格如同绚丽多姿的画卷,人们要用一生来描绘它。

阅读资料

冰山中的"三我"

弗洛伊德是一位最具影响力且最引人争议的人格理论学家。他不断地发表惊人之作,其观点常常震惊同仁,并且引起了持续不断的争论。其中,对神秘的潜意识力量的研究是他的最大创举,被认为是对人类自尊的第三次冲击。第一次冲击是哥白尼发现地球并非宇宙中心;第二次冲击是达尔文发现人类并非是独立于动物界中的其他动物而存在的;第三次冲击是弗洛伊德发现人类不仅受意识支配,还受无意识之中不可控制的力量所控制,又称"弗洛伊德革命"。

弗洛伊德小时候就有远大的志向，他曾梦想成为一名将军或州长，但由于身为犹太人而无法实现自己的理想。他又选择医生作为自己的终身职业。医学院毕业后，他先是潜心做研究工作，后为生活所迫，开始行医。弗洛伊德的个人生活一直很艰难，经常被周期性抑郁所困扰。他经历了纳粹对犹太人的迫害、女儿的去世、两个儿子的从军、许多弟子因学术观点的分歧而与其决裂，以及33次下颚癌的手术，等等。但他始终努力不懈地工作，为他的学术研究工作付出了一生的心血。

弗洛伊德（1856～1939）

对人格结构的探讨一直是弗洛伊德所关注的重点问题之一，但是其人格结构理论则是在其后半生形成的。他于1923年提出了"三我"人格结构模式，当年弗洛伊德67岁。他认为人格结构是由本我、自我和超我构成的，并将"三我"与早期的意识层次理论结合起来构成了人格的冰山图。

弗洛伊德对病人进行心理治疗时，发现了一个被意识所压抑的无意识心理世界的存在，它既隐蔽又复杂，从而他提出了无意识假说。弗洛伊德把意识分为三层：意识、前意识、潜意识。位于最上层的是意识，它是我们能够觉察的心理活动，如我们知道我们在学习。位于中间层的前意识，它是我们没有觉察但可以随时被唤到意识中来的心理现象，如我们能够回忆起来的记忆，我们的许多记忆都暂时储存在前意识里面。位于最下层的是潜意识，也称为无意识，它是指我们不能觉察的心理现象，包括生来就有的本能成分以及被压抑下去的记忆、动机和态度。无意识可以在梦中或催眠状态下显示出来。弗洛伊德认为意识的这三个层次不是静止的，而是相互斗争的，人的心理世界就是充满了意识与无意识的冲突。无意识总是往意识层面上冲，而意识则不许其进入。前意识如同检查员，不许无意识随意进入意识之中，只有那些经过伪装能为社会所接纳的成分才能进入意识之中。

弗洛伊德将"三我"放进了意识的海水中。位于海水之下的冰山底部是本我，他由先天的生物本能所组成，如温饱、睡眠、性需要等。本我遵循的是"快乐原则"，它以寻求快乐、避免痛苦为目的，所以本我会不分时间、场合，不择手段地去寻求立刻的满足。本我淹没于无意识中，表现为冲动、盲目、非理性。但若以本我来行事，那么世界就会充满混乱、危险和恐惧。因此，本我还要受到自我的检查。自我是从本我中逐渐分化出来成为一个独立的人格结构的,其作用在于调节现实要求与本我需要中间的矛盾。自我是按现实原则来操作的,它从现实的角度出发,使个体在适当的时间和场合,以适当的方式来满足本我的要求。所以自我是理性的、合乎逻辑的。自我位于人格结构的中间层,它一方面调节着本我,另一方面又受着超我的控制。超我代表着人格中的道德成分,与本我直接对立,它包括良心和自我理想。超我遵循的道德原则,使自己的行为符合社会规范要求。超我的目的在于追求完美而不是快乐。超我是通过教育把社会规范、道德准则、价值判断内化的结果。当外在制约机制不存在时,超我则发挥着自我监控作用。

弗洛伊德的人格结构是最早的人格模式,但其科学性是极富争议的。他过于强调本能的力量,"三我"结构也过于简单化。其后,许多人格理论都是在批判弗洛伊德理论的基础上产生的。

人格面具

戏剧舞台上,演员的无意之举使人格与面具由无缘发展为有缘。心理学家借用了"面具"一词来表示人格。在心理学中,"人格"一词就由此而生。心理学沿用"面具"的含义,转译为"人格",这其中包含两方面的内容:一指一个人在人生舞台上所表现出来的种种言行,这是人们遵从社会文化习俗的要求所表现出来的性格,如女孩儿要稳重、男孩儿要坚强。人格所具有的"外壳",就像舞台上根据角色要求所戴的面具,表现出一个人外在的人格品质。二指一个人由于某种原因没有展现出的内隐人格成分,是人格的内在品质,如同面具后的真实自我。俗话说"知人知面不知心",此"心"即指内在人格。由面具演绎过来的人格诠释了人格的内外层面。恐怕那位古希腊的著名演员也未想到他的聪明之举会成为心理学领域的一个命名。

附录表

气 质 测 验

下面 60 道题大致可确定你的气质类型。若与你的情况"很符合"记 2 分,"较符合"记 1 分,"一般"记 0 分,"较不符合"记 -1 分,"很不符合"记 -2 分。

1. 做事力求稳妥,一般不做无把握的事。
2. 遇到可气的事怒不可遏,想把心里话全说出来才痛快。
3. 宁可一个人干事,不愿很多人在一起。

4. 到一个新环境很快就能适应。
5. 厌恶那些强烈的刺激，如尖叫、噪音、危险镜头等。
6. 和别人争吵时，总是先发制人，喜欢挑衅别人。
7. 喜欢安静的环境。
8. 善于和人交往。
9. 羡慕那种善于克制自己感情的人。
10. 生活有规律，很少违反作息制度。
11. 在大多数情况下情绪是乐观的。
12. 碰到陌生人觉得很拘束。
13. 遇到令人气愤的事，能很好地自我克制。
14. 做事总是有旺盛的精力。
15. 遇到问题总是举棋不定，优柔寡断。
16. 在人群中从不觉得过分拘束。
17. 情绪高昂时，觉得干什么都有趣；情绪低落时，又觉得什么都没有意思。
18. 当注意力集中于一事物时，别的事很难使我分心。
19. 理解问题总比别人快。
20. 碰到危险情景，常有一种极度恐怖感。
21. 对学习、工作怀有很高的热情。
22. 能够长时间做枯燥、单调的工作。
23. 符合兴趣的事情，干起来劲头十足，否则就不想干。
24. 一点小事就能引起情绪波动。
25. 讨厌做那种需要耐心、细致的工作。
26. 与人交往不卑不亢。
27. 喜欢参加热烈的活动。
28. 爱看感情细腻、描写人物内心活动的文艺作品。
29. 工作学习时间长了，常感到厌倦。
30. 不喜欢长时间谈论一个问题，愿意实际动手干。
31. 宁愿侃侃而谈，不愿窃窃私语。
32. 别人总是说我闷闷不乐。
33. 理解问题常比别人慢些。
34. 疲倦时只要短暂的休息就能精神抖擞，重新投入工作。
35. 心里有话宁愿自己想，不愿说出来。

36. 认准一个目标就希望尽快实现,不达目的,誓不罢休。
37. 学习、工作同样一段时间后,常比别人更疲倦。
38. 做事有些莽撞,常常不考虑后果。
39. 教师或他人讲授新知识、技术时,总希望他讲得慢些,多重复几遍。
40. 能够很快地忘记那些不愉快的事情。
41. 做作业或完成一件工作总比别人花时间多。
42. 喜欢运动量大的剧烈体育运动,或者参加各种文艺活动。
43. 不能很快地把注意力从一件事转移到另一件事上去。
44. 接受一个任务后,就希望把它迅速解决。
45. 认为墨守成规比冒风险强些。
46. 能够同时注意几件事物。
47. 当我烦闷的时候,别人很难使我高兴起来。
48. 爱看情节起伏跌宕、激动人心的小说。
49. 对工作抱认真严谨、始终一贯的态度。
50. 和周围人的关系总是相处不好。
51. 喜欢复习学过的知识,重复做能熟练做的工作。
52. 希望做变化大、花样多的工作。
53. 小时候会背的诗歌,我似乎比别人记得清楚。
54. 别人说我"出语伤人",可我并不觉得这样。
55. 在体育活动中,常因反应慢而落后。
56. 反应敏捷,头脑机智。
57. 喜欢有条理而不甚麻烦的工作。
58. 兴奋的事常使我失眠。
59. 教师讲新概念,常常听不懂,但是弄懂了以后很难忘记。
60. 假如工作枯燥无味,马上就会情绪低落。

评分方法如下:

A. 如果某一项或两项得分超过20分,则为典型的该气质。

B. 如果某一项或两项以上得分在20分以下、10分以上,其他各项得分较低,则为该项一般气质。

C. 若各项得分均在10分以下,但某项或几项得分较其余项为高(相差5分以上),则为略倾向于该项气质(或几项的混合)。

D. 一般来说,正分值越高,表明该项气质特征越明显;相反,正分值越低或得负分值,表明越不具备该项气质特征。

各种气质类型对应题号

气质类型	题 号	得分
胆汁质	2,6,9,14,17,21,27,31,36,38,42,48,50,54,58	
多血质	4,8,11,16,19,23,25,29,34,40,44,46,52,56,60	
粘液质	1,7,10,13,18,22,26,30,33,39,43,45,49,55,57	
抑郁质	3,5,12,15,20,24,28,32,35,37,41,47,51,53,59	

思考练习

1. 心理学家是如何界定人格的？
2. 人格结构包含了哪些成分？人格的核心成分是什么？
3. 你对人格特质理论是怎样理解的？剖析个人的人格特质的表现特点。
4. 人格差异表现在什么地方？你是怎样理解的。
5. 如何针对不同气质类型的学生的特点搞好教育。
6. 在性格分类学说中，你认为哪种学说现实性较强？结合实际进行分析和评述。
7. 人格测量主要方法有哪些？各有何特点？
8. 影响人格的因素有哪些？结合实例加以分析。
9. 针对青少年人格障碍的表现特点，谈谈应采取哪些预防与矫正措施？
10. 做一个"如何完善人格的心理剧本"，自编，自导，自演。

参 考 文 献

[1] 彭聃龄主编.普通心理学.北京:北京师范大出版社,2001
[2] 川·艾森克主编,Dagda Xinl,闫巩固译、张厚粲校.心理学——一种整合途径.上海:华东师范大学出版社,2005
[3] 郭享杰主编.心理学学习与应用.上海:上海教育出版社,2001
[4] 张春兴(台)著.现代心理学.上海:上海人民出版社,1994
[5] 卢家楣主编.心理学——基础理论及教育应用.上海:上海人民出版社,1998
[6] 黄希庭主编.心理学.上海:上海教育出版社,1992
[7] 郑雪、易法建主编.心理学.北京:高等教育出版社,1999
[8] 陈录生主编.新编心理学.北京:北京师范大学出版社,2001
[9] 韩永昌主编.心理学.上海:华东师大出版社,2001
[10] 张厚粲主编.大学心理学.北京:北京师范大学出版社,2001
[11] 张世富主编.心理学.北京:人民教育出版社,1988
[12] 黄希庭主编.心理学导论.北京:人民教育出版社,1991
[13] 章志光主编.心理学.北京:人民出版社,1992
[14] 高玉祥主编.普通心理学.西安:陕西人民出版社,1982
[15] 林崇德主编.发展心理学.北京:人民教育出版社,1997
[16] 莫雷主编.心理学.广州:广东高等教育出版社,2000
[17] 李毓秋等编著.心理学原理与应用.北京:经济科学出版社,1999
[18] 刘耀中等主编.心理学.北京:科学出版社,2000
[19] 林振海、陈伟峰主编.心理学.广州:广东高等教育出版社,2000
[20] 柳友荣主编.新编心理学.合肥:安徽大学出版社,2000
[21] 李铮主编.高师心理学教程.合肥:中国科学技术大学出版社,1998
[22] 高玉祥、程征方、郑日昌编著.心理学.北京:北京师范大学出版社,2000
[23] 郭享杰、宋月丽主编.心理学教程.南京:南京师大出版社,2001
[24] 叶奕乾等主编.普通心理学.上海:华东师范大学出版社,1997

[25]　张蕾主编.心理学.青岛:青岛出版社,2001
[26]　卢家楣主编.心理学与教育.上海:上海教育出版社,1999
[27]　高玉祥等主编.心理学.北京:北京师范大学出版社,1999
[28]　赵淑文主编.心理学新编.北京:首都师范大学出版社,2000
[29]　心理学百科全书.杭州:浙江教育出版社,1995
[30]　车文博主编.心理学原理.哈尔滨:黑龙江出版社,1997
[31]　孟昭兰主编.普通心理学.北京:北京大学出版社,1994
[32]　陈英和主编.认知发展心理学.杭州:浙江人民出版社,1996
[33]　张小乔主编.普通心理学应用教程.北京:中国人民大学出版社,1989
[34]　朱智贤主编.心理学大词典.北京:北京师范大学出版社,1989
[35]　赵鸣九主编.心理学.西安:陕西人民出版社,1988
[36]　朱智贤主编.儿童心理学.北京:人民教育出版社,1980
[37]　潘菽主编.教育心理学.北京:人民教育出版社,1986
[38]　章泽渊主编.教育心理学.北京:人民教育出版社,1986
[39]　韩进之主编.教育心理学纲要.北京:人民教育出版社,1989
[40]　周瑛主编.教育心理学.北京:警官教育出版社,1993
[41]　邵瑞珍主编.教育心理学.上海:上海教育出版社,1988
[42]　李伯黍主编.教育心理学.上海:华东师范大学出版社,1993
[43]　温世颂等主编.教育心理学.三民书局,1980
[44]　[日]山内光哉主编.学习与教育心理学.北京:教育科学出版社,1986
[45]　王逐丕主编.学校与教育心理学.开封:河南大学出版社,1988
[46]　巴甫洛夫著.高级神经活动研究论文集.上海:上海卫生出版社,1956
[47]　加德纳著,沈致隆译.多元智力.北京:北京新华出版社,1999
[48]　斯腾伯格著,吴国红、钱文译.成功智力.上海:华东师范大学出版社,1999
[49]　杨雄里主编.脑科学的现代进展.上海:上海科技教育出版社,1998
[50]　沈德立主编.脑功能开发的理论与实践.北京:教育科学出版社,2001
[51]　Kuffler S W. N;chools J G. Martin A R. 著,张人骥译.神经生物学——从神经元到大脑.北京:北京大学出版社,1991
[52]　Gazzaniga M. S. 著,沈政等译.认知神经科学.上海:上海教育出版社,1997
[53]　Gross J J. Antecedent and response-foused emotion regulation: Divergent consequences for expressive expression and physiology.

Journal of personality and Social Psychology, 1998

[54] Benjafied J G. *A history of psychology*. Boston: Allyn & Bacon, 1996

[55] Gleitman H. Fridlumd A J. Reisberg D. *Psychology*. New York: W. W. Norton & Company, 1999

[56] [美] J. M. 索里等著, 高觉敷译. 教育心理学. 北京: 人民教育出版社, 1985

[57] [美] 加涅著、陆有铨等. 学习的条件. 北京: 人民教育出版社, 1985

[58] Gagne R. M. 著, 皮连生译. 学习的条件和教学论. 北京: 北京师范大学出版社, 1975

[59] Hee, J. M., et al., *Psychology of programming*, 1990

[60] Zanna, M. P., *Advance in Experimental Psychology*, 1990

[61] Brislin, R. W., *Applied Cross-Cultural Psychology*, 1991

[62] [美] 格列高里著, 彭聃玲译. 视觉心理学. 北京: 北京师范大学出版社, 1986

[63] 韩凯著. 被动的触觉长度知觉. 载普通心理学与实验心理学论文集. 兰州: 甘肃人民出版社, 1983

[64] 荆其诚主编. 视知觉; Rosenz Weig M R. 国际心理科学——进展、问题与展望. 北京: 北京科学技术出版社, 1994

[65] 林赛 P H, 诺曼 D A. 著, 孙晔译. 人的信息加工——心理学概论. 北京: 科学出版社, 1987

[66] 鲁利亚编著, 汪青译. 神经心理学. 北京: 科学出版社, 1983

[67] 托马斯、贝纳特编著, 旦明译. 感觉世界. 北京: 科学出版社, 1983

[68] 王更生编著. 认知心理学. 北京: 北京大学出版社, 1992

[69] 罗伯特·L. 索尔索著, 黄希庭等译. 认知心理学. 北京: 教育科学出版社, 1990

[70] 林传鼎编著. 心理学词典. 南昌: 江西科学技术出版社, 1986

[71] Myers, D. G, *Exploring psychology*, 1993

[72] Lerner, R., & Peterson, A. C., *The Encyclopedia of Psychology*, 1992

[73] Wickelgren, W. A., *Cognitive Psychology*, 1990

[74] Kotovsky, K., & Simon, H. A., *Cognitive Psychology*, 1990

[75] 朱莉娅·贝里曼编, 陈萍、王茜译. 心理学与你. 北京: 北京大学出版

社,2000
[76] 黄希庭主编.心理学实验指导.北京:人民教育出版社,1996
[77] [苏联]柯·普拉图诺夫著.趣味心理学.长春:吉林人民出版社,1984
[78] 林正文主编.儿童行为塑造与矫正.北京:北京师范大学出版社,1999
[79] 燕国材编.智力因素与学校教育.西安:陕西人民教育出版社,1997
[80] 冯天瑜主编.中国思想家论智力.武汉:湖北人民出版社,1983
[81] 谢盛圻编.教学的艺术.广州:广东教育出版社,1998
[82] 刘晓明主编.学习适应性训练.长春:吉林人民出版社,1999
[83] 周士渊主编.终生的财富.广州:广东经济出版社,2001
[84] 申继亮等编.当代儿童青少年心理学的进展.杭州:浙江教育出版社,1993
[85] 黄煜峰等编著.初中生心理学.杭州:浙江教育出版社,1993
[86] 陈家麟主编.学校心理教育.北京:教育科学出版社,1995
[87] 谢敏等编.成才监控与人格智能——大学生成才心理探秘.重庆:重庆出版社,1997
[88] 刘金花主编.儿童发展心理学.上海:华东师范大学出版社,1997
[89] 樊富珉主编.大学生心理健康发展.北京:清华大学出版社,1997
[90] 沈德立主编.非智力因素的理论与实践.北京:教育科学出版社,1997
[91] 刘华山主编.学校心理辅导.合肥:安徽人民出版社,1998
[92] 钱铭著.心理咨询与心理治疗.北京:北京大学出版社,1995
[93] [美]简·卢文格著,韦子木译.自我的发展.杭州:浙江教育出版社,1998
[94] 贺淑曼等编著.成才心理与人才发展.北京:世界图书出版社,1999
[95] 周宗奎主编.现代儿童发展心理学.合肥:安徽人民出版社,1999
[96] 新人等编著.生存的方式就是做.北京:中国物资出版社,1999
[97] 郭黎岩等编著.教师实用心理学.延吉:延边大学出版社,1997
[98] [美]Jerry M. burger著,陈会昌等译.人格心理学.北京:中国轻工业出版社,2000
[99] 王庆茂主编.成功教育研究.济南:山东教育出版社,2001
[100] Carlson, N. R. *Psychology: the Science of Behavior* (2nd ed.) Allyn and Bacon, 1987
[101] 郭黎岩、刘彦华主编.教师心理素质专题.北京:世界知识出版社,1999

[102] 黄煜峰、雷雳主编.初中生心理学.杭州:浙江教育出版社,1993
[103] 郑和钧、邓京华主编.高中生心理学.杭州:浙江教育出版社,1993
[104] 叶浩生著.西方心理学的历史与体系.北京:人民教育出版社,1998
[105] [美]R.J Sternberg 著,俞晓琳、吴国宏译.超越IQ——人类智力的三元理论.上海:华东师范大学出版社,2000
[106] 刘华山主编.心理辅导学校.合肥:安徽人民出版社,1998
[107] 陈英和著.认知发展心理学.杭州:浙江人民出版社,1996
[108] [美]R.M.Gagne 著,皮连等译.学习的条件和教学论.上海:华东师范大学出版社,1999
[109] 白学军主编.智力心理学的研究进展.杭州:浙江人民出版社,1996
[110] 李辉主编.心理学原理与应用.昆明:云南教育出版社,1996
[111] 林崇德著.品德发展心理学.上海:上海教育出版社,1998
[112] 高峰主编.小学生品德的形成与发展.上海:上海教育出版社,1998
[113] 林崇德著.教育的智慧——写给中小学教师.北京:北京开明出版社,1999
[114] 陈琦、刘儒德主编.当代教育心理学.北京:北京师范大学出版社,2000
[115] [英]David Whitebread 著.小学教学心理学.北京:中国轻工业出版社,2002
[116] 李慰、祖晶主编.课堂教学心理学.北京:中国科学技术出版社,2000
[117] 张大均编.教学心理学.重庆:西南师范大学出版社,1997
[118] 卢家楣主编.情感教学心理学.上海:上海教育出版社,2001
[119] 施光明主编.教学心理札记.北京:知识出版社,1999
[120] 施良方著.教学理论.上海:华东师范大学出版社,1999
[121] 林崇德主编.教育的智慧.北京:开明出版社,1999
[122] 陈心五编.中小学课堂教学策略.北京:人民教育出版社,1998
[123] [美]Sylvia Farnham Diggory 著.学校教育.沈阳:辽海出版社,2000
[124] [美]James M. Banner, Jr. Harold C. Cannon 著.现代教师与学生必备素质.北京:中国轻工业出版社,2000
[125] 比较教育研究,2001(4)
[126] 教育研究,2001(4)
[127] 江苏教育研究,2001(1)、(3)
[128] 郑全全、俞国良主编.人际关系心理学.北京:人民教育出版社,1999

[129] 张文新主编.儿童社会性发展.北京:北京师范大学出版社,1999
[130] 时蓉华编.新编社会心理学概论.上海:东方出版中心,1998
[131] 梁执群主编.社交心理学.北京:中国城市出版社,2000
[132] 许峰编.社会心理学.北京:经济日报出版社,2001
[133] 曾文星编著.青少年的心理治疗.北京:北京医科大学出版社,2001
[134] 杨治良、郭力平编著.记忆心理学.上海:华东师范大学出版社,1999
[135] 乐国安著.当代美国认识心理学.北京:中国社会科学出版社,2001
[136] 陈龙安著.创造性思维与教学.北京:中国轻工业出版社,1999
[137] 郭黎岩著.青少年心理健康与心理咨询.沈阳:辽宁人民出版社,1999
[138] 莫蕾等著.青少年发展与教育心理学.广州:暨南大学出版社,1997
[139] 陈浩莺编.走向心理健康.北京:华文出版社,2002
[140] L. A 珀文 Dangdai Xinli Kexue Mingzhu Yicong 著.人格科学.上海:华东师范大学出版社,2000
[141] [英] David Whitebread 主编,赵萍等译.小学教学心理学.北京:中国轻工业出版社,2002
[142] 张玲等著.心理健康研究指导.北京:教育科学出版社,2001
[143] 袁军著.心理学概论.南宁:广西教育出版社,2001
[144] 张明等主编.基础心理学.长春:东北师范大学出版社,2002
[145] 徐光兴著.学校心理学——心理辅导与咨询.上海:华东师范大学出版社,2000
[146] 广东省中小学教师继续教育中心组织编写.小学生心理健康与心理咨询.广州:广东高等教育出版社,2000
[147] 广东省中小学教师继续教育中心组织编写.中学生心理健康与心理咨询.广州:广东高等教育出版社,2000
[148] 郑雪主编.小学生心理健康教育.广州:暨南大学出版社,2001
[149] 傅宏著.儿童青少年心理治疗.合肥:安徽人民出版社,2000
[150] 余强基主编.当代青少年学生心理障碍教育.北京:北京师范大学出版社,2001
[151] 张日昇著.咨询心理学.北京:人民教育出版社,1999
[152] 许文新主编.神经病与心理治疗.北京:中科院心理所,1998
[153] [美] H. Thompson. 等主编.儿童青少年心理咨询与治疗.2002
[154] 刘晓明等编著.心理咨询理论与技术.长春:东北师范大学出版

社,2001
- [155] 周晓虹主编.现代社会心理学.北京:人民教育出版社,1995
- [156] 林崇德等著.发展心理学.北京:人民教育出版社,1995
- [157] 孙云晓编.向孩子学习.北京:晨光出版社,1998
- [158] 杰费里·布卢斯坦等编著,刘开贤译.与谁同行.北京:中国青年出版社,2001
- [159] 周达生编.社会医学概论.南京:南京铁道学院,1985
- [160] 沃建中、马红中等著.走向心理健康:发展篇.
- [161] 王庆茂编.成功教育研究.济南:山东教育出版社,2001

后 记

  为了全面推进21世纪高等师范教育课程改革和教材建设，依据高等师范院校本科层次的培养目标，适应高师教育和基础教育改革的需要，以突出知识创新、大学生基本素质和实践能力培养的精神，编写一部反映本学科时代发展的前沿，体现国内外最新研究的成果，立足于高等师范院校公共课的基点，力求做到教材科学性、思想性、应用性和创新性有机统一是我们编写的目的。我们力争在教材体例上既体现"精、新、活、实"的特点，又坚持"守正出新"的原则。在教材的运酌上既体现公共课心理学的综合性特征，又能展示教材个性的特色；在教材的框架上，保持了普通心理学的基本体系，兼收并蓄了教育心理学、发展心理学、社会心理学、心理健康学、咨询心理学、教育学等学科的有关内容；在教材的内容上注重讲清基本理论、基本概念和基本规律，力求知识准确、重点突出、内容新颖、语言精练、实例典型、论证充分；在教材的特色上，本着创新、求实的原则，营造一种研究的氛围，通过国内外心理学理论及进展的介绍，教育、教学典型案例的分析以及开辟新颖独特的阅读专栏；介绍诸家异说、学术点评、最新信息，开启了读者视野，配有章节的"导读"和可操作性的思考练习，丰富了教材的实用性、趣味性和可读性；在教材的形式上，做到布局合理、图文并茂，彩图穿插，关键词语中英文对照，活跃了版面，增添了情趣。

  参加本教材的编写是来自全国部分高等师范院校从事心理学研究的专家和老师。由沈阳师范大学郭黎岩任主编，本书参加编写的人员如下：沈阳师范大学郭黎岩、胡丽萍、但菲、刘彦华，南阳师范学院刘克善，沈阳幼儿师范专科学校袁香。全书由郭黎岩教授负责拟写提纲、目录，对全书进行统稿和修改。本教材是集体智慧的结晶。本书得到了作者所在单位和南京大学出版社的大力支持，在教材编写过程中，作者参阅、引用了国内外许多专家、学者以及同行的著作、教材和研究成果，在此表示衷心的感谢。

  由于编写时间仓促，难免会有疏漏、谬误之处，恳请专家、同行及广大读者不吝赐教。

编 者
2012年6月